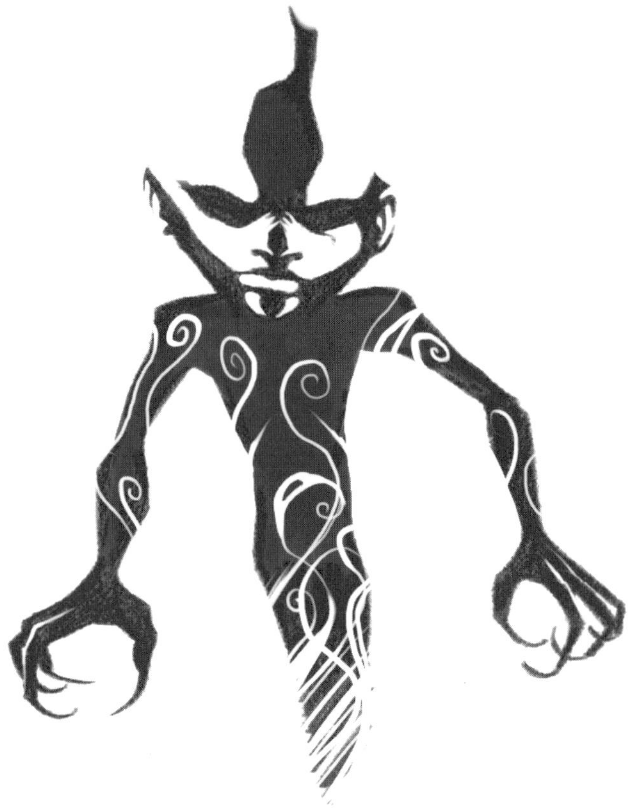

Pierô

ARTBOOK

« Créer, c'est aussi donner une forme à son destin. »

Albert Camus, *Le mythe de Sisyphe*

"To create is likewise to give a shape to one's destiny"

Albert Camus, *The Myth of Sisyphus*

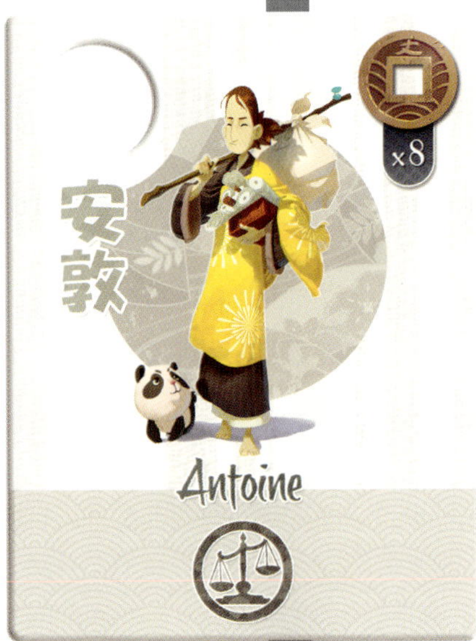

© Funforge

Dix ans. Cela fait dix belles années que Pierô et moi nous rendons chaque année à Essen, en Allemagne, au mois d'octobre, pour la grand-messe du *Spieltage*. Un immense salon ludique rempli de jeux, d'éditeurs, d'auteurs, de joueurs... mais aussi, depuis quelques années, d'illustrateurs.

Peu de joueurs le savent, même parmi les passionnés, mais Pierô est directement (et involontairement) responsable de l'avènement des dédicaces sur les salons de jeu de société.

Tout a commencé en 2006, à Essen donc. Pierô est sur le stand de l'éditeur *Hurrican* pour la parution de son premier jeu, **MR. JACK.** Si la dédicace est courante dans le milieu de la bande dessinée, ce n'est pas le cas dans le jeu de société. Mais Pierô est là, crayon à la main, débordant d'énergie. Le public est au rendez-vous. Pierô est studieux, appliqué, peut-être bien un poil stressé. Il passe quatre journées à sa table, à enchaîner des illustrations personnalisées.

Personne ne s'en rendait compte à ce moment-là, mais cette séance de dédicaces fut la première d'une longue série. Aujourd'hui, dans chaque festival, on trouve un illustrateur en dédicace. C'est un peu, sans doute beaucoup, à Pierô que l'on doit ça.

Son travail, présenté dans cet ouvrage, vous donnera bonne mesure de son talent, à travers une profusion d'univers, souvent colorés, marqués par son encrage rond et sa bonhommie. Il a donné vie à plusieurs de mes jeux à la flamme desquels nous avons forgé une solide amitié. Si vous aimez son travail, je ne puis que vous conseiller de rencontrer l'artiste, un jour prochain.

Nous avons fêté notre dixième Essen, ensemble, autour d'une coupe de champagne. C'était un chouette moment. J'espère qu'on se retrouvera dans dix ans pour remettre ça ! En attendant, je vous laisse avec Pierô et dix ans de dessins, de jeux, de travail, de nuits blanches et de souvenirs...

Antoine Bauza

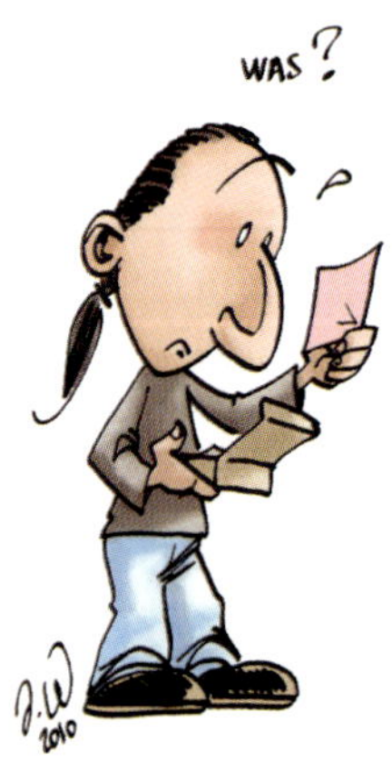

© Arnü West

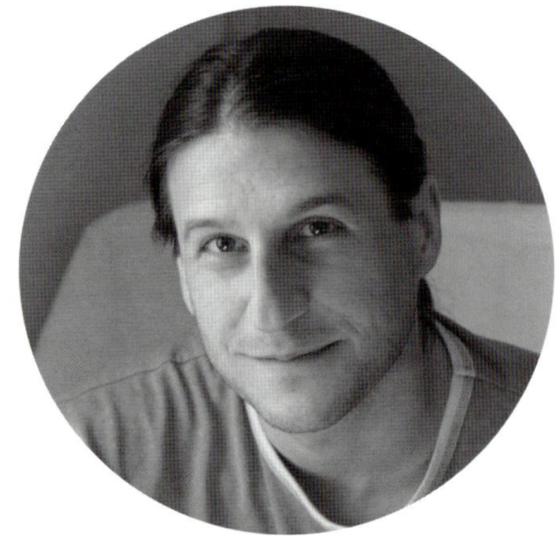

Antoine Bauza

Auteur de jeux

Étudie la chimie et l'informatique, et suit un Master en jeux vidéo à l'ENJMIN d'Angoulême en 2003, puis travaille pendant trois ans comme professeur des écoles.
En 2008, il passe en temps partiel pour poursuivre son aventure ludique et s'investir dans l'écriture pour la jeunesse ainsi que dans la scénarisation de bandes dessinées. En 2009, il suspend son activité d'enseignant pour se consacrer uniquement à la création. Il anime parallèlement des ateliers de game design, orientés jeux de société, dans des écoles de jeux vidéo telles que l'ENJMIN et SupInfoGame.

Ses principaux jeux sont :
- **GHOST STORIES** (2008)
- **LA CHASSE AUX MONSTRES** (2009)
- **HANABI** (2010)
- **7 WONDERS** (2010)
- **TAKENOKO** (2011)
- **TOKAIDO** (2012)
- **LE PETIT PRINCE** (2013, avec Bruno Cathala)
- **RAMPAGE** (2013, avec Ludovic Maublanc)
- **SAMURAI SPIRTIT** (2014)
- **OCEANOS** (2016)

PRÉFACE

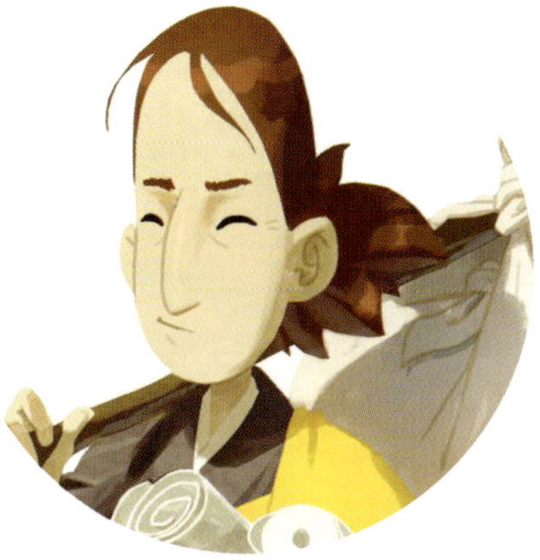

Antoine Bauza

Game Designer

Antoine Bauza studied chemistry and IT, before graduating with a Masters in Video Games from the ENJMIN new interactive media institute in Angoulême in 2003. He worked as a primary school teacher for 3 years.
In 2008, he switched to a part-time role, releasing time to pursue his gaming-related activities and write young adult fiction and comic book scripts. In 2009, he stopped teaching to focus exclusively on his creative work. During this period, he also ran board game-oriented game design workshops at video game institutes such as ENJMIN and SupInfoGame.

Ses principaux jeux sont:

- GHOST STORIES (2008)
- MONSTER CHASE (2009)
- HANABI (2010)
- 7 WONDERS (2010)
- TAKENOKO (2011)
- TOKAIDO (2012)
- THE LITTLE PRINCE (2013, avec Bruno Cathala)
- RAMPAGE (2013, avec Ludovic Maublanc)
- SAMURAI SPIRTIT (2014)
- OCEANOS (2016)

Ten years. That's how long Pierô and I have been travelling to the German city of Essen each October, for the gathering of the clans at the Spieltage, which is a vast games fair packed with games, publishers, designers and players... and for the last few years, illustrators.

Not many board gamers know it – even among hardcore fans – but Pierô is directly (and involuntarily) responsible for the advent of illustrated signings at board game fairs.

It all began, in Essen, back in 2006. Pierô was manning the booth run by the publisher Hurrican, promoting the release of his first game, MR. JACK. Although illustrated signings were commonplace in the comic book community, the same didn't apply to board games. But here was Pierô, pencil in hand, bursting with energy. And the public loved it! Pierô was focussed, painstaking, and maybe just a tiny bit stressed. He spent four days at his table creating personalised illustrations in quick succession.

Nobody realised it at the time but that signing session would be the first of a long series. Today, whenever you go to a festival, you are sure to find an illustrator doing signings. We undoubtedly owe that in no small part to Pierô.

His work, as presented in this artbook, will give you a good idea of his talent, expressed through a multitude of often very colourful themes characterised by rounded edges and effusive good humour. He has brought several of my games to life, and in the process we have become good friends. If you like Pierô's work, I can only encourage you to seize the first chance you get to meet the artist.

We celebrated our 10th Essen anniversary with a glass of champagne together. It was a memorable moment. I hope we'll meet up and do the same again in another ten years! Until then, I leave you with Pierô and with 10 years of artwork, games, work, sleepless nights and memories...

Antoine Bauza

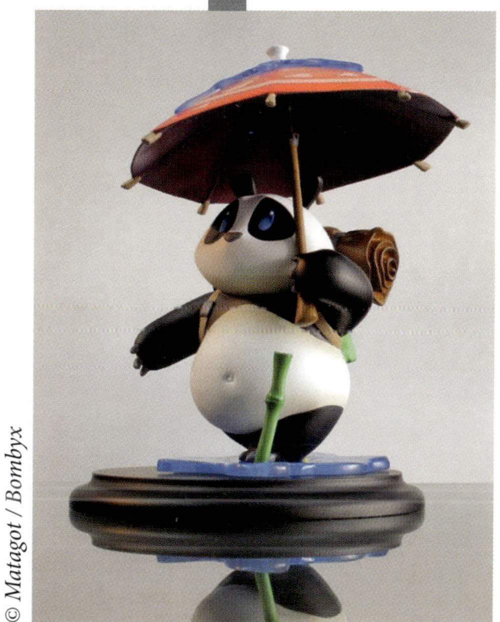

© Matagot / Bombyx

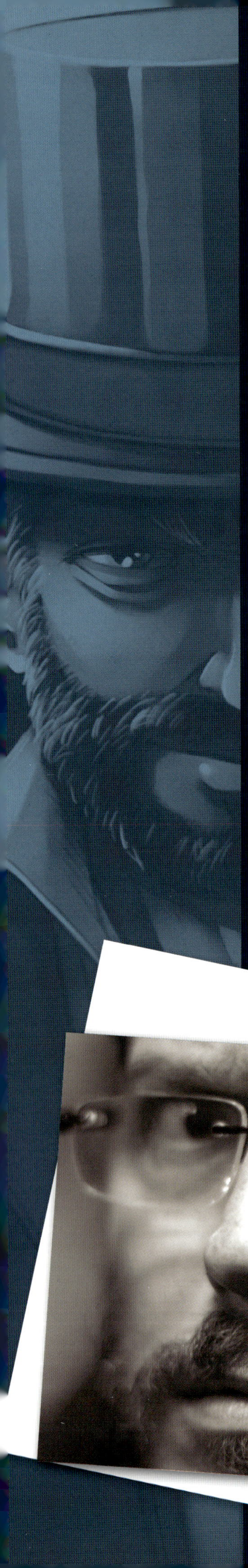

- **1975** — Naissance à Vichy / Birth in Vichy
- **1982** — Beaux-Arts / Art school
- **1995** — Petits boulots / Odd jobs
- **2005** — Une ombre sur Whitechapel
- **2006** — Mr. Jack
- **2007** — En Garde
- **2008** — Ghost Stories · Hurry'Cup! · Les Poux
- **2009** — À l'heure du crime… où étiez-vous ? · Bakong · Calypso · Dice Town · Ghost Stories: White Moon · Linq · Mr. Jack in New · Terra

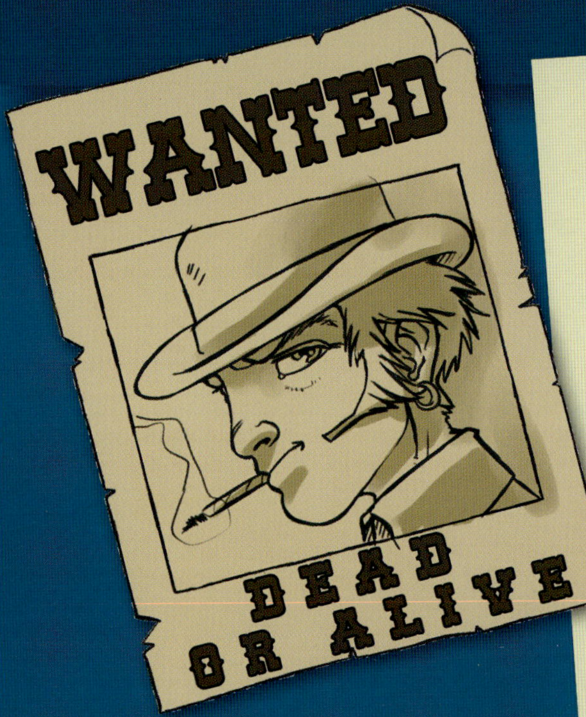

Je m'appelle Pierre Lechevalier, mais on me surnomme Pierô depuis que j'ai quinze ans. Naturellement, c'est devenu mon nom d'artiste. D'aussi loin que je me souvienne, j'ai toujours dessiné, et ce, pour différentes raisons : offrir des cadeaux, exprimer des choses délicates ou m'inventer mes propres jouets.

À l'âge de sept ans, ma mère m'inscrit aux Beaux-Arts. Un vrai petit Mozart du dessin ? Un génie en devenir ? Non, j'aime dessiner, colorier et l'idée est de m'aider à le faire mieux. Jusqu'à mes quinze ans, je passe mes mercredis à tracer, peindre, sculpter l'argile et parallèlement, je pratique la photographie.

Je découvre la bande dessinée très jeune et trois auteurs me passionnent : Marcel Gotlib vers huit ans et à treize, Hugo Pratt et Arthur Qwack. À partir de là, je veux faire de la bande dessinée ! Raconter des histoires, mais aussi et surtout, je veux dédicacer ! Donc, à la base, je veux être dessinateur de bandes dessinées, ce qui signifie dessiner et ne pas s'occuper de la couleur… Alors qu'illustrateur, ça fait tout.

Après avoir brillamment échoué et consciencieusement abandonné mes études pour devenir professeur de dessin (ce qui aurait pu rassurer ma mère), j'enchaîne pendant dix ans des boulots alimentaires (vendeur de bandes dessinées, de jeux vidéo, tenancier de cybercafé) tout en continuant à dessiner pour devenir professionnel. Je présente quatre dossiers de projets de bande dessinée chez des éditeurs qui me les refusent poliment, et c'est au moment où je commence à renoncer que la chance, le hasard ou des années de persévérance genre *j'y-crois-à-mort* vont finir par me catapulter illustrateur.

L'idée de ce livre me vient alors que je réalise que cela fait dix ans que je suis illustrateur professionnel de jeux. Pourquoi est-il important de préciser de jeux ? Bah, ma mère par exemple, ne comprend toujours pas vraiment le métier que j'exerce. Et elle n'est pas la seule ! Car malgré le développement de l'industrie du jeu ces dernières années, celle-ci n'a pas encore atteint le grand public. Ce livre est l'occasion de partager des images rarement visibles à cette échelle, dépouillées de tous les éléments nécessaires à la mécanique du jeu ; mais aussi d'expliquer un peu mieux mon métier et celui des collègues auteurs et éditeurs en dévoilant un peu les coulisses de notre milieu.

Alors, dix ans à faire un travail que peu de gens comprennent ou prennent au sérieux, c'est long ? Oui, mais non ! Faire de belles rencontres, travailler sur un jeu génial, assouvir le rêve de dédicacer : mon parcours est une jolie succession d'opportunités que j'ai essayé de saisir avec plaisir et passion. J'ai eu la chance incroyable, il y a dix ans, de vivre un instant magique : observer des gens jouer avec mes dessins.

À ce moment-là, je réalise que je veux faire ce métier et ce, le plus longtemps possible.

Pierô

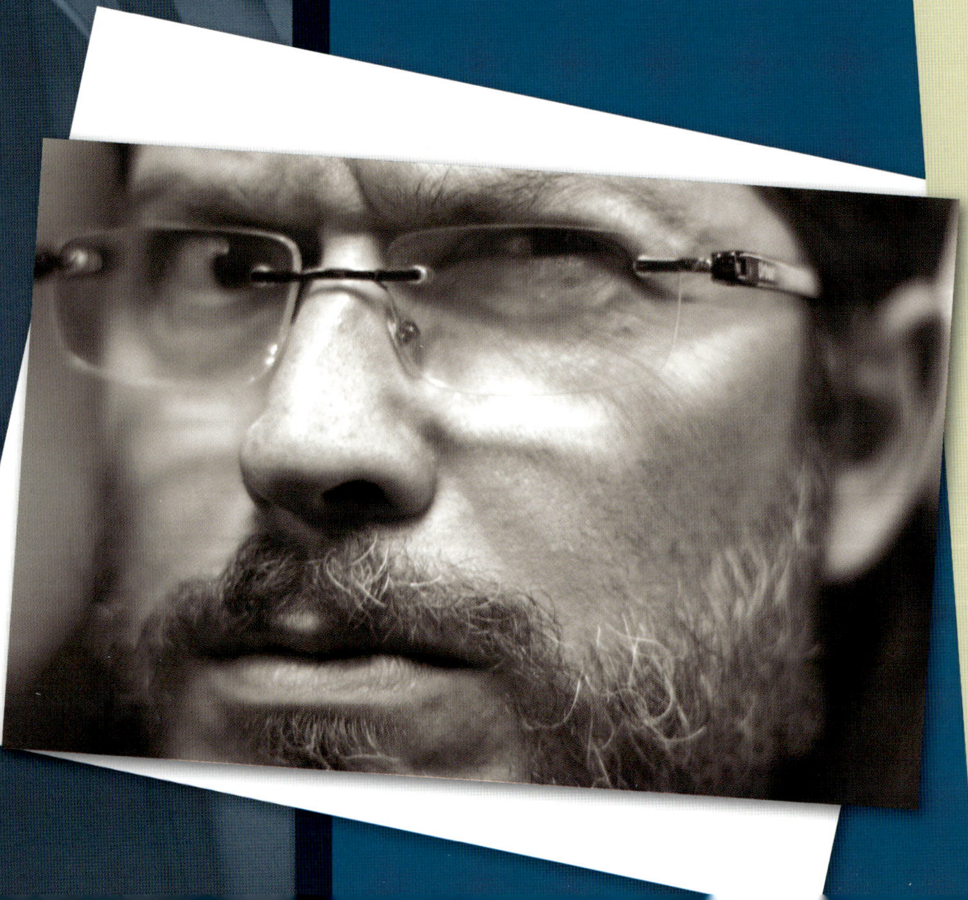

BIOGRAPHIE
Biography

- Double
- Cyrano
- Déclic!?
- O'penzedor!
- Offrandes

2011
- Dice Town: extension
- Dixit Odyssey
- Ghost Stories: Black Secret
- Lost Temple
- Police Party
- Yggdrasil

2012
- River Dragons
- Völuspá

2013
- Geister Geister, Schatzsuchmeister!
- Rampage

2014
- Desperados of Dice Town
- King's Gold
- Medieval Academy

2015
- Yam's naval

2016
- Timeline: Cannes & Cinéma
- Mr. Jack

My name is Pierre Lechevalier, but people have called me Pierô since I was fifteen, and it naturally became my artists' pseudonym. I've been drawing for as long as I can remember, for a variety of reasons including giving people gifts, expressing hard-to-articulate feelings and inventing my own toys.

When I was seven years old, my mother signed me up for art school. Was I the new Mozart of drawing? A budding genius? Not really, I just liked drawing and colouring in, and the idea was to help me do it better. Until I was fifteen, I would spend my Wednesdays tracing, painting and sculpting clay. Photography was another hobby.

I discovered comics at a very early age, and became a devoted fan of three authors: Marcel Gotlib, when I was around eight, and then Hugo Pratt and Arthur Qwack when I was thirteen. From that point on, I wanted to make comic books! Partly to tell stories, but above all, to do signings! At first, I wanted to be a comic artist, which entails drawing but not worrying about the colouring… unlike an illustrator, who does everything.

When this was a glorious failure, I conscientiously dropped out of my art teacher training course (which could have reassured my mother) and spent the next 10 years doing a string of day jobs, including selling comics and video games, and running an Internet café, all the while continuing to draw with the aim of turning professional. I submitted four different comic book projects to publishers, who politely turned them down, and it was just as I was beginning to lose hope that a combination of luck and years of dogged self-belief would see me wake up one morning as an illustrator.

The idea for this book came to me when I realised that I have been a professional board game illustrator for 10 years. Why do I need to mention board games? Well, my mother, for example, still doesn't really understand what I do for a living and she's not the only one! Despite growing strongly in recent years, the board game industry still hasn't gone mainstream. As well as sharing some images rarely seen at this scale, stripped of all the information needed for the game mechanics, this book also gives me an opportunity to better explain my profession (and those of my game design and publishing counterparts) and give an idea of what goes on behind the scenes.

Is 10 years a long time to spend doing a job that few people understand or take seriously? The answer is Yes and above all No! My career has brought me a series of opportunities that I've always tried to seize with pleasure and enthusiasm, including meeting interesting people, working on fantastic games, doing those signings I dreamed about… Ten years ago, I was lucky enough to experience a magic moment as I watched people playing with my drawings.

In that instant, I realised that this was what I wanted to do, and for as long as possible.

Pierô

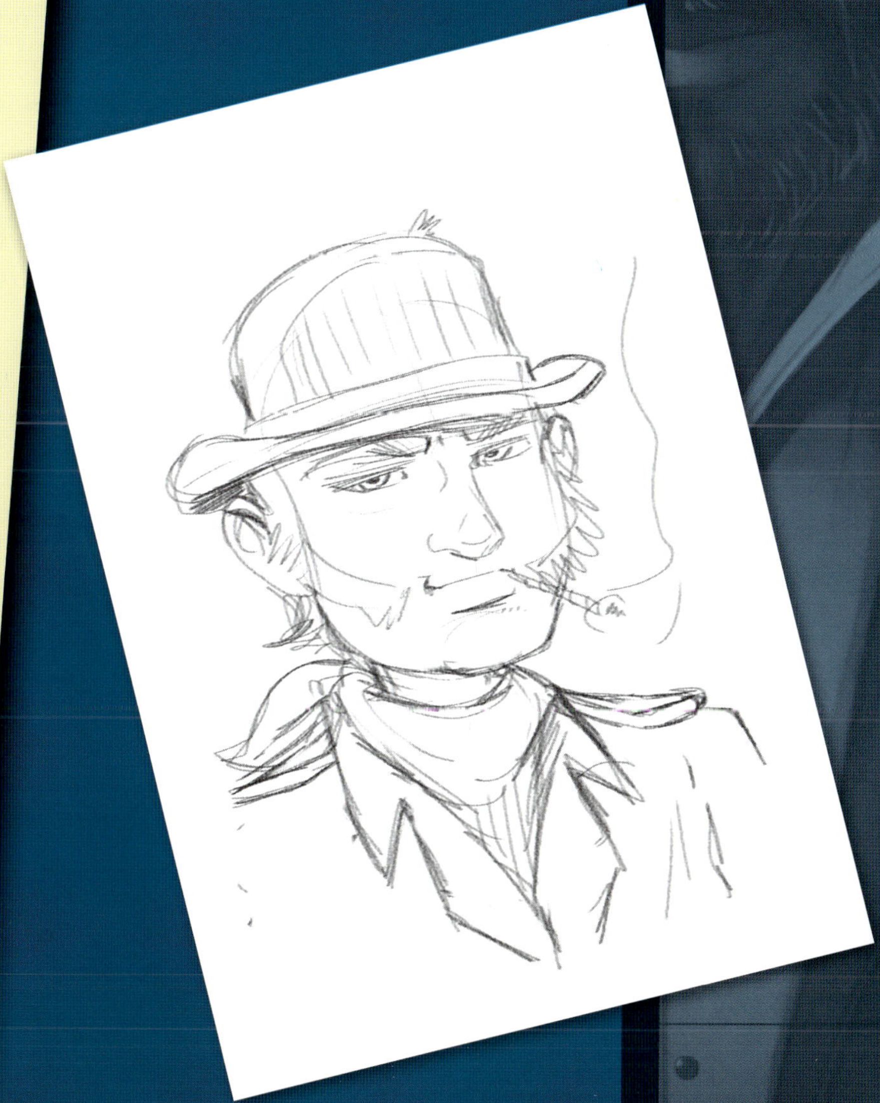

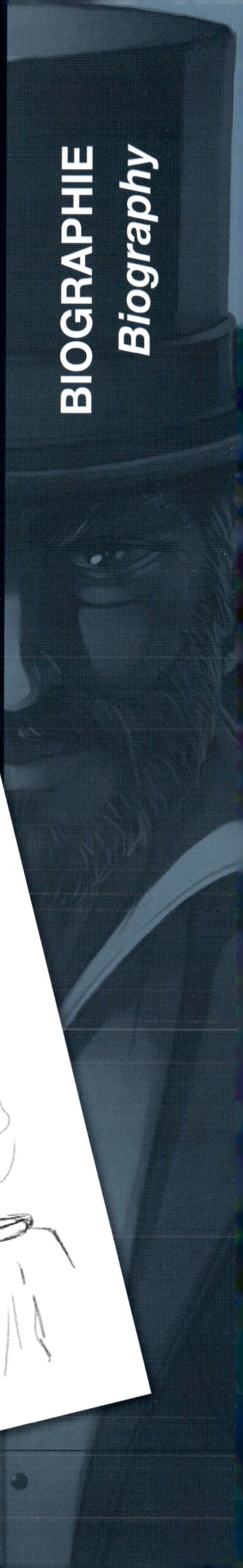

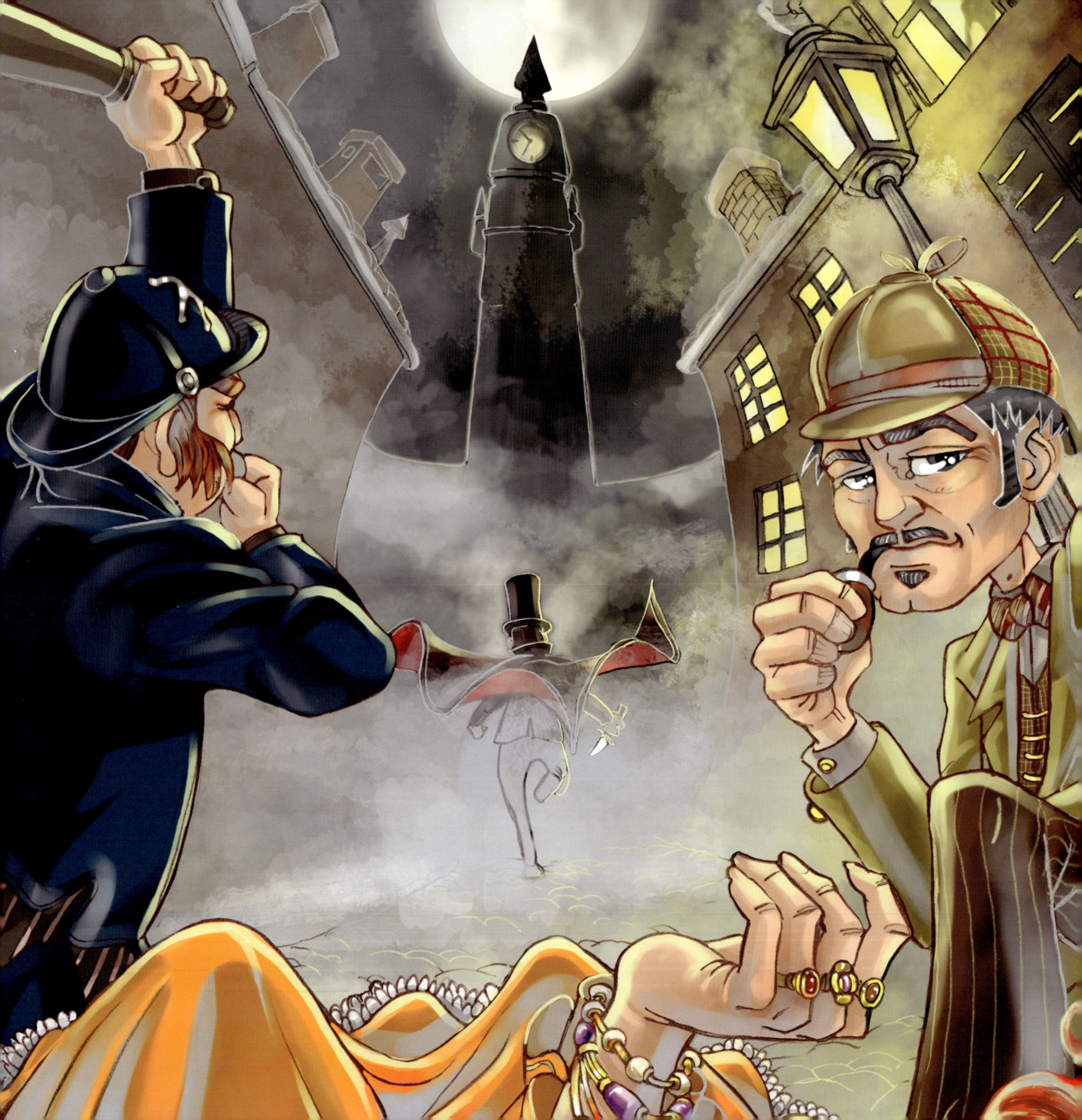

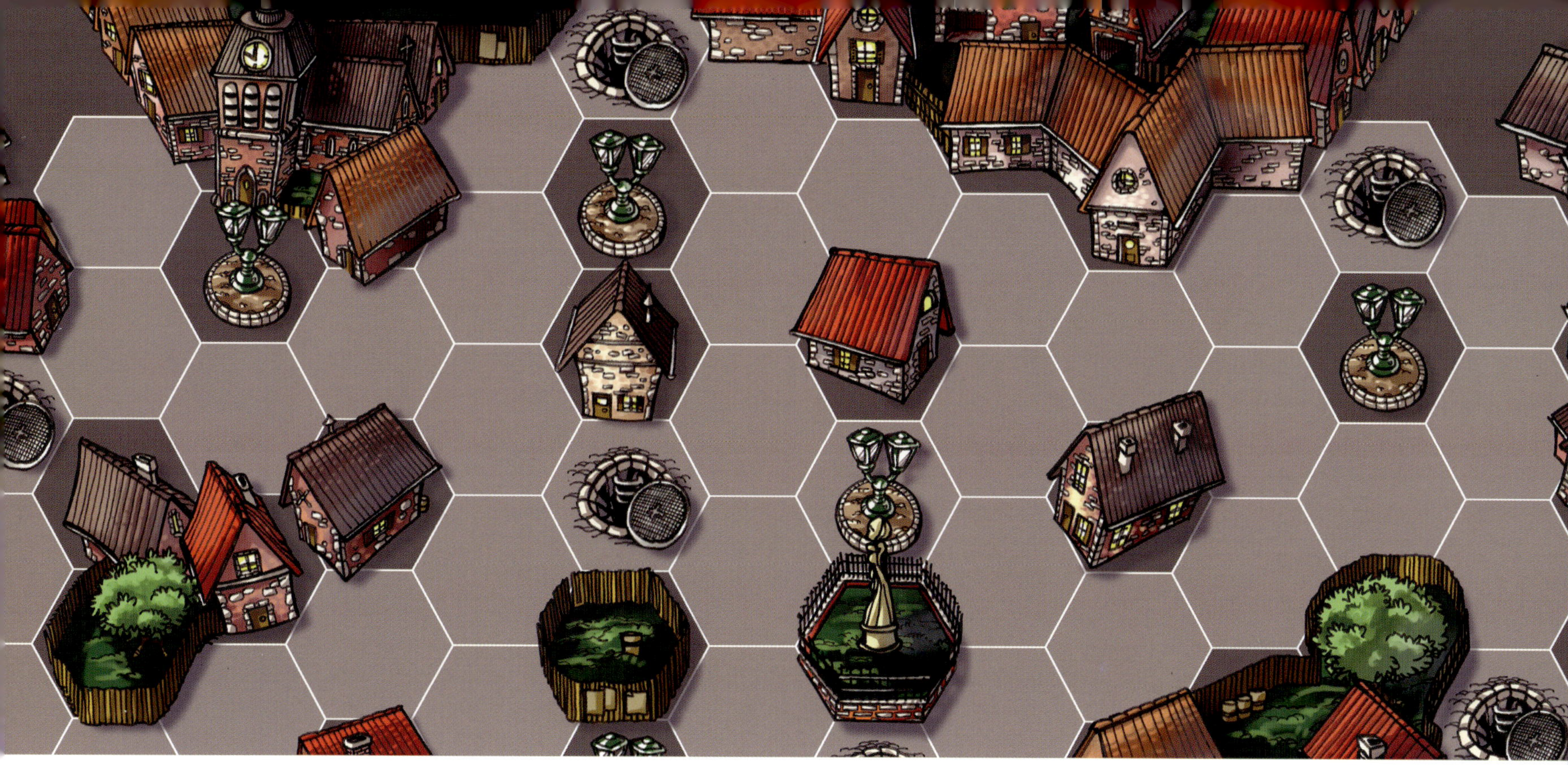

UNE OMBRE SUR WHITECHAPEL

Bruno Cathala
Ludovic Maublanc
Neuroludic
2005

En 2005, je travaille dans un cybercafé et griffonne sur des carnets entre deux clients. Le soir, j'adresse aux éditeurs des planches de bandes dessinées, car je rêve de devenir Gotlib à la place de Gotlib.

Sinon, je m'amuse à gribouiller ma table de joueurs réguliers, dans des univers liés au jeu du moment, afin de tenir un blog ludique. Détournant des cartes des **CHEVALIERS DE LA TABLE RONDE**, de Serge Laget et Bruno Cathala, je demande à ce dernier l'autorisation d'utiliser leur maquette pour mon blog. Il me redirige vers *Days of Wonder*, l'éditeur. Mais ce que je lui adresse l'amuse. Il me propose d'illustrer un jeu créé avec Ludovic Maublanc, édité de façon artisanale chez *Neuroludic*. Pas de budget, mais une vraie opportunité de collaborer avec deux auteurs talentueux : l'offre ne se refuse pas.

Travaillant sur papier pour le dessin et réalisant la couleur à l'ordinateur et à la souris à l'époque, je découvre les contraintes liées au métier d'illustrateur, et en particulier de jeux de société. Réaliser que certains éléments doivent être moches pour favoriser la jouabilité… Les débuts sont aussi rudes que passionnants.

Je ressens encore l'ivresse, quelques mois plus tard, de recevoir les premières boîtes, puis de découvrir le bel accueil réservé au jeu et à ses illustrations. Le plaisir d'entrer dans un univers sympathique, peuplé de gens qui le sont tout autant. Au-delà du fabuleux souvenir, **UNE OMBRE SUR WHITECHAPEL** représente un préambule à ma carrière dans le monde du jeu.

Back in 2005, I was working in an Internet café, scribbling on sketch pads between customers. In the evenings, I would send publishers comic strips because my dream was to out-Gotlib Gotlib.

Apart from that, I enjoyed sketching my regular group of gaming friends for a board game blog, picturing them in settings inspired by whatever game we were playing at the time. I parodied some cards from Serge Laget and Bruno Cathala's **SHADOWS OVER CAMELOT**, and asked Bruno Cathala for permission to use their template on my blog. He referred me to the publisher, *Days of Wonder,* but was amused by what I had sent him and asked me if I would like to illustrate a game that he was designing with Ludovic Maublanc, which would be micro-published by *Neuroludic.* There was no budget, but this was a great opportunity to work with two talented game designers, so I jumped at the offer.

Working on paper for the drawings but using a computer and mouse for the colour work, I learned a lot about the constraints of being an illustrator, in particular for board games. For example, I realised that sometimes, things had to be ugly for the sake of playability… Starting out was tough yet fascinating!

I can still feel the exhilaration of receiving the first boxes a few months later, and seeing how well the game and its artwork were greeted by the public. The pleasure of working in a fun environment with friendly people. As well as some fantastic memories, **UNE OMBRE SUR WHITECHAPEL** brought me a foretaste of my career in the board gaming world.

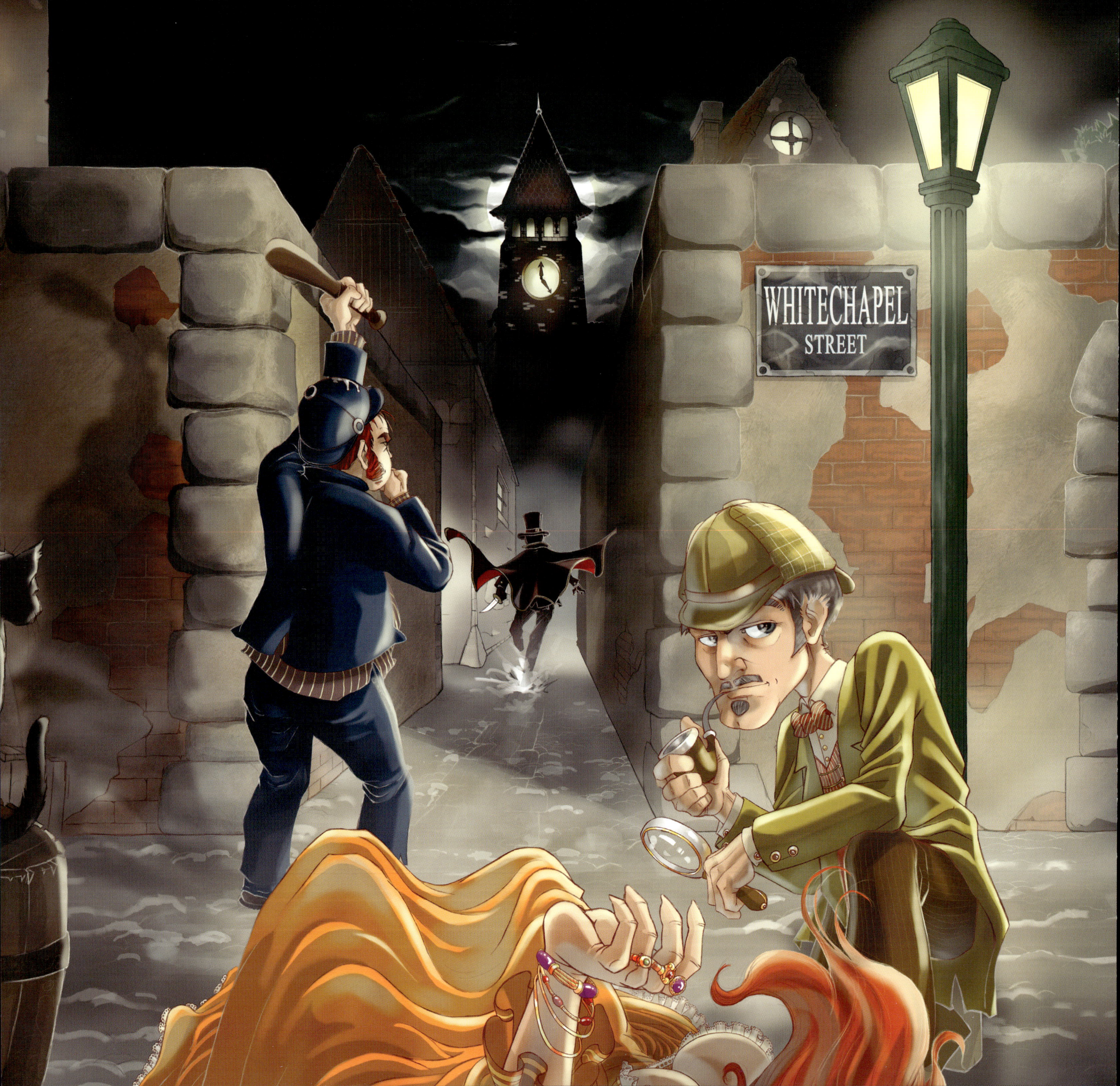
WHITECHAPEL
STREET

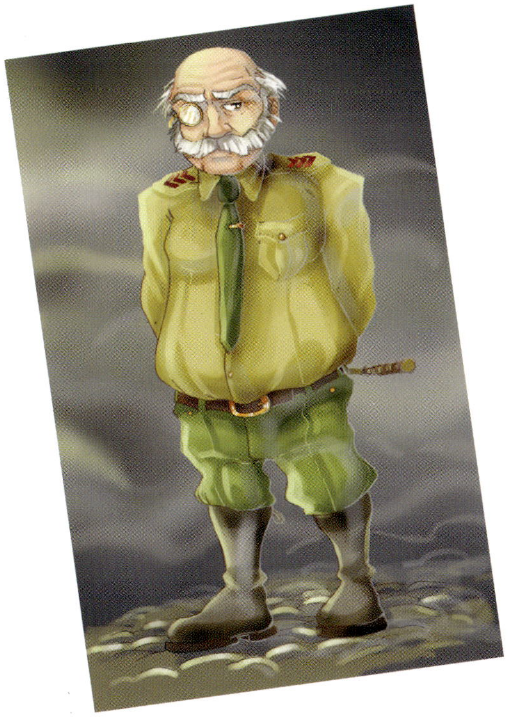

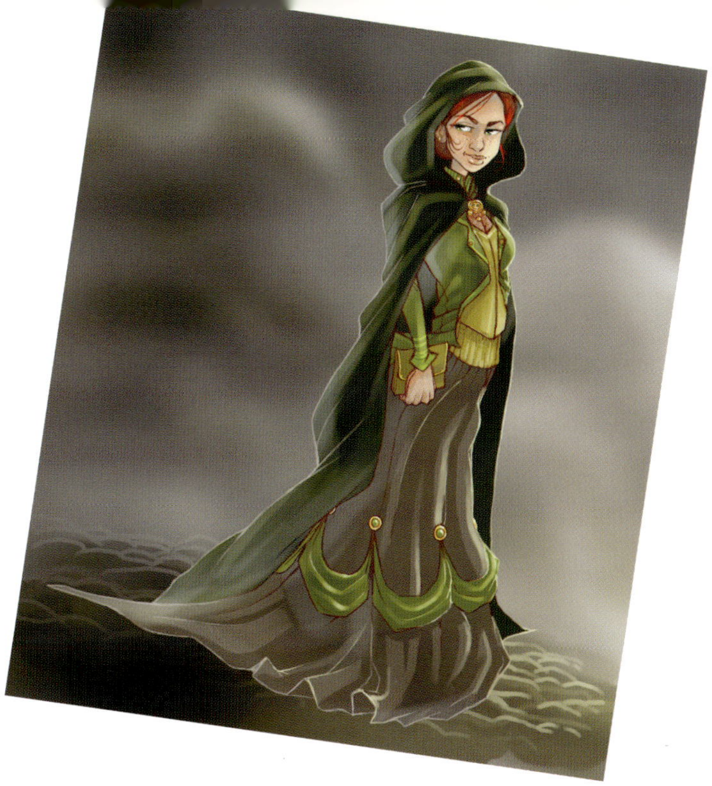

Mr. Jack, c'est le début… Le jeu qui propulse mon travail sur les étagères des boutiques, qui m'amène à Essen et lance ma carrière.

Les principales modifications entre le jeu d'*Hurrican* et celui de *Neuroludic* sont graphiques. Un des personnages masculins, Sir Thomas Arnold, est remplacé par une femme, Miss Stealthy, et à mon sens, on y gagne clairement au change. Visuellement, le vieux Sir ne faisait pas l'unanimité et son pouvoir était jugé trop faible. La demoiselle – outre sa capacité à traverser les cases infranchissables comme son prédécesseur – avance, elle, d'une case supplémentaire.

La couverture du jeu change aussi, les dimensions étant plus grandes, on la repense entièrement. De plus, l'éditeur veut que l'illustration se prolonge sur les côtés de la boîte. Ainsi, peu importe la présentation en magasin (de face ou sur la tranche), l'esthétique fonctionne à coup sûr. Au regard des contraintes techniques imposées, je mets du temps à trouver l'idée excellente.

Au final, les différences fondamentales entre les deux versions du jeu sont : le nom et la volonté d'en faire un jeu international. **Mr. Jack** est compréhensible à tous et sans traduction. Cela implique l'abandon du texte sur les cartes au profit d'icônes. Un nouvel exercice pour moi, et pas des plus simples, car il me faut être précis, lisible autant que possible et compris d'emblée.

Bref, **Mr. Jack**, c'est le début, le vrai. De ma carrière, de mon amitié avec Bruno et Ludo, de mes premières dédicaces et l'occasion de ce livre… dix ans après.

Things really got started with **Mr. Jack**, the game that would put my work on game store shelves, take me to Essen and launch my career.

The main changes between the games respectively published by *Hurrican* and *Neuroludic* were graphic in nature. One of the male characters, Sir Thomas Arnold, was replaced by a woman, Miss Stealthy. In my opinion, this change was definitely for the better. Visually, old Sir Arnold was not universally appreciated, and players considered his unique ability underpowered. As well as being able to cross impenetrable squares like her predecessor, the young lady could move an extra square.

The game's cover also changed. As the new edition had a larger box, the cover art was completely reworked. The publisher also wanted the artwork to wrap around onto the box sides, to ensure the proper visual impact regardless whether the game is presented face-front or side-on on store shelves. Considering the technical restrictions this entailed, it took me a while to agree that this was an excellent idea.

Ultimately, the fundamental differences between the two versions of the game concerned the name and the desire to market the game internationally. **Mr. Jack** could be understood by anybody with no need for translation. This required the text on the cards to be replaced with icons. This was a new departure for me, and not as easy as you might think, as I had to be precise and use symbols that were easy to read and understand at a glance.

Mr. Jack was the real starting point. For my career, for my friendship with Bruno and Ludo, my first signings… and even, 10 years later, this book.

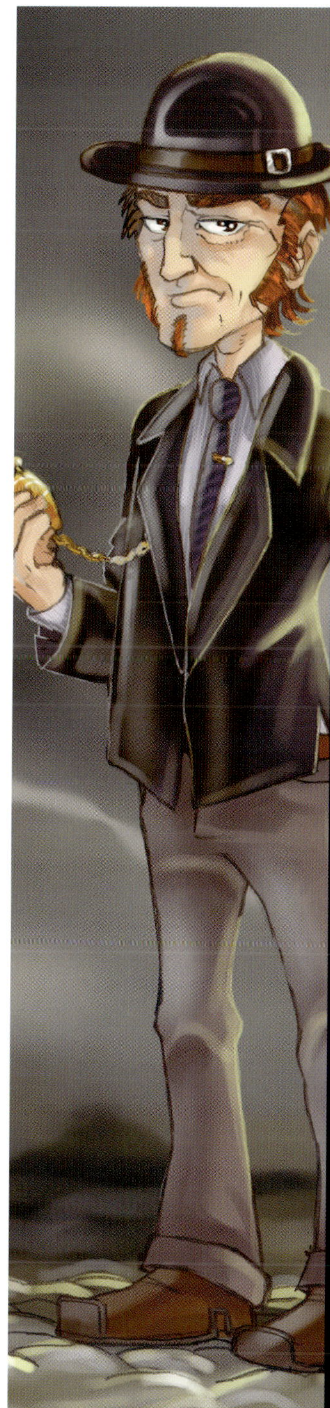

MR. JACK

Bruno Cathala
Ludovic Maublanc
Hurrican
2006

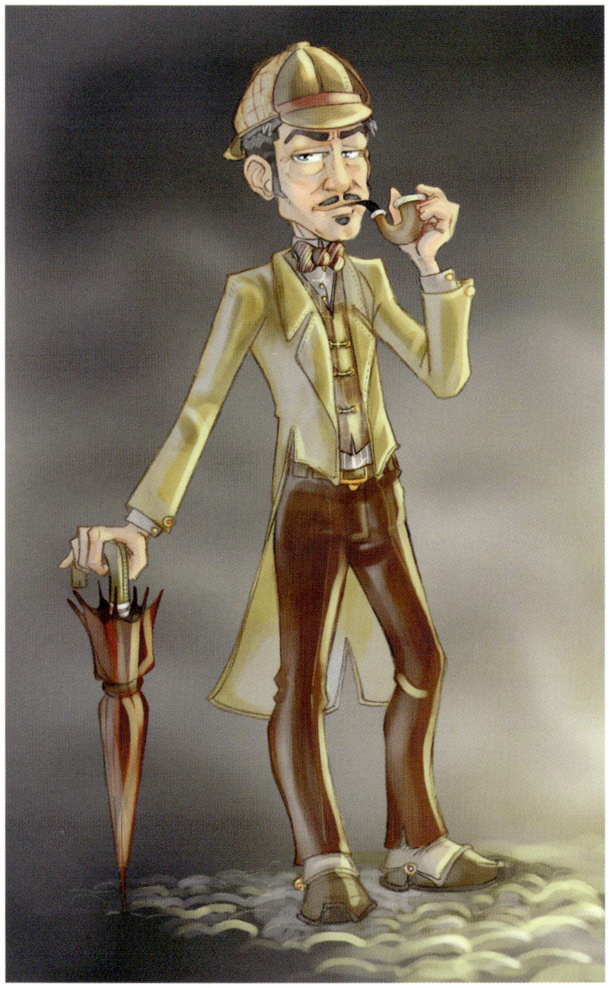
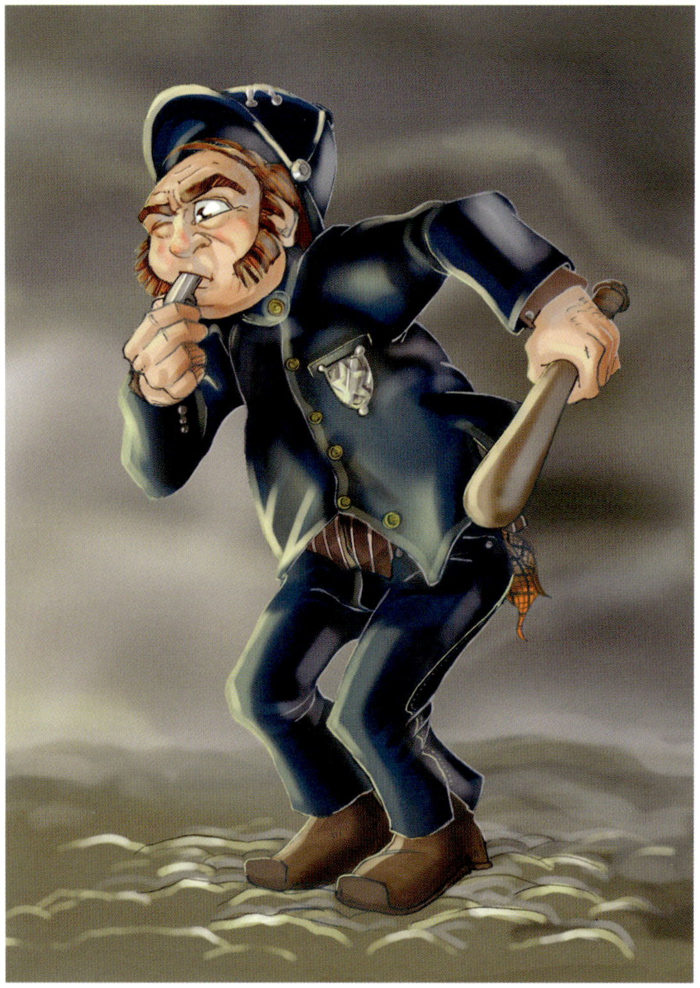
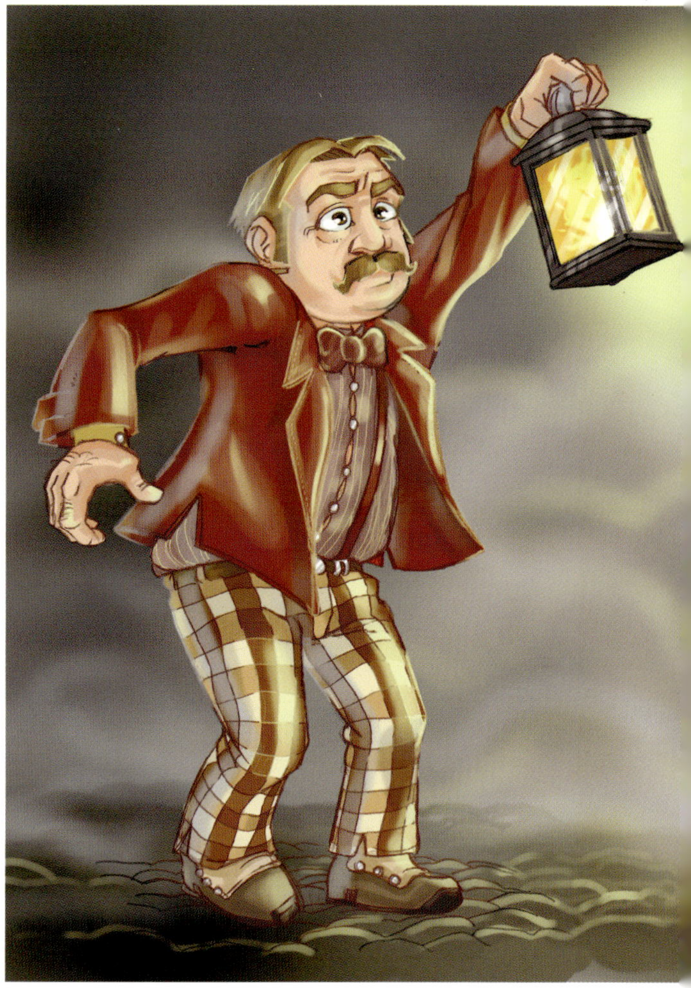
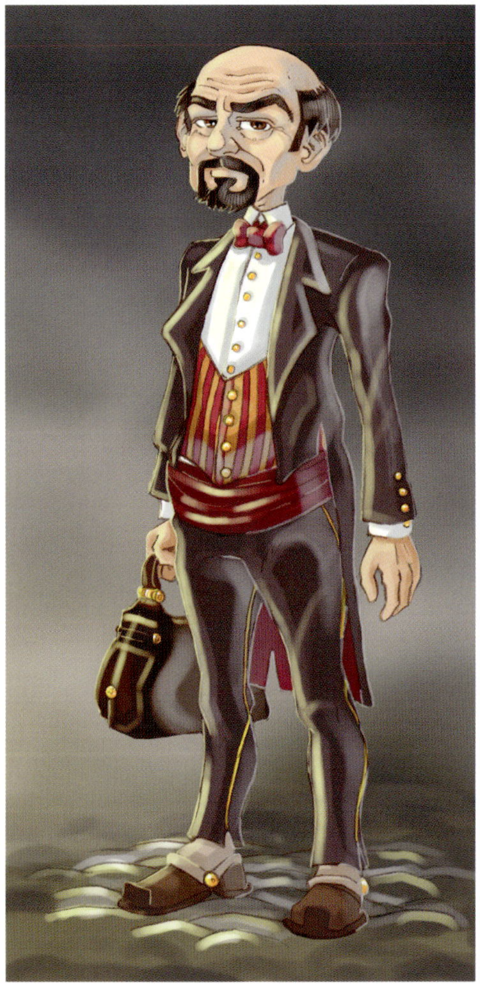
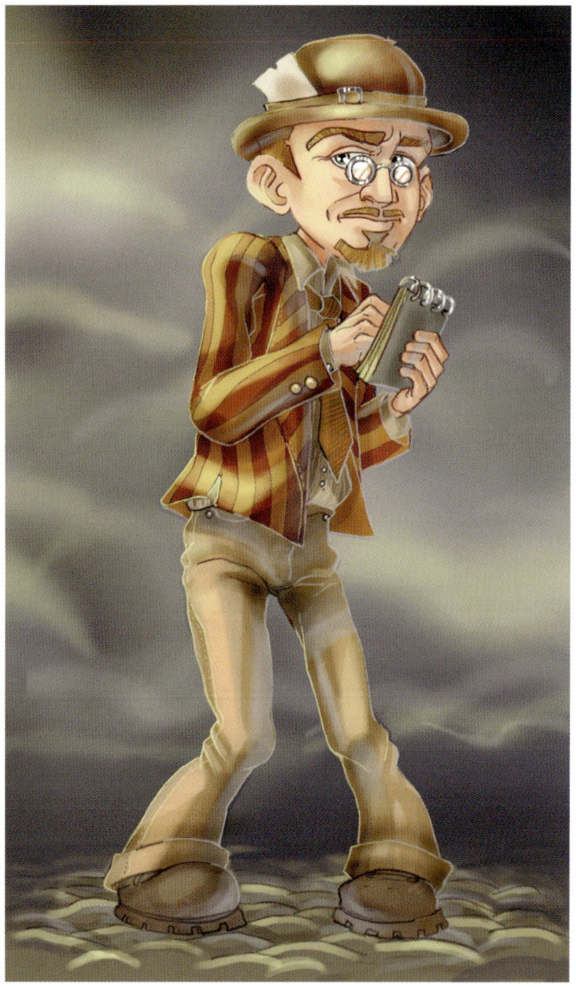
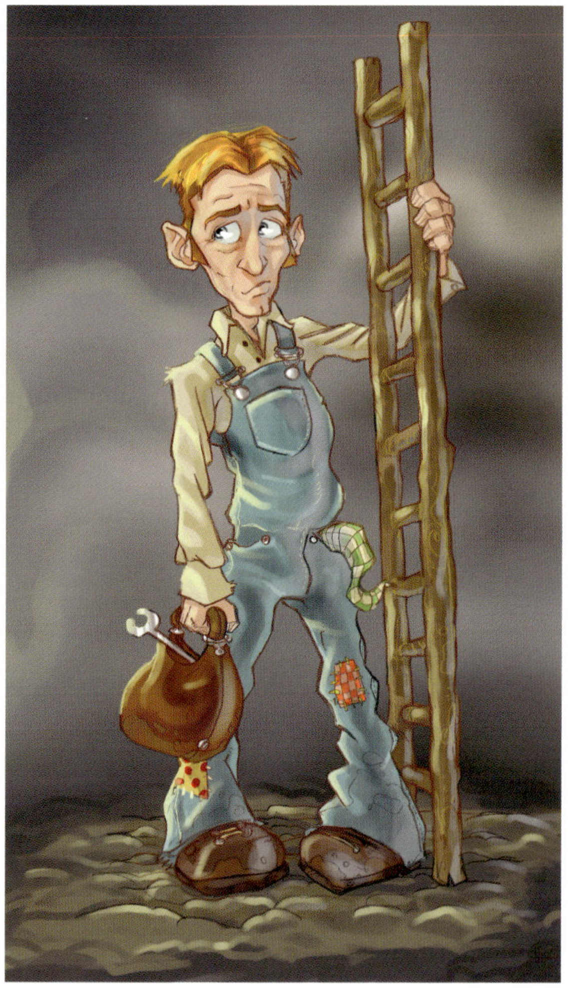

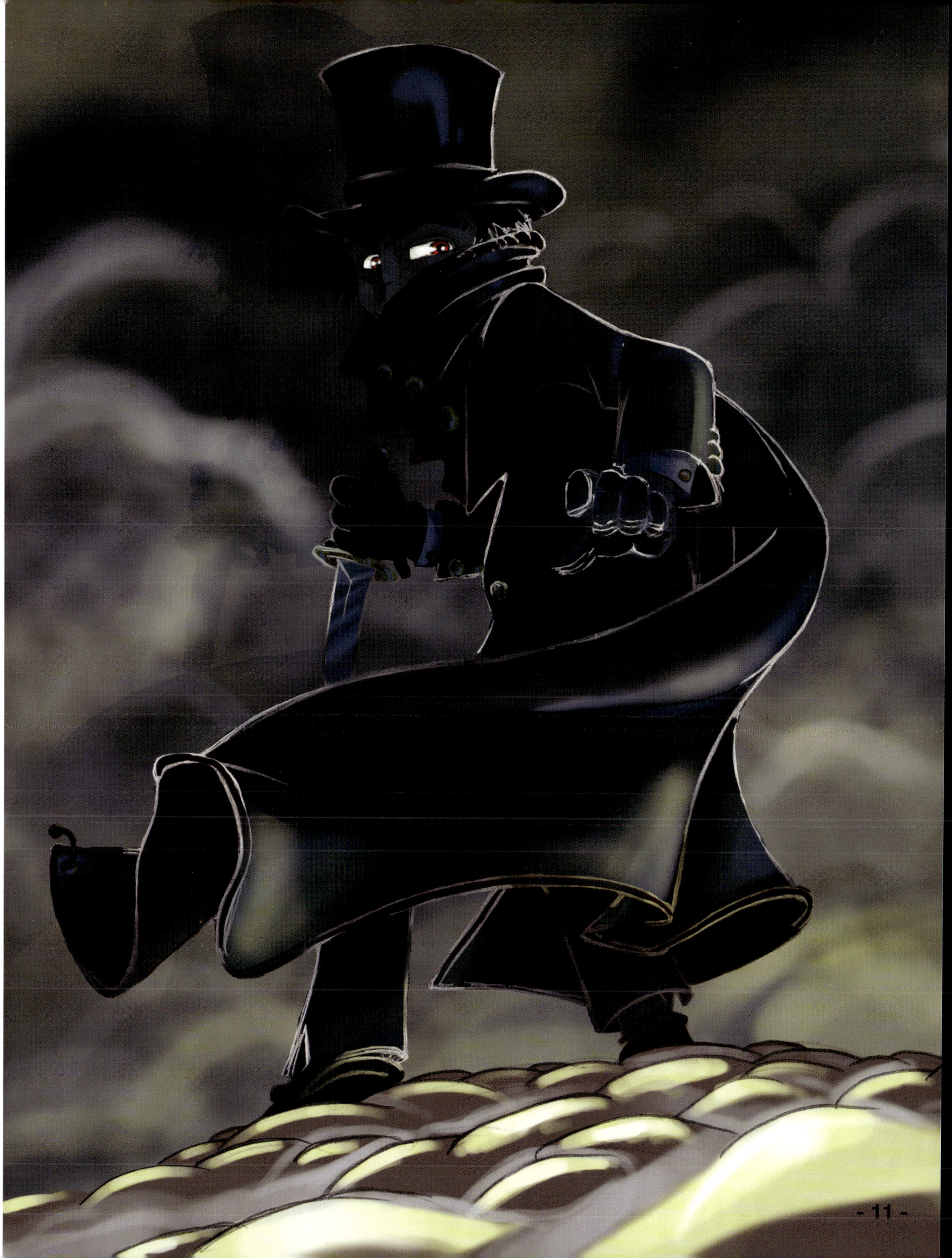

MR. JACK

Bruno Cathala
Ludovic Maublanc
Hurrican
2006

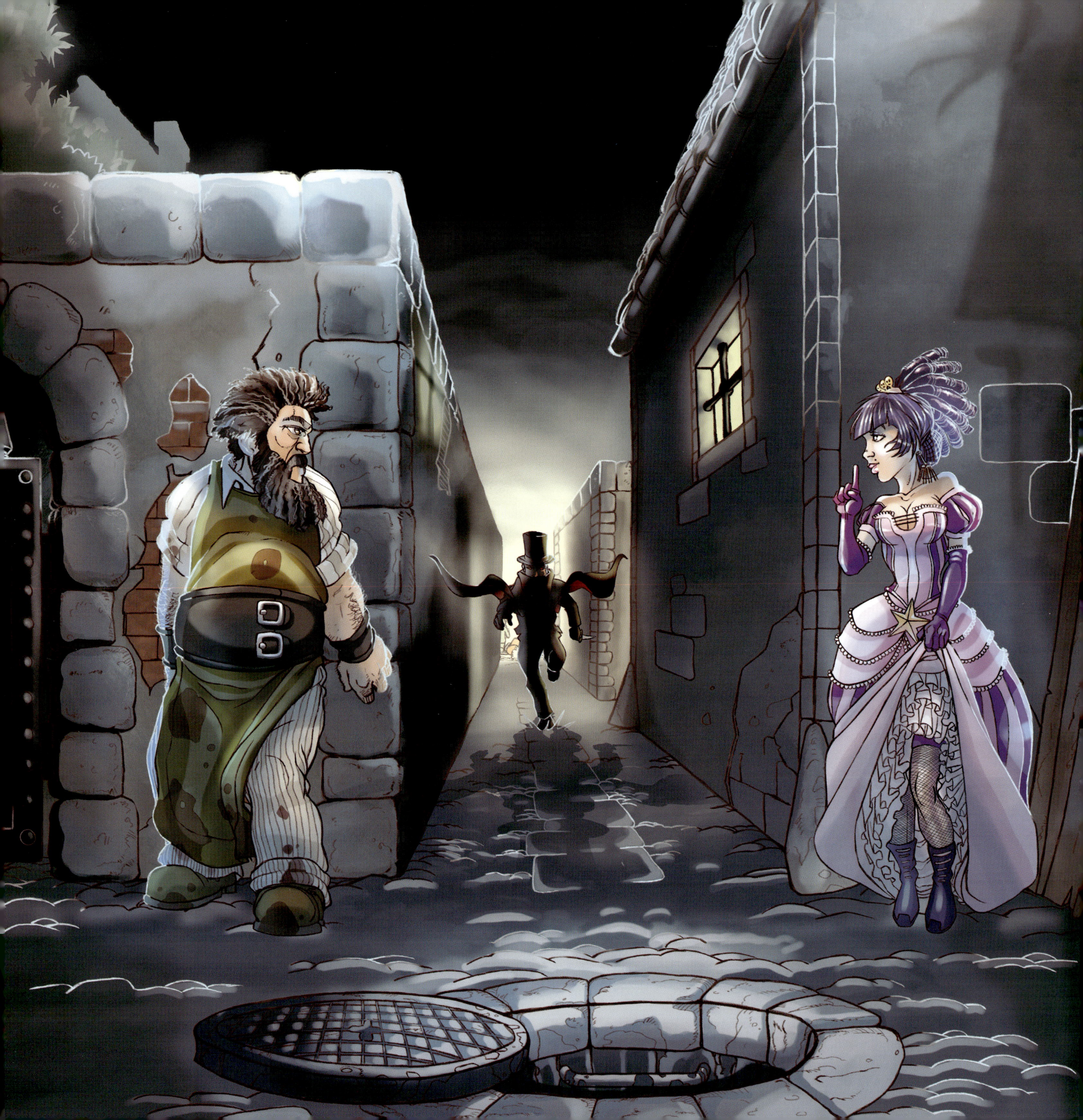

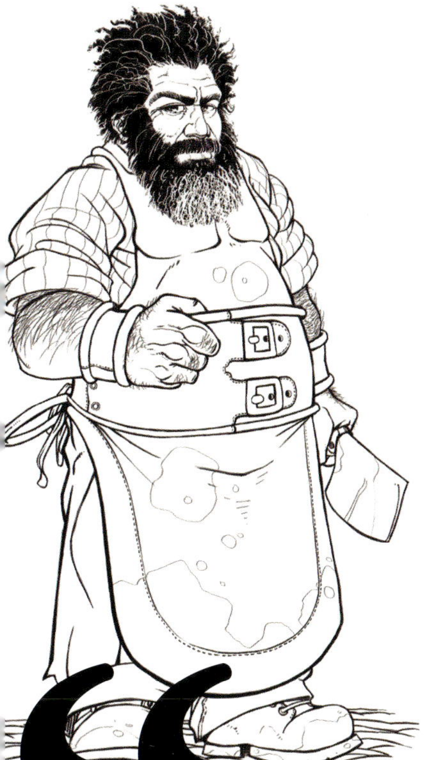

“

J’en profite pour dessiner mon éditeur en anarchiste et Malcolm Braff (auteur, éditeur de GameWorks) en boucher !

I took this opportunity to draw my publisher as an anarchist and Malcolm Braff (a game designer and publisher with GameWorks) as a butcher!

”

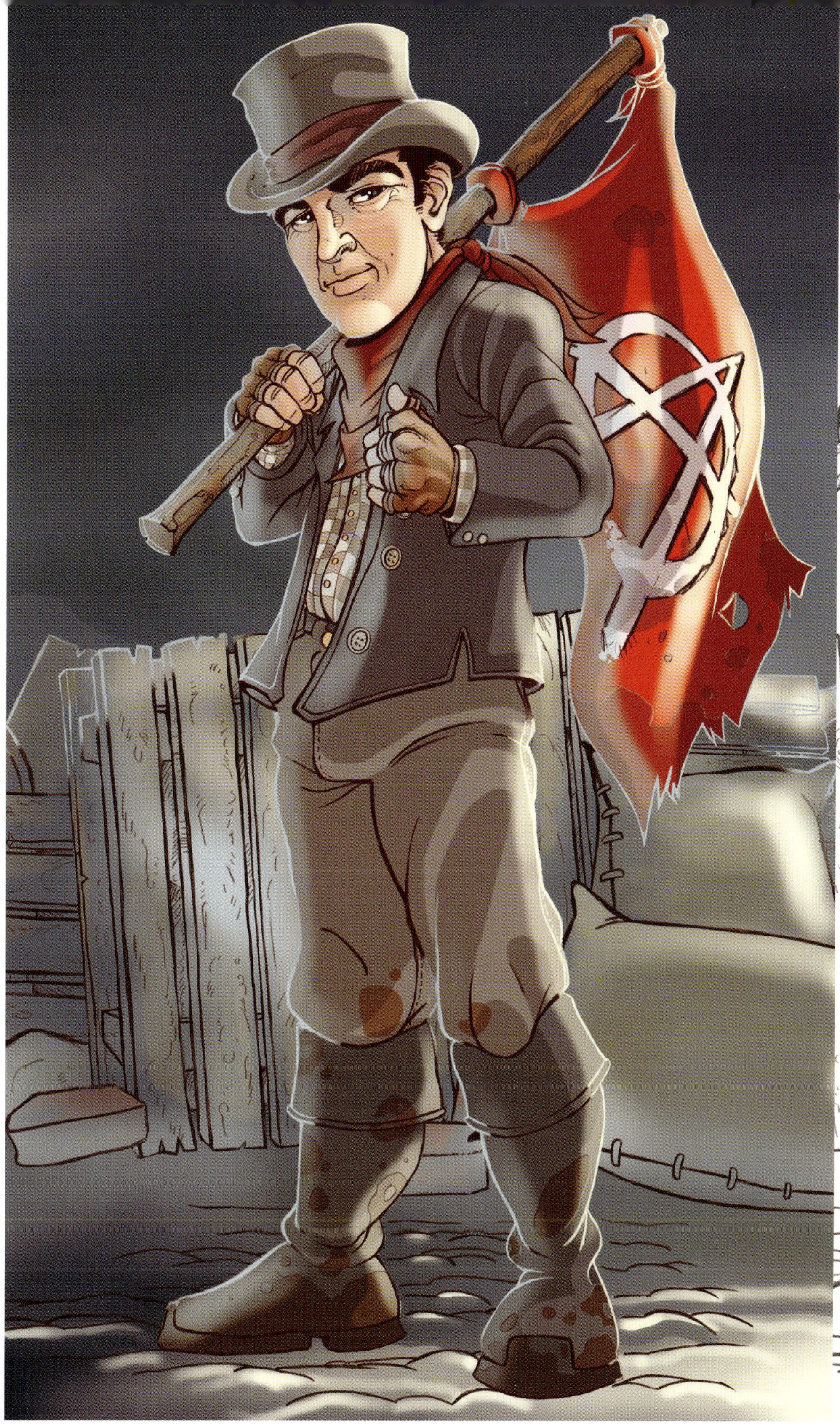

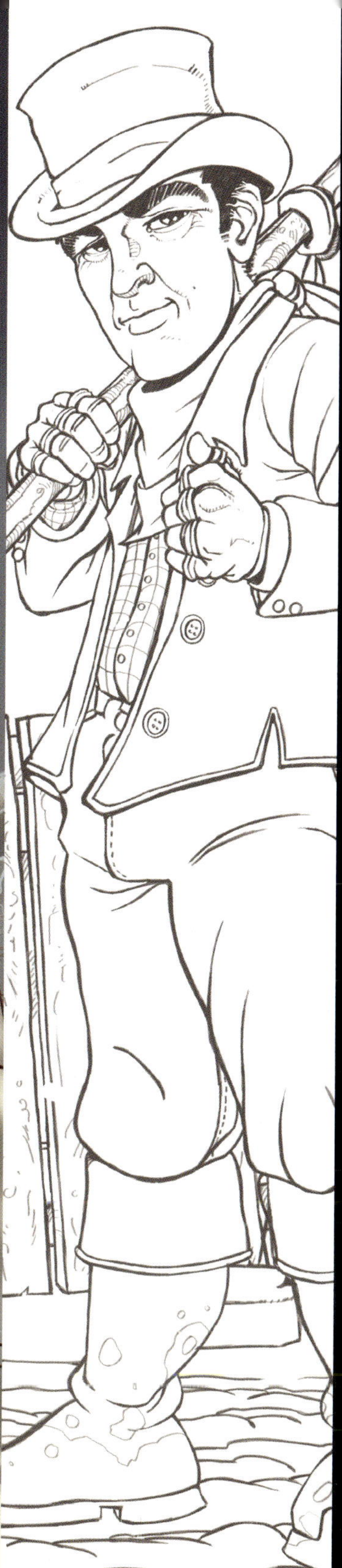

MR. JACK
Extension / Expansion

Quelques mois après la sortie de **MR. JACK**, le succès du jeu s’installant assez vite, Bruno et Ludo — encouragés par Yves Menu, l’éditeur — décident de créer une extension avec de nouveaux personnages. Par ailleurs, la boîte de l’extension posée dos à dos avec celle du jeu de base montre l’envers du décor de la première illustration. Une belle galère, mais un beau souvenir.

A few months after **MR. JACK** was released, with the game quickly becoming a success, Bruno and Ludo – encouraged by Yves Menu, the publisher – decided to create an expansion with some new characters. The idea was that placing the expansion’s box back-to-back with the basic game. A nightmare to draw, but a nice memory!

Bruno Cathala
Ludovic Maublanc
Hurrican
2007

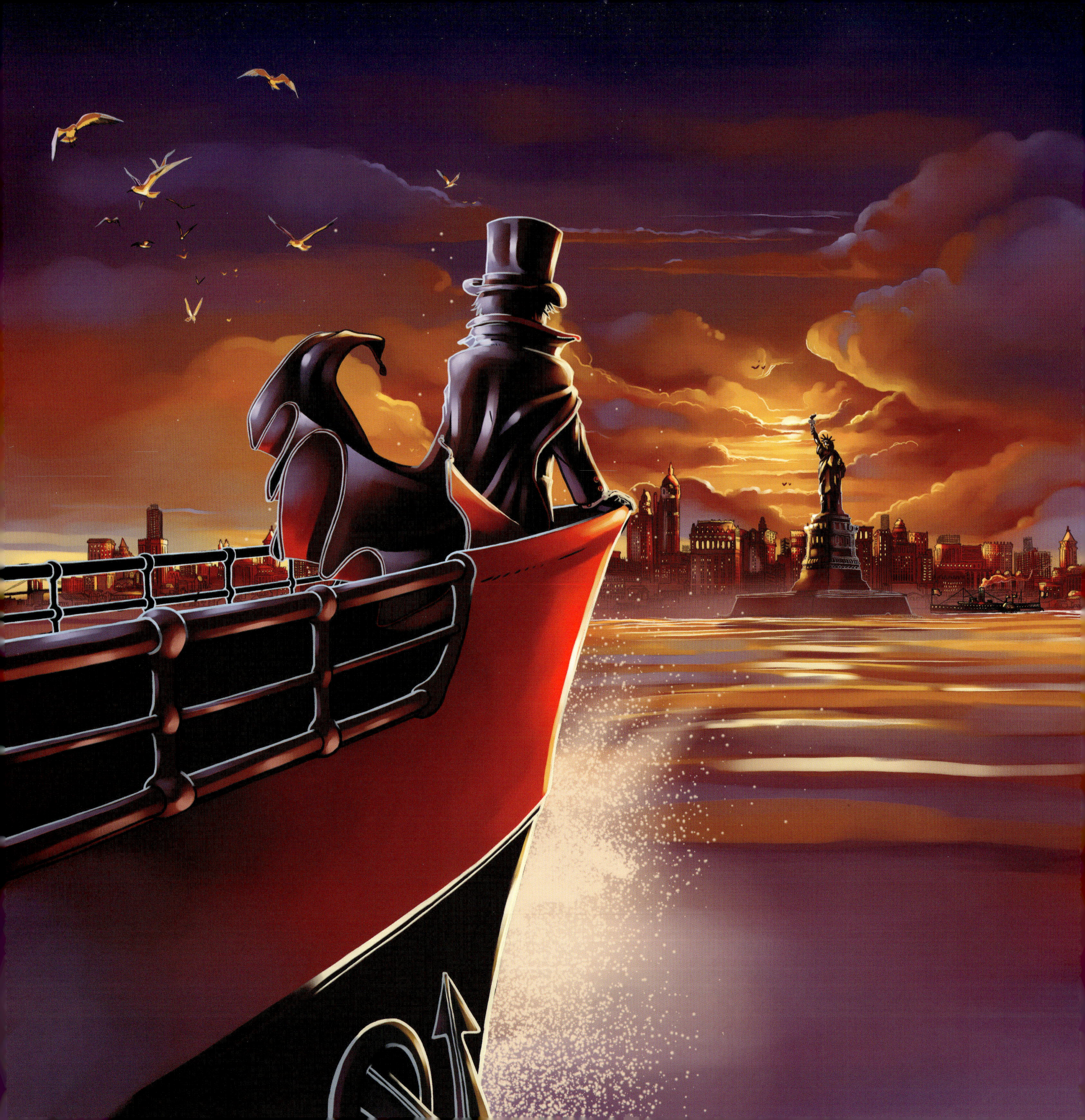

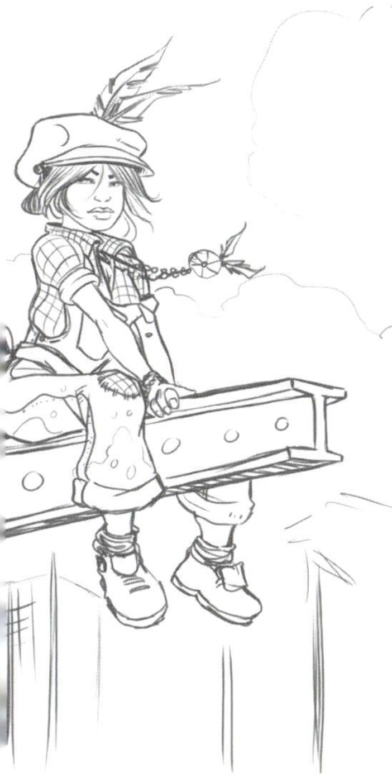
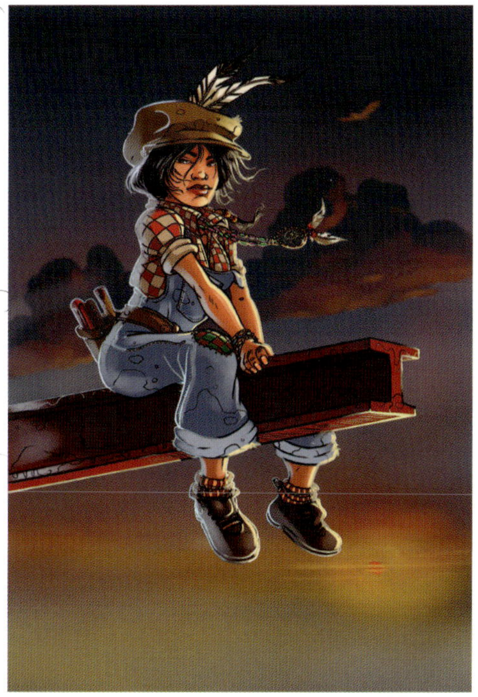
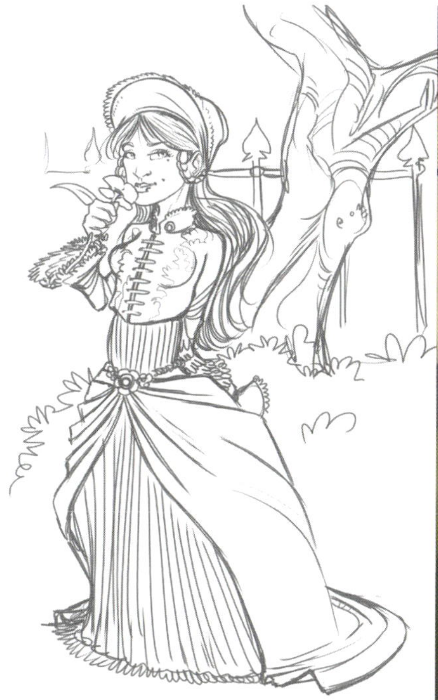
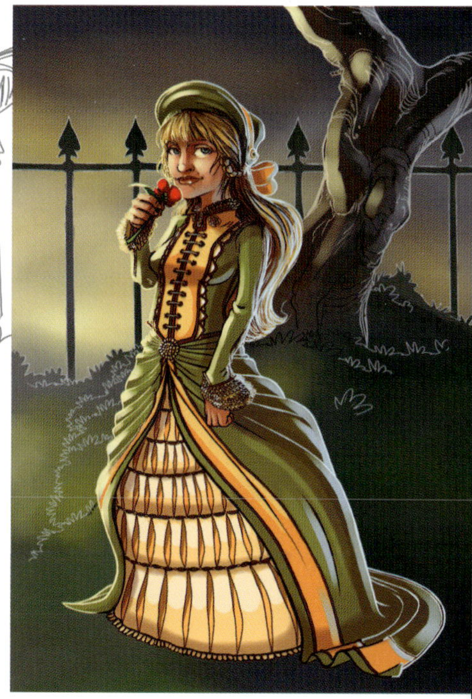

MR. JACK IN NEW YORK

Bruno Cathala
Ludovic Maublanc
Hurrican
2009

Deux ans après l'extension du jeu de base, les auteurs développent une version plus complexe. Si le cœur des mécanismes demeure, la différence réside dans la création par les joueurs du plateau au fur et à mesure de la partie, à l'image de la construction de New York où les gratte-ciels poussaient comme des champignons. Un plateau vide et terriblement compliqué à concevoir exigeant beaucoup de recherches. Je veux des bâtiments les plus réalistes possible et les auteurs, quant à eux, souhaitent des personnages qui à l'instar du jeu de base restent proches d'individus de l'époque. Merci Internet, cette considérable source d'informations, pour tous ces allers-retours à la bibliothèque évités.

Mr. Jack in New York ou le jeu aux trois couvertures. Comme une évidence, une image s'impose à moi et je m'obstine à vouloir la garder. Je la finis sans la montrer ni aux auteurs ni à l'éditeur. *Hurrican* apprécie d'avoir plusieurs propositions, ainsi je réalise d'autres croquis. Ces nouvelles images me plaisent, mais pas autant que la première. Les deux autres suggestions partent du même postulat : Jack, comme unique personnage et le reste de l'image pour New York. Mais à force de débats, l'éditeur propose de les mener à bout toutes les trois pour illustrer : la boîte, la couverture du livre de règles ainsi que son dos.

Nombre de joueurs chevronnés considèrent que c'est la meilleure version de **Mr. Jack**. En ce qui me concerne, c'est trop stratégique. Cette couverture représente l'une de mes préférées, très proche de mon idée de départ.

Two years after the expansion to the basic game, the designers developed a more complex version. Although the core mechanisms were unchanged, the game differed in that the players built the board as the game progressed, mirroring the construction of New York, where skyscrapers would spring up like mushrooms. The board was very empty and terribly complicated to design, requiring a great deal of research. I wanted buildings that looked as lifelike as possible, and the designers wanted characters that, as in the basic game, resembled individuals from the period. I have to thank the Internet – a real mine of information – for saving me countless trips to the library.

Mr. Jack in New York, or the game with three covers. An image entered my mind that seemed an obvious choice and I was determined to keep it. I finished the picture without showing it to either the designers or the publisher. *Hurrican* likes to receive several proposals, so I produced some other sketches. I liked these new images, but not as much as the first one. The other two suggestions shared the same basic concept, featuring Jack as the only character, with the rest of the image devoted to New York. After much debate, the publisher asked me to finish all three, to illustrate the box and the rulebook's front and back covers.

Many experienced gamers consider this to be the best version of **Mr. Jack**. Personally, I find it too strategic. This is one of my favourite covers, very close to my original idea.

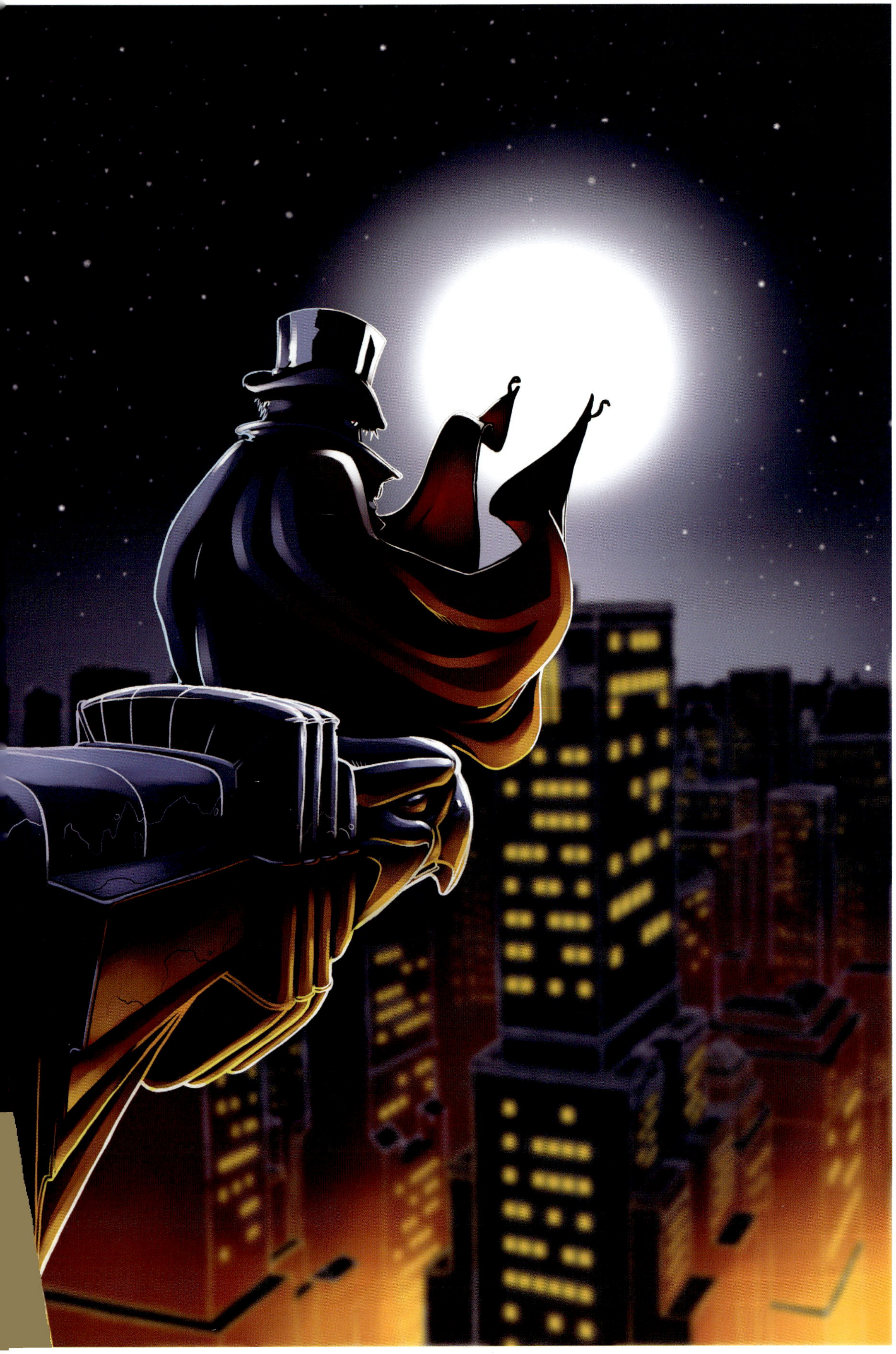

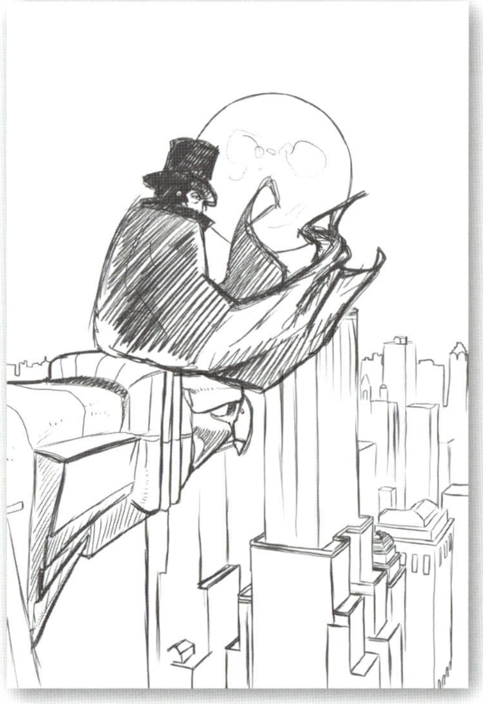

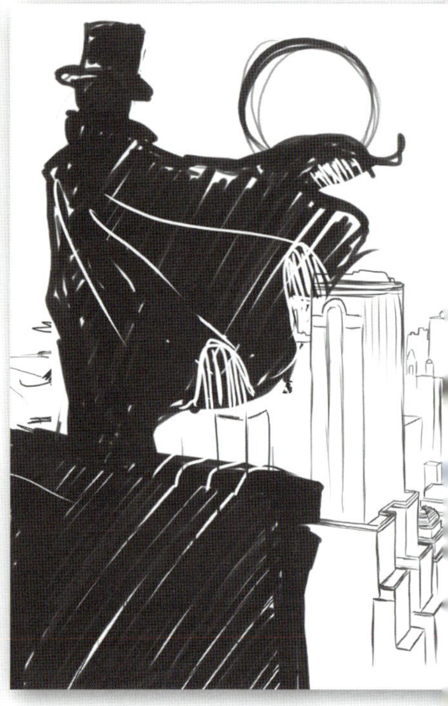

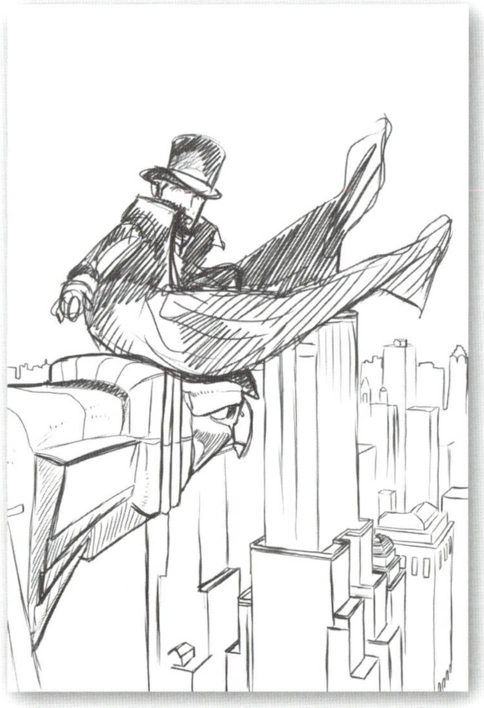

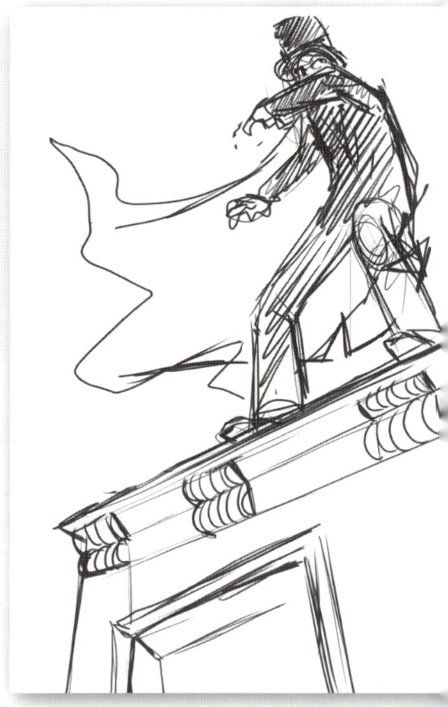

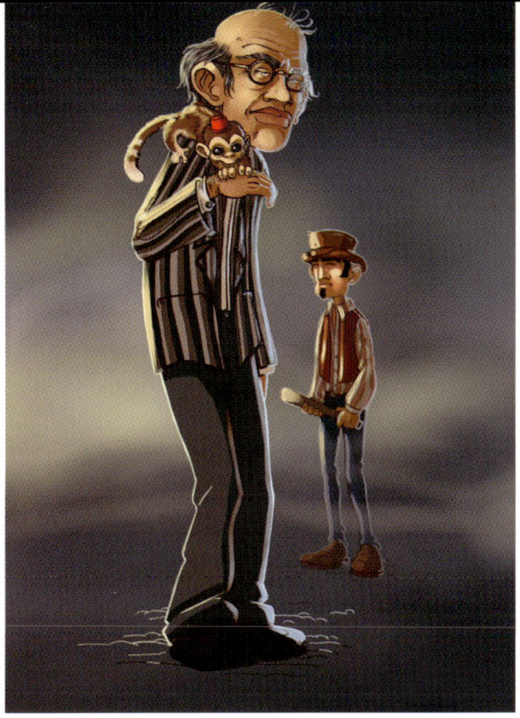

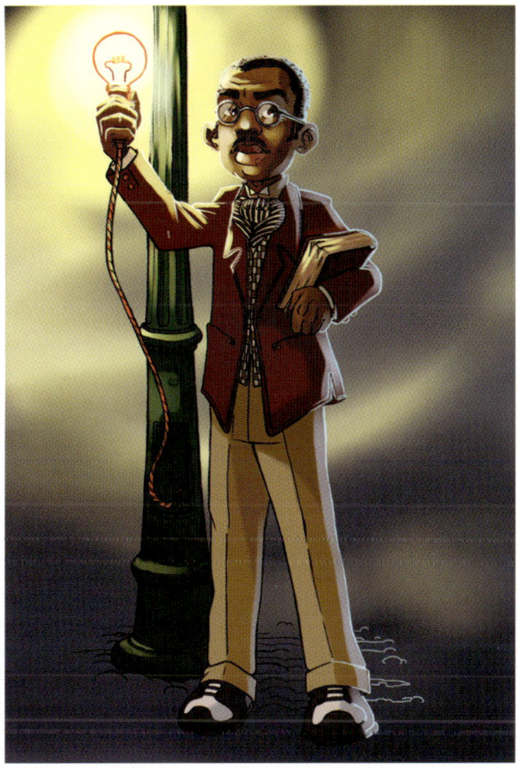

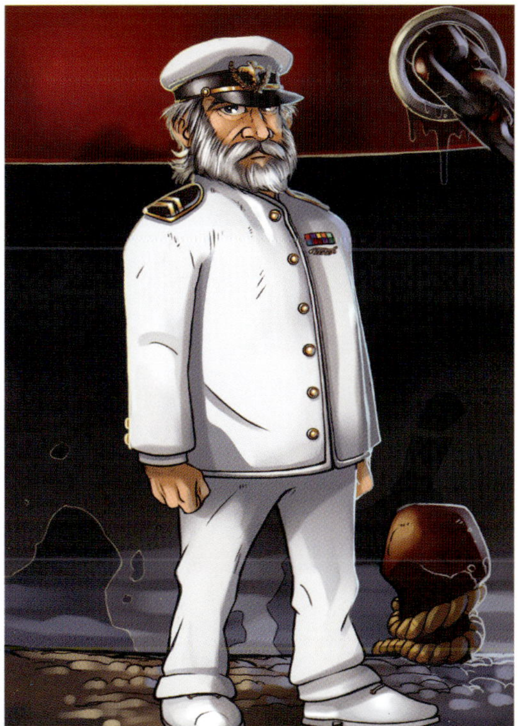

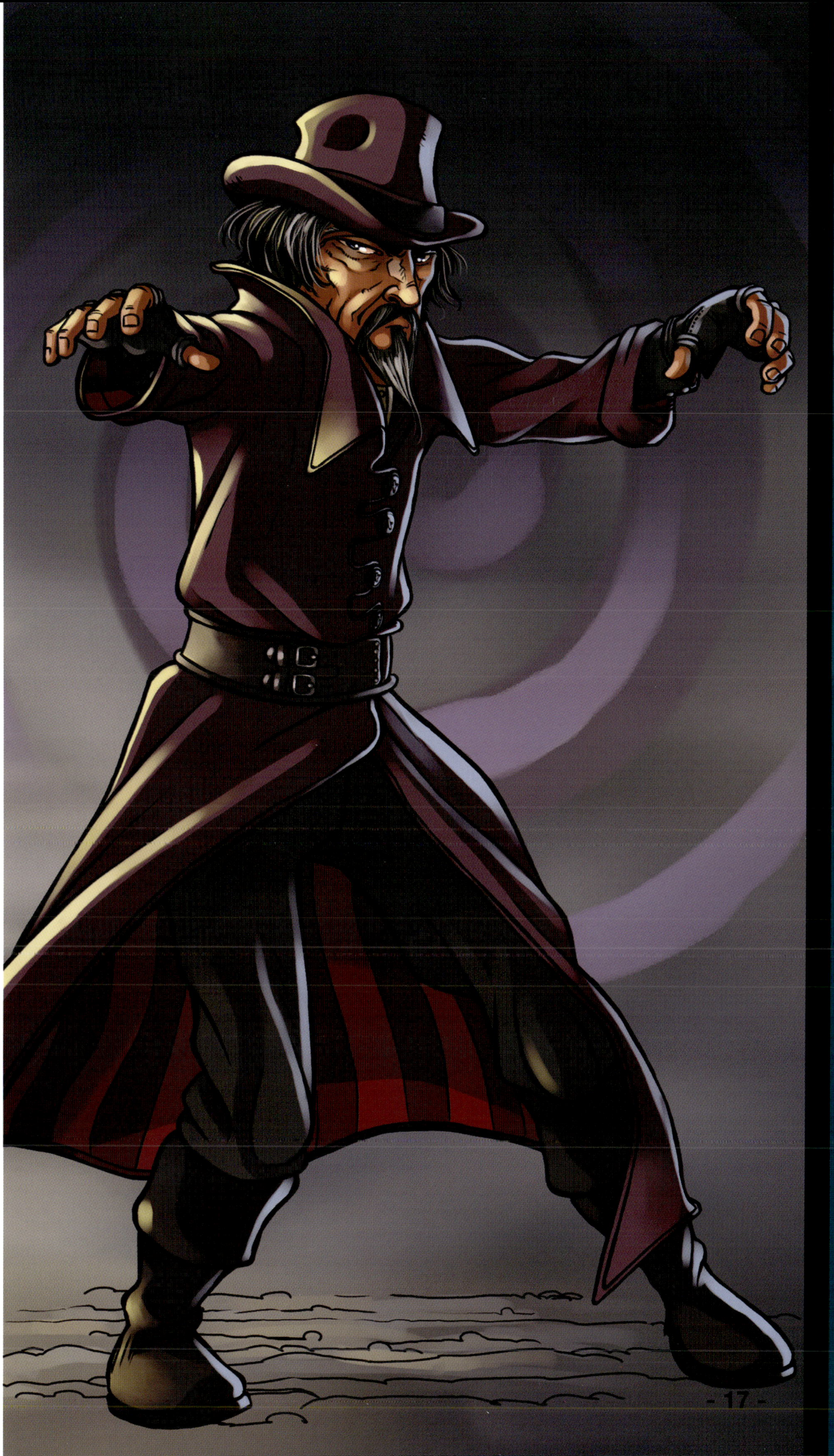

MR. JACK IN NEW YORK

Bruno Cathala
Ludovic Maublanc
Hurrican
2009

“Un jeu, c’est un tout

C’est l’amour !

Relation entre un auteur et un illustrateur

Un jeu, c’est un tout.

Pas uniquement une mécanique.

Pas uniquement une thématique.

Pas uniquement des images.

C’est un tout qui doit être le plus harmonieux possible, pour aider autant que faire se peut le joueur, le temps d’une partie, à vivre une expérience dans une petite bulle hors du temps, avant de retrouver les réalités du quotidien.

Dans ce tout, l’illustration, c’est finalement la partie immergée de l’objet ludique, celle que l’on voit en premier, si importante pour avoir envie d’aller explorer la partie principale, restée cachée, à savoir le système de jeu qui va donner vie à l’ensemble.

L’illustration est donc un rouage essentiel du plaisir ludique, et quand Pierô m’a proposé de contribuer à son artbook en parlant de la relation auteur-illustrateur, et de ma vision de la place de l’illustration dans le jeu de société, j’ai bien entendu accepté immédiatement.

Avec **MR. JACK**, on a vécu ensemble une histoire assez unique, et les liens d’amitié qui se sont tissés à cette époque font que je ne peux rien lui refuser (sauf si c’est sexuel, bien sûr).

Et puis, je me suis rendu compte qu’en fait j’allais avoir à parler de… quelque chose qui n’existe en général pas !

En effet, la relation auteur-illustrateur est le plus souvent réduite à pas grand-chose, dans la mesure où, entre l’auteur du jeu et l’illustrateur, il y a… l’éditeur !

Lorsqu’un auteur réussit à convaincre un éditeur de publier son jeu, c’est ce dernier qui va ensuite sélectionner l’illustrateur qui lui semble le mieux convenir à l’atmosphère nécessaire pour le jeu, et qui va ensuite lui définir précisément le cahier des charges, puis suivre et valider son travail au quotidien. L’auteur n’ayant alors plus qu’un rôle consultatif. Et là, il ne s’agit pas de remettre en question les choix artistiques qui ont été faits, mais plutôt de vérifier qu’il n’y a pas d’erreurs dans les informations nécessaires au jeu.

Bref, il faut avoir conscience que c’est l’éditeur qui décide de tout en matière de direction artistique.

Comme j’ai pleine conscience de ce mode de fonctionnement, et que l’illustration prend une place essentielle à mes yeux pour défendre un jeu, j’ai besoin de pouvoir assumer chacune de ses composantes, j’ai toujours privilégié de travailler avec des éditeurs avec lesquels je suis en phase dans la direction artistique, et/ou avec des éditeurs qui me laissent m’impliquer un peu plus au niveau de ce travail avec l’illustrateur. Cela a particulièrement été le cas pour **MR. JACK** et **DICE TOWN**, mais on peut aussi parler de **MADAME CHING, RAPTOR, DRAGON RUN** (mis en image par Vincent Dutrait), ou encore **ANIMALIA, JAMAICA** (Mathieu Leysenne) et **SOBEK** (Mathieu Beaulieu). Dans chacun de ces jeux, j’ai pu travailler, soit en direct avec l’illustrateur, soit en partenariat fort avec l’éditeur.

Des illustrateurs qui ont du talent, et même un talent fou, il y en a plein. Il suffit d’aller faire un tour sur le site *Deviantart* par exemple, pour être simplement scotché par la qualité des travaux publiés.

Des illustrateurs qui sont bons pour illustrer de jeux, il y en a moins. Car il faut déjà comprendre, et accepter les contraintes liées à l’exercice de style. Car il y a des contraintes. Il y en a même plein.

Déjà, il faut accepter de travailler sur cahier des charges. Selon les cas, le cahier des charges pourra être global (description générale d’un univers), ou plus généralement détaillé (description fouillée de chacun des éléments graphiques du jeu).

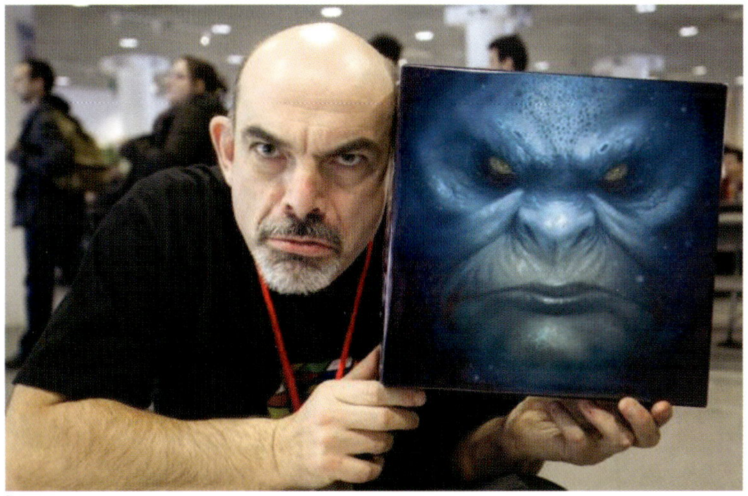

Bruno Cathala. Auteur de jeu.

SANS FOI NI LOI • LES CHEVALIERS DE LA TABLE RONDE *(avec Serge Laget)* • MR JACK *(avec Ludovic Maublanc)*
JAMAICA *(avec Sébastien Pauchon et Malcolm Braff)* • MOW • DICE TOWN *(avec Ludovic Maublanc)*
CYCLADES *(avec Ludovic Maublanc)* • LE PETIT PRINCE *(avec Antoine Bauza)* • ABYSS *(avec Charles Chevallier)*
FIVE TRIBES • 7 WONDERS DUEL *(avec Antoine Bauza)*

Il faut donc accepter d'exprimer sa créativité à l'intérieur d'un espace contraint. Certains le comprennent et l'acceptent. Avec des propositions m'ayant parfois amené à modifier tel ou tel point de règle pour intégrer un élément imprévu au départ. Avec d'autres c'est plus difficile. La palme revenant à quelqu'un refusant de faire une modification « parce qu'artistiquement ça n'avait pas de sens »... du coup, la relation s'est arrêtée assez vite. Il doit certainement vivre de son art aujourd'hui.

Il faut aussi accepter que la place dévolue à l'illustration ne soit pas la priorité absolue sur l'ensemble des éléments d'un jeu. Après ce que je viens d'écrire sur l'importance de l'illustration, cela peut paraître étrange. Et pourtant... Un jeu, c'est un ensemble d'éléments techniques dont la reconnaissance et la lecture rapide sont essentiels pour que le joueur puisse prendre ses décisions de la façon la plus aisée et la plus rapide possible. La lecture de ces éléments est donc essentielle. Et PRIORITAIRE !

Un jeu doit être beau, c'est clair. Mais il doit avant tout être lisible. Avec une excellente lisibilité, un jeu complexe peut paraître simple, alors qu'avec une lisibilité médiocre, un jeu simple peut paraître complexe. Il faut donc parfois que l'illustrateur comprenne et accepte que son travail s'efface quelque peu selon les besoins du jeu lui-même.

Et puis, même si ce n'est pas toujours essentiel, c'est quand même un énorme plus lorsque l'illustrateur est lui-même joueur. D'une part parce que ça lui permet de prendre en compte de façon plus naturelle les contraintes techniques liées à l'illustration ludique, et d'autre part parce que ça permet de le faire jouer une ou deux parties sur le prototype avant de commencer le travail. Et là encore le travail final en est en général bien meilleur, avec une efficacité plus rapide.

Piero fait clairement partie de ceux avec qui il est agréable de travailler :

- il possède un style très personnel qui s'adapte tout particulièrement aux jeux familiaux
- il est force de proposition vis-à-vis du cahier des charges initial
- joueur lui-même, il est conscient de l'équilibre à trouver entre esthétique et lisibilité

Bien sûr il est :

- râleur (il ne le fait pas exprès, il est comme ça. Même quand il est extrêmement heureux, il commence par râler)
- toujours en retard (mais pas beaucoup... juste un peu pour la forme, parce qu'un illustrateur qui est à l'heure, ce n'est pas conforme à l'idée même qu'il se fait de l'illustrateur... et puis lui il est pardonné... ça change de celui qui te rend le travail avec UN AN de retard)
- et bien sûr BEAUCOUP trop cher (enfin... ça, c'est la légende, parce qu'en fait je n'en sais rien c'est l'éditeur qui paye)

Mais c'est comme ça qu'on l'aime, et j'espère bien qu'on va encore faire pas mal d'autres délires ludiques ensemble !

Bruno Cathala

More than pictures

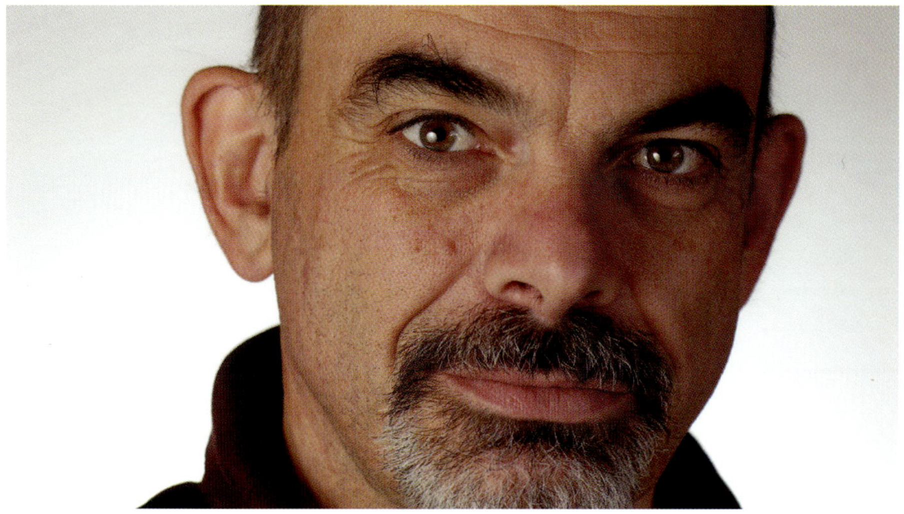

This is love!

A love affair between game designer and illustrator

A game is more than the sum of its parts.

More than mechanics.

More than a theme.

More than pictures.

A good game is a harmonious ensemble that lets players enjoy an out-of-time experience in a kind of bubble before resuming their everyday lives when the game ends.

When you consider a game as a whole, you realise that the artwork is the tip of the iceberg, the first thing people notice, with the crucial task of making players want to explore the main, still-hidden part of the game, namely the gameplay system that will bring everything to life.

Clearly, a game's artwork is an essential cog in this machine, so when Pierô invited me to write a piece for his artbook about the relationship between game designer and illustrator, and my vision of the role of artwork in board games, I agreed without a second thought.

Working together on mr. jack was a pretty unique experience, and the bonds of friendship that have grown between us since that time are so strong that I would do anything for him (with the obvious exception of sexual favours…).

As I thought more about his request, I realised that I would be writing about… something that generally doesn't exist!

In most cases, there is little or no interaction between game designers and illustrators, as between the two sits the publisher.

When a designer convinces a publisher to release their game, it is the publisher that goes on to select the illustrator that it believes is best able to convey the right atmosphere for the game. The publisher then draws up precise specifications and regularly keeps track of the illustrator's work. The designer's role in all this is merely advisory. More specifically, the designer is expected not to challenge the publisher's artistic choices, but to check that no mistakes have been made in terms of the visual information required by the game.

In a nutshell, as a designer, you should be aware that the publisher makes all the art direction decisions.

As I know that this is how the industry works, but also strongly believe that the artwork makes an essential contribution to a game's overall worth, I need to be satisfied with each constituent element and have therefore always preferred to work with publishers that are on the same artistic wavelength as myself, and/or with publishers that allow me to get more closely involved in this work with the illustrator. This was especially true in the case of MR. JACK and DICE TOWN, but also applies to some extent to MADAME CHING, RAPTOR, DRAGON RUN (illustrated by Vincent Dutrait), as well as ANIMALIA, JAMAICA (Mathieu Leysenne) and SOBEK (Mathieu Beaulieu). For each of these games, I was able to work either directly with the illustrator or else in close partnership with the publisher.

There is no shortage of talented illustrators (and even amazingly talented illustrators). Just visit the *Deviantart* website, for example, and you will be blown away by the quality of the artwork published there.

Illustrators with the right skillset and mentality for board games, on the other hand, are somewhat rarer. This is because illustrators have to understand and work within the constraints of the genre... and the list of constraints can be pretty long!

For a start, you have to agree to work to specifications. Depending on the project, the specifications may be global (general description of the game

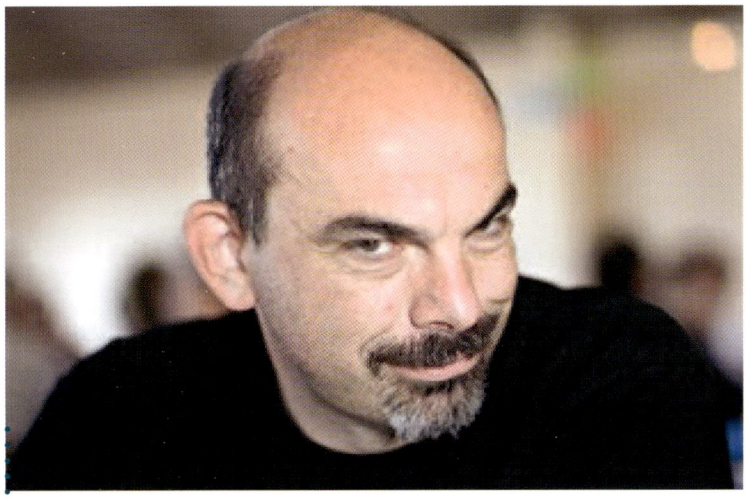

Bruno Cathala. Game designer.
SANS FOI NI LOI • LES CHEVALIERS DE LA TABLE RONDE *(with Serge Laget)* • MR JACK *(with Ludovic Maublanc)*
JAMAICA *(with Sébastien Pauchon and Malcolm Braff)* • MOW • DICE TOWN *(with Ludovic Maublanc)*
CYCLADES *(with Ludovic Maublanc)* • LE PETIT PRINCE *(with Antoine Bauza)* • ABYSS *(with Charles Chevallier)*
FIVE TRIBES • 7 WONDERS DUEL *(with Antoine Bauza)*

environment) or more detailed (with a thorough description of each of the game's graphic elements).

Illustrators must therefore agree to express their creative flair within a confined space. Some understand and accept this, and have sometimes even submitted proposals that prompted me to change a game rule to incorporate a previously-overlooked aspect. With others, it's trickier. The gold medal must surely go to the person who refused to make a change on the grounds that "artistically, it didn't make sense". Which brought that particular relationship to a swift end. Who bets that person is living off their art today?

You also have to accept that the artwork is not going to be given absolute priority over the other ingredients of a game. After what I've just written about the importance of artwork, that may seem strange. And yet… a game is a set of technical elements that must be readily recognised and interpreted by players, to help them to make decisions as quickly and easily as possible. The legibility of game elements is therefore crucial. Top Priority!

It goes without saying that a game should be attractive. But above all, it must be legible. Excellent legibility can make a complex game appear simple; conversely, even a simple game may feel complicated if it is hard to read. Sometimes, illustrators need to understand and accept that their work has to play second fiddle to the needs of the actual game.

Last but not least, it is still a huge bonus (although not always essential) when the illustrator also plays board games. Firstly, because it is easier for them to assimilate the technical constraints of game illustration, and secondly because they can play one or two games with the prototype before beginning their work. In most cases, this results in much better final artwork, as well as a faster and more efficient workflow.

Pierô is clearly someone who is easy to work with:

- He has a very distinct style that is particularly well-suited to family games,
- He is not afraid to make suggestions in response to the initial specifications,
- As a board gamer himself, he understands the need to strike a balance between aesthetic appeal and legibility.

Of course, he is also:

- An incurable grumbler (by nature, rather than intent. Even when he's over the moon about something, he'll start off with a good moan),
- Always late (never very late... just a little, to keep up appearances: for Pierô, an illustrator who delivers on time is a contradiction in terms… Anyway, we won't hold it against him – better that than the guy who sends you his work A YEAR LATE),
- Far Too Expensive, of course (according to legend, anyway… In reality, I have no idea because it's the publisher that pays).

But that's the way we like him, and I hope we'll get to work together on many more fun projects in the future!

Bruno Cathala

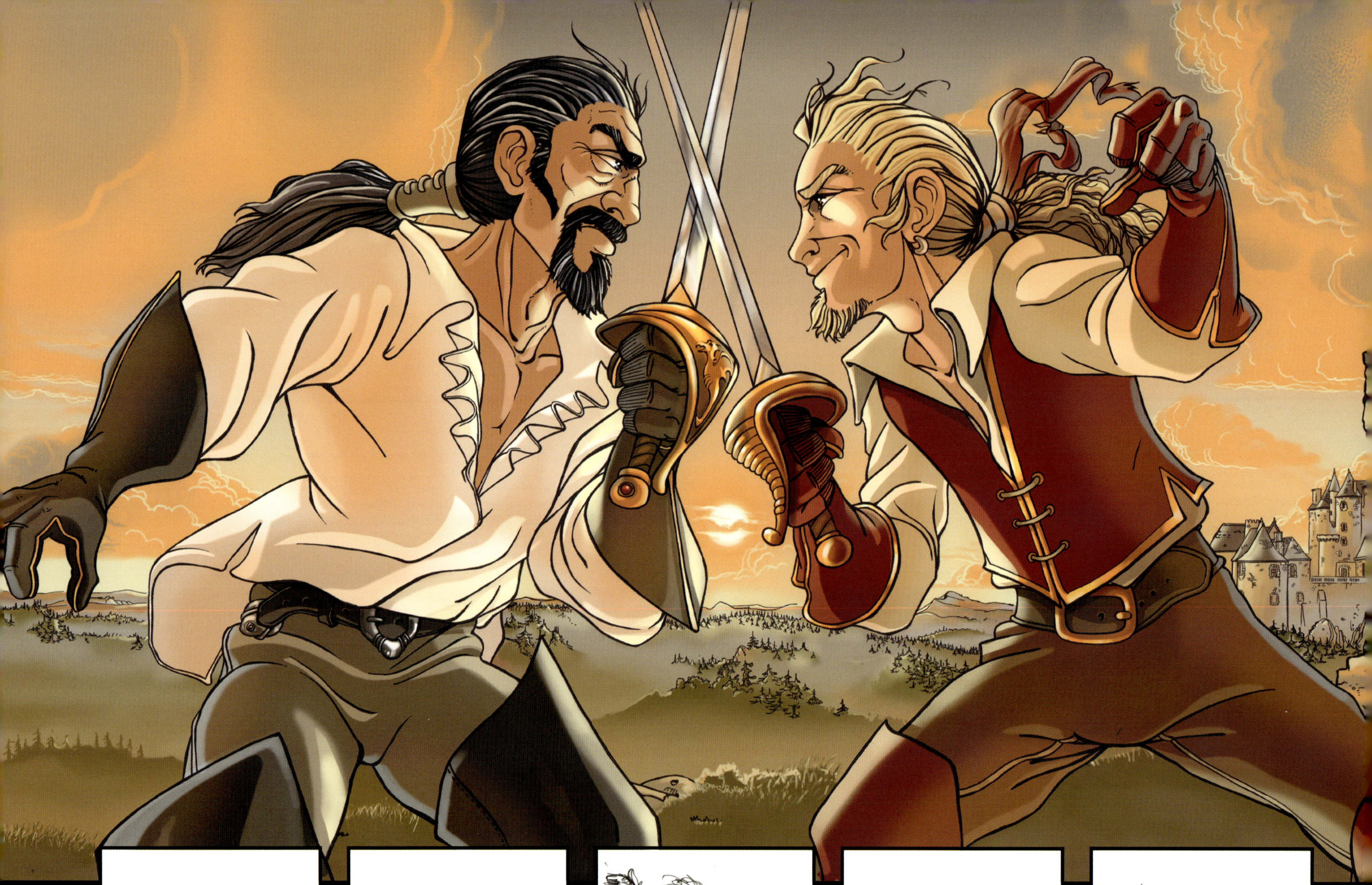
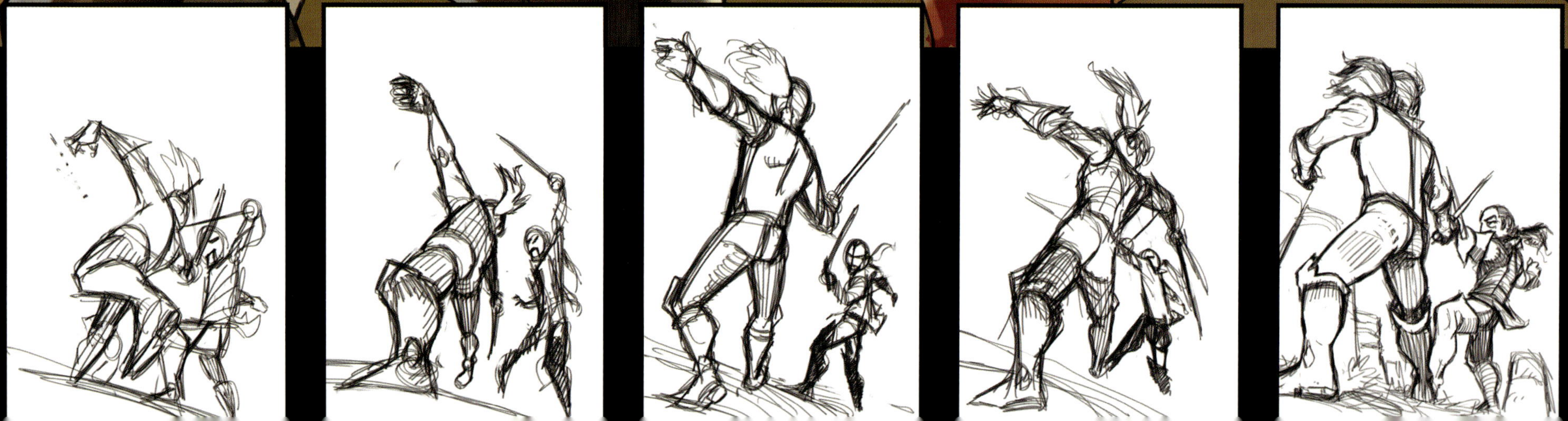

EN GARDE

Reiner Knizia

Ferti
2007

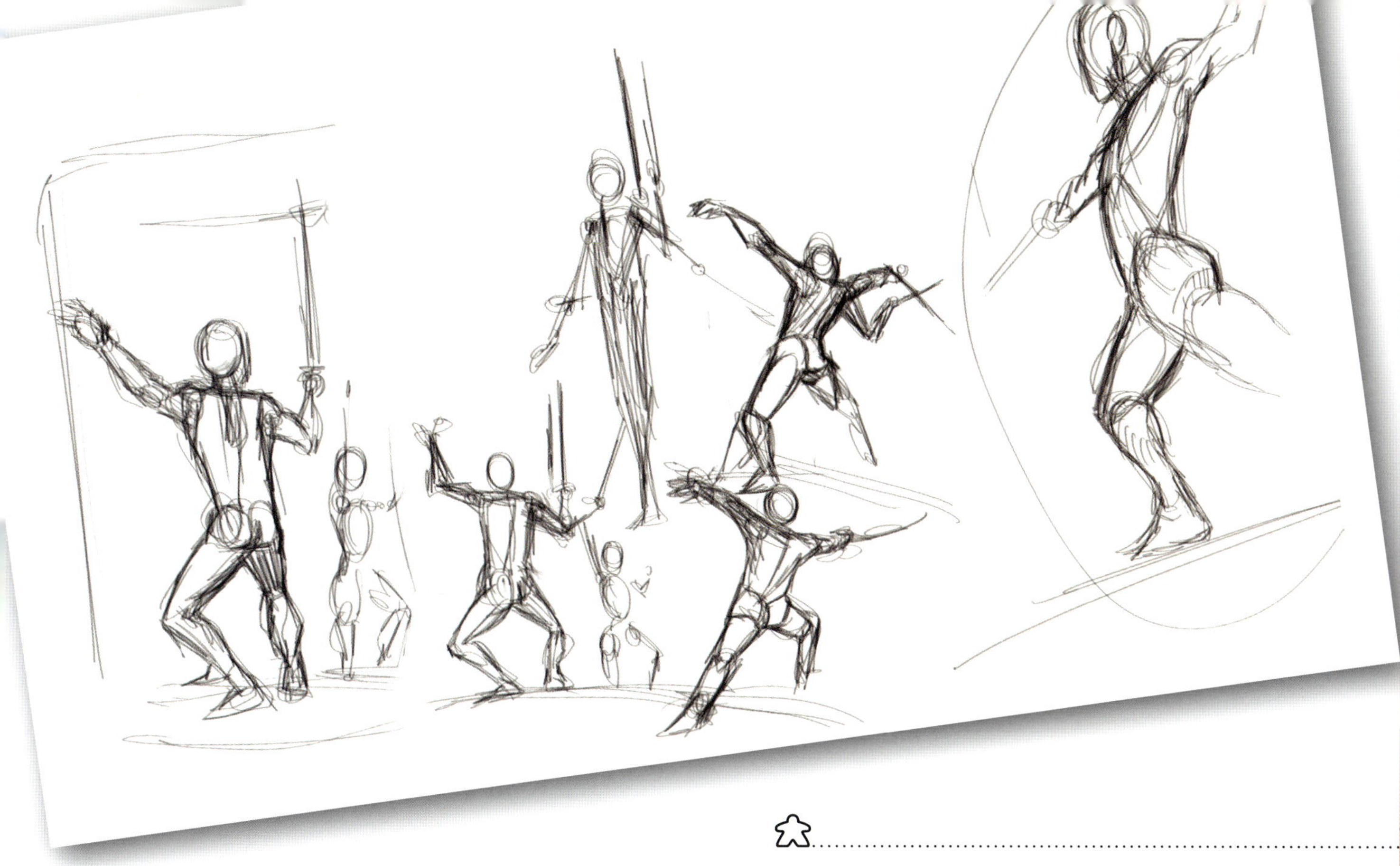

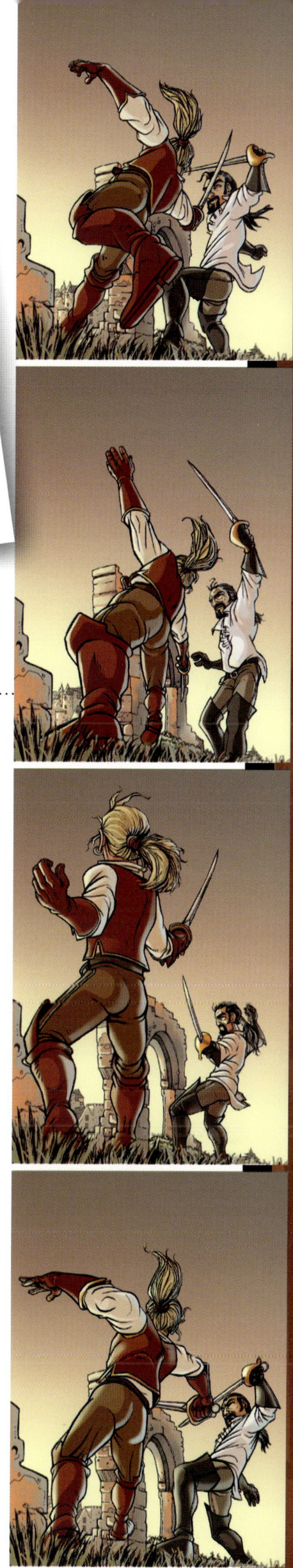

En 2006, je dédicace **MR. JACK** à Essen sur le stand d'*Hurrican* face à celui de *Ferti,* et l'éditeur, Cédric Huet, se présente et évoque une possible collaboration. Comme souvent dans ma carrière, tout commence par des rencontres, et certaines improbables. À l'époque, *Ferti* est spécialisé dans les jeux en bois abstraits et je conçois mal sa motivation à me prendre sur des jeux n'ayant, *a priori,* pas besoin d'illustrations.

Quelques mois après, Cédric me propose d'illustrer un jeu de Reiner Knizia, célèbre auteur allemand, déjà édité sous le nom d'**EN GARDE :** un jeu minimaliste dans une petite boîte. Pour moi, c'est clair, cela ne représente pas un gros travail. Que nenni !

In 2006, I was at the Essen game fair, signing copies of **MR. JACK** at the *Hurrican* booth, when Cédric Huet from the publisher *Ferti* across the aisle introduced himself and talked about working together. Throughout my career, things have often begun with a (sometimes improbable) chance meeting, and this was no exception. At the time, *Ferti* specialised in abstract wooden games, and I couldn't see why he would want to work with me on games that didn't seem to need any artwork.

A few months later, Cédric offered me the chance to illustrate a game by the famous German designer Reiner Knizia, which was already published under the name **EN GARDE:** a minimalistic game in a small box. I was sure that would be only a small job for me. How wrong I was!

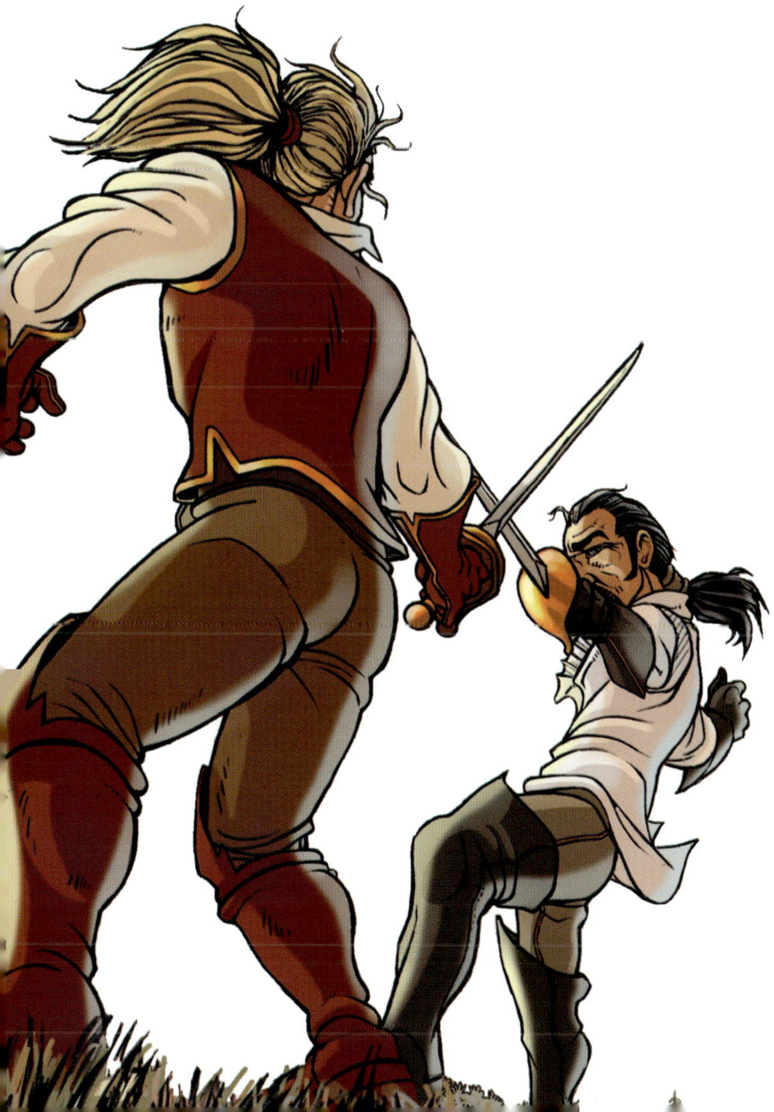

L'équipe de *Ferti* désire transformer ce jeu de cartes en jeu de plateau avec des figurines en métal. Les mêmes règles, mais un beau jeu où le thème du duel à l'aube est mis en valeur. Plateau en 3D et figurines, ça motive davantage qu'un simple jeu de cartes. À partir de là, on s'enflamme : on décide de réaliser un décor, des escaliers, un devant de décor… J'y glisse un hommage au travail d'Enrico Marini, illustrateur de la série *Le Scorpion.* Plus on discute au téléphone, plus on en rajoute ! *Ferti* va même jusqu'à m'offrir un artbook à l'intérieur du jeu, pour montrer les coulisses de la création graphique.

Alors, oui, pour un jeu dont la partie va prendre moins de temps que la mise en place, on y est allé un peu fort. Mais posé sur une table, indéniablement, il donne envie d'aller croiser le fer !

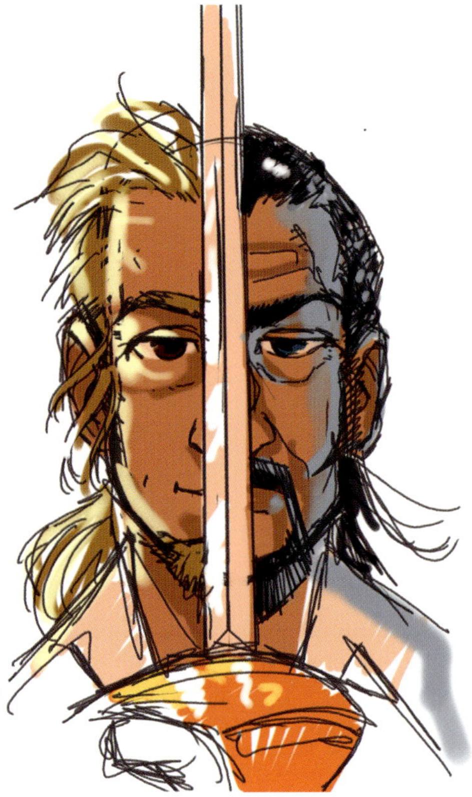

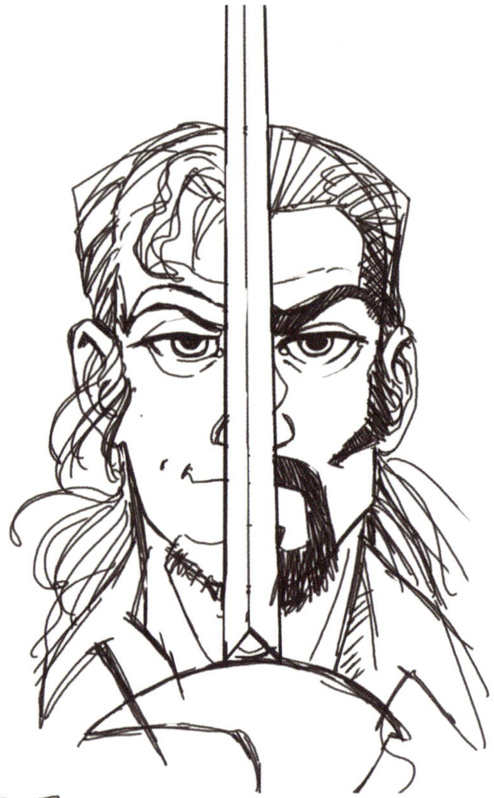

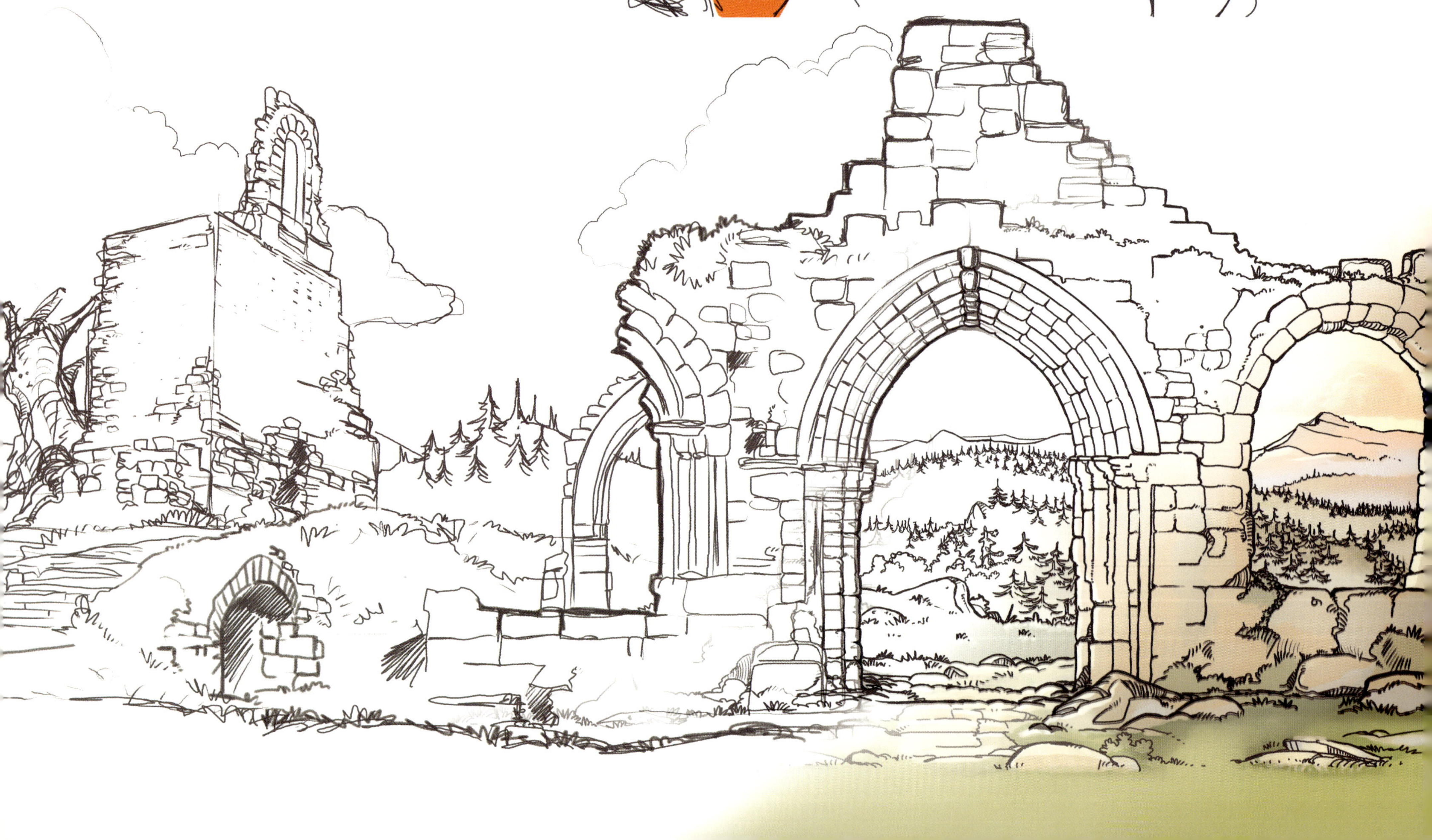

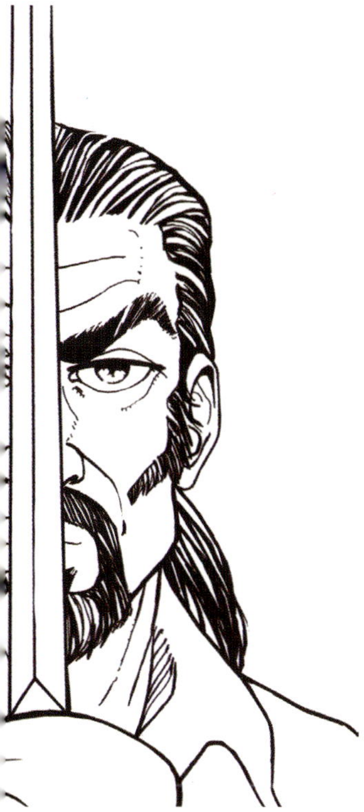

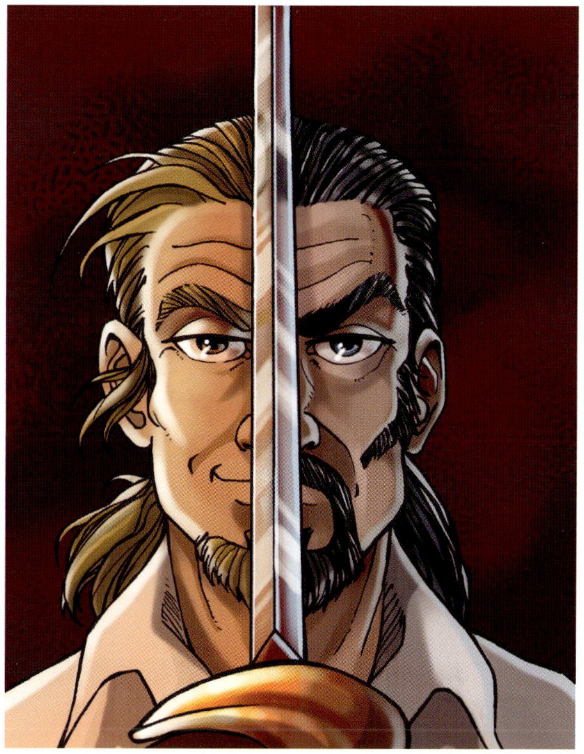

The team at *Ferti* wanted to transform this card game into a board game with metal miniatures. The rules would be unchanged, but the aesthetic new format would really bring out the theme of the dawn duel. A 3D board and miniatures fire the imagination more than a mere deck of cards. With that principle established, we got a bit carried away, deciding to produce a backdrop, steps, front scenery… At this point, I must pay tribute to Enrico Marini, the illustrator for the *Scorpion* series. The longer we talked on the phone, the more stuff we added! *Ferti* would even go as far as to include an artbook inside the game, giving a behind-the-scenes look at the graphic creation process.

So yes, for a game that takes longer to set up than to play, we overdid it a bit. But who can deny that seeing it set up on a table instantly makes you want to cross swords!

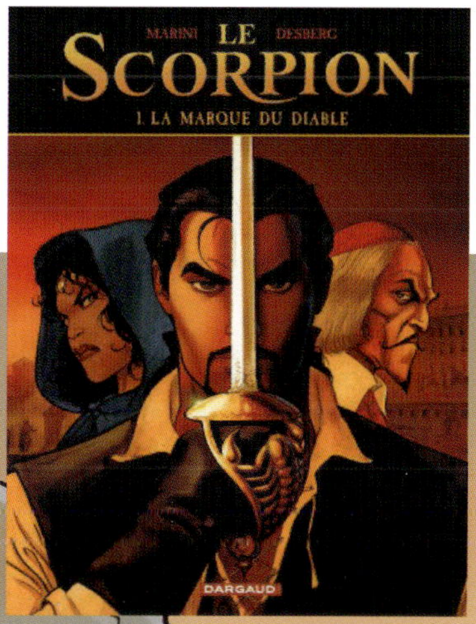

©Dargaud 2000 Desberg/Marini

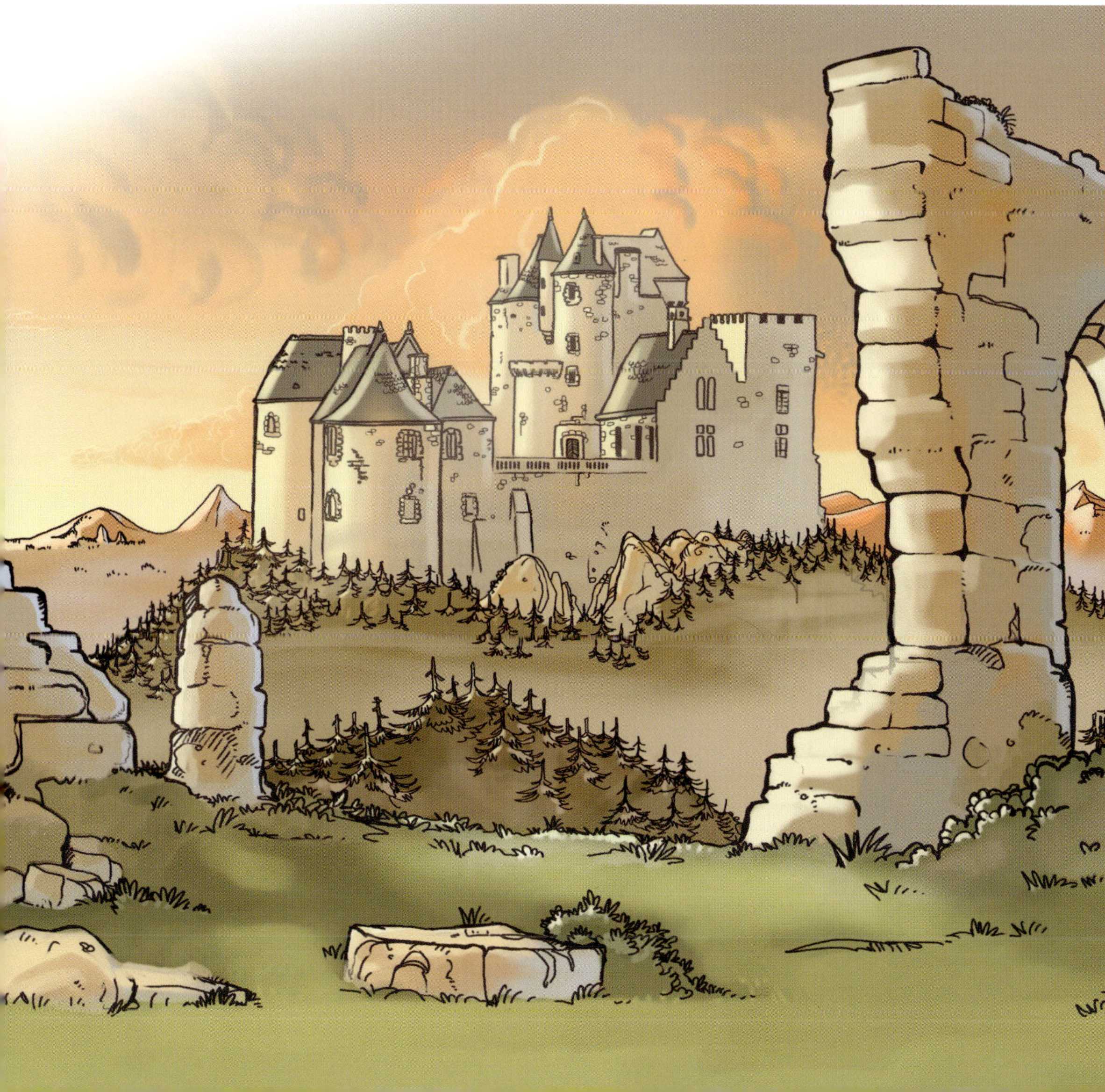

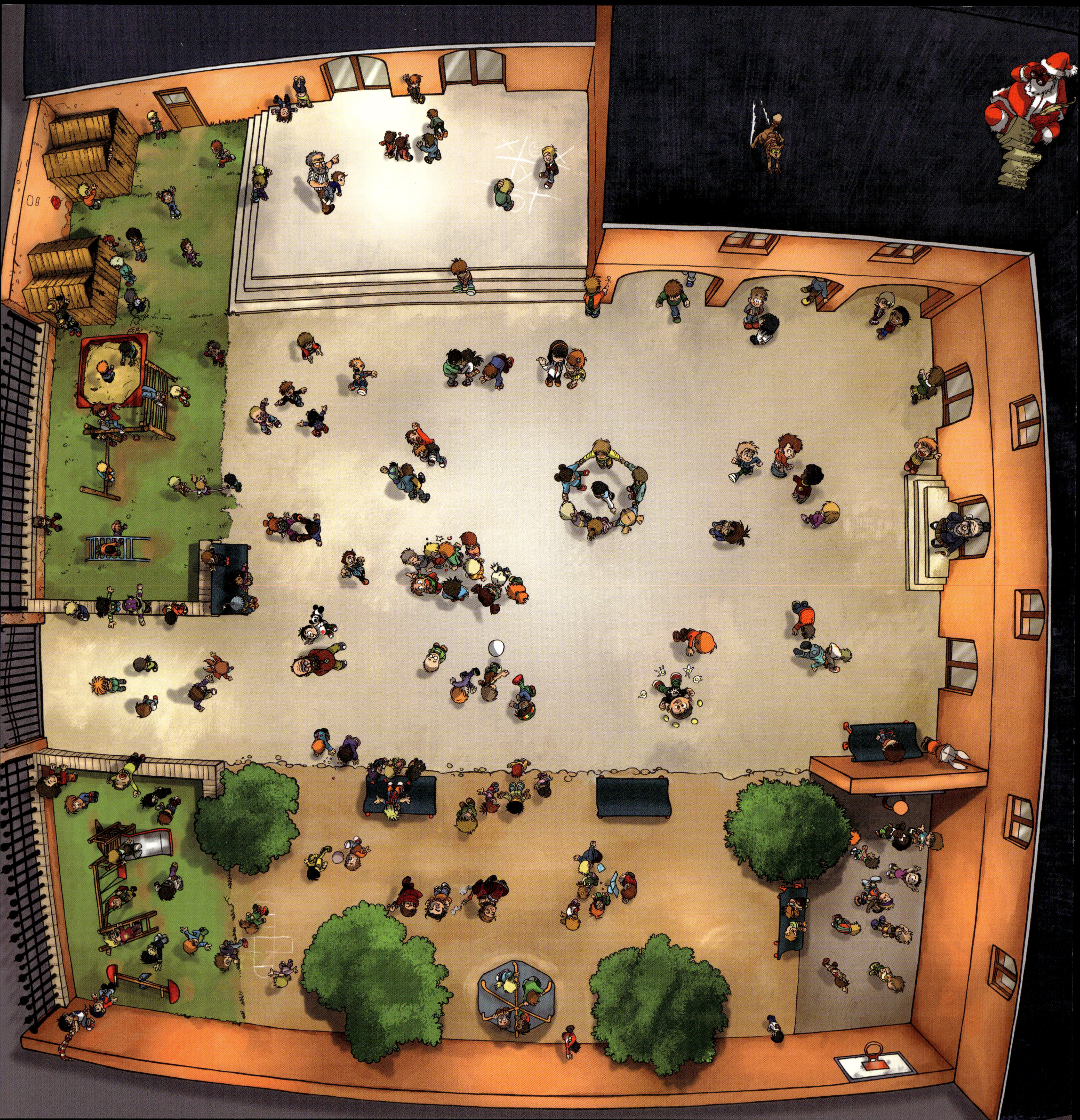

LES POUX

Christophe Boelinger

Jactalea
2008

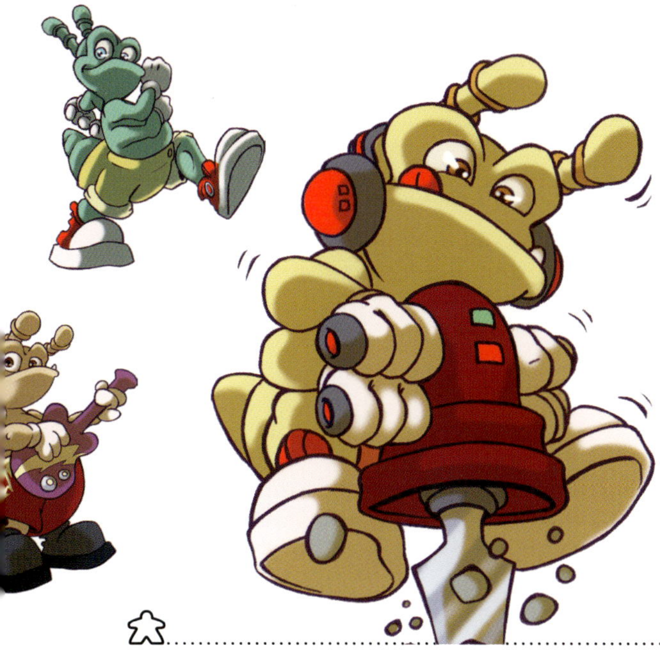

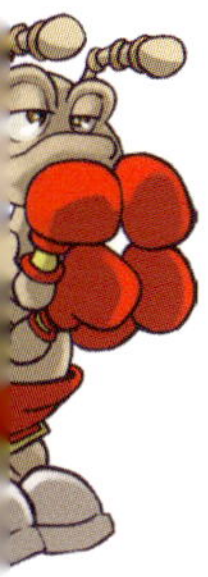

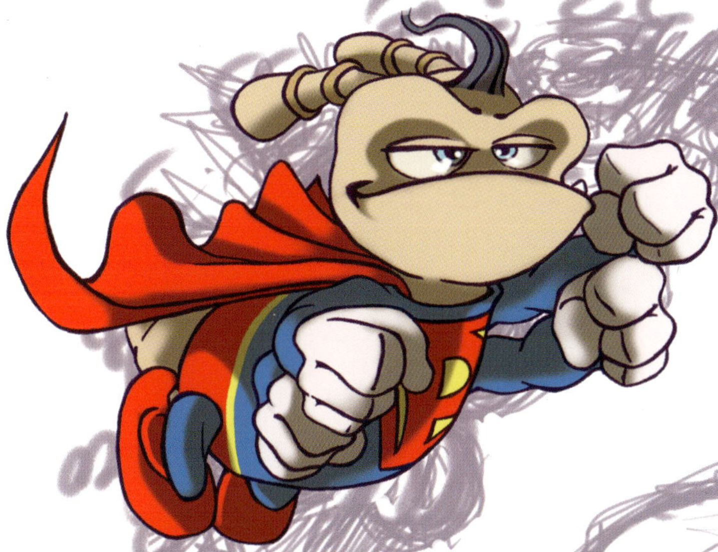

Après *Ferti,* un autre éditeur de jeux abstrait me contacte : *Jactalea.* Un peu inquiet, je me dis que les seuls à s'intéresser à mon travail sont ceux qui n'illustrent pas leurs jeux. Mais à l'instar d'**EN GARDE,** ce qu'il me propose est une diversification de sa gamme.

Pour mon premier jeu enfants à illustrer, l'inénarrable et pétillant Christophe Boelinger, l'auteur, a concocté un jeu type **JEU DE PUCES** dans lequel l'on doit filer ses poux aux autres. Une problématique de matériel, liée à la composante essentielle du jeu **LES POUX,** qui est le rebond des puces, nous pose bien des soucis. Imprimer en quadrichromie sur un support en mousse coûte très cher si l'on veut un joli résultat, du coup l'éditeur prévoit un plateau très simple, presque abstrait.

Mais avec l'auteur, nous parvenons à persuader Timothée Leroy, à la tête de *Jactalea,* de nous suivre dans notre folie des grandeurs, à savoir un plateau plein de détails, en mousse et en couleurs.

Il représente une cour d'école vue de dessus et l'idée saugrenue me vient de prendre un point de vue assez haut pour mettre beaucoup de personnages… Beaucoup trop. Plus de cent cinquante personnages ! En plus, je m'amuse à caser des clins d'oeil aux gens du jeu de société ainsi que des références personnelles dans tous les coins. Auteurs, éditeurs, personnages de bande dessinée, et même le père Noël : il y en a partout. Cela nous a fait beaucoup rire, beaucoup pleurer aussi, car c'est long à illustrer et un enfer à éditer. Le jeu demeure un super souvenir. Beaucoup de fun, à l'image de son auteur, et de belles rencontres, à nouveau.

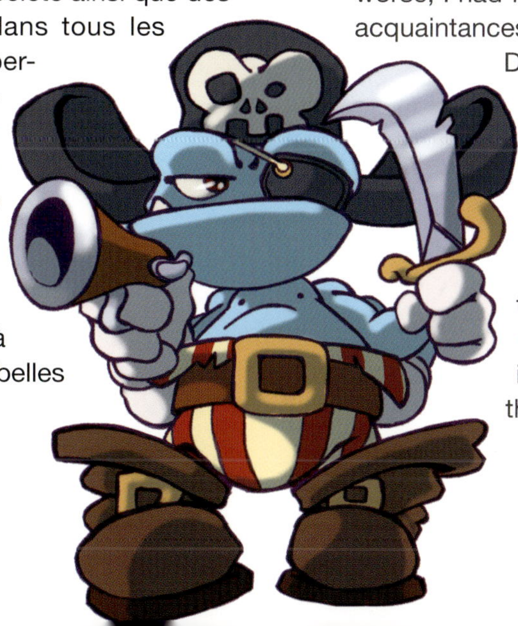

After *Ferti*, I was contacted by *Jactalea,* another publisher of abstract games. I found this slightly worrying: were the only publishers interested in my work the ones that don't illustrate their games? Fortunately, as with **EN GARDE,** *Jactalea* was interested in diversifying its range.

For my first assignment for a children's game, the uniquely exuberant designer Christophe Boelinger had concocted a **TIDDLYWINKS** game in which you try to pass on your head lice to the other players. Component-related problems concerning the game's core concept – specifically the flight behaviour of the tiddlywinks – had us tearing our hair out. Four-colour printing onto a foam substrate costs a fortune, if you want the result to look good, and as a result, the publisher was planning to use a very simple, almost abstract game board.

But the designer and I managed to persuade *Jactalea's* boss, Timothée Leroy, to go along with our grand ambitions for a highly detailed, multi-coloured foam board.

The board shows a top down view of a school playground and I had the harebrained idea of choosing a high viewpoint so that I could fit in lots of characters… Far too many. More than 150! To make things worse, I had fun packing in references to personal acquaintances and figures from the gaming world. Designers, publishers, cartoon characters, even Santa Claus… everywhere you looked, basically. We had a great laugh, but also shed a few tears because it was time-consuming to illustrate and a nightmare to publish. I have good memories of this game, which was great fun, like its designer; and once again, I met some interesting people while working on this project.

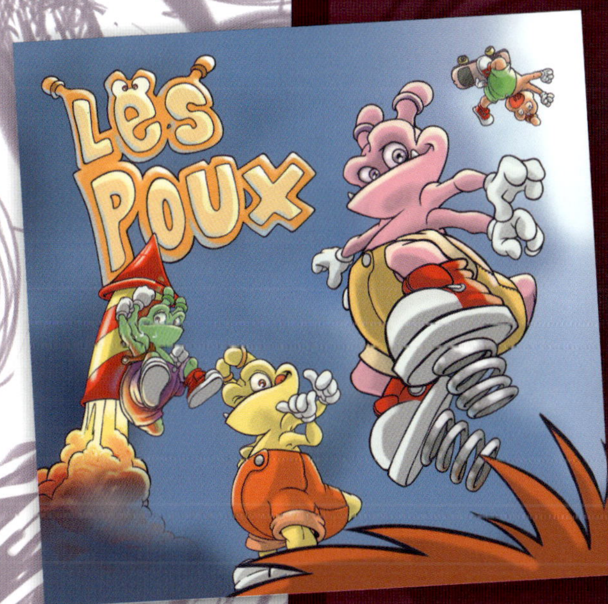

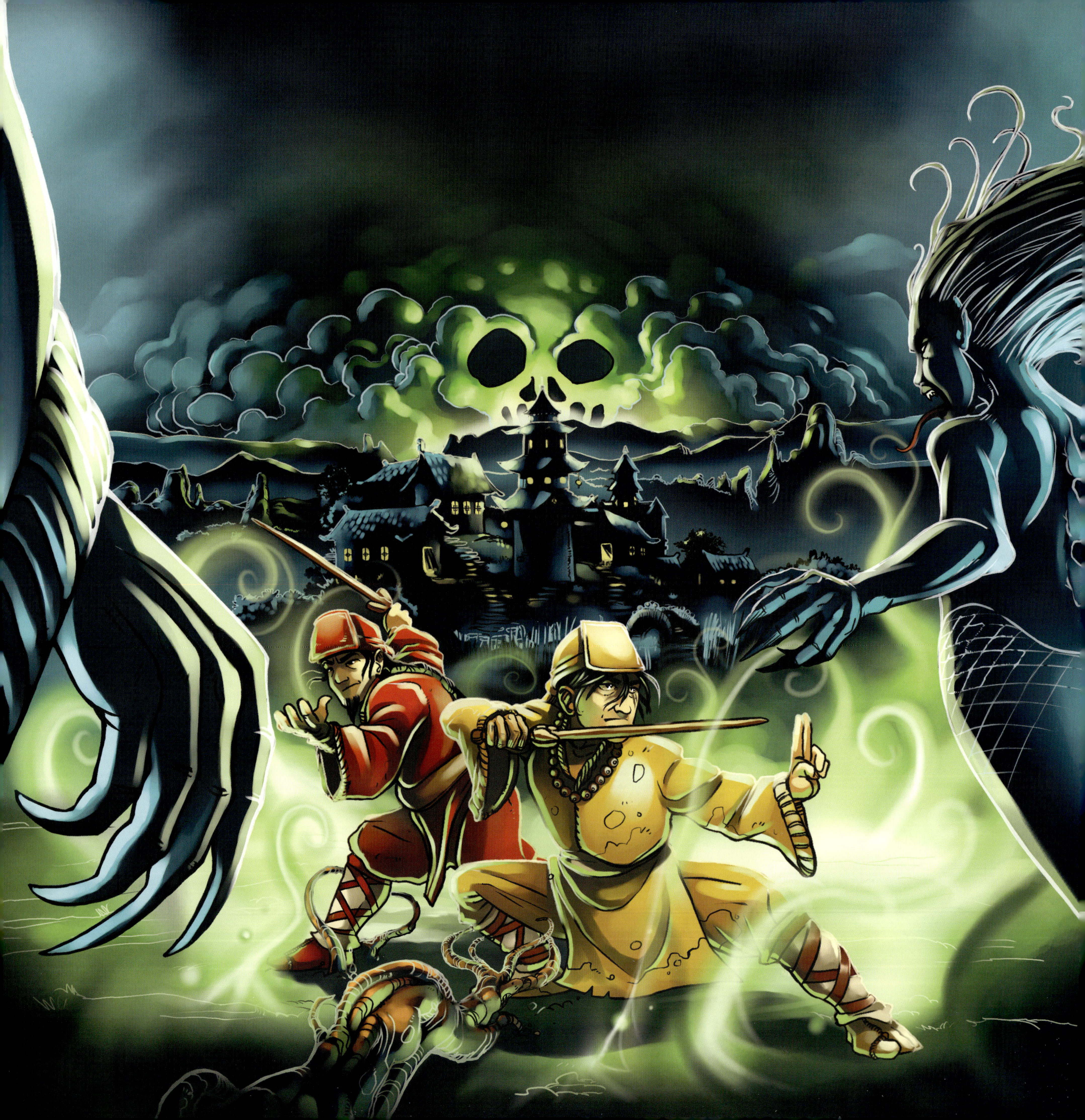

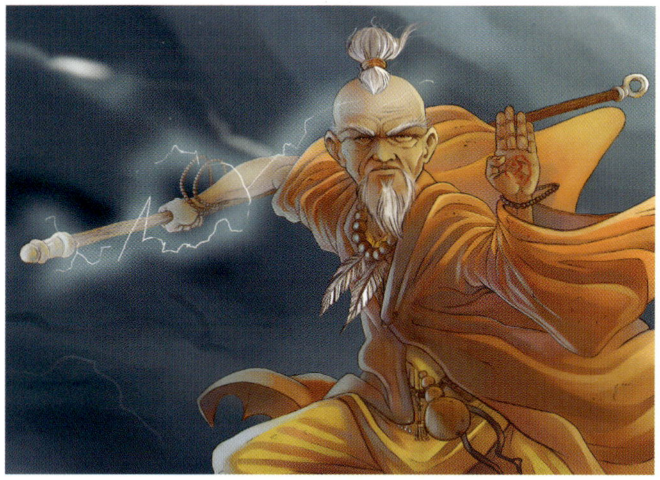

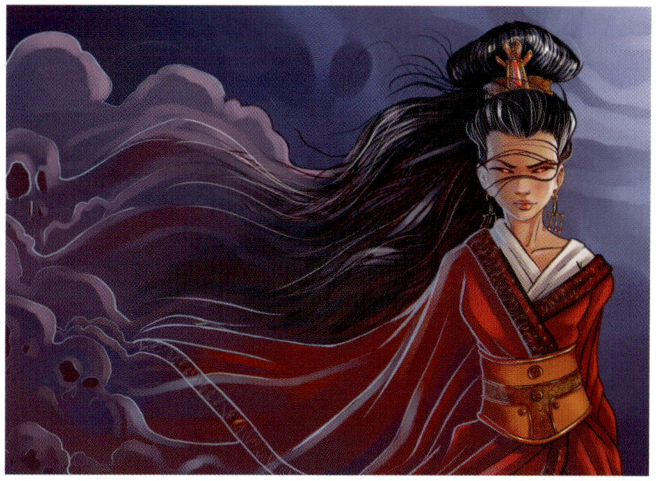

GHOST STORIES

Antoine Bauza

Repos Production
2008

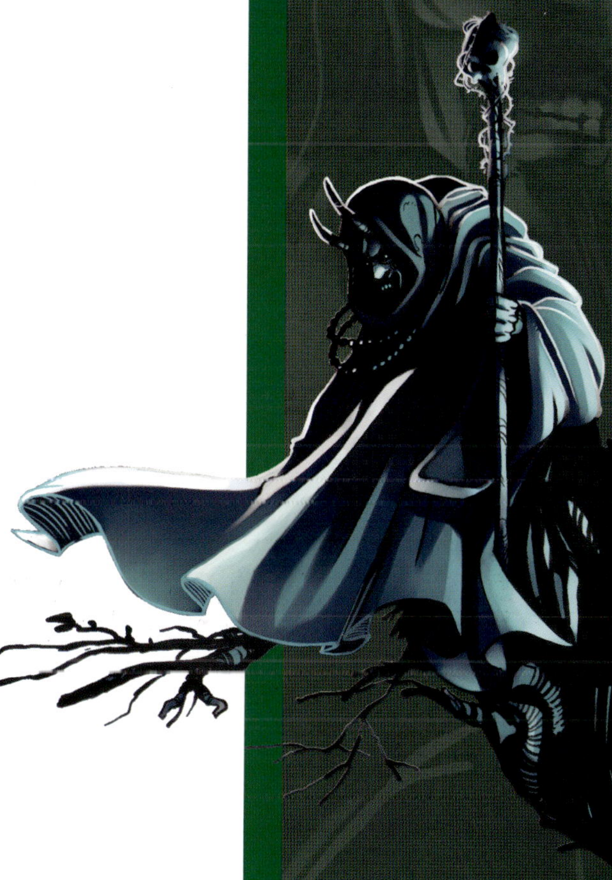

En 2007, je fais la connaissance d'Antoine Bauza au *Printemps du jeu,* un petit festival près de Lyon où il fait tourner quelques prototypes, dont celui de TAKENOKO. Nous sympathisons et nous retrouvons pour des week-ends jeux où je découvre GHOST STORIES. Véritable hommage aux films de séries B voire Z, des films fantastiques asiatiques et aux jeux vidéos, j'ai illico envie de l'illustrer.

Quand, quelques mois plus tard au *Festival International des Jeux de Cannes,* les éditeurs de *Repos Production* repartent avec le prototype, je tente de convaincre Cédrick Caumont et Thomas Provoost, les éditeurs, que je suis celui qu'il leur faut. À cette époque, je suis déjà en discussion avec eux pour illustrer CYRANO. Mais on ne connaît de moi que mon côté cartoon et humoristique. Là, ils imaginaient des illustrations sérieuses. Qu'à cela ne tienne, me voilà parti pour des essais.

Le premier, un moine taoïste magicien prouve mon sérieux, quand il faut. Mais cela ne les persuade pas complètement. Je me lance alors dans la terrifiante Black Widow. Le deuxième essai est le bon. Comme quoi, parfois, pour convaincre, il suffit de dessiner une jolie femme surement cannibale.

Abreuvé jusqu'à la lie d'images de références cinématographiques fournies par Antoine, bloqué dans la recherche d'images sur Internet, je me lance dans l'un des plus longs ouvrages de ma carrière. Trois à quatre mois de travail acharné : cartes, plateaux, couverture et figurines. Ce jeu coopératif, malgré son haut niveau d'exigence, rencontre son public rapidement. Si, en France, je suis Pierô, l'illustrateur de MR. JACK, aux États-Unis, c'est GHOST STORIES qui me représente.

Un vrai travail d'équipe dans une super ambiance, GHOST STORIES reste aussi un moment mémorable lors de sa sortie à Essen en 2008. Galvanisés par l'équipe de *Repos Production,* Antoine et moi enchaînons plus de trois cents dédicaces en trois jours.

Deux extensions voient le jour en 2008 et 2011 ajoutant au plaisir et à la profondeur du jeu.

In 2007, I met Antoine Bauza at the *Printemps du jeu,* a small games festival near Lyon, where he was showing a few prototypes, including the one for TAKENOKO. We became friends and used to meet up for games weekends, which is when I discovered GHOST STORIES. Upon seeing this tribute to B-movies… and even Z-movies, Asian fantasy movies and video games, I instantly wanted to illustrate it.

When, a few months later at the *Cannes International Games Festival,* the publisher *Repos Production* left with the prototype, I tried to convince the publishers Cédrick Caumont and Thomas Provoost that I was the man for the job. At the time, I was already in discussions with them to illustrate CYRANO. But they only knew my quirky, cartoonish side. For this new game they were thinking more of serious artwork. But the main thing was that I could submit some test drawings.

The first, a magic-wielding Taoist monk, proved I could be serious when I had to. But they weren't totally convinced. So I set about the terrifying Black Widow. The second test sealed the deal. The moral of the story being that sometimes, to get what you want, you just need to know how to draw an attractive and probably cannibalistic woman.

Drunk on images from movie references supplied by Antoine and stuck searching for images on the Internet, I threw myself into one of the longest projects in my career. Three or four months of hard work on the cards, game boards, cover and miniatures. Despite being very demanding, this cooperative game quickly became a success. Whereas in France I am known as Pierô, the MR. JACK illustrator, in the US, my signature game is GHOST STORIES.

The release of GHOST STORIES at Essen in 2008 was a memorable moment, rounding off a real team effort in a super atmosphere. Spurred on by the *Repos Production* team, Antoine and I signed more than 300 copies over three days.

Two expansions were released, in 2008 and 2011, adding depth to the game for even more pleasure.

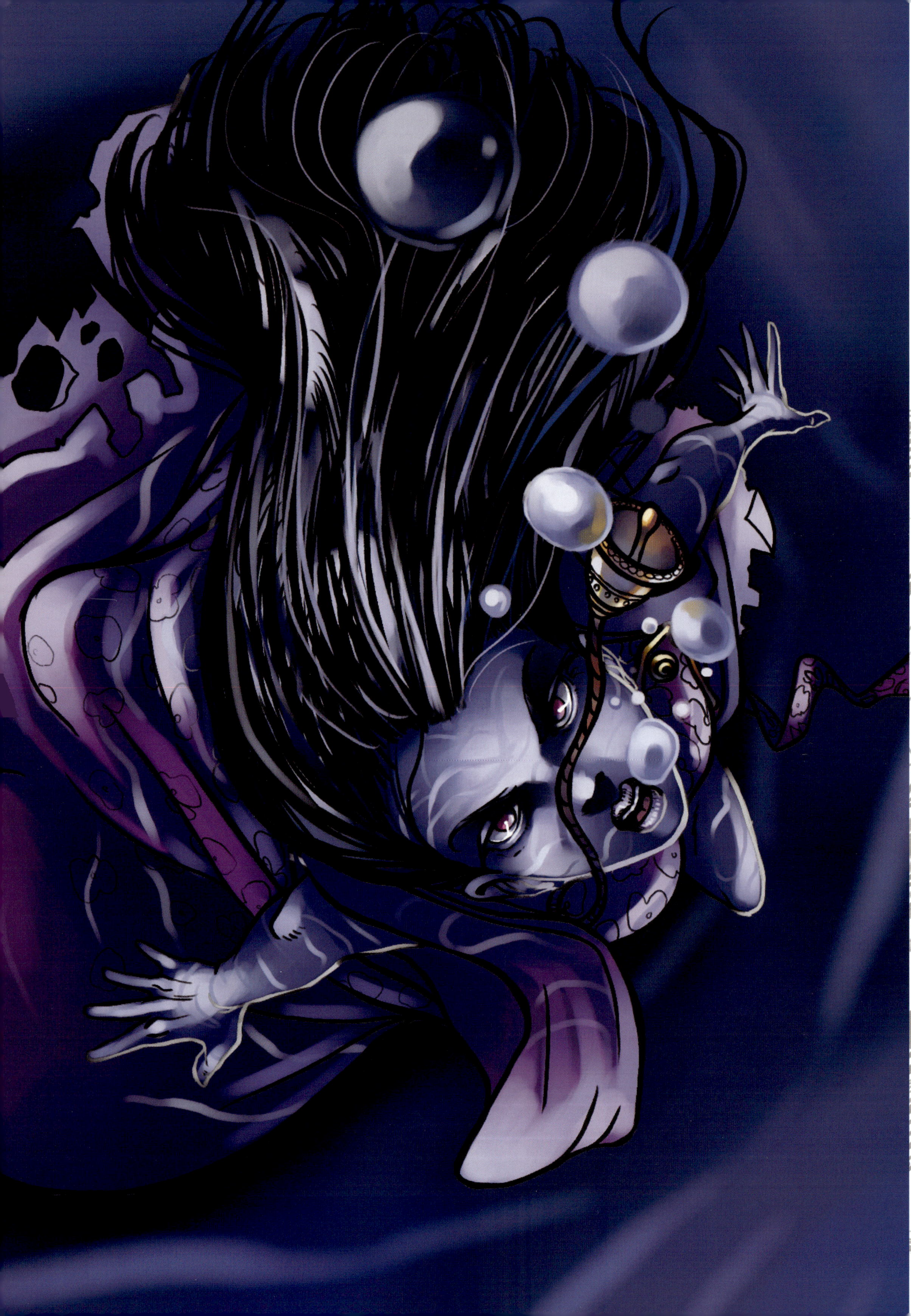
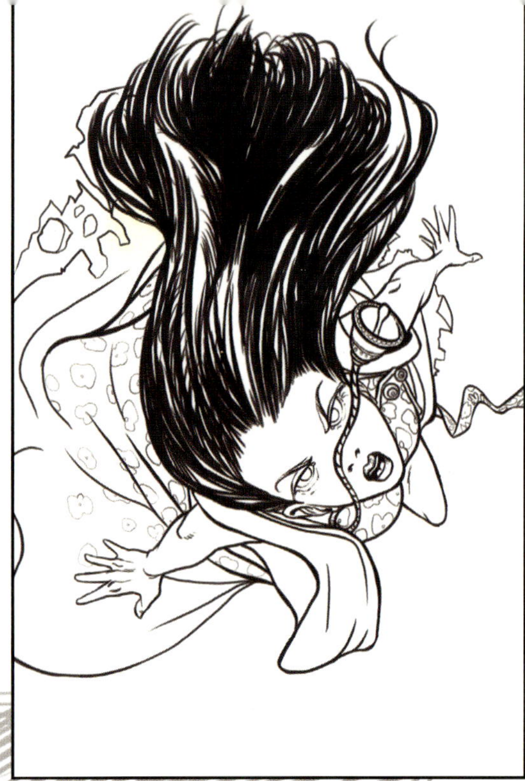
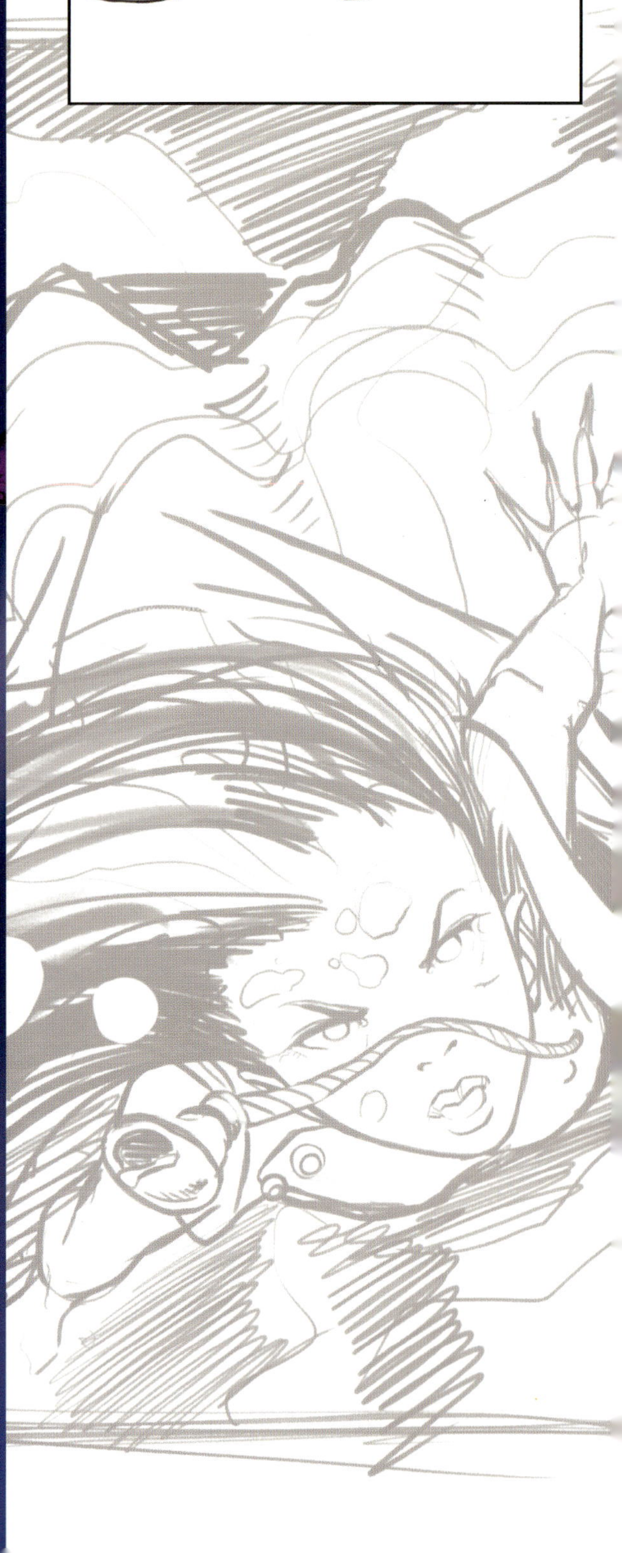

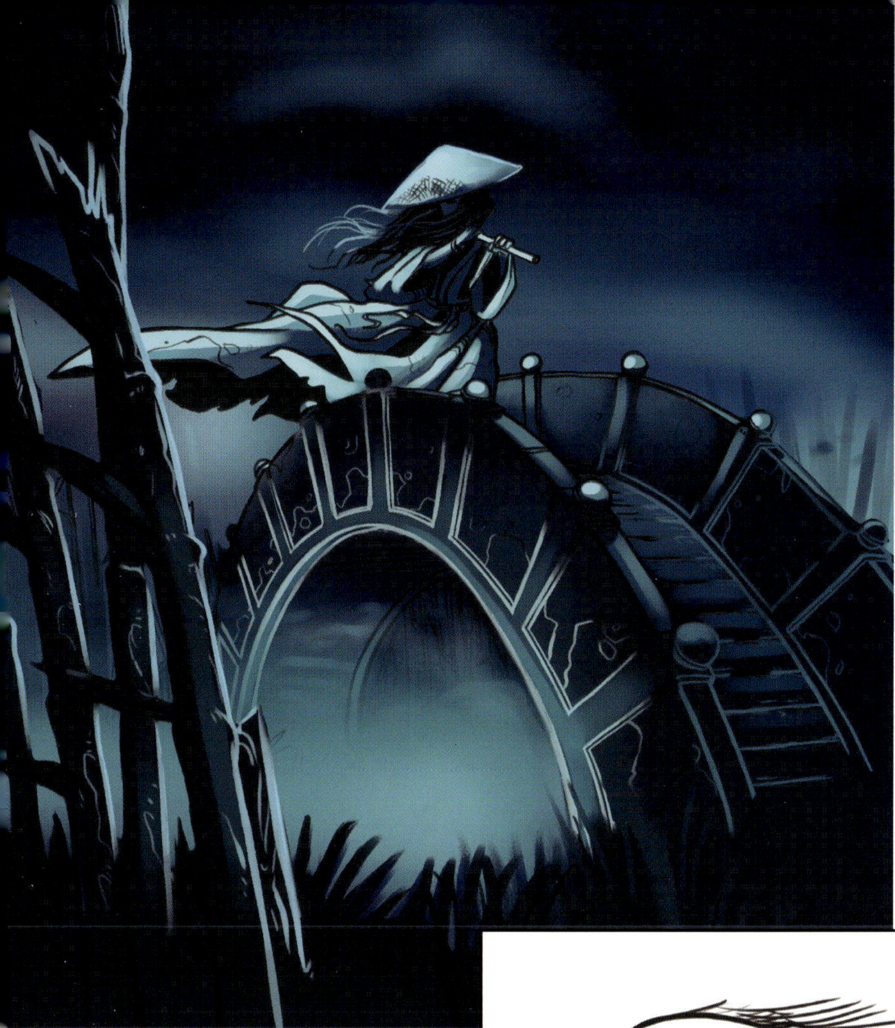

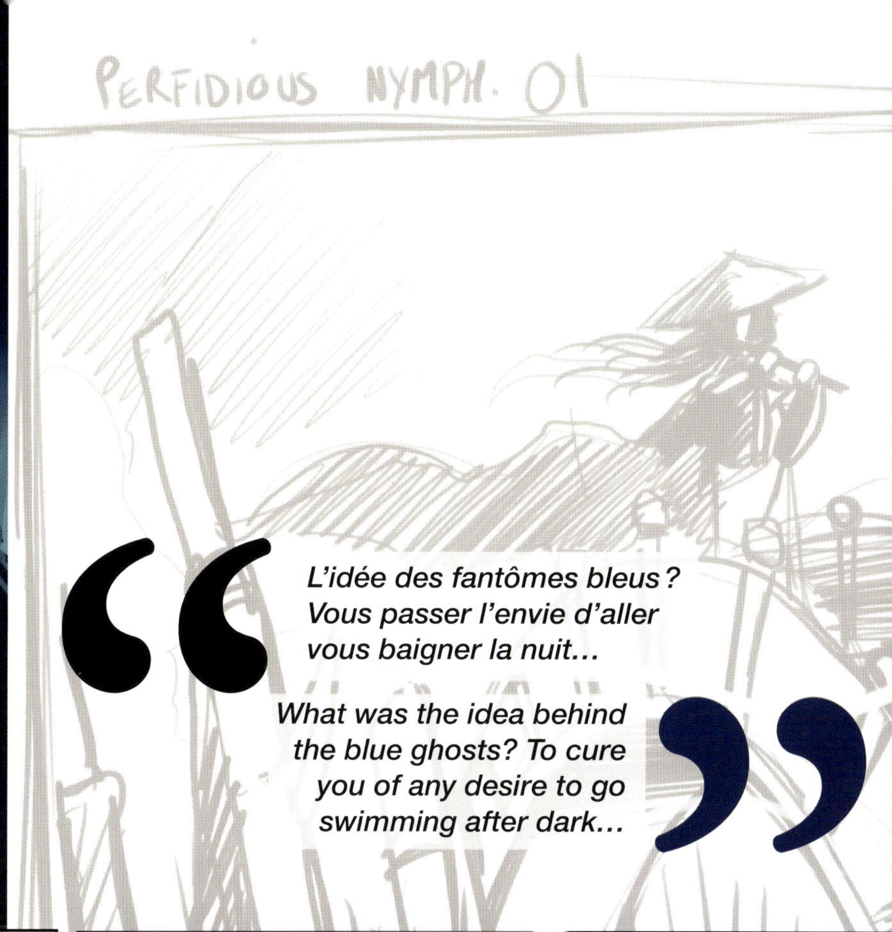

> L'idée des fantômes bleus ? Vous passer l'envie d'aller vous baigner la nuit…
>
> What was the idea behind the blue ghosts? To cure you of any desire to go swimming after dark…

GHOST STORIES

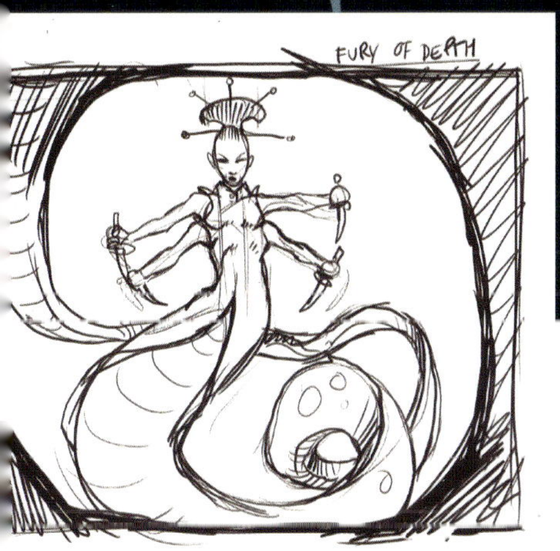

ie de la mort - Fury of death
quis - rough

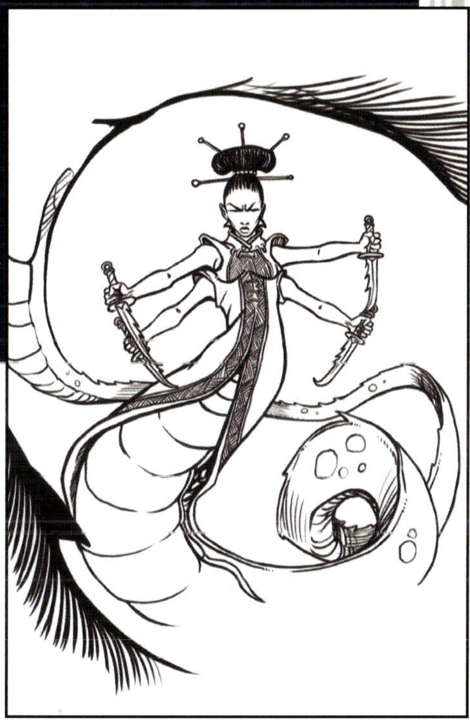

Encré - Inked

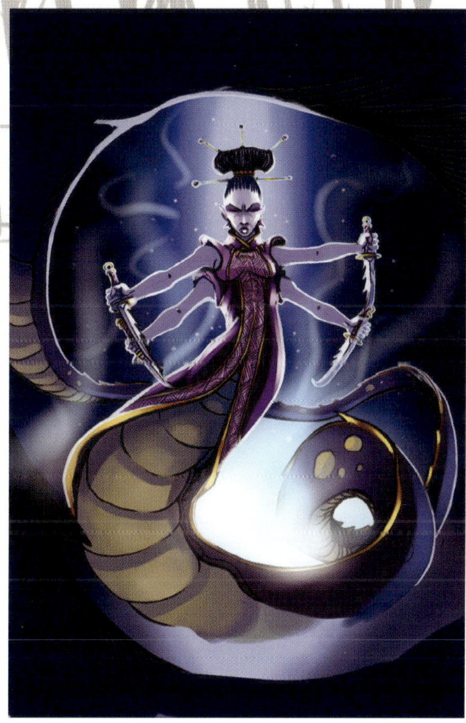

Illustration finale - Final illustration

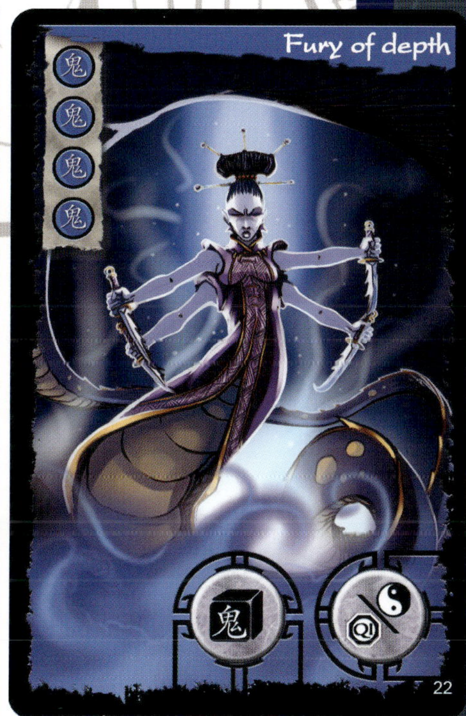

Carte finale - Final card

Les fantômes bleus sont reliés à l'eau. C'est par eux que je commence, car ce à quoi ils doivent ressembler me paraît évident. J'imagine des sirènes mi-femmes, mi-serpents très sombres et angoissantes, des femmes aussi fascinantes qu'inquiétantes. C'est la série qui me plaît le plus et sur laquelle j'ai eu le moins de difficultés.

The blue ghosts are connected with water. I started with them because it seemed obvious to me what they should look like. I saw them as very dark, sinister, half-woman half-snake mermaid creatures that were simultaneously fascinating and disturbing. This was the series that I enjoyed most and had the least trouble drawing.

Antoine Bauza
Repos Production
2008

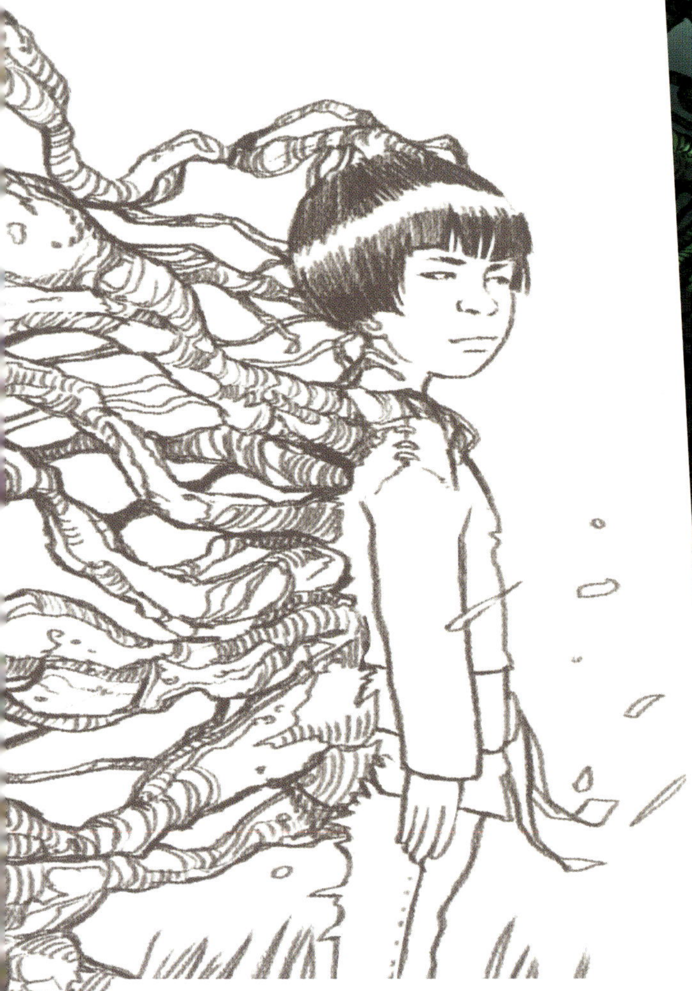

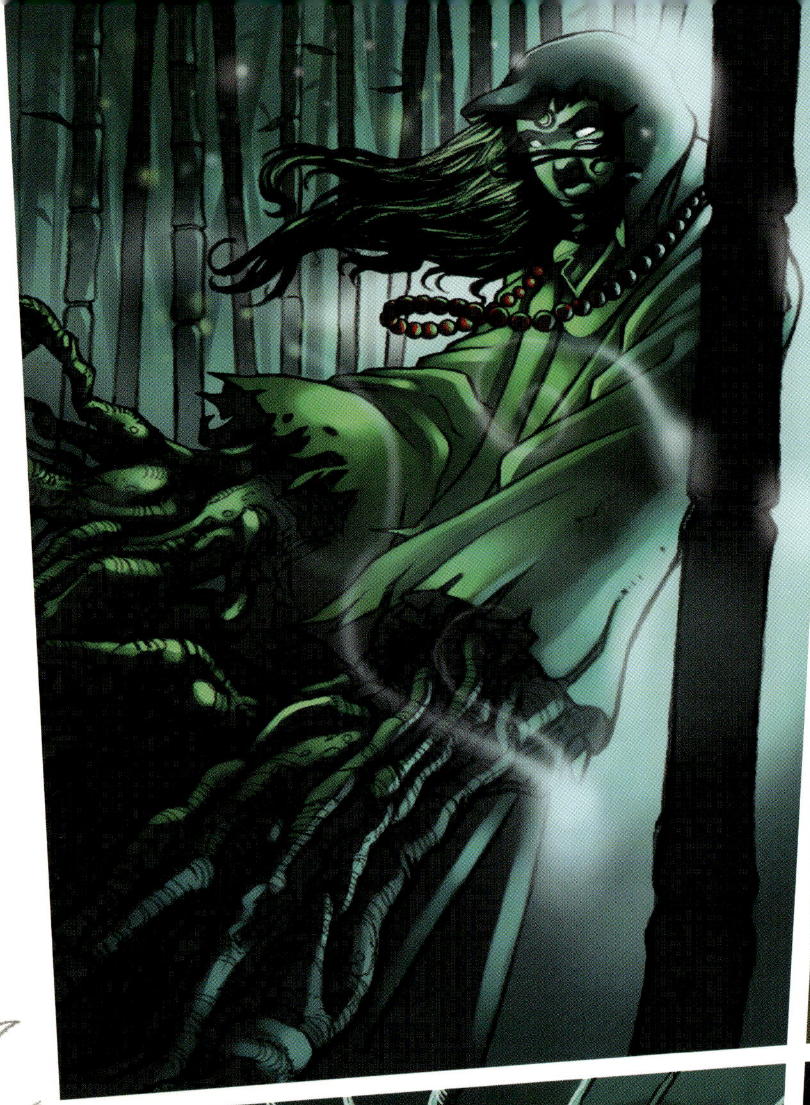

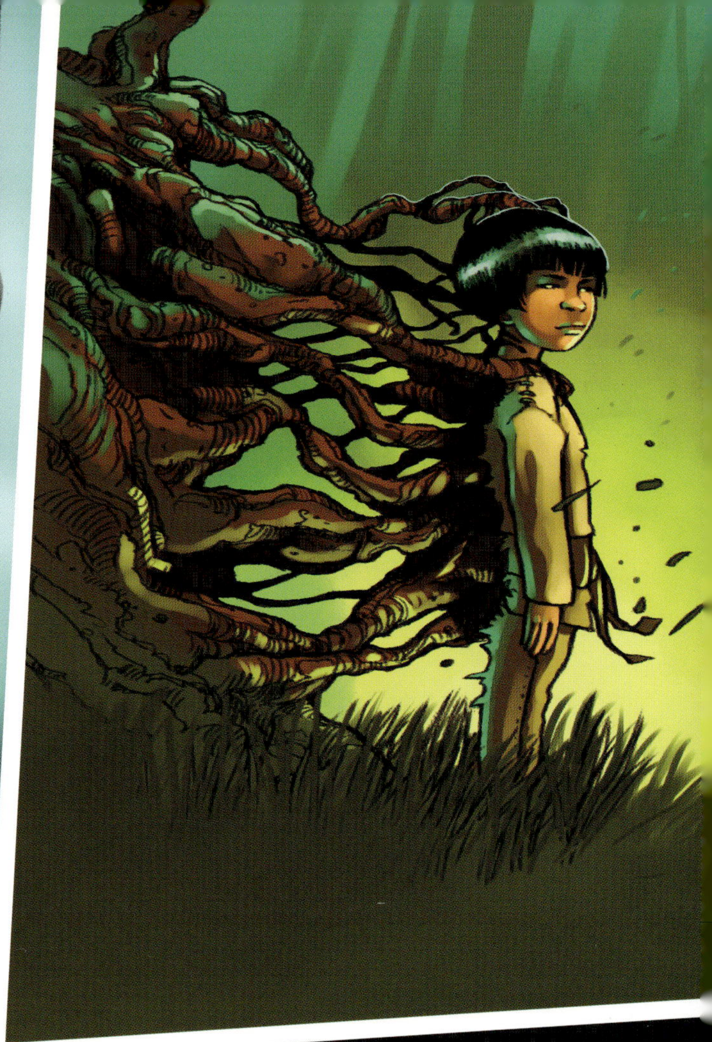

Les fantômes verts sont liés à la nature. Mon problème vient du fait que pour moi la nature représente quelque chose de gai, de positif. Pour m'aider, Antoine m'oriente vers le côté pourri et marécageux du truc. Du coup, j'imagine des monstres faits de branches et de racines. Mi-Hommes, mi-arbres, statiques, mais pouvant apparaître de n'importe quelle forme de végétation.

The green ghosts are associated with nature. The problem was that for me, nature is something joyful and positive. To help me, Antoine guided me to the rotting, marshy side of things, prompting me to imagine monstrous creatures made of roots and branches… half-man, half-tree. Static but liable to emerge from any kind of vegetation.

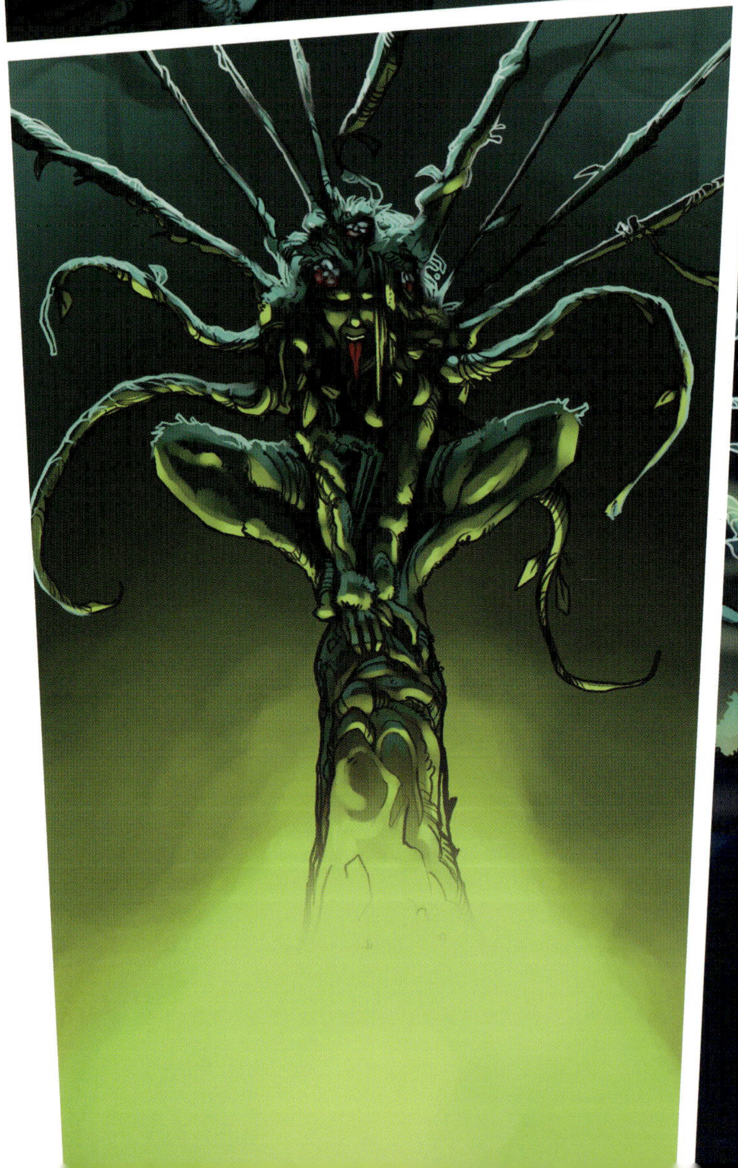

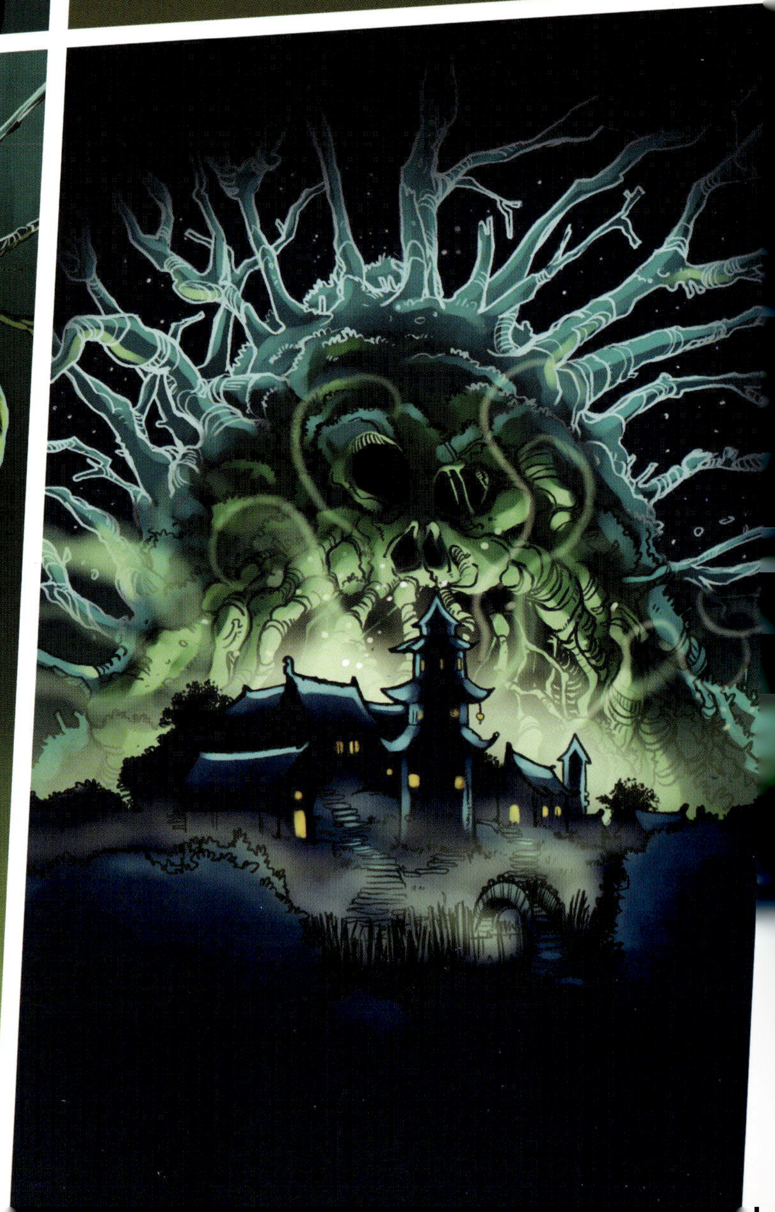

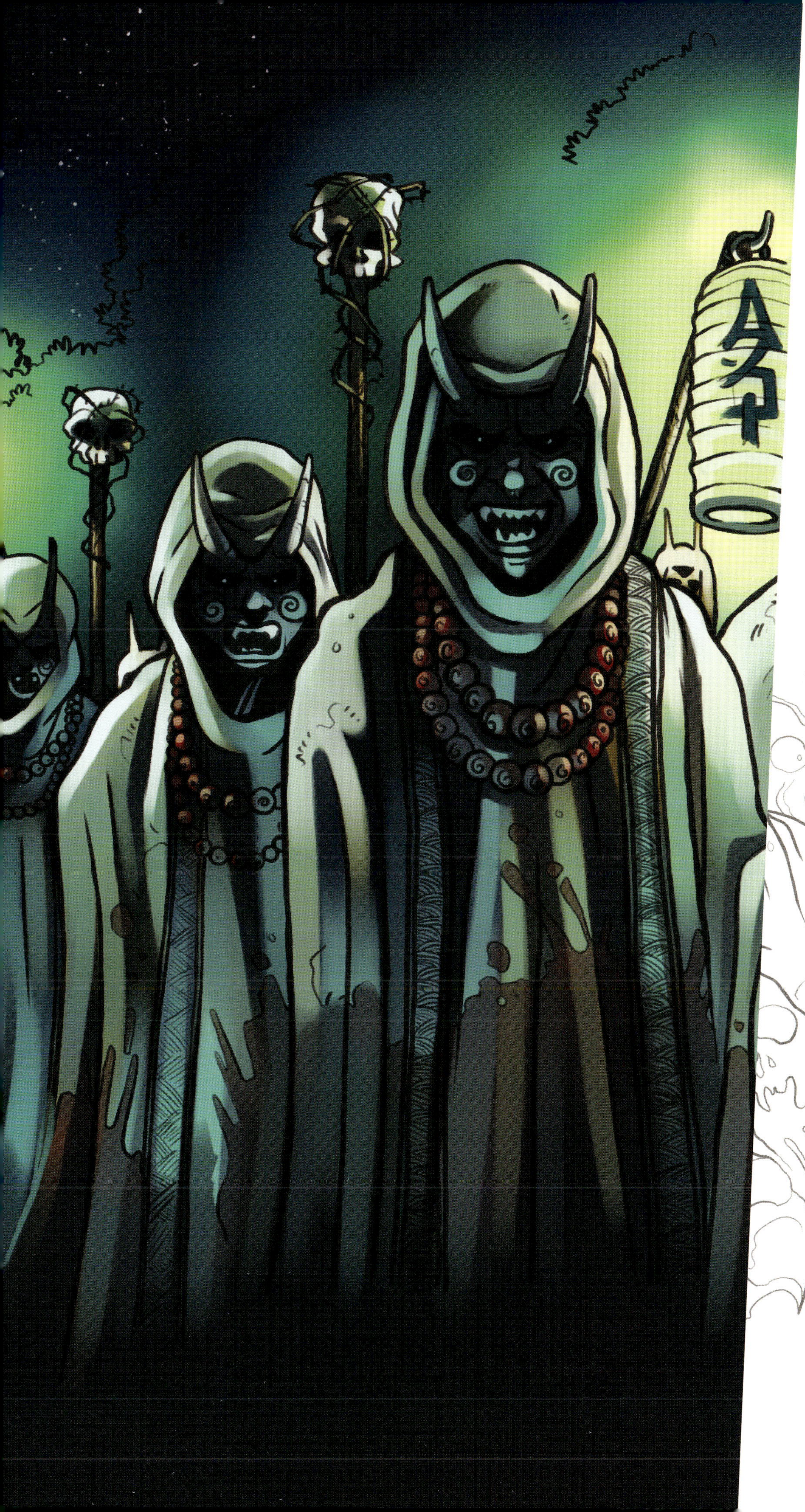

Les fantômes verts sont souvent enracinés, immobiles, menaçants… Ils sentent la terre pourrie.

Green ghosts are often rooted in the ground, motionless and menacing… They smell of rotting soil.

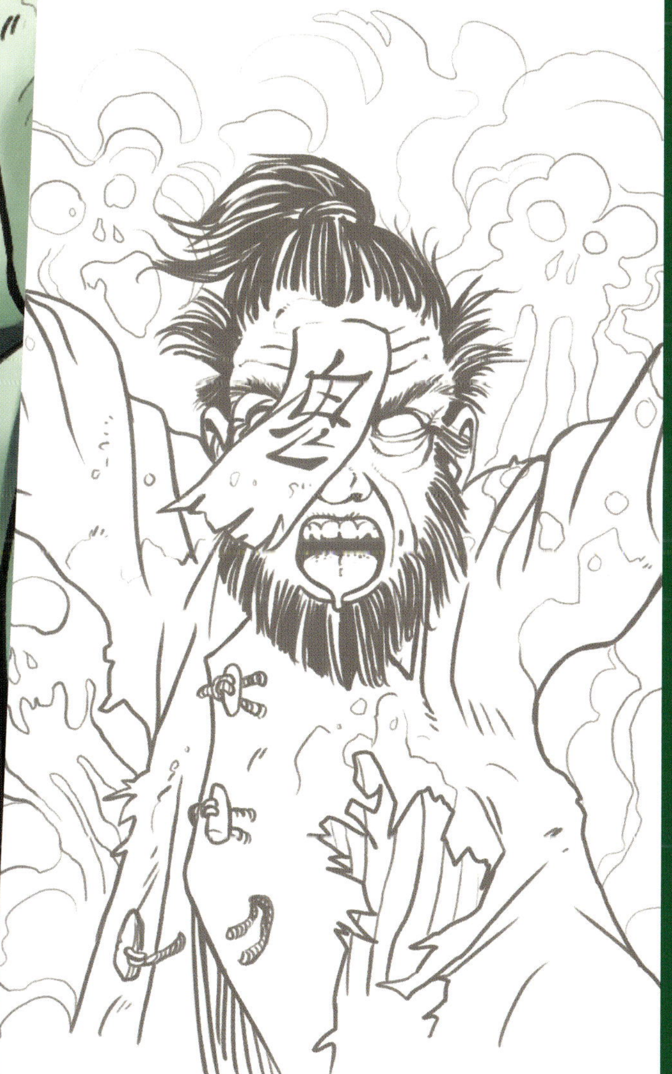

GHOST STORIES

Antoine Bauza

Repos Production
2008

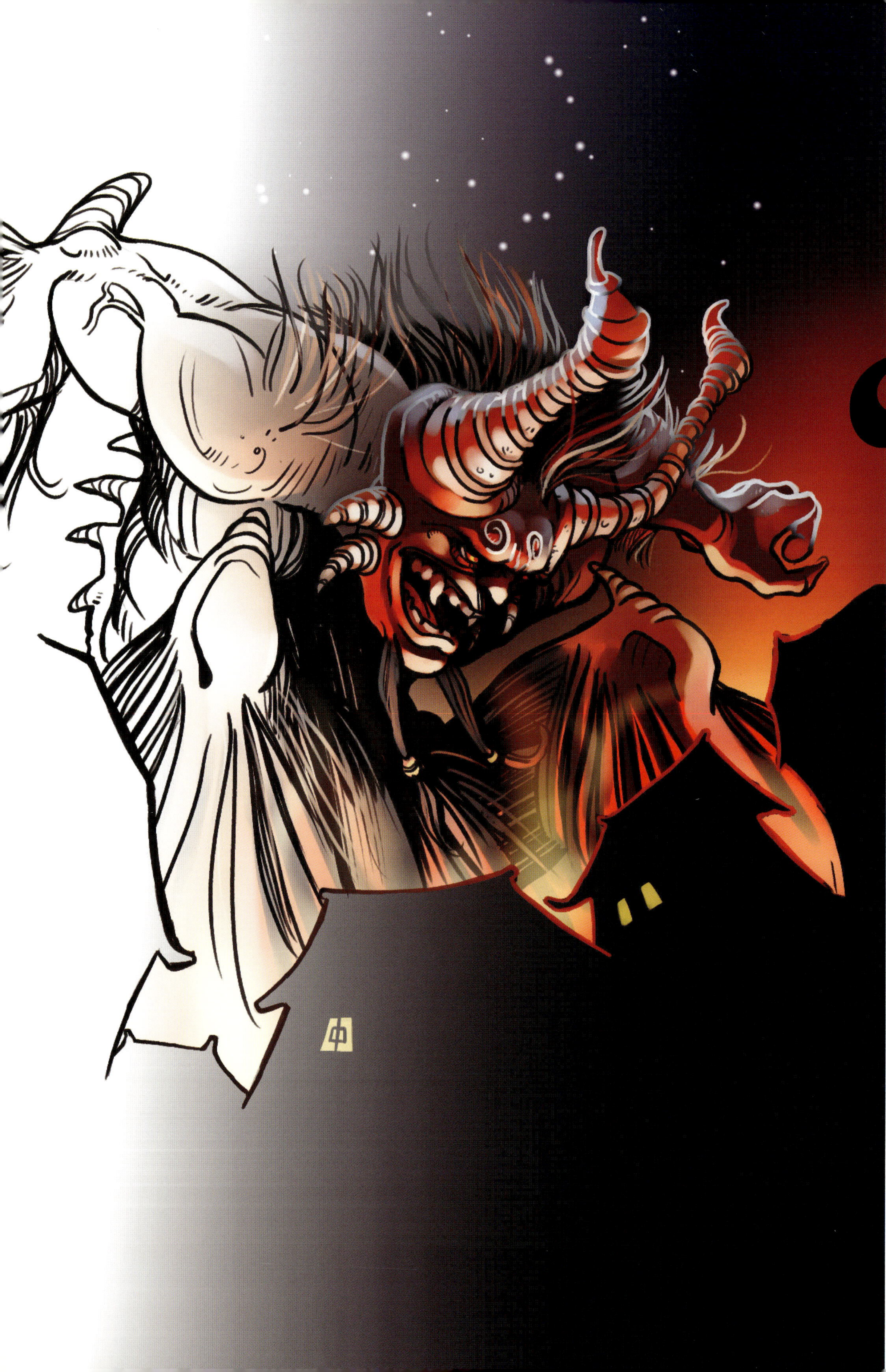

Les fantômes rouges sont les moins définis. Ils viennent de la montagne, mais c'est à peu près tout ce qu'on a en tête. Peut-être, est-ce la raison pour laquelle ce sont les plus originaux à mes yeux. Beaucoup de « belles » fantômes féminines, énigmatiques et menaçantes, ainsi que des démons, des guerriers…

Les fantômes rouges sont… rouges. On n'a pas d'idée générale donc j'improvise…

The red ghosts are… red! There was no overarching concept so I improvised…

The red ghosts are the least clearly defined. They come from the mountains, but that's about all we really know. Maybe that's the reason why, in my opinion, they are the most original of the ghosts. There are lots of "beautiful", enigmatic and menacing female ghosts, as well as demons, warriors, etc.

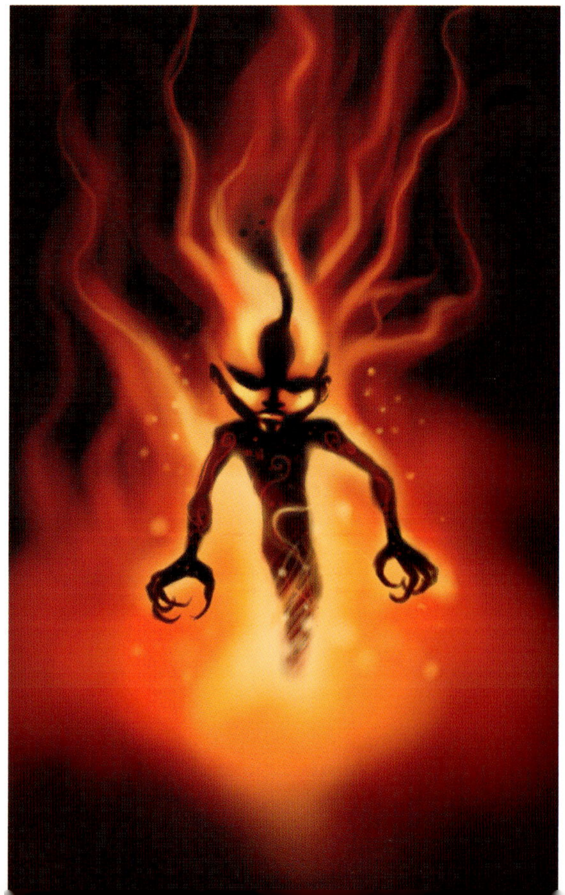

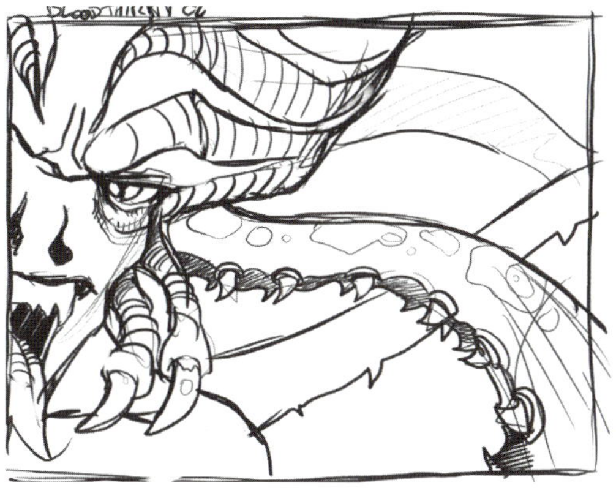

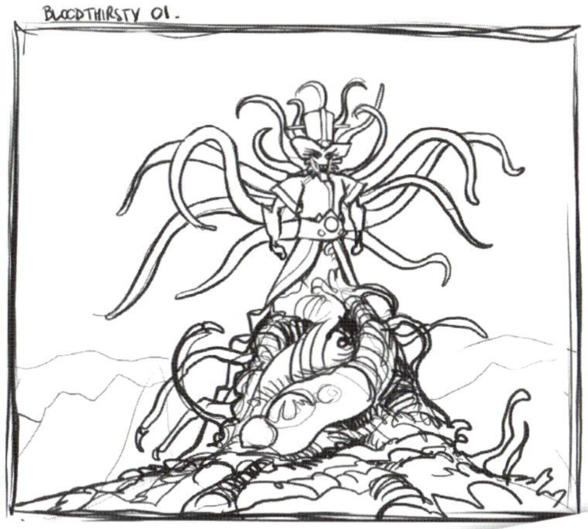

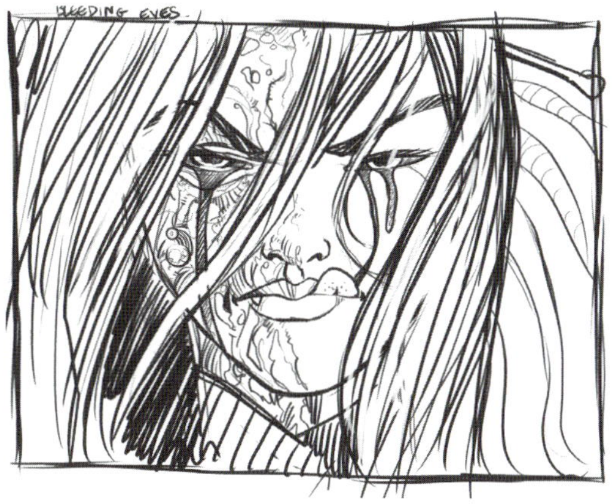

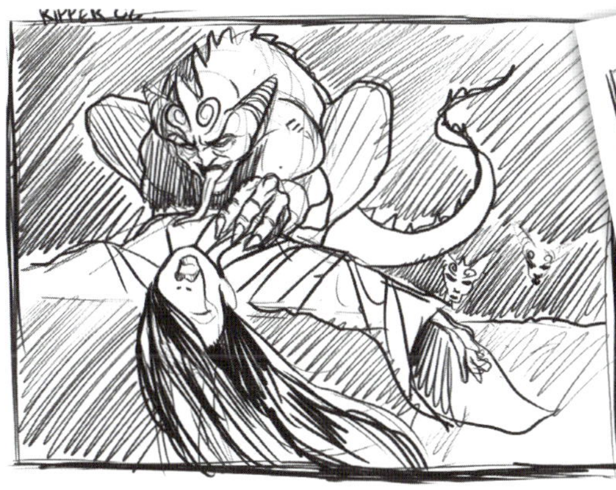

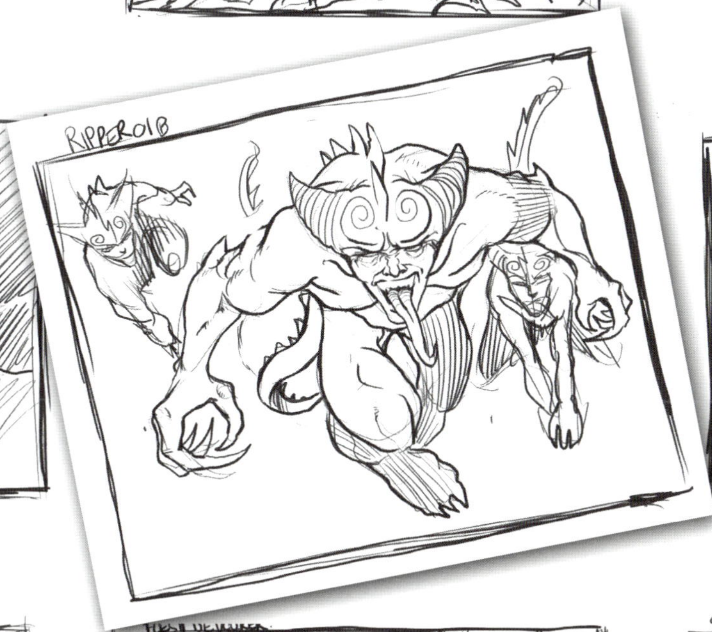

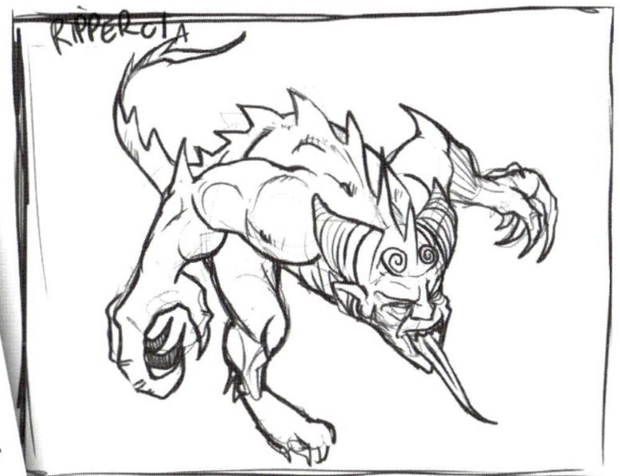

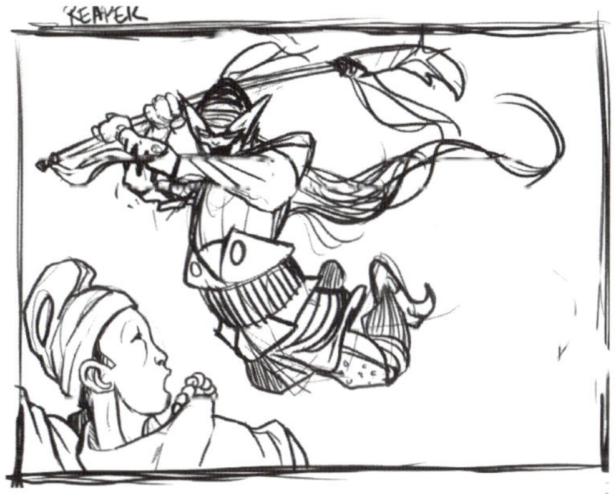

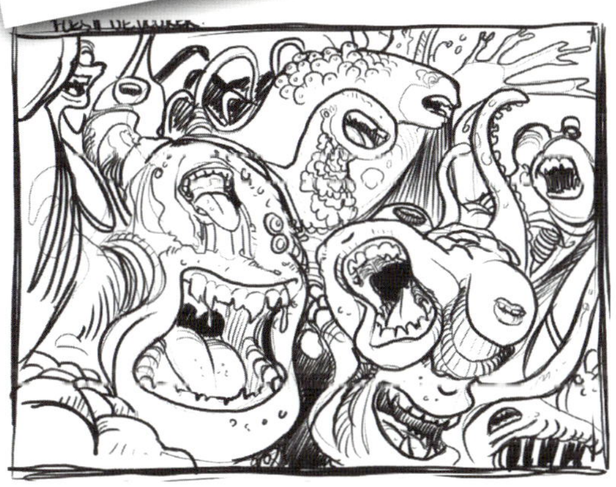

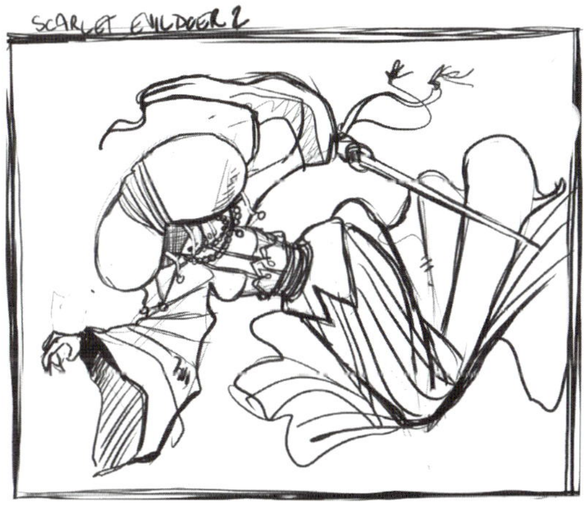

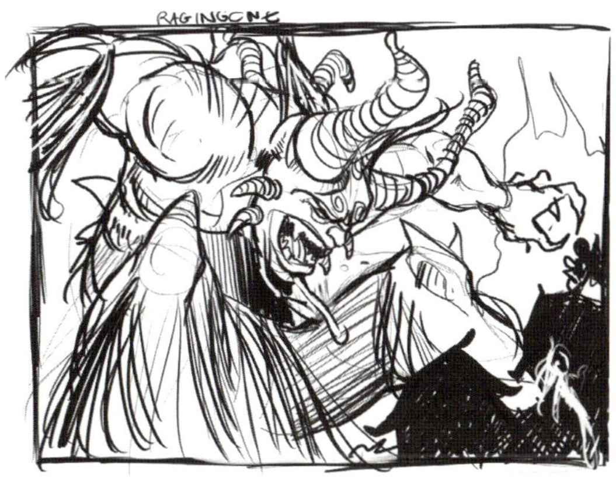

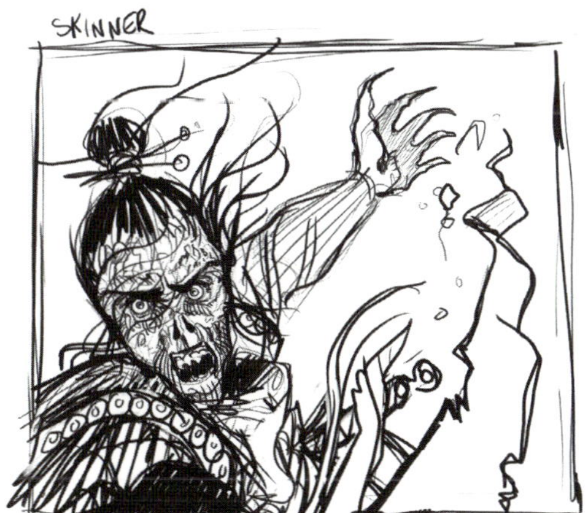

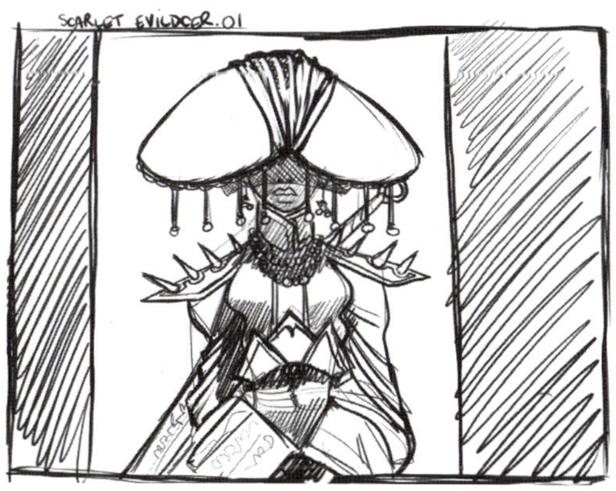

GHOST STORIES

Antoine Bauza

Repos Production
2008

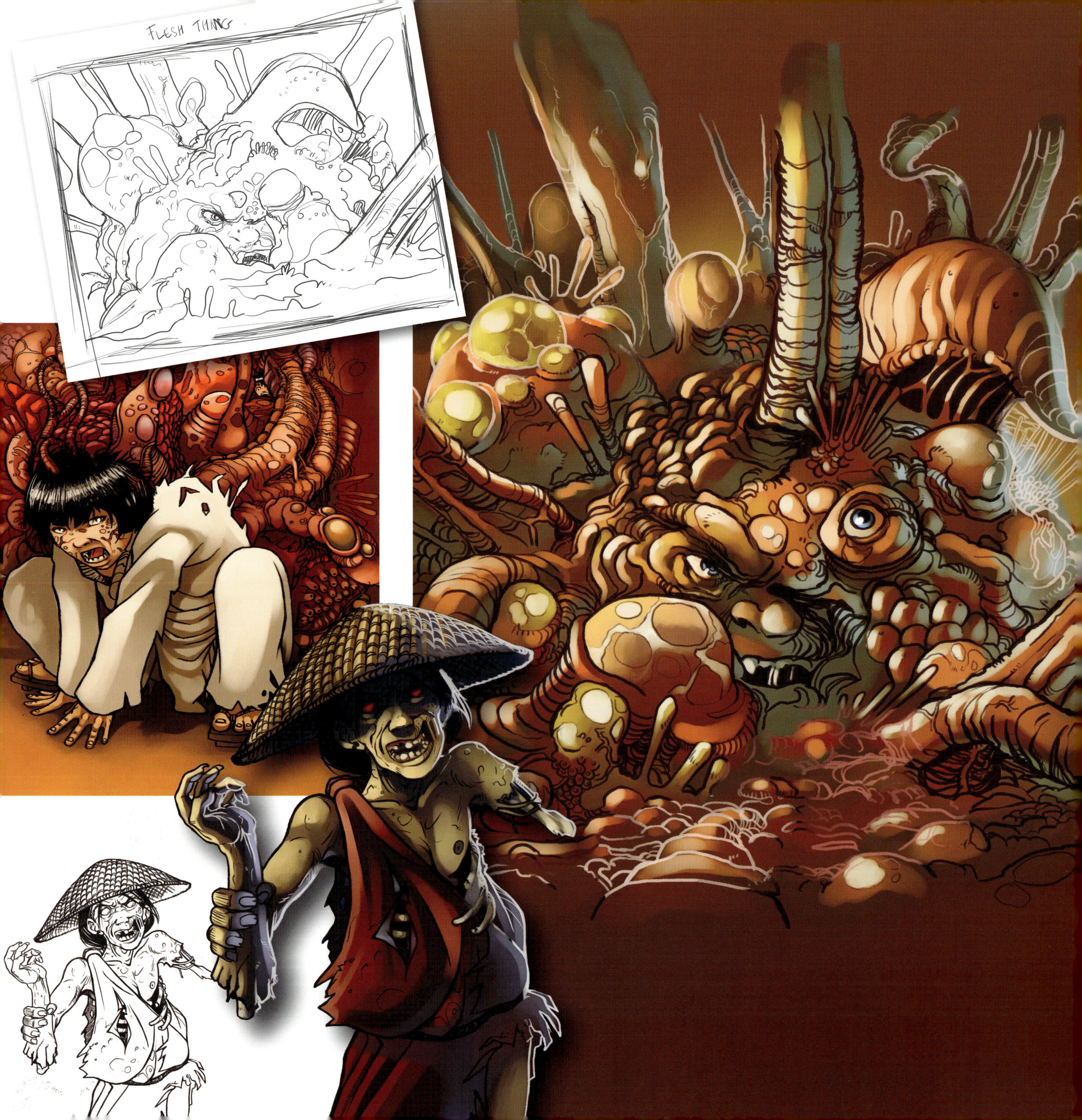
FLESH THING

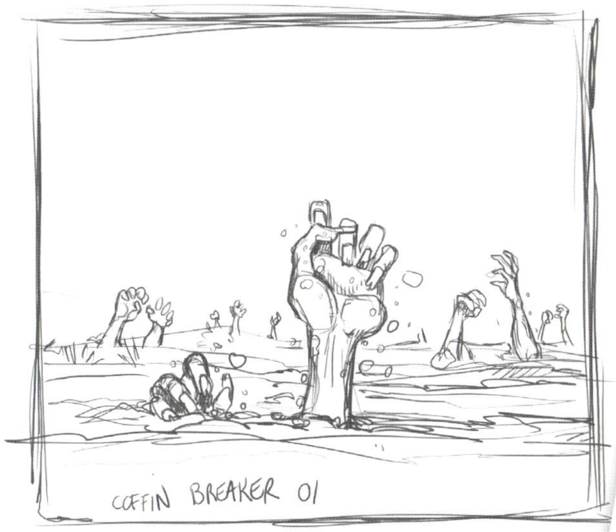

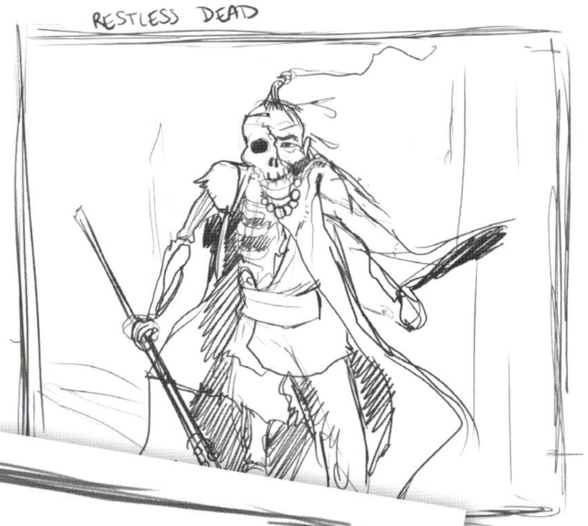

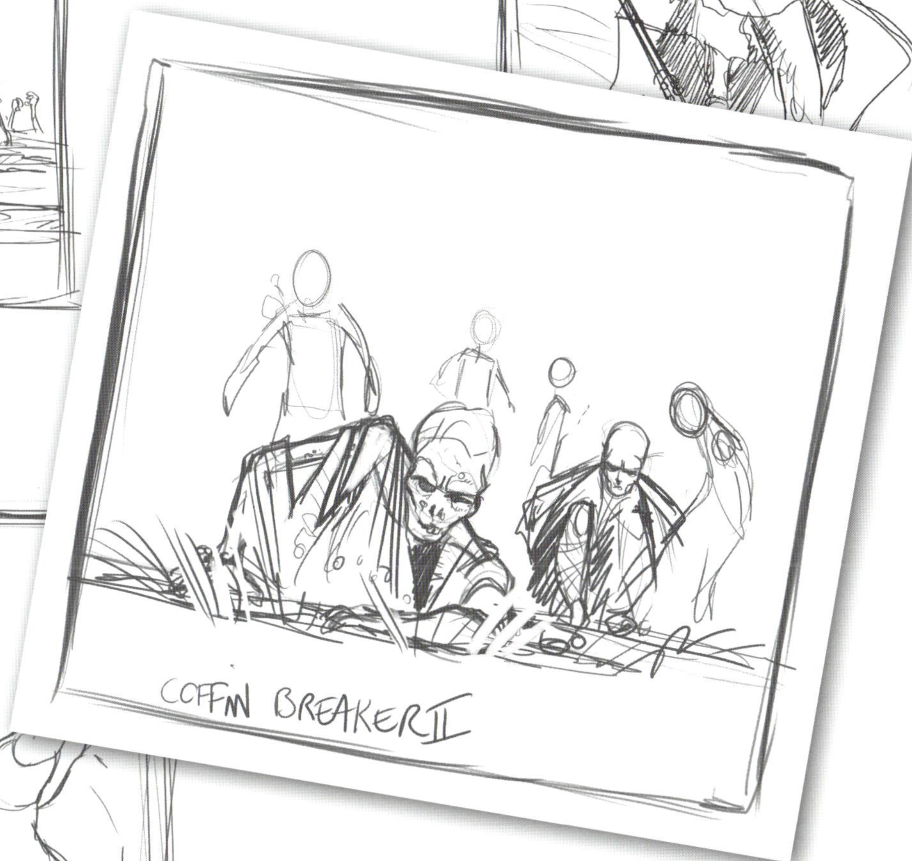

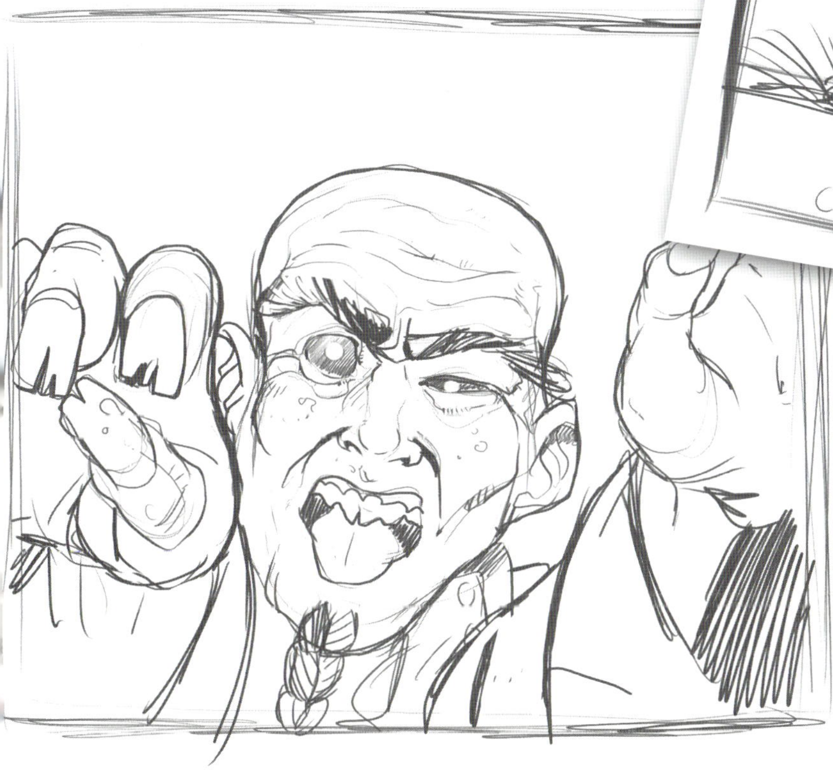

> *Les fantômes jaunes, putréfiés, sales… Ou bondissants… Pas ma faute, allez en parler à Antoine.*
>
> *Yellow ghosts can be putrid, dirty… Or pouncy… Don't blame me, ask Antoine.*

Les zombies, les putrides et les vampires bondissants… Oui, oui ! Quand Antoine et l'éditeur me guident pour les fantômes jaunes, ils me présentent l'idée des zombies. Jusque-là, c'est facile. Puis tout à coup, Antoine me parle des vampires dans les films chinois. Ils sont moins ténébreux que les nôtres et, eux, ils… bondissent ! Ceux-là ne sont pas évidents à dessiner.

Zombies, rotters, pouncing vampires… Bring 'em on! When Antoine and Repos provided their guidance for the yellow ghosts, they gave me the idea of zombies. So far, so good. Then Antoine suddenly started talking about the vampires in Chinese movies, who are less shadowy than ours and have a tendency to leap on people! This pouncing variety was quite tricky to draw.

GHOST STORIES

Antoine Bauza

Repos Production
2008

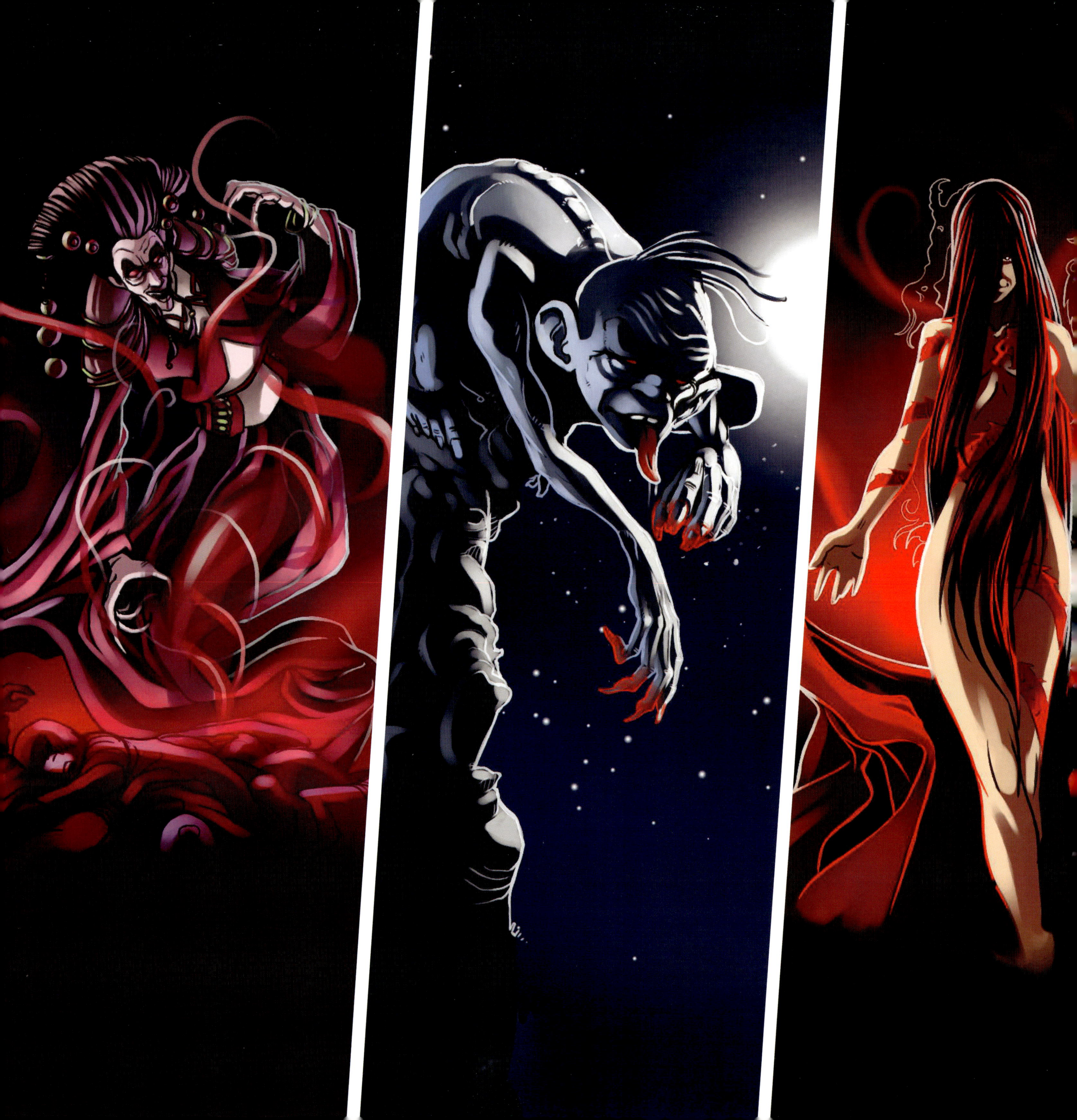

Les fantômes noirs sont ceux qui vous font vociférer quand ils arrivent, et Wu-Feng, c'est juste le boss !

The black ghosts are the ones that make you scream when you meet them, and Wu-Feng is the megaboss!

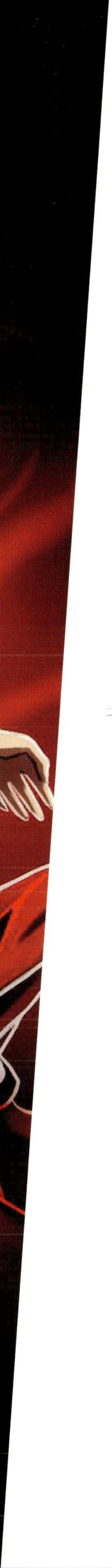

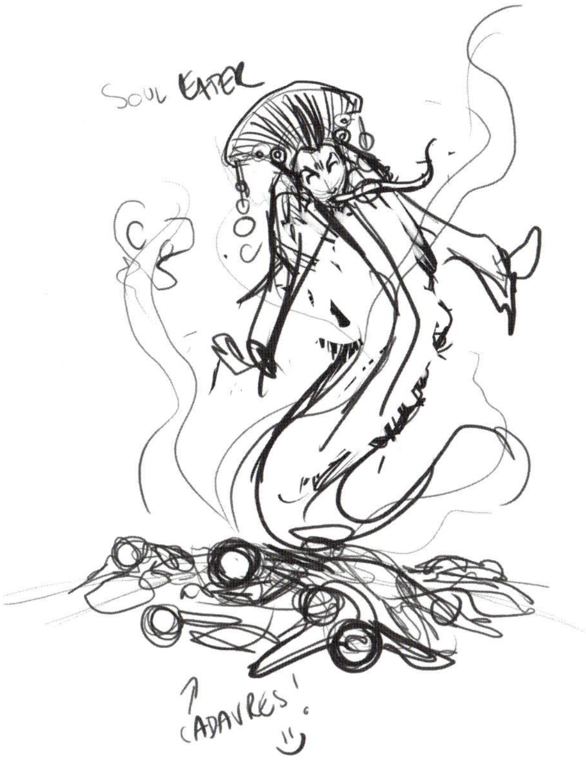

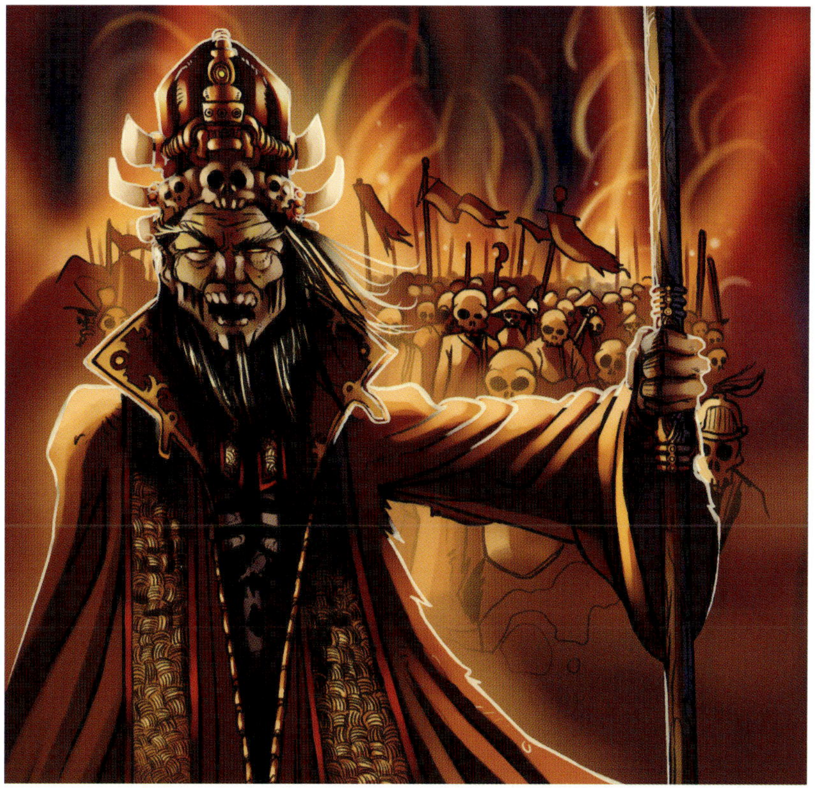

Les fantômes noirs sont vos cauchemars dans le jeu : puissants, tenaces et très pénibles. Pas d'idées ou de thèmes précis pour ceux-là, il faut juste donner l'impression qu'on va lutter sévère. Les Wu-Feng, c'est l'incarnation du mal pur. Là, j'essaye de susciter la peur, mais aussi de me faire plaisir. *Les aventures de Jack Burton dans les griffes du Mandarin* est une bonne source d'inspiration.

The black ghosts are the stuff of nightmares in the game: powerful, tenacious and a real pain in the backside. No particular ideas or themes were specified; I just had to give the impression that a tough fight was in store. Wu-Feng is the embodiment of pure evil. For these figures, I tried to be scary while also enjoying myself. *Jack Burton in Big Trouble in Little China* was a good source of inspiration.

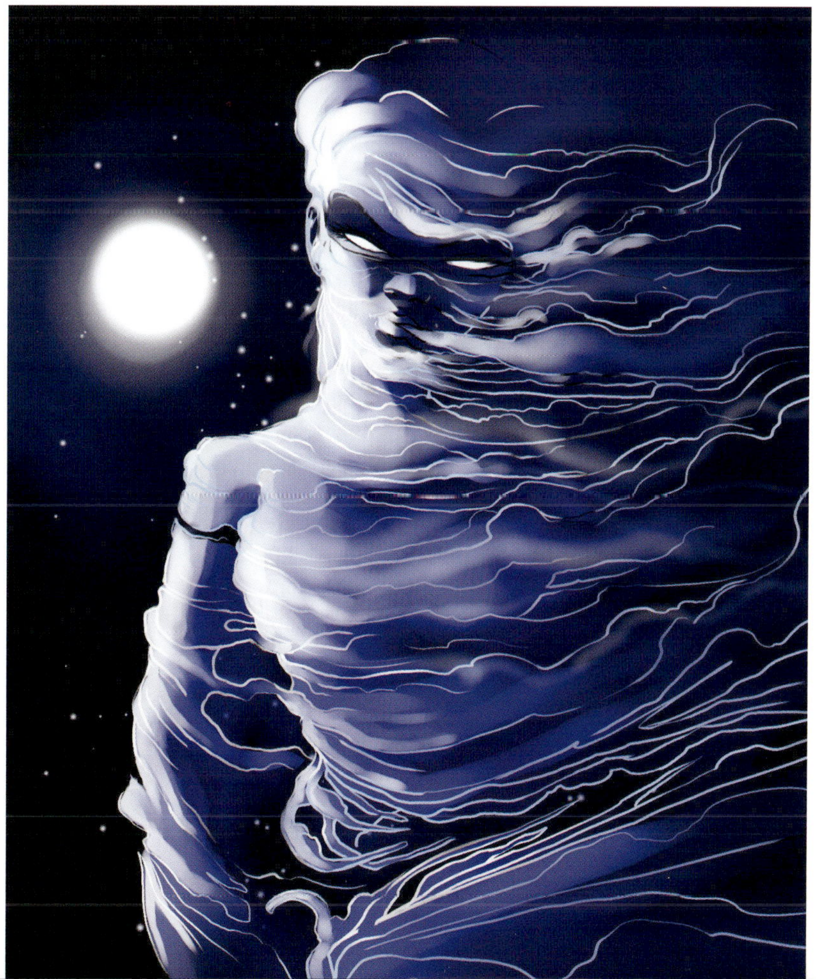

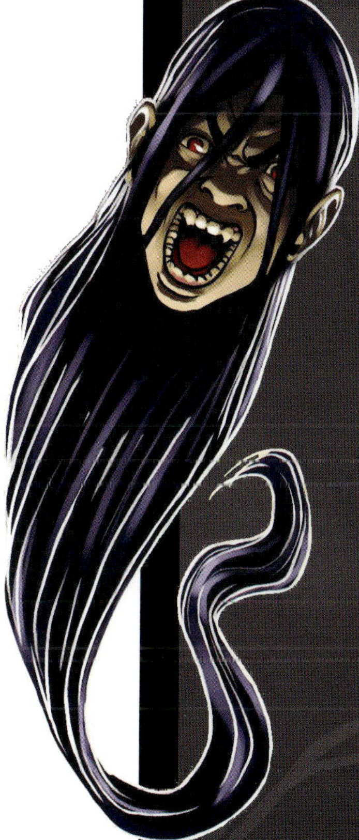

Antoine Bauza

Repos Production
2008

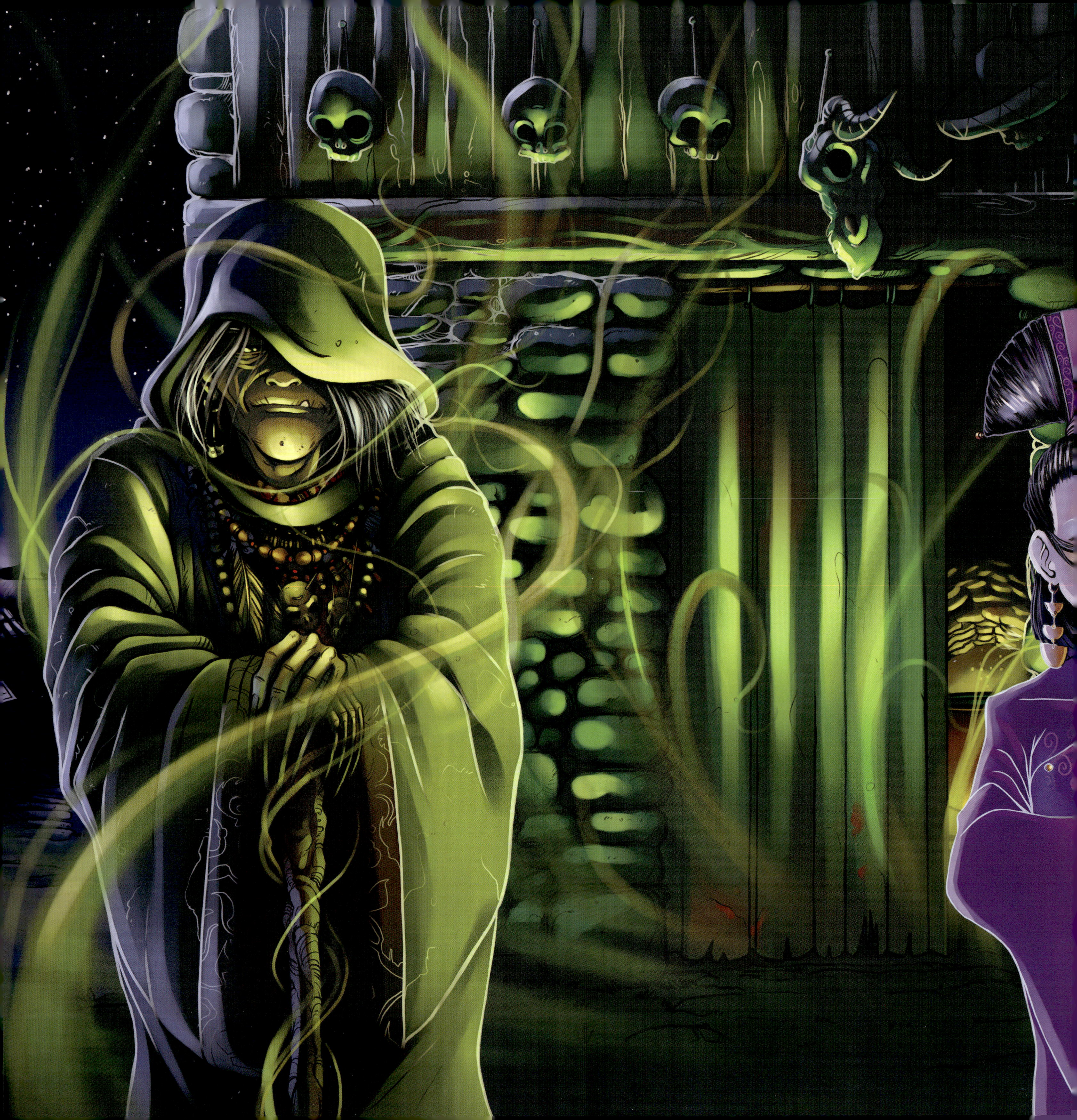

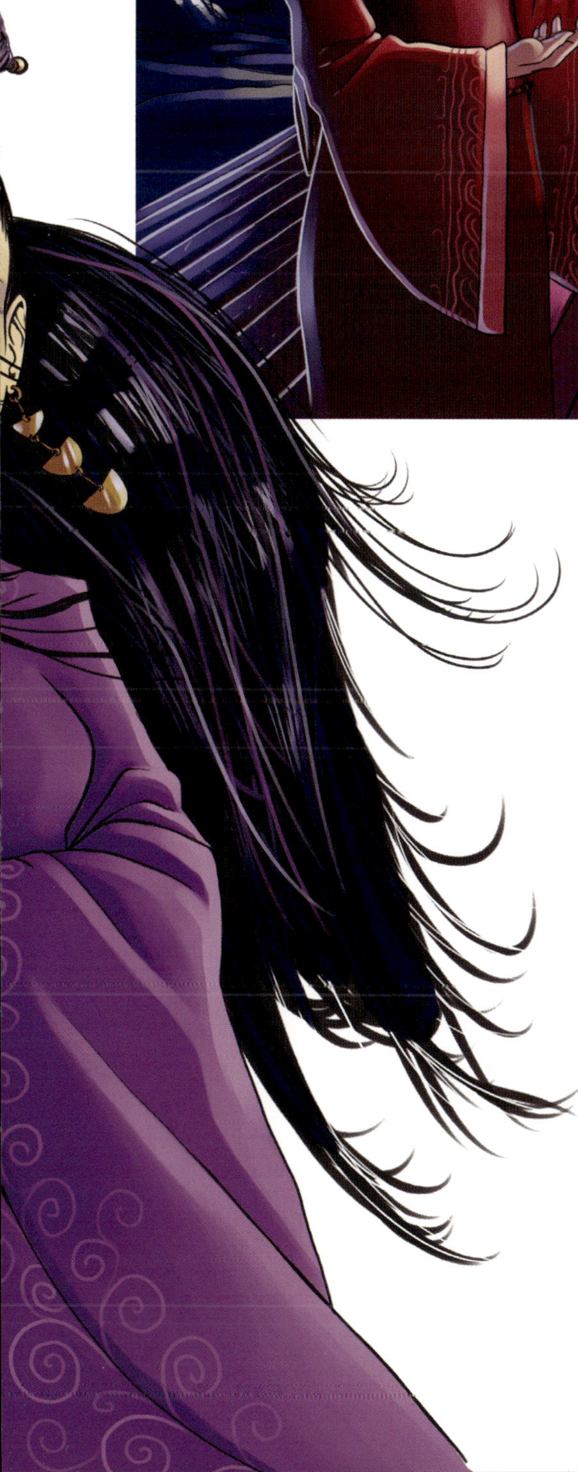

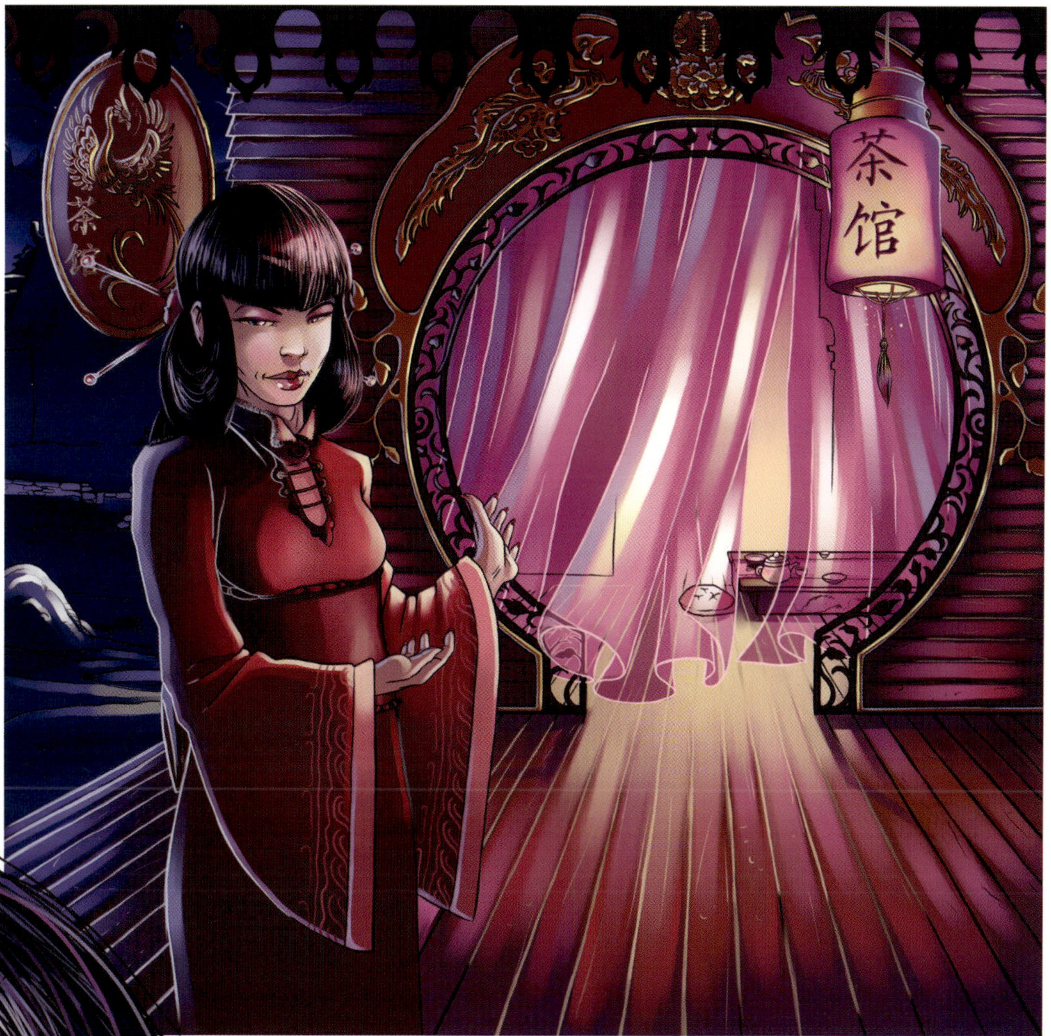

Les tuiles sont des hommages aux jeux vidéos RPG japonais de notre jeunesse.

The tiles were our tribute to the Japanese RPG video games of our youth.

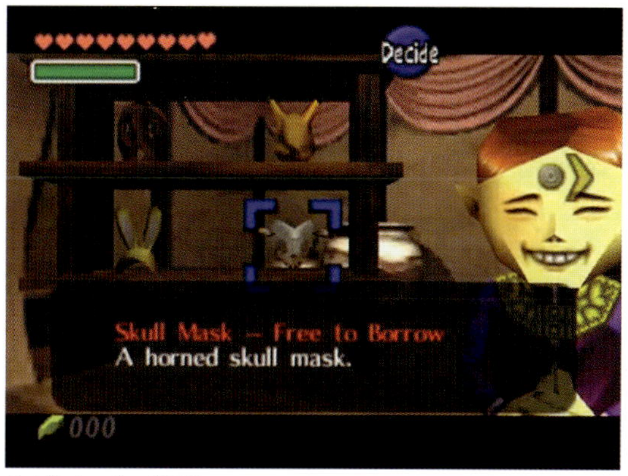

© Nintendo, 1997.

Les tuiles villages sont compliquées à appréhender, modulaires car sans installation précise. De fait, il est difficile de représenter de façon classique le village vu de dessus. Du coup, l'idée d'Antoine est de rendre hommage aux jeux vidéos RPG de notre époque. Un décor avec un personnage en frontal à gauche comme dans les boutiques de ZELDA ou FINAL FANTASY.

WHITE MOON est la première extension de GHOST STORIES et met en scène un fantôme blanc, la défunte épouse de Wu-Feng qui aide les joueurs à triompher des vagues de fantômes. BLACK SECRET, la deuxième extension permet à un joueur d'incarner Wu-Feng. Les deux couvertures se répondent l'une à l'autre pour donner l'ambiance de chacune.

I had trouble getting a handle on these tiles, which had to be modular, with no predefined layout. This made it difficult to use a conventional overhead view of the village. Antoine had the idea of taking our cue from the RPG video games of our youth, prompting me to draw scenery with a front-facing character on the left of each tile, as in the shops in ZELDA or FINAL FANTASY.

WHITE MOON was the first expansion for GHOST STORIES. It featured a white ghost – Wu-Feng's dead wife – who helps the players to overcome the waves of ghosts. In the second expansion, BLACK SECRET, one of the players plays as Wu-Feng. The two covers form a pair, giving an idea of each expansion's atmosphere.

Antoine Bauza

Repos Production
2008

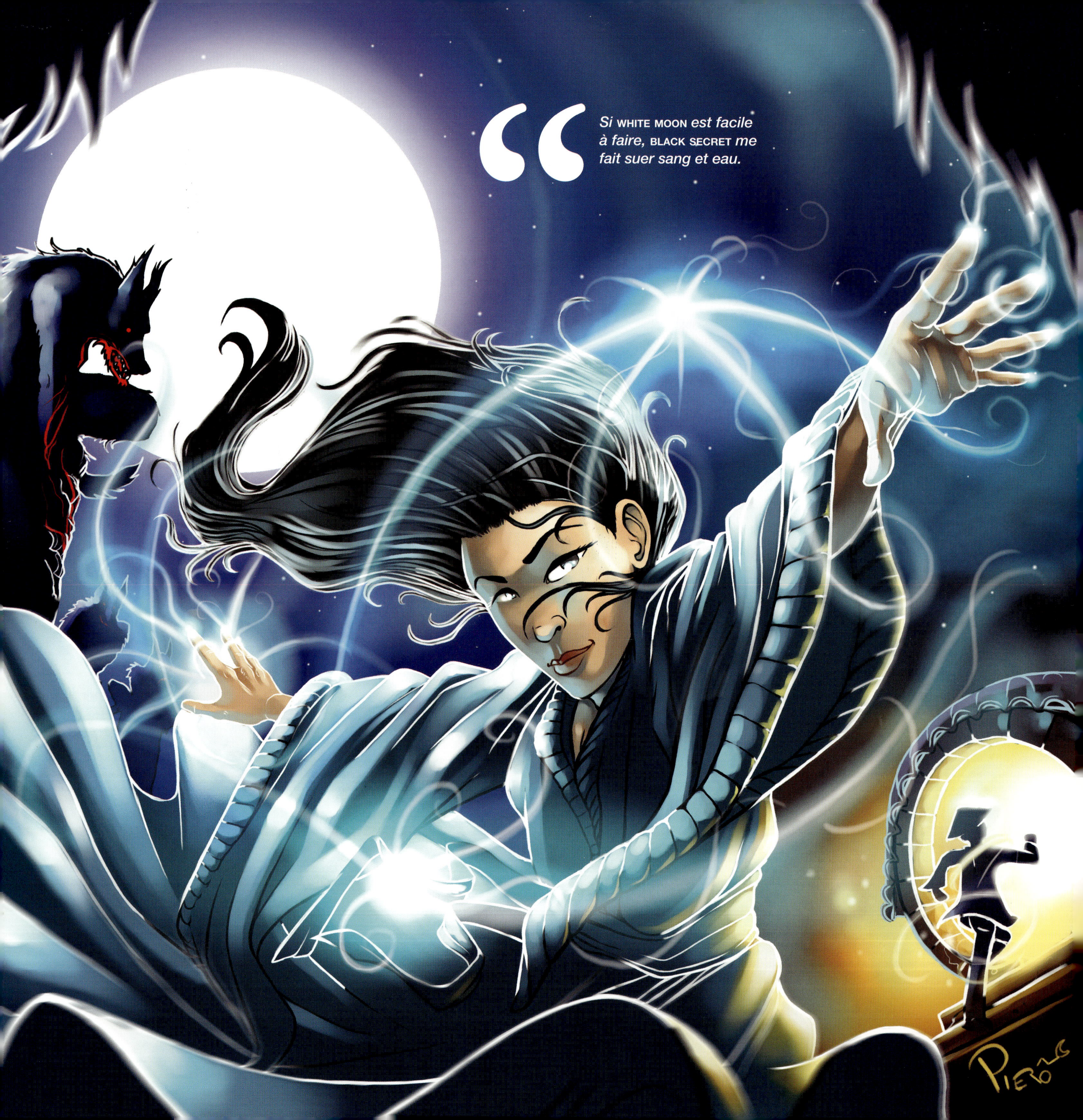

« Si WHITE MOON est facile à faire, BLACK SECRET me fait suer sang et eau.

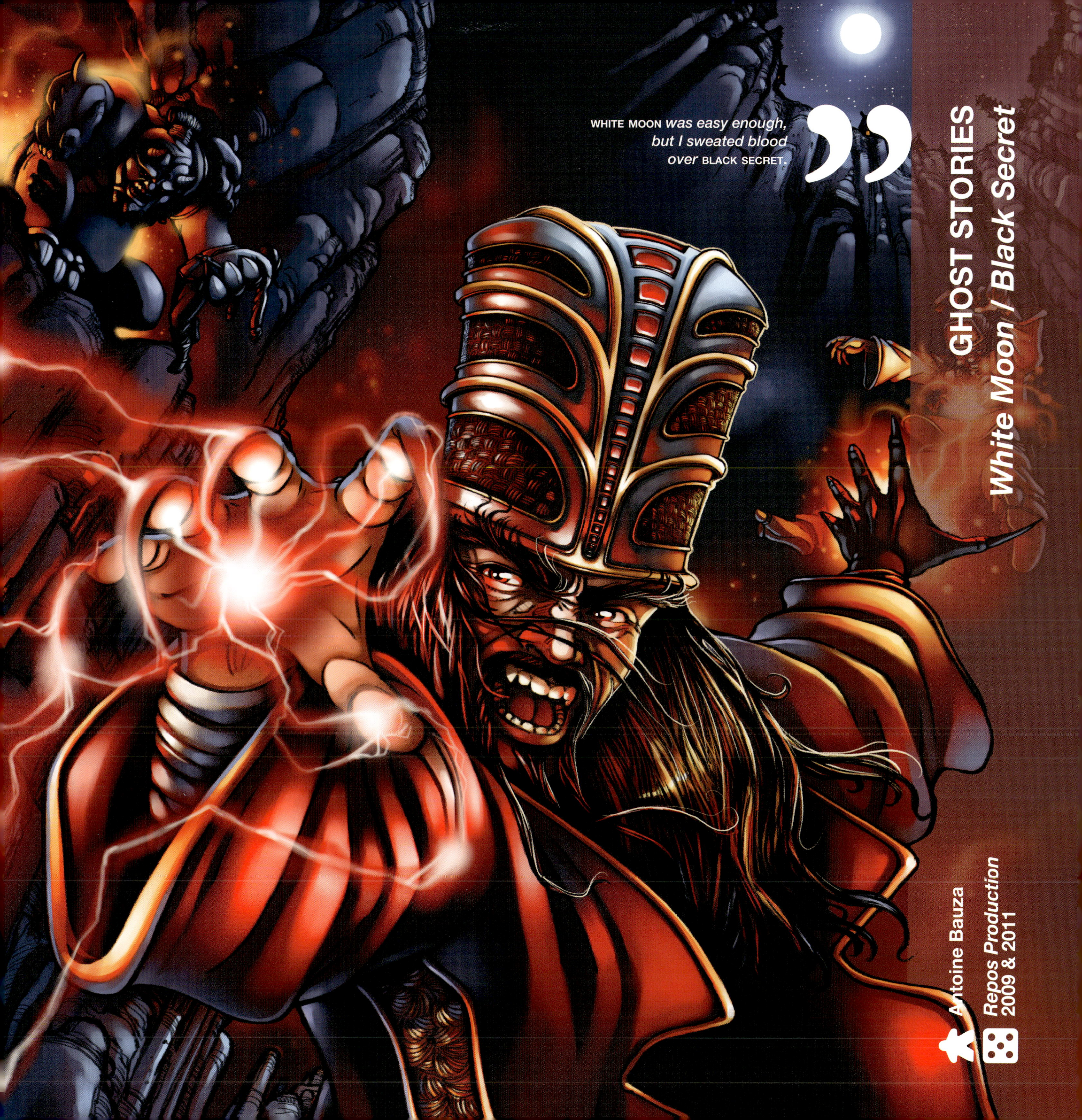
WHITE MOON was easy enough,
but I sweated blood
over BLACK SECRET.
GHOST STORIES
White Moon / Black Secret
Antoine Bauza
Repos Production
2009 & 2011

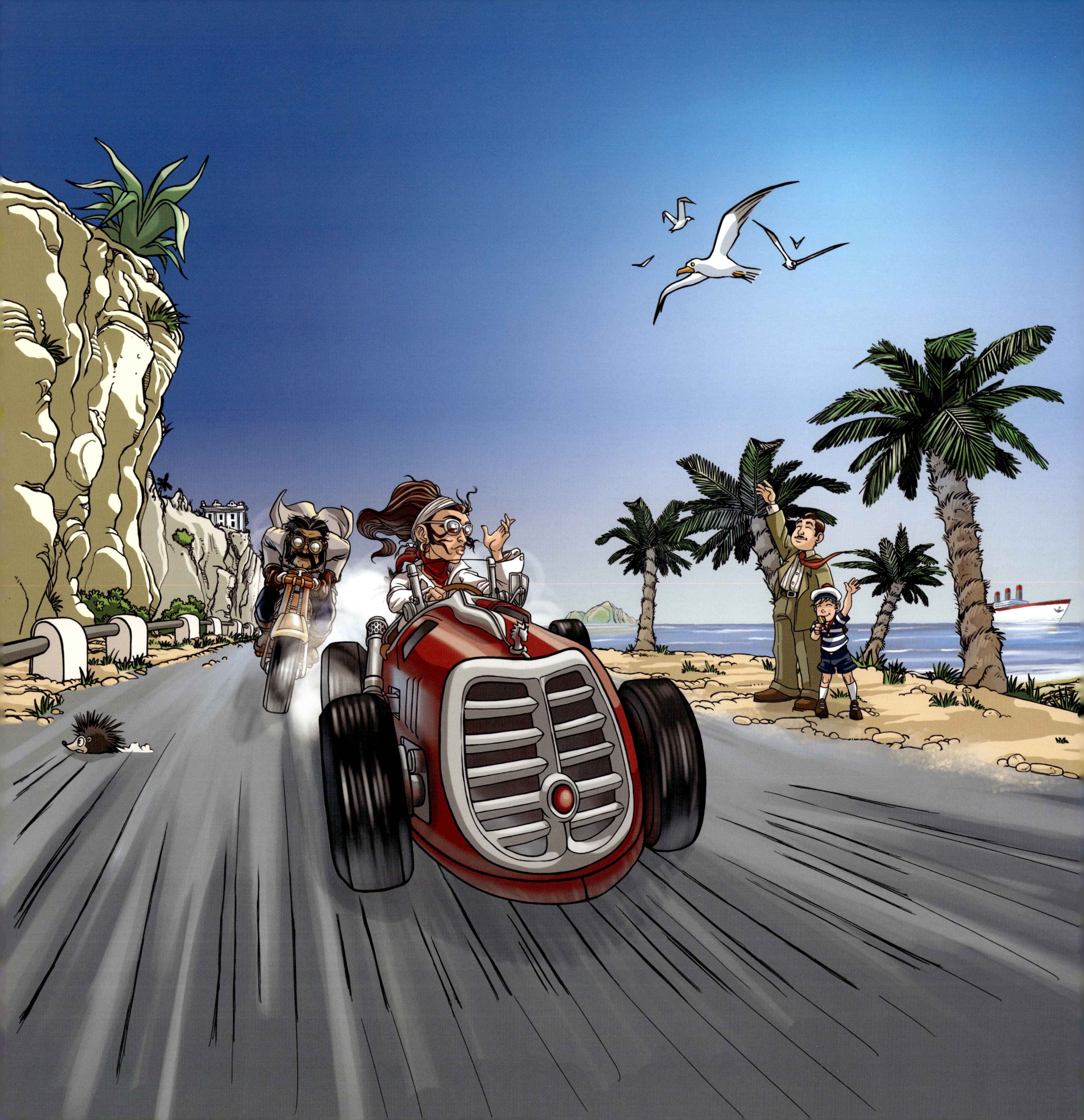

HURRY'CUP !

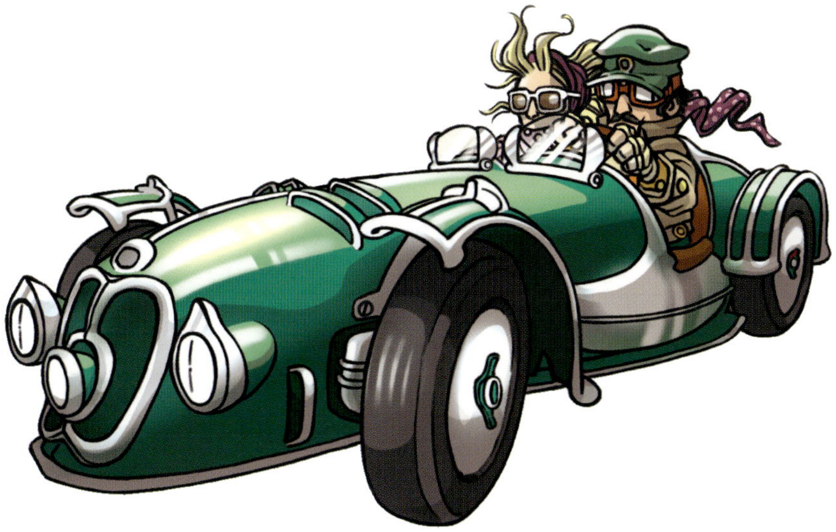

Alors que je travaille sur GHOST STORIES avec Antoine Bauza chez *Repos Production,* j'illustre aussi son troisième jeu : HURRY'CUP ! À l'époque où je le teste, il s'appelle BOLIDZ. Un jeu de course familial et léger où les joueurs doivent attraper le pion qui leur permettra de franchir la ligne d'arrivée, le plus vite possible, sans accidents. Au départ, nous partons sur l'inspiration des *Fous du volant* et des visuels très cartoons.

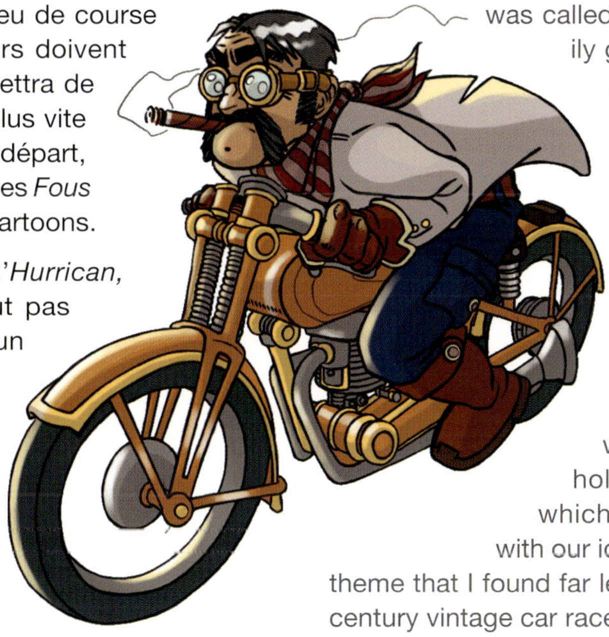

Mais l'éditeur, Yves Menu d'*Hurrican,* a une autre vision. Il ne veut pas d'un jeu estampillé enfant, un risque avec notre idée. Nous voilà sur un thème qui me fait beaucoup, beaucoup moins rêver : les courses de tacots au début du XXe siècle. Je n'ai pas encore précisé que je déteste dessiner les décors… et les véhicules ! Plein de règles, de lignes droites, de courbes, d'ovales bref, que des trucs avec des points de fuite dont on a du mal à maquiller les erreurs.

De plus, comme c'est un jeu de tuiles où l'on construit aléatoirement le circuit, il faut que chacune puisse être posée à côté d'une autre et que cela soit raccord. Si l'on ajoute : un plateau à base d'hôtels monégasques et une couverture compliquée… HURRY'CUP ! est mon premier travail de la galère. Celui qui me permet de réaliser que dessiner est une passion certes, mais qu'être illustrateur, c'est surtout un travail, avec de vraies contraintes, pas toujours drôles.

Je trouve encore le jeu plaisant, mais cela reste un de mes jeux illustrés auquel j'ai le moins rejoué, car il ne me rappelle pas que de bons souvenirs. Dégât professionnel collatéral.

While working with Antoine Bauza on GHOST STORIES for *Repos Production,* I was also illustrating his third game, HURRY'CUP ! When I tested the game, it was called BOLIDZ. In this casual family game, players have to grab the counter that will carry them over the finishing line as quickly as possible without accidents. Initially, our inspiration was *Wacky Races,* with very cartoonish visuals.

But the publisher, Yves Menu from *Hurrican,* had a different vision. He didn't want the game to be pigeonholed as a children's game, which would have been a risk with our idea. So we ended up with a theme that I found far less inspiring: a turn-of-the-century vintage car race. Up to this point, I haven't mentioned that I hate drawing scenery… and vehicles ! So many rules to obey, straight lines, curves, ovals… practically nothing but objects with vanishing points where it's hard to disguise your mistakes.

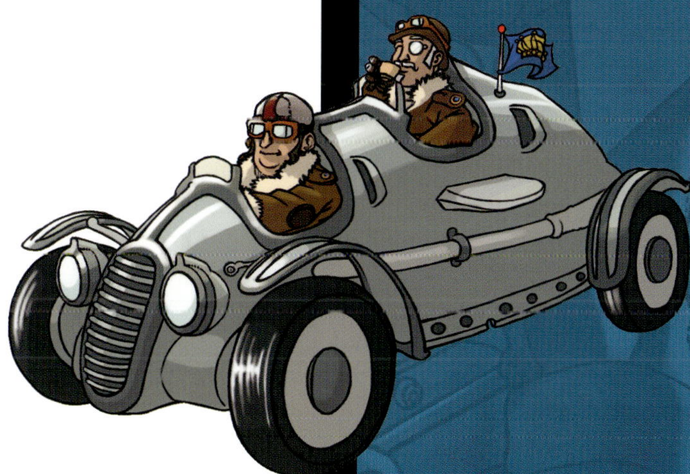

To make things worse, the game used tiles to randomly build the race track, and it therefore had to be possible to assemble them with no need to match up the edges. Add in a game board featuring Monaco hotels plus a complicated cover, and you get HURRY'CUP !, the first project I really struggled with. The project that made me realise that drawing may well be a fascinating pastime, but being an illustrator is first and foremost a job, and one that sometimes comes with frustrating restrictions.

I still like the game, but of all the games I've illustrated it is among those I've re-played least, as not all my memories are pleasant ones. Call it a case of professional collateral damage.

Antoine Bauza

Hurrican
2008

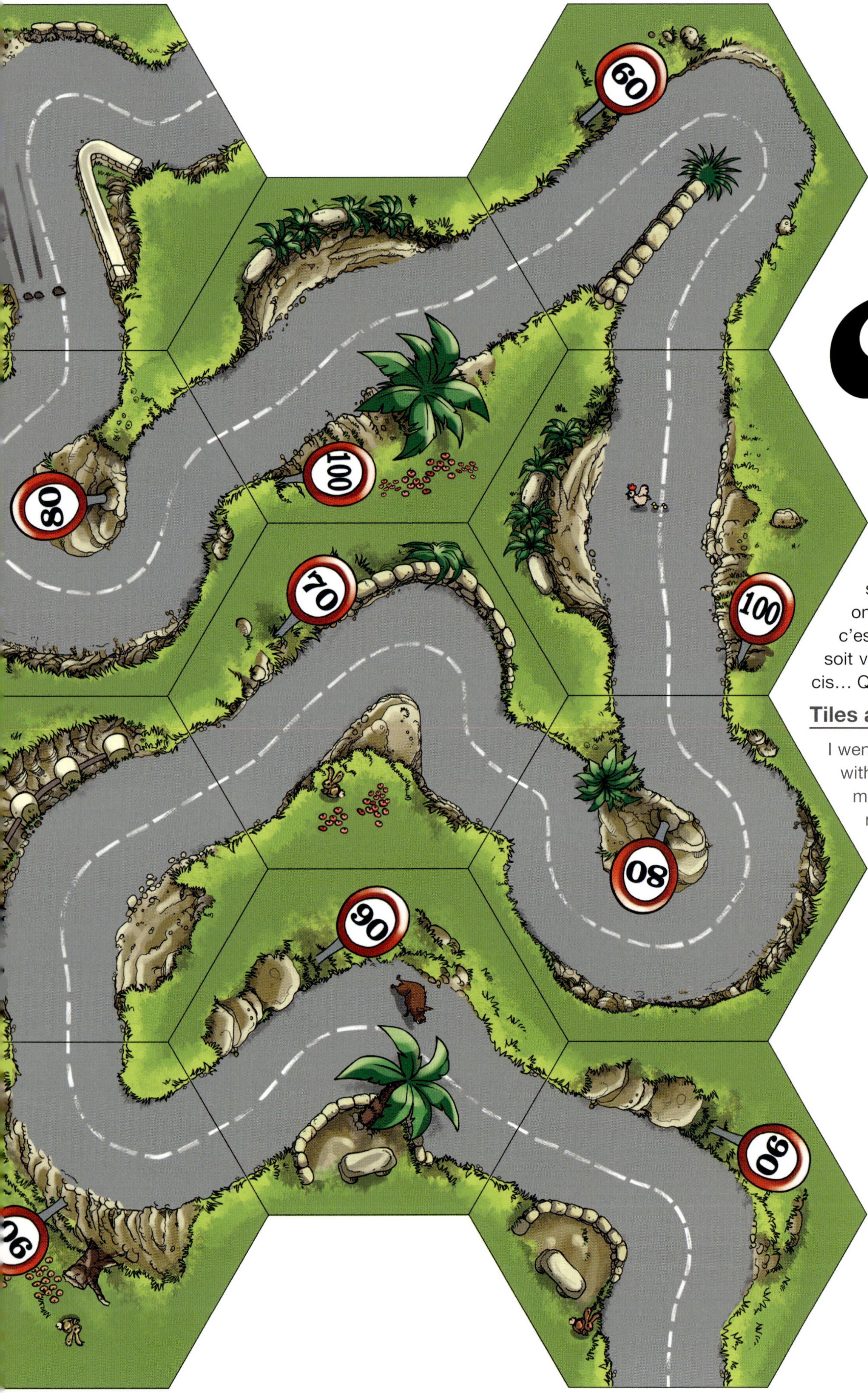

Comment faire un truc joli avec ce qui ne peut pas vraiment l'être ?

Tuiles et plateau

L'enfer d'un plateau vu de dessus, avec des parasols qui servent de marques pour poser les pions à attraper. Les tuiles ont beau être l'un de mes mécanismes de jeu préféré, à dessiner, c'est juste pénible. Il faut que ce soit raccord, mais sans que ce soit visible ou trop grossier, varié, mais en gardant des codes précis… Que du bonheur !

Tiles and game board

I went through hell for this game board showing an overhead view, with sunshades to mark where to set up the counters that players must collect. Despite tile-laying being one of my favourite game mechanics, tiles are still a pain in the backside to draw. The tiles have to match up, without the joins being too crude or obvious, and they must be varied while complying with specific codes… Hours of fun!

How to make a silk purse out of a sow's ear?

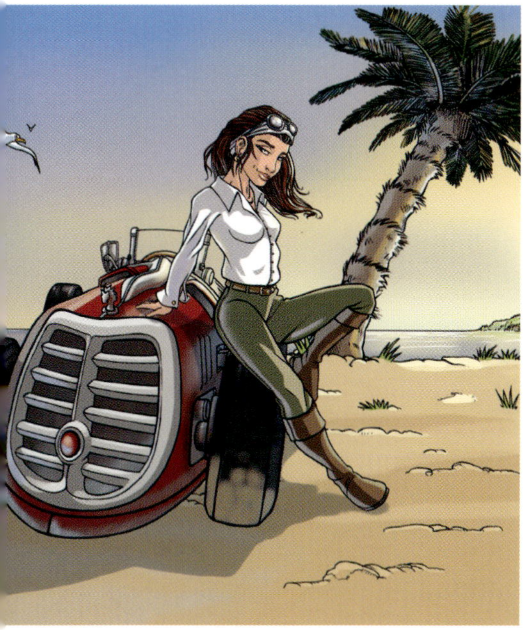

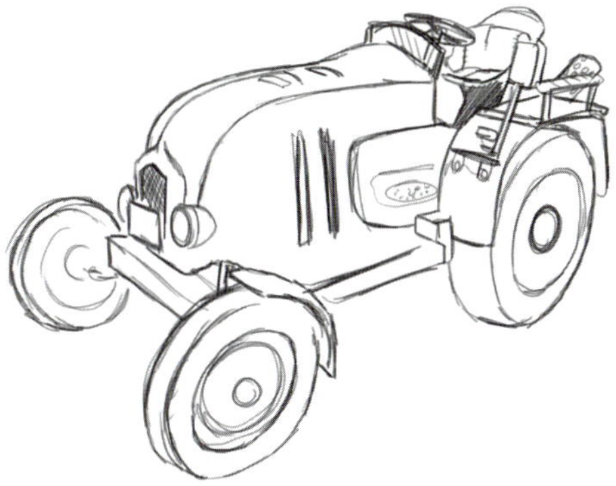

Les personnages

Adieu *Les fous du volant,* les Diabolik et Satanas... Voilà les Allemands, les Suisses, les Français, etc. C'est vraiment dur de se sentir inspiré par des personnages pour lesquels je n'arrive pas à m'identifier.

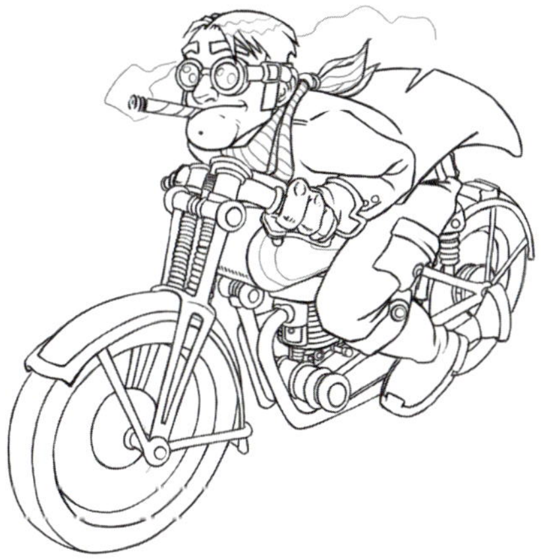

Les voitures... les motos...
pfff c'est compliqué pour moi !

Cars... motorbikes...
I just find them tricky!

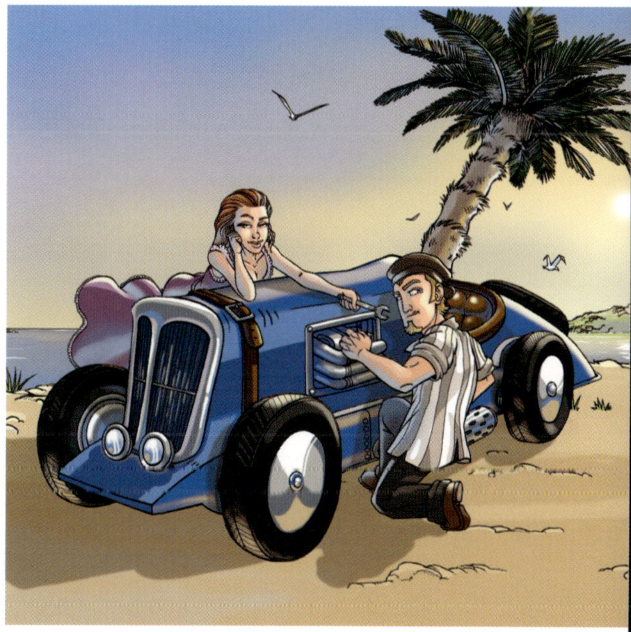

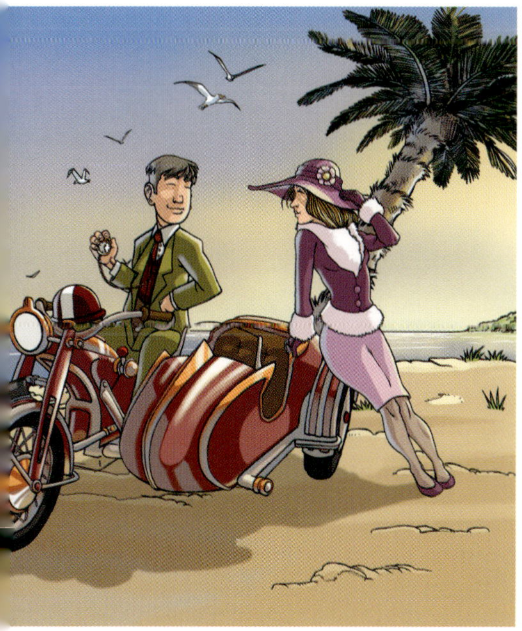

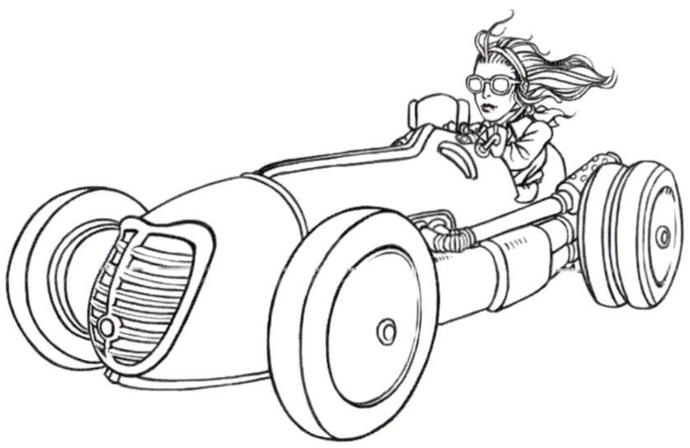

Characters

Out with *Wacky Races,* Dastardly and Muttley... and in with the Germans, Swiss, French, etc. It was really hard to feel inspired about characters with whom I couldn't identify.

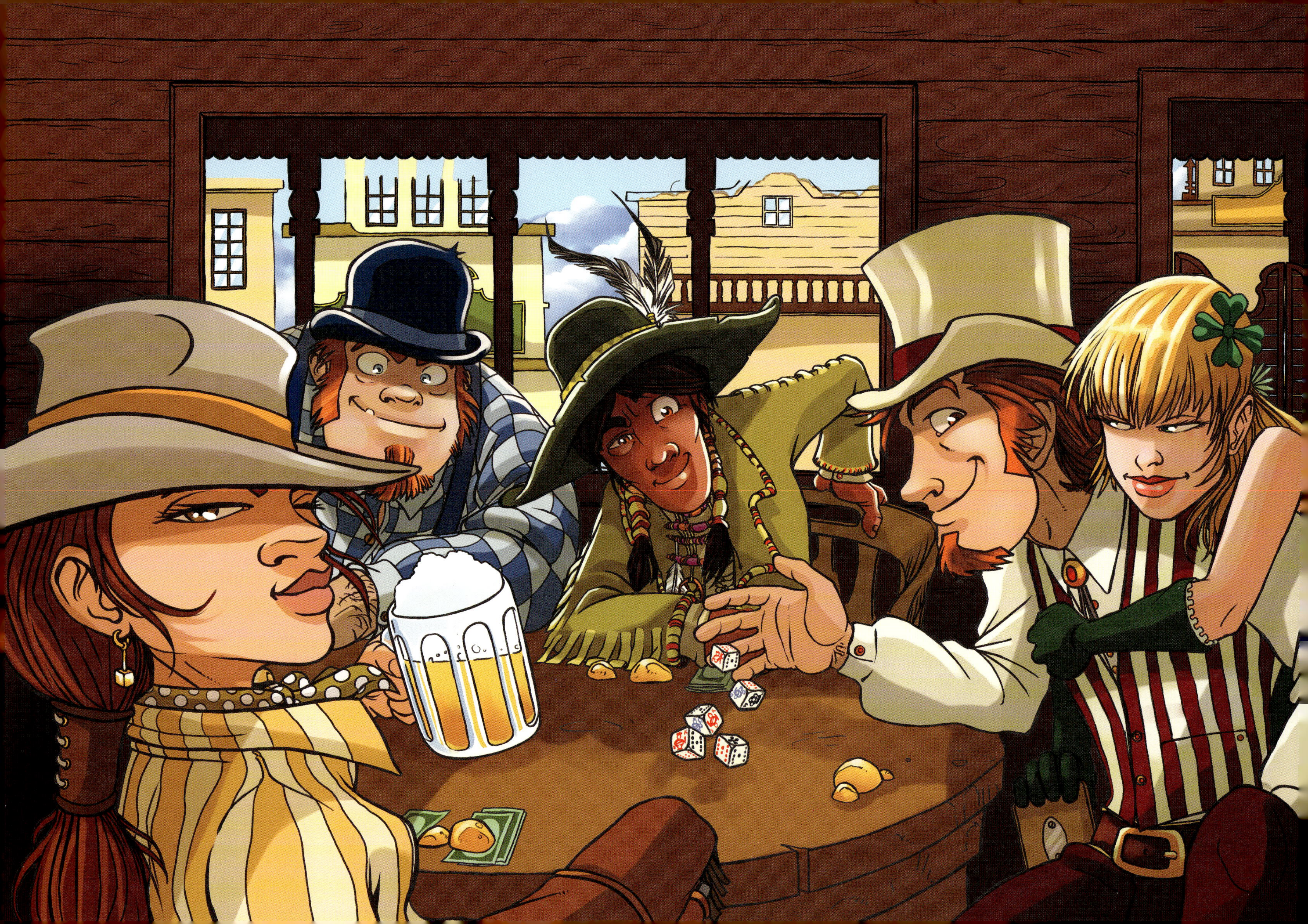

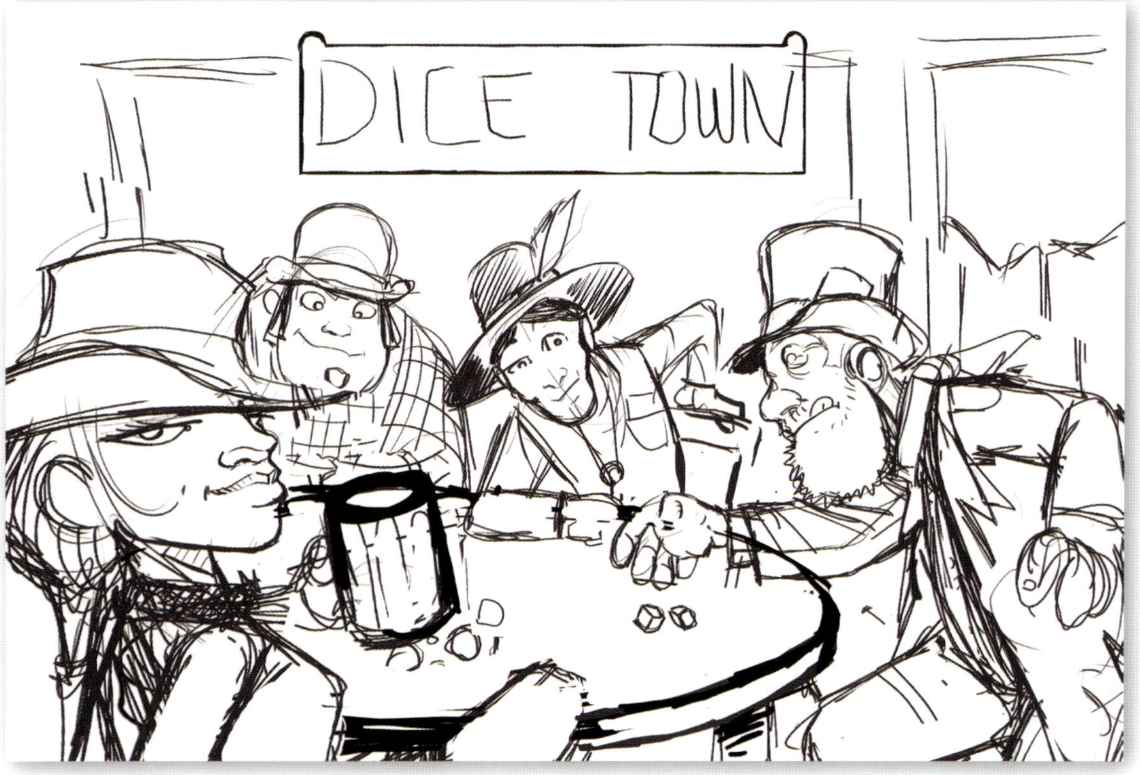

En 2007, je suis à Vevey pour ma première *Rencontre Suisse de créateurs de jeux* organisée par le *Musée du Jeu.* Lors d'une soirée chez Sébastien Pauchon (auteur et éditeur de *GameWorks*), je teste le fameux prototype de DICE TOWN, conçu par Bruno Cathala et Ludovic Maublanc. Comme pour GHOST STORIES, instantanément, j'ai envie d'en être l'illustrateur. Car le jeu est vraiment bon, qu'il est édité par *Matagot* et que mes amis en sont les auteurs.

Je n'ai pas grand mal à convaincre Hicham Ayoub Bedran, l'éditeur de *Matagot*. Mon style lui plaît et colle bien à l'esprit léger du jeu. Un grand plateau, des cartes, des dés poker, des pépites d'or, de faux billets de dollars : tout un programme !

Dans l'absolu, le jeu est un pur bonheur à réaliser, sauf que je suis débordé. GHOST STORIES me prend plus de temps que prévu. C'est une course folle et je dois amener mon ordinateur en vacances (avec écran et tout).

Je découvre à ce moment-là pourquoi tout le monde surnomme Hicham : *Monsieur* ++. Rien ne l'arrête. Les cartes sont toutes différentes, les pépites ressemblent à de vraies pépites, on invente nos propres gobelets et on conçoit des cartes territoires qui mises bout à bout, forment un panorama gigantesque de vingt-cinq cartes.

DICE TOWN reste un de mes jeux préférés, sans me limiter à ceux que j'ai illustrés. Il sort régulièrement à la maison et j'ai toujours un grand plaisir à y rejouer. Aujourd'hui, il a pris un bon petit coup de vieux graphique, mais je continue de bien l'assumer.

Back in 2007, I was in Vevey for my first *Rencontre suisse de créateurs de jeux,* a game designers' convention organised by the *Swiss Museum of Games.* While spending an evening at the home of Sébastien Pauchon (a game designer and publisher with *GameWorks*), I tested the prototype of DICE TOWN, designed by Bruno Cathala and Ludovic Maublanc. As with GHOST STORIES, I instantly wanted to be the illustrator. Why? Because the game was really good, it was being published by *Matagot* and had been designed by my friends.

I didn't have too much trouble persuading the publisher, *Matagot's* Hicham Ayoub Bedran. He liked my style, which suited this game's light-hearted feel. There was plenty to get excited about, including a big board, cards, poker dice, gold nuggets and fake dollar bills.

In theory, this game would have been a delight to do… but I was already snowed under with work. GHOST STORIES was taking longer than planned. It was a race against the clock and when I went on holiday I had to take my computer (and a monitor and all the other stuff) with me.

That was when I realised why everyone calls Hicham *Mister* ++. Nothing stops the man. The cards were all different, the nuggets looked true to life, we invented our own cups and designed land cards that formed a huge, 25-card panoramic view when assembled end-to-end.

DICE TOWN is still one of my favourite games (and I don't just mean among the ones I've illustrated). We regularly play the game at home, and it's always great fun. The artwork is starting to look a bit dated, but I'm still proud of it.

DICE TOWN

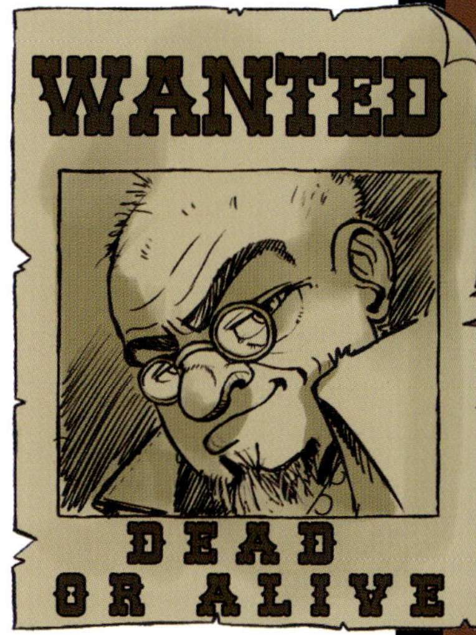

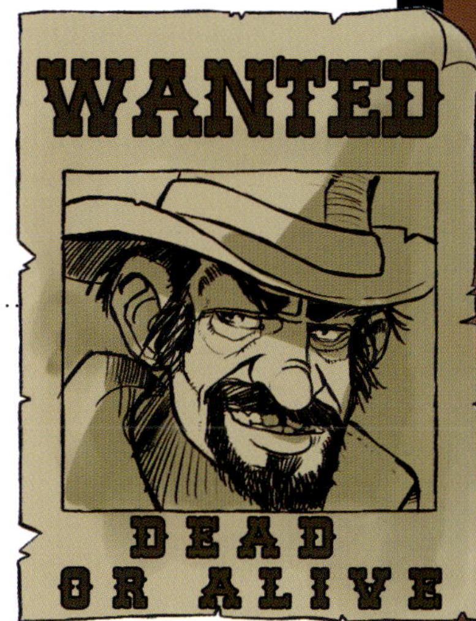

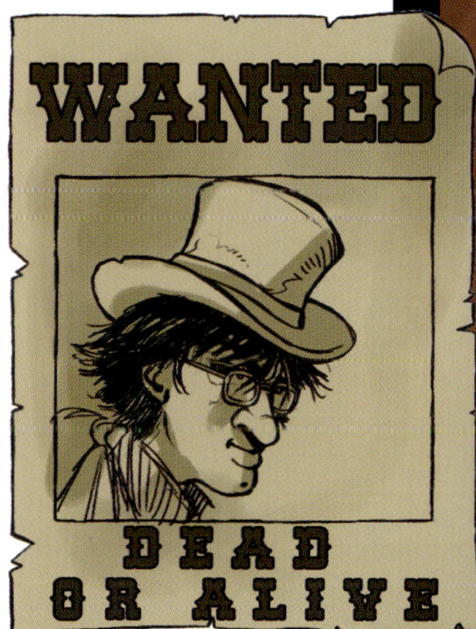

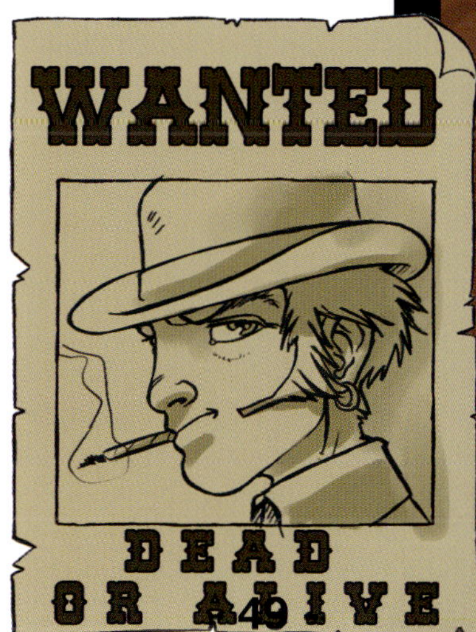

Bruno Cathala
Ludovic Maublanc
Matagot
2009

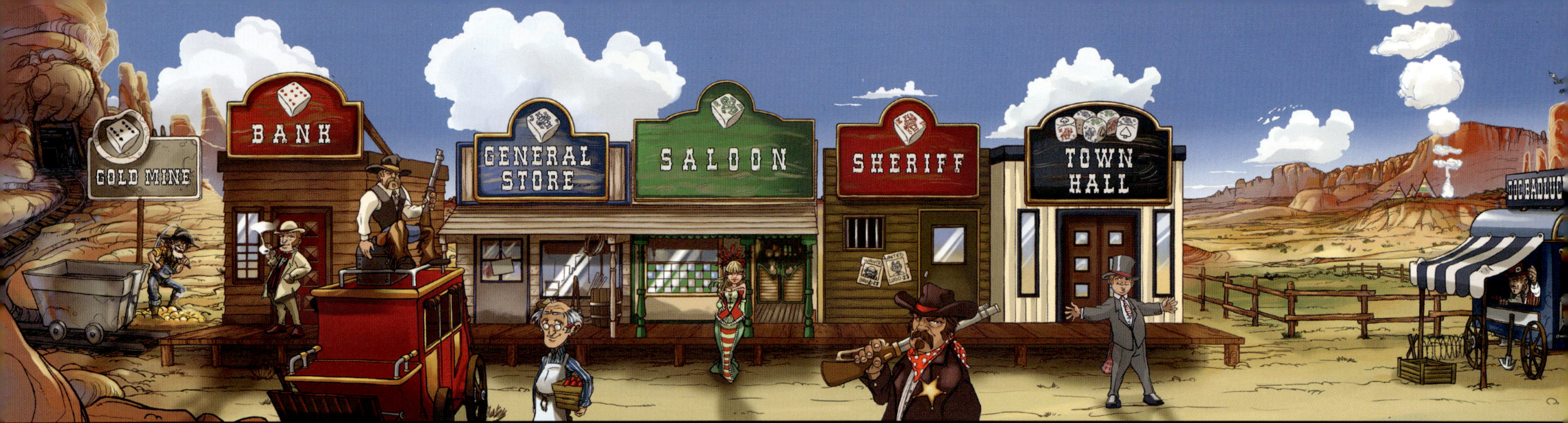

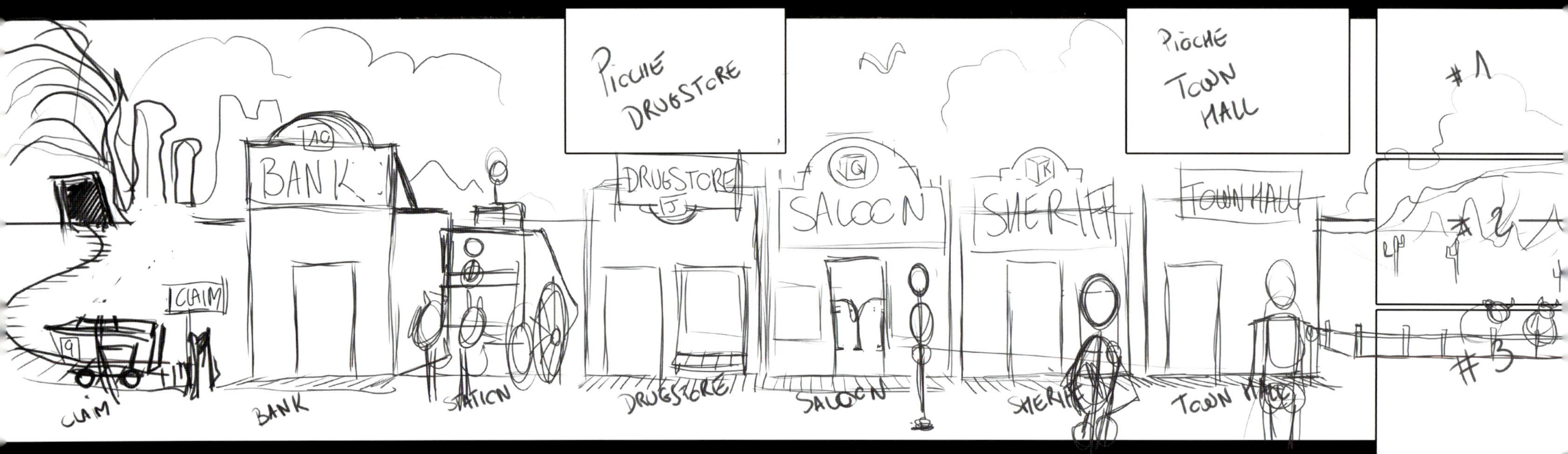

J'applique les leçons de Bruno : un jeu doit être clair avant tout. Et la perspective, ça rend moins lisible… non ?

I applied the lessons learned from Bruno: first and foremost, a game must be clear. And perspective drawings make things harder to read, don't you agree…?

Le plateau

Un tour de force de l'artiste malin ou incompétent, au choix : je persuade tout le monde qu'il faut que le plateau soit vu de face. Pas de points de fuite, une bonne vieille vue bien frontale. Je me rappelle encore l'angoisse terrible en imaginant avoir à faire une ville du Far West en perspective, avec un grand décor urbain.

Game board

In a personal tour de force, the cunning (or incompetent!) artist that I am managed to persuade everyone that the game board should show a face-on view. No vanishing points, just a good old front view. I still shudder at the idea of having to produce a perspective drawing of a Far West town with extensive urban scenery.

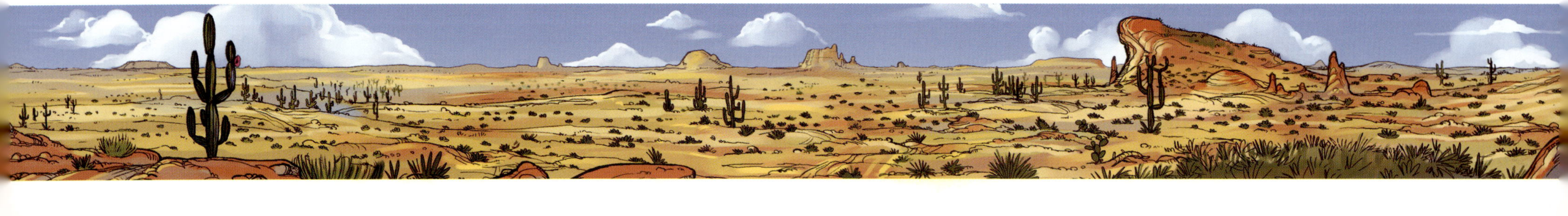

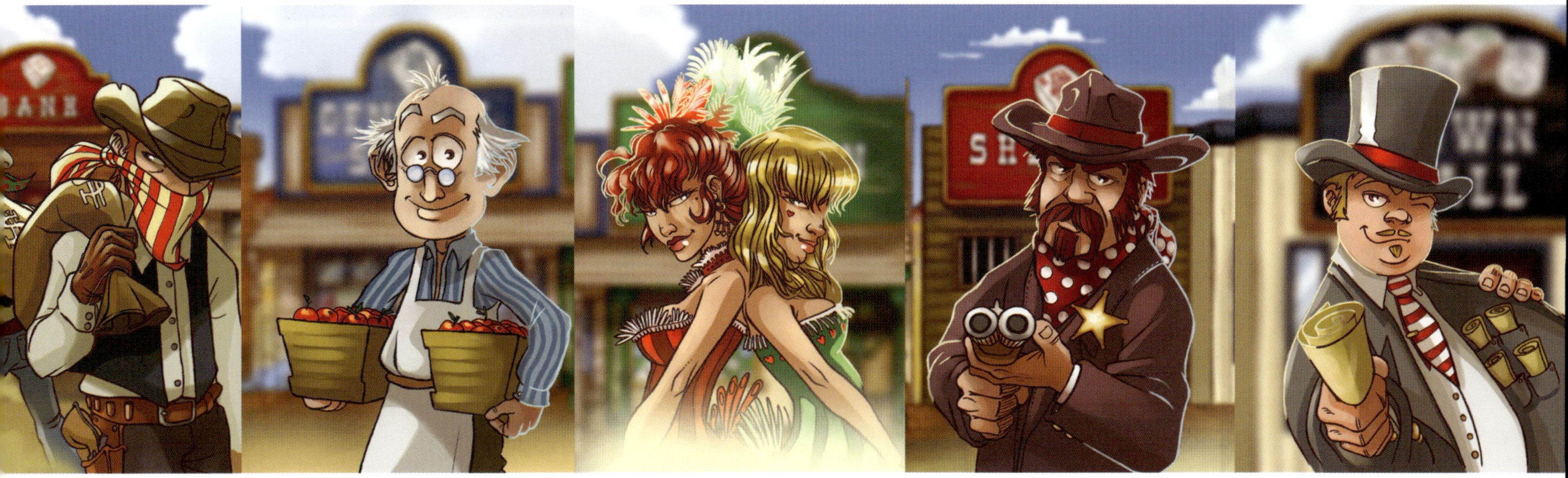

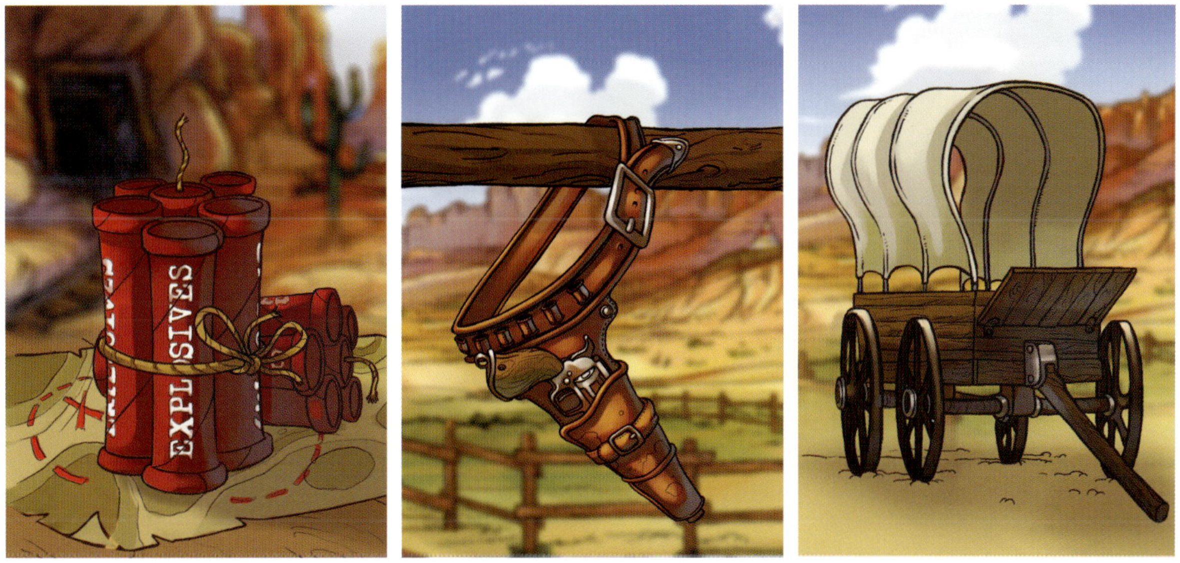

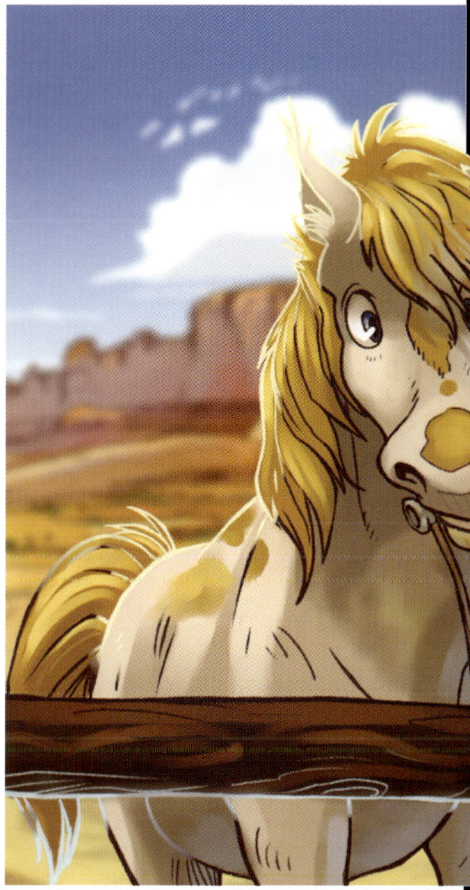

Mises bout à bout les cartes territoires forment un panorama gigantesque. Qui l'a remarqué ?

Assembled end-to-end, these land cards form a huge panorama. Who noticed?

Les cartes

Entre la frise improbable des vingt-cinq cartes de décor américain, allant du désert à la montagne du Colorado en passant par les Rocheuses, et les cartes Action qui sont faciles à retranscrire et donnent lieu à des illustrations rigolotes : les cartes de DICE TOWN sont toutes plus sympas à faire les unes que les autres.

Cards

The cards for DICE TOWN were a real pleasure to illustrate, what with the improbable frieze consisting of 25 cards of American scenery ranging from desert scrubland to the Rocky Mountains and Colorado, and the Action cards, for which I had no trouble visually representing the actions and was able to produce some fun artwork.

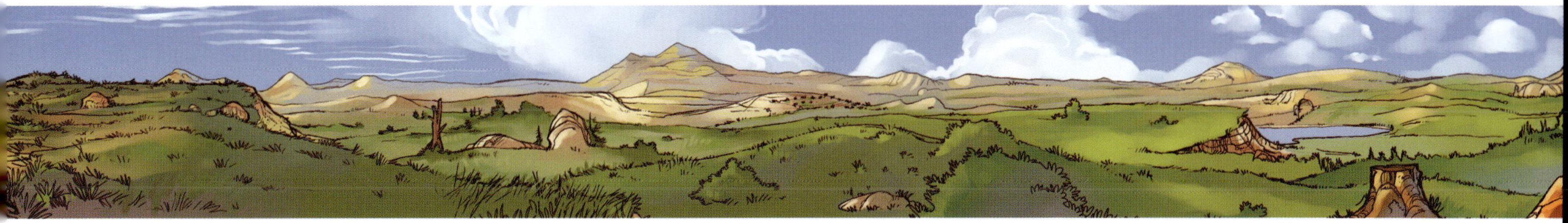

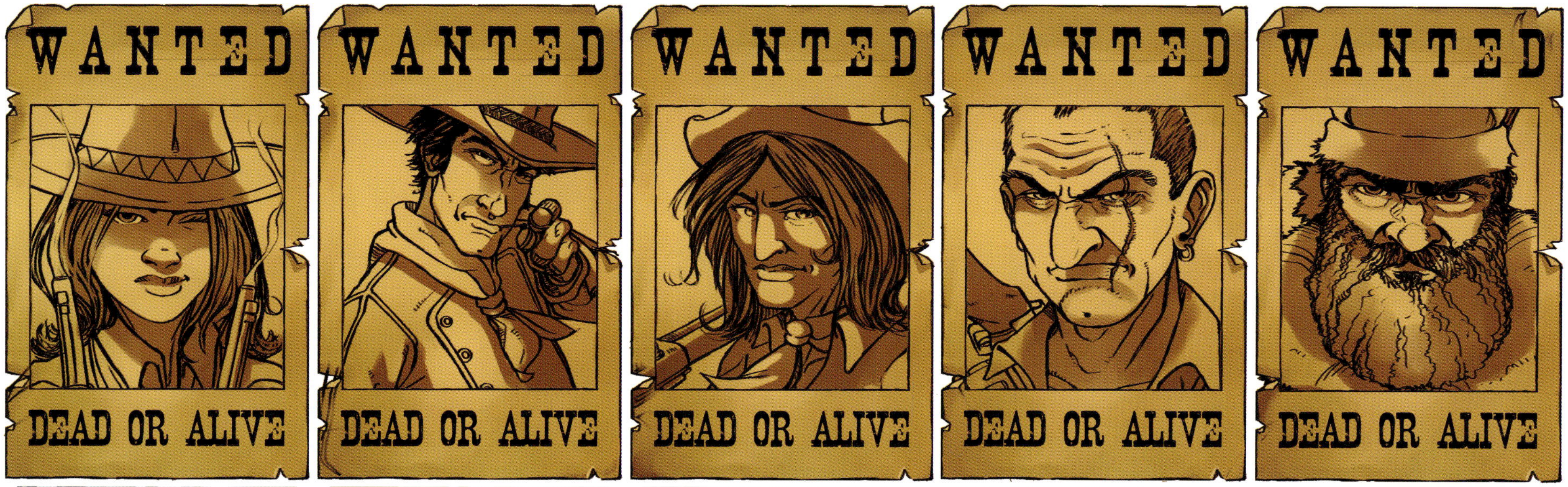

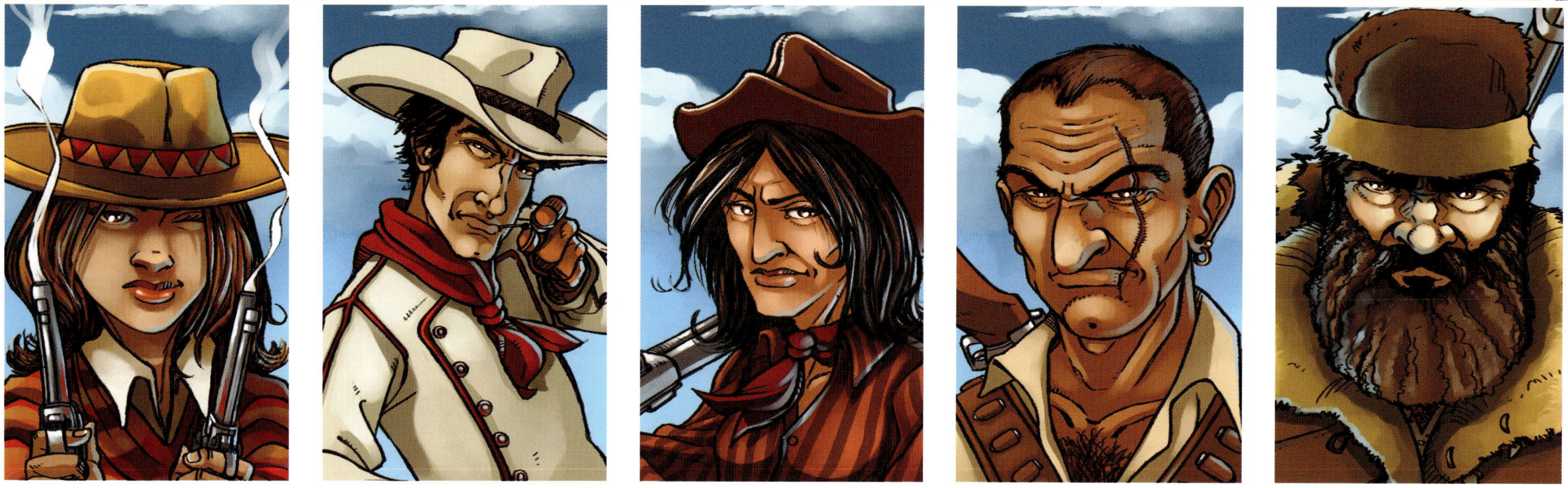

Deux ans après la sortie du jeu de base, les auteurs veulent continuer à travailler dessus et le rendre jouable à six personnes. Je ne me fais pas prier pour rempiler et me promener à nouveau dans l'unique rue de **DICE TOWN**. Point de plateau à faire, mais de nouvelles cartes Action, une rivière à tamiser, des ranchs et surtout, des bandits. De vrais brigands avec des avis de recherche et des primes à la clé. C'est un véritable festival, on s'en donne à coeur joie. Toute l'équipe de *Matagot*, les auteurs, les copains du jeu, tout le monde y est passe. Ce qui est marrant dans les clins d'oeil aux potes, c'est que ça fait plaisir à tous. Pour de vrai, cela me donne moins de travail vu que j'ai des modèles (pas toujours reconnaissables) et ça m'évite de trop me torturer les méninges pour m'inspirer. La seule mauvaise idée vient de moi : pour la sortie du jeu, j'imagine lors des dédicaces caricaturer les gens sur des affiches imprimées pour l'occasion. Évidemment, l'équipe me soutient dans cette idée complètement stupide, car j'en bave, mais ça donne lieu à de bons fous rires pendant le salon.

Two years after the basic game was released, the designers wanted to continue working on it, to make it playable by six people. They had no trouble convincing me to saddle up and head back to one-street **DICE TOWN**. This time, there was no game board, but new Action cards, a gold panners' river, ranches and last but not least, bandits. Real outlaws with Wanted notices and bounties on their heads. It was quite a festival and we really went to town. The whole *Matagot* team, the designers, gaming friends… they're all in there. The funny thing about including references to your mates is that they all love them. To be perfectly honest, it means less work for me, as I already have the models (although not always recognisable) and I don't have to wrack my brains in search of inspiration. The only bad idea was mine: I thought it would be cool to draw caricatures of visitors onto specially-printed posters at promotional signings accompanying the game's release. Naturally, the whole team encouraged me in this completely stupid idea, which saw me struggle like hell but produced some good laughs during the games fair.

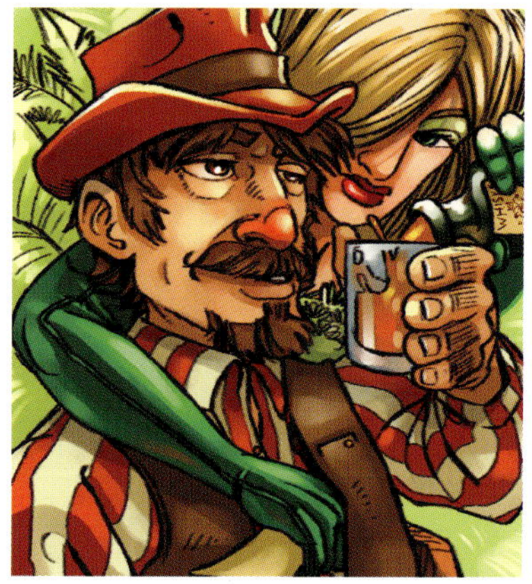

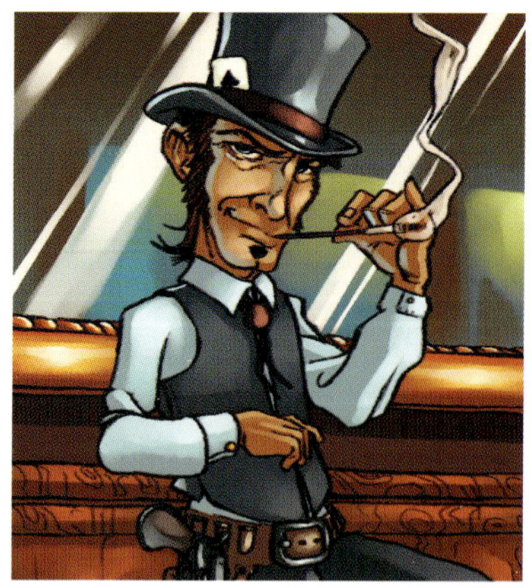

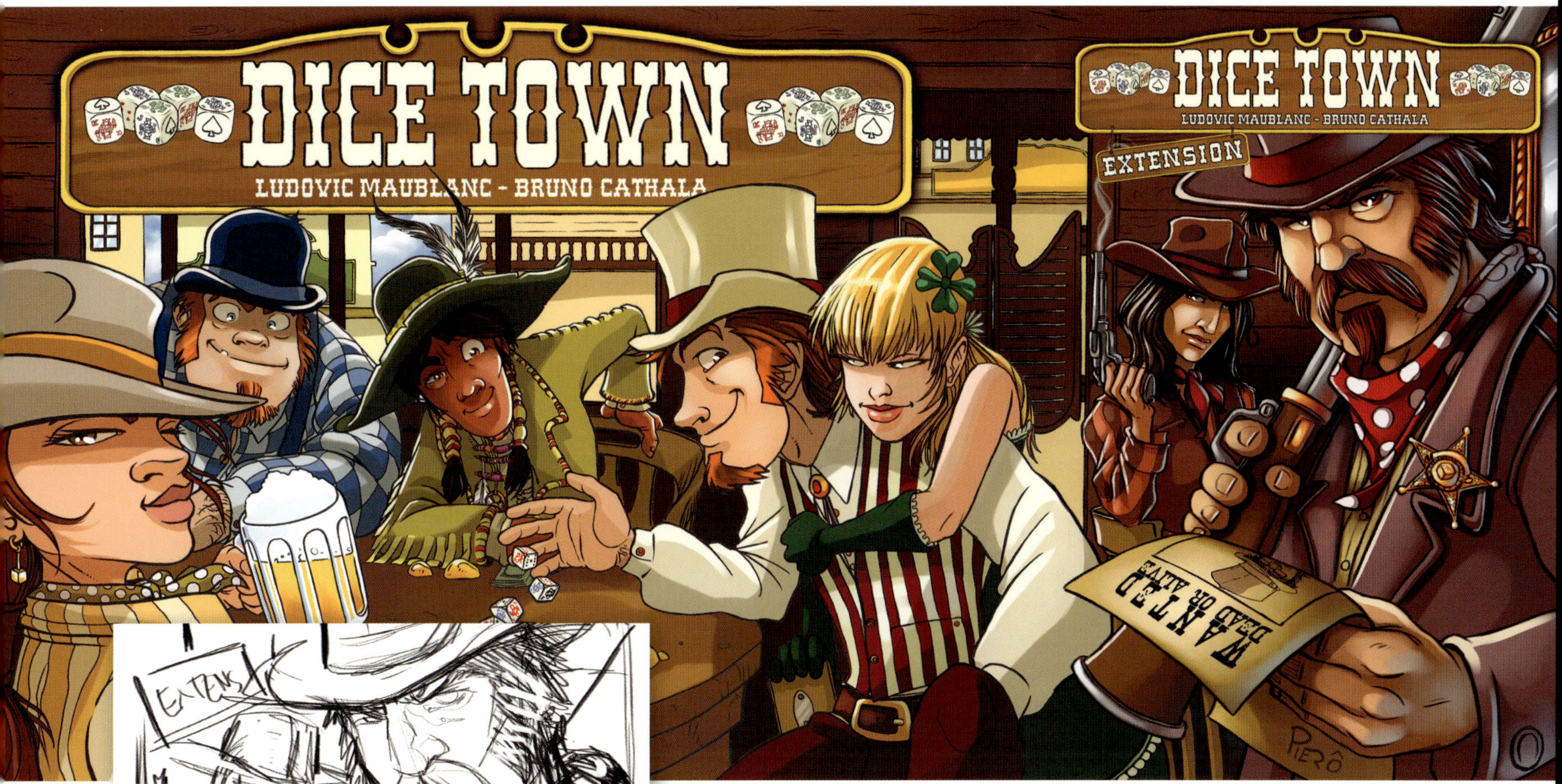

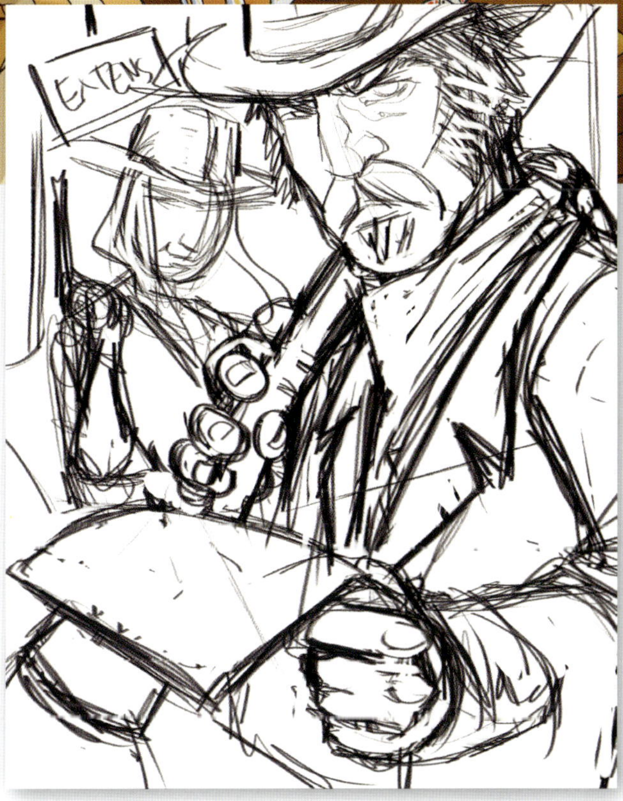

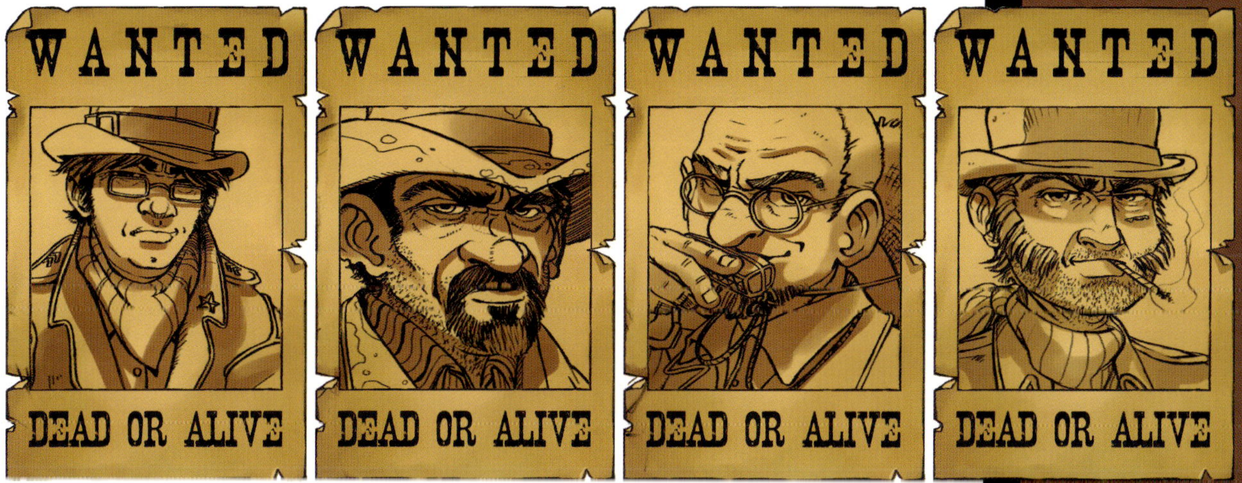

Ou quand tu sais que dire oui est une erreur au moment même où le mot a quitté tes lèvres.

Sometimes you realise that saying "Yes" was a mistake the very instant the word comes out of your mouth.

Les deux couvertures

Hicham trouve très rigolote l'idée que la couverture de DICE TOWN-EXTENSION soit le prolongement de celle de la boîte du jeu de base. Est-ce que quelqu'un l'a vu ? En tout cas, j'ai bien galéré ! Prévoir les raccords, la courbure du couvercle, ça m'a rendu fou… Mais j'ai réussi !

Two covers

Hicham was very taken with the idea that the DICE TOWN-EXPANSION cover would lead on from the basic game's cover. Did anyone notice? In any case, it was a nightmare to do! Tasks like matching the edges and calculating the curvature of the cover drove me crazy… But I did it!

Bruno Cathala
Ludovic Maublanc
Matagot
2011

PIERÔ : Bonjour, aurais-tu la gentillesse de te présenter, nous dire un peu ton parcours et nous expliquer pourquoi on te surnomme Monsieur++ ?

HICHAM : Bonjour ! Je suis Hicham, le président et fondateur des *Éditions du Matagot*. Passionné de jeu, je viens à la base du jeu de rôle et de la presse. Ma passion d'éditeur remonte à loin, j'ai publié mon premier fanzine de jeux au collège. Chez *Matagot*, je chapeaute principalement la création. Pourquoi Monsieur++ ? À mon sens, quand on croit à un jeu, on doit se donner tous les moyens pour le réussir. Cela passe par le matériel ou les illustrations. Tout simplement. J'ai cette posture depuis le début de *Matagot*, car les joueurs se fichent de savoir s'ils ont affaire à une petite ou à une grosse entreprise, l'important c'est que la qualité ludique soit là !

P : À quel moment, dans l'édition d'un jeu, commences-tu à réfléchir au choix de l'illustrateur ? Est-ce que tu consultes les auteurs ? Sur quels critères bases-tu ce choix ? Où cherches-tu ?

H : Au moment où on juge les mécanismes bouclés, on passe au stade de l'illustration. Plusieurs critères entrent en ligne de compte : le style du jeu, l'intention que l'on veut donner, mais parfois aussi l'envie de (re)travailler avec tel ou tel illustrateur. Nous faisons régulièrement intervenir les artistes avec lesquels ça se passe bien (pour nos jeux de plateaux et de rôles), mais aussi de nouveaux venus dont on a remarqué le style sur Internet ou en salon. Le fait que nous ayons une production assez vaste et diversifiée nous permet de maintenir cet équilibre.

P : De nombreux jeunes auteurs aimeraient présenter aux éditeurs de beaux prototypes de jeux. Pour toi, est-ce un plus ou un frein ?

H : Un beau prototype attire plus facilement l'œil de l'éditeur. Ça n'influencera pas le choix final de l'éditer ou non, mais ça permet de se démarquer et peut-être d'être testé plus vite. Au-delà de sa beauté formelle, un prototype doit être bien pensé et ergonomique. En revanche, le faire illustrer par un professionnel peut être très risqué, car rien ne garantit que l'éditeur gardera le même style. Autant piocher des images sur Internet, y compris d'illustrateurs très connus comme Frank Frazetta, Eugène Delacroix ou bien Pierô.

P : Pour avoir collaboré avec toi à plusieurs reprises, je sais qu'il n'y a pas vraiment de règles gravées dans le marbre, mais pourrais-tu nous dire comment se passe ton travail avec un illustrateur ? Est-ce qu'il y a beaucoup d'allers-retours ? Laisses-tu plutôt libre cours ou donnes-tu un cahier des charges très précis ?

H : En général, j'essaye de ne pas être trop directif, mais de donner le plus d'indications sur l'intention ou la ligne que je souhaite pour le jeu. Ainsi, l'illustrateur dispose de latitude pour proposer ses propres compositions qui se révèlent souvent plus créatives que ce à quoi j'aurais pu penser. Ensuite, il y a un certain nombre d'allers-retours pour modifier ou préciser certains éléments. Ça peut être très long ou très rapide en fonction des illustrations. Souvent, un simple détail nécessite plus d'échanges que 95 % de l'illustration.

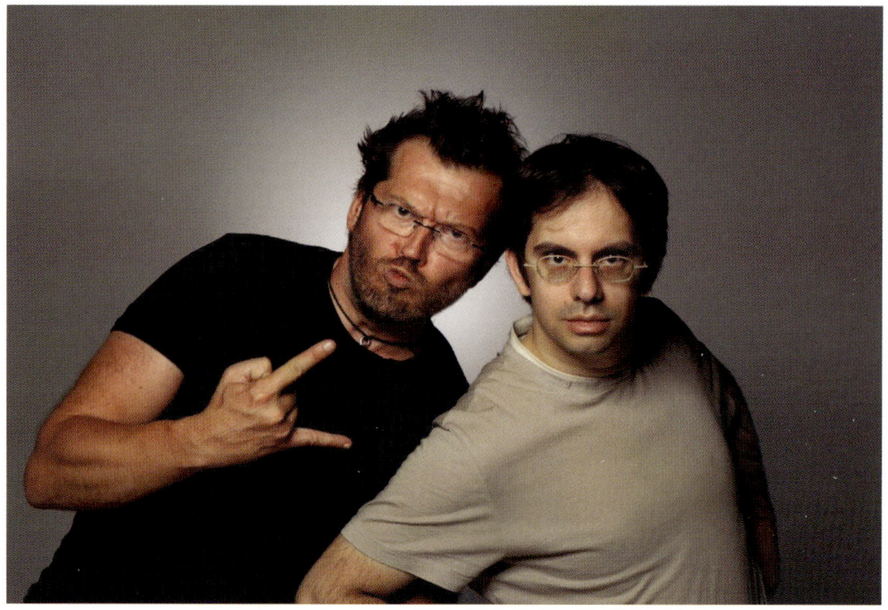

© Théo Rivière & Laurent Escoffier

P : Les *Éditions du Matagot* sont réputées pour la qualité de leur production. Quel rôle joue l'illustration dans l'équation et à quel niveau ?

H : Comme la qualité du matériel, l'illustration est très importante pour l'immersion dans le jeu. Un jeu est d'autant plus réussi quand les mécanismes, le matériel et, bien sûr, les illustrations véhiculent le même message et se complètent de manière harmonieuse. Et si la beauté d'une illustration est essentielle, son adéquation avec l'univers du jeu et l'expérience ludique importent tout autant.

P : Sur un salon ou un festival, est-ce que tu penses que les dédicaces de l'auteur et de l'illustrateur influent dans l'accueil d'un jeu ?

H : Les dédicaces sont bien entendu un gros plus. Autant pour le plaisir de repartir avec une boîte personnalisée signée et joliment illustrée, que pour la rencontre et la proximité avec les acteurs du jeu.

P : Chez *Matagot*, les jeux sont très développés et suivis. Il y a souvent des extensions, mais aussi des relookages (ROOM 25 ou DICE TOWN à venir). Quelle est la raison de ces modifications esthétiques ? Est-ce que ce sont plus des corrections ou une volonté de s'adapter à l'évolution rapide de l'industrie et des standards ?

H : Il n'y a pas de règles. Pour ROOM 25, on voulait changer les figurines. On s'est dit que de changer les visuels serait plus pertinent que de reculotter des figurines à partir du même modèle. Pour DICE TOWN, ce sera l'occasion de donner un petit coup de jeune au jeu, d'autant que le style de l'illustrateur, que tu connais un peu je crois, a nettement progressé en quelques années.

P : On fête plus ou moins nos dix ans en même temps, on a souvent travaillé ensemble… Alors, comment est-ce de collaborer avec moi ?

H : C'est un plaisir… Mais que ça ne t'empêche pas de nous rendre tous tes travaux en retard !

PIERÔ: Hi, would you mind introducing yourself, telling us a little about your career and explaining why people have given you the nickname "Mister++" (Mr. plus plus)?

HICHAM: Hi! I'm Hicham, founder and CEO of the publisher, Les *Editions du Matagot*. I'm a big board games fan but my background is in role-playing games and the press. My interest in publishing goes back a long way: I published my first gaming fanzine while still at secondary school. At *Matagot*, my main role is to supervise the creative process. Why do people call me "Mister++"? To my mind, when you believe in a game, you should do whatever you can to make it a success. That includes paying attention to the game components and artwork. It's as simple as that. This has been my approach ever since *Matagot* was founded, because board gamers don't care whether they're dealing with a big or small company, they just want to know they're getting a good quality game!

P: When you publish a game, at what stage do you start thinking about the choice of illustrator? Do you consult the game's designer(s)? What criteria influence your choice? Where do you go looking?

H: We move on to the artwork when we are satisfied that the game mechanics are stable. We take several criteria into consideration, including the style of game and our intention, and we may sometimes want to work with a particular artist (again). We regularly team up with our "go-to" artists (for our board games and role-playing games) but also use the services of newcomers whose style has caught our eye at an event or on the web. Our relatively extensive, diversified output helps us to maintain this balance.

P: Many young game designers would love to show publishers aesthetically pleasing prototypes of their games. Do you see that as a positive or negative factor?

H: A good-looking prototype helps to grab a publisher's attention. It won't affect the final decision to publish the game, but can help a game to stand out and possibly be tested sooner. As well as looking pretty, prototypes should be well thought-out and ergonomically designed. Note that having your prototype illustrated by a professional can be very risky, as there is no way to be sure that the publisher will keep the same style. You would do as well to use images harvested from the web, including by very well-known illustrators such as Frank Frazetta, Eugène Delacroix or Pierô.

P: Having worked with you on several occasions, I already know that nothing is carved in stone, but could you tell us how you organise your work with an illustrator? Are there a lot of back and forth exchanges? Do you prefer to give the artist a free rein or do you issue very precise specifications?

H: In general, I try not to be too bossy, but to give as much information as I can about our intentions or the general direction we want to take with the game. This gives illustrators the latitude to suggest their own compositions, which are often more creative than what I would have thought of. A number of back and forth exchanges ensue, to modify or clarify certain elements. Depending on the illustration, this can be a very quick process or it can take ages. It is not uncommon for a single detail to result in more to-ing and fro-ing than the remaining 95% of the artwork.

P: Les *Editions du Matagot* has a reputation for high production values. What role does artwork play in the equation, and on what level?

H: Like the quality of the components, the artwork is very important from a "player immersion" perspective. Games are particularly successful when the game mechanics, the components and the artwork convey the same message and blend together harmoniously. While an illustration's aesthetic qualities are essential, its consistency with the game's theme and the playing experience is no less important.

P: Do you think that signings by game designers and illustrators at trade fairs and games festivals affect how a game is received?

H: Signings are naturally a big plus point. Both for the pleasure of going home with a signed and nicely illustrated personalised copy and for the experience of meeting figures from the gaming world face-to-face.

P: At Matagot, games are extensively developed and followed up. In many cases, expansions are released, and games are sometimes given a facelift (such as ROOM 25 or the upcoming *dice town*). What are the reasons for these aesthetic changes? Are they "patches" or do they reflect a desire to adapt to a rapidly-changing industry and standards?

H: There are no set rules. For **ROOM 25**, we wanted to change the miniatures. We agreed that changing the visuals would make more sense than re-dressing the miniatures based on the same model. With **DICE TOWN**, we will take the opportunity to give the game a facelift, especially as the style of the illustrator – with whom you are acquainted, I believe – has improved considerably over the intervening years.

P: We're celebrating our 10-year anniversaries more or less at the same time, and have often worked together... So, what is it like to work with me?

H: It's a pleasure... but that doesn't stop you submitting your work late every time!

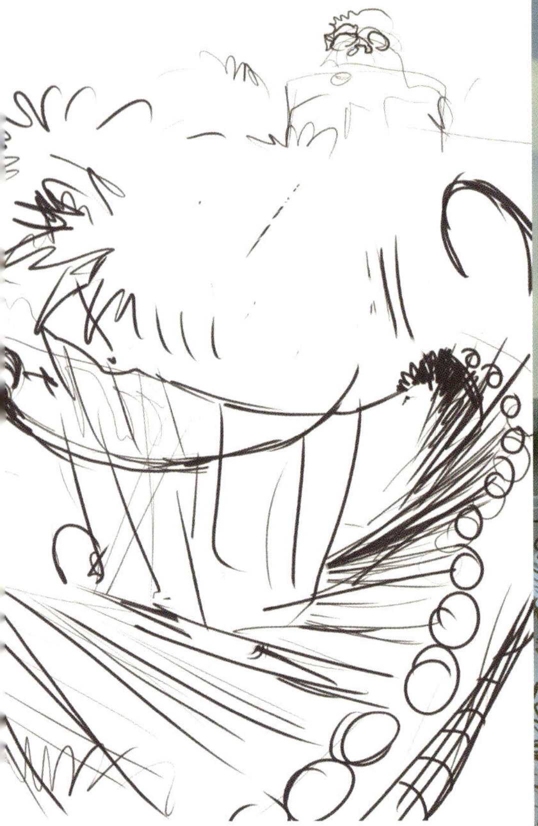

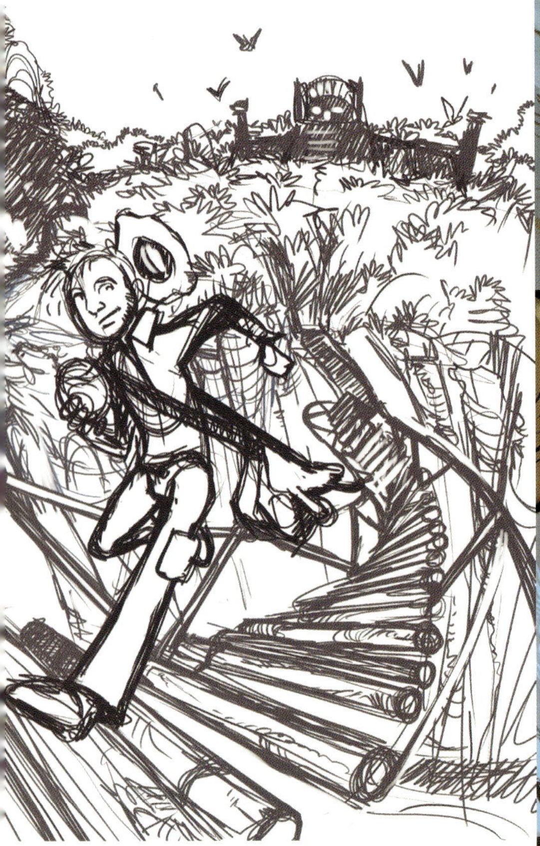

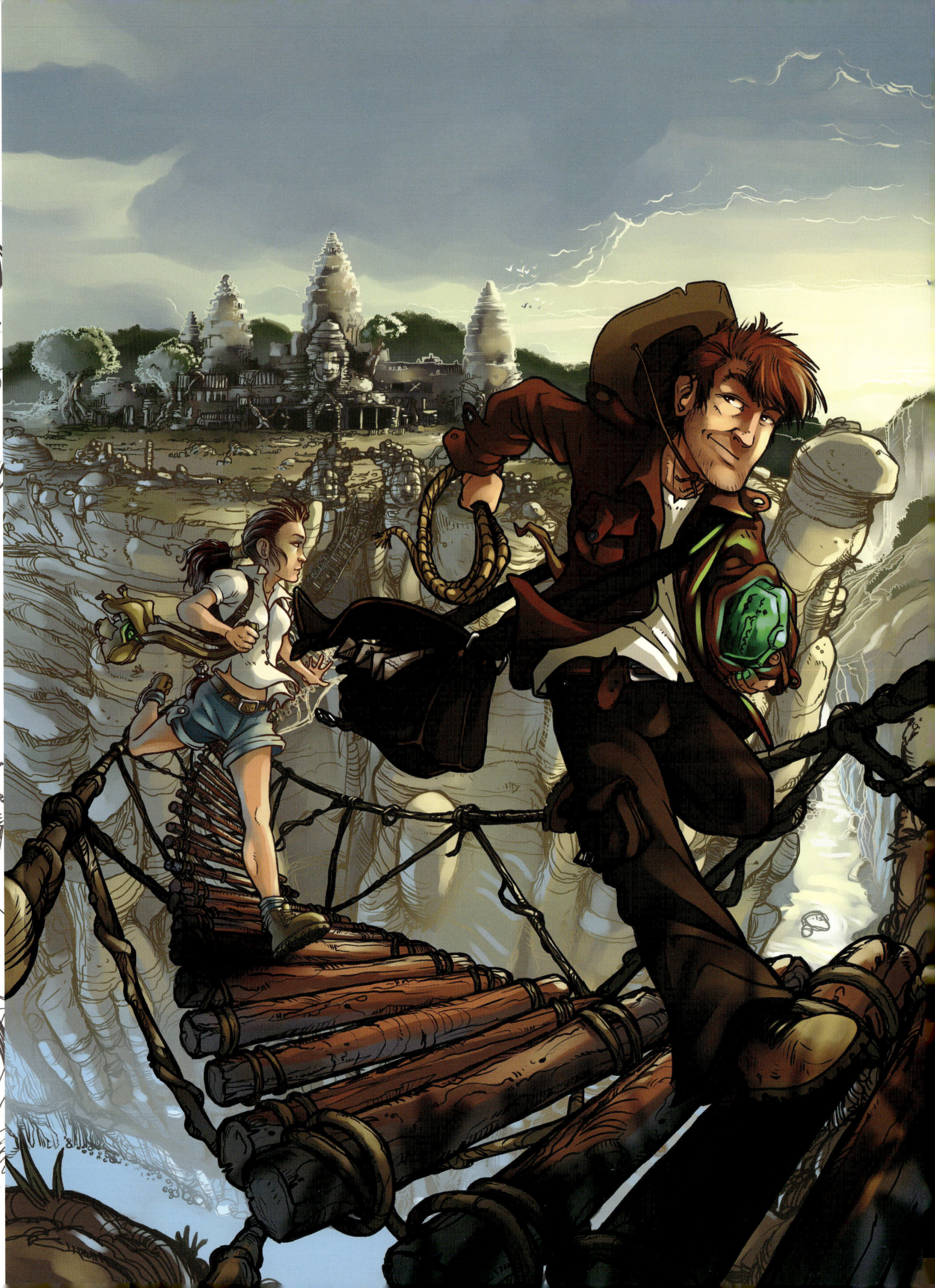

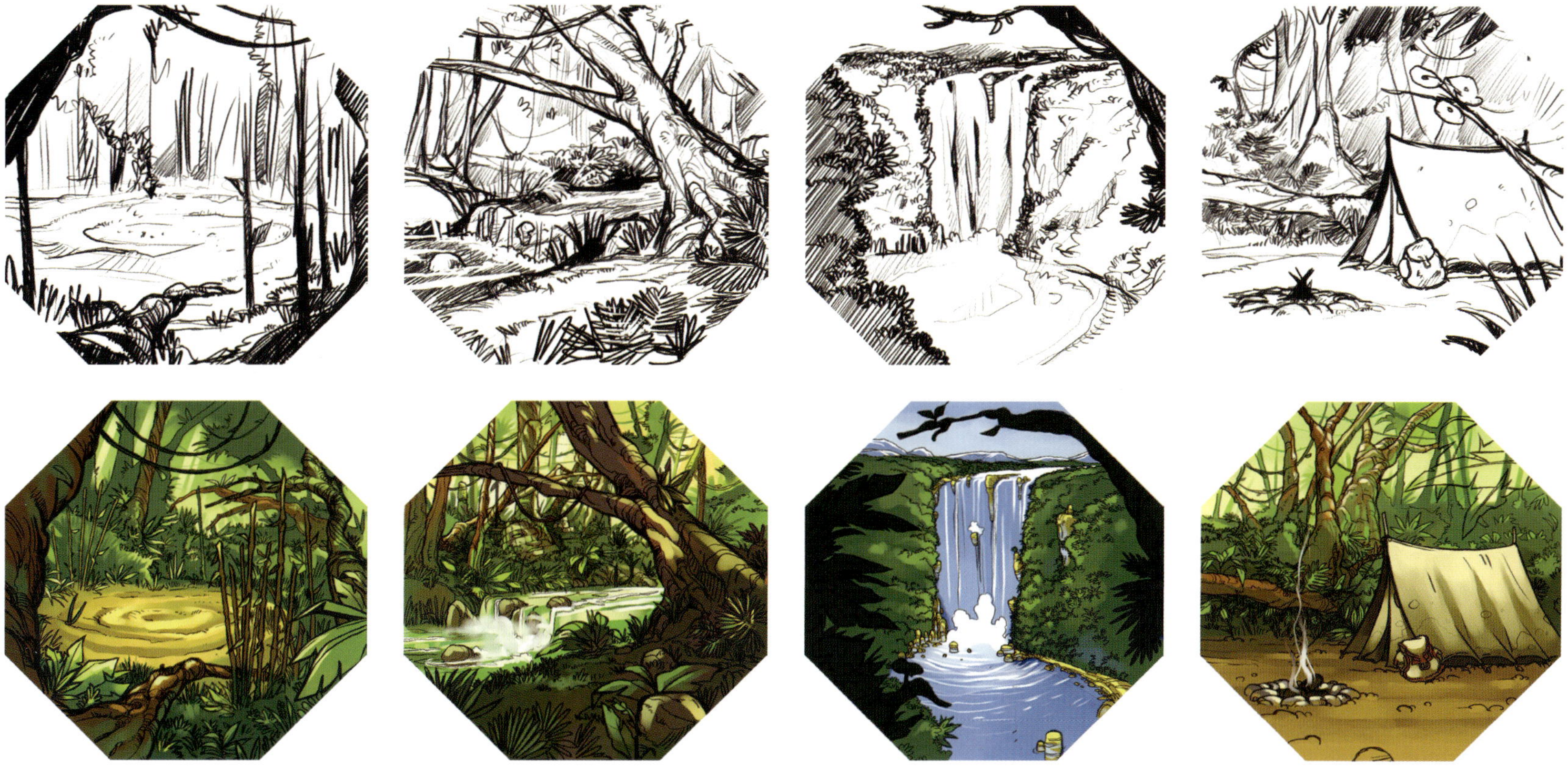

Oui, à un moment, on s'aperçoit qu'on travaille un peu toujours avec les mêmes personnes. L'explication est simple en fait, ce sont devenus des amis. Est-ce qu'ils sont fans de mon trait et insistent pour ne bosser qu'avec moi ? Est-ce qu'un contrat les oblige à travailler avec moi ? Non, pas vraiment. Mais à force de passer des week-ends ensemble et de se retrouver sur les festivals, je joue à leurs prototypes. De fait, je leur donne mon point de vue sur le « comment je ferais ceci ou cela » et à l'occasion, je réalise quelques croquis. Et parfois, cela convient à l'éditeur, en l'occurence *Asmodee*. Tel est le cas de BAKONG qui, à l'instar de HURRY' CUP, se place dans la gamme des jeux familiaux, si compliquée à positionner. En clair, on est entre le jeu enfants et le jeu famille. Dans le cas de BAKONG, ce qui pose problème c'est qu'une fois de plus, le traitement du visuel est plus orienté adulte que ce qu'on l'imagine avec Antoine.

Avec le recul, je ne dirais pas que BAKONG est laid, mais il dégage une impression plutôt aventure, alors que c'est un jeu de parcours à base de lancer de dés avec un petit mécanisme malin. Mais la promesse visuelle donne à penser qu'il est de l'acabit d'un GHOST STORIES en termes de difficulté et de public cible. Du coup, il ne reçoit pas un bon accueil. Dommage, c'est un jeu que j'aime bien et que mon fils adore. C'est aussi le seul dont l'éditeur enlève la signature que je place dans le décor de la couverture. Je ne comprends toujours pas la raison ce choix.

It's true, there comes a point when you realise you're working with the same people all the time. There is a simple explanation for that, in fact: they were becoming my friends. Were they fans of my style and determined to work exclusively with me? Were they under some contractual obligation to collaborate? Not really. But as we were spending our weekends together and meeting up at festivals, I ended up playing their prototypes. As a result, I would give them my opinion on "how I would do such and such a thing" occasionally producing a few sketches. Sometimes, that went down well with the publisher, in this case *Asmodee*. That was what happened with BAKONG, which like HURRY' CUP, was in the notoriously hard-to-position "family games" range. More specifically, BAKONG was somewhere between a children's game and a family game, and in this case, the familiar problem was that the visuals were aimed at a more adult audience than you would expect with Antoine.

With the benefit of hindsight, I won't go so far as to say that BAKONG is ugly, but it gives the impression of an adventure game, whereas in reality it is a dice-rolling race with some clever game mechanics. The confusing visual promise misled prospective players into thinking the game would be comparable to GHOST STORIES in terms of its difficulty and target audience. As a result, it was a commercial flop, which is a shame, because I quite like the game and my son loves it. BAKONG was also the only game from which the publisher removed the signature I had included in the scenery on the cover. I still don't understand the reason for that.

“ *Vous reprendrez bien un peu de Bauza ?*

Would you like another slice of Bauza? ”

BAKONG

Antoine Bauza

Asmodee
2009

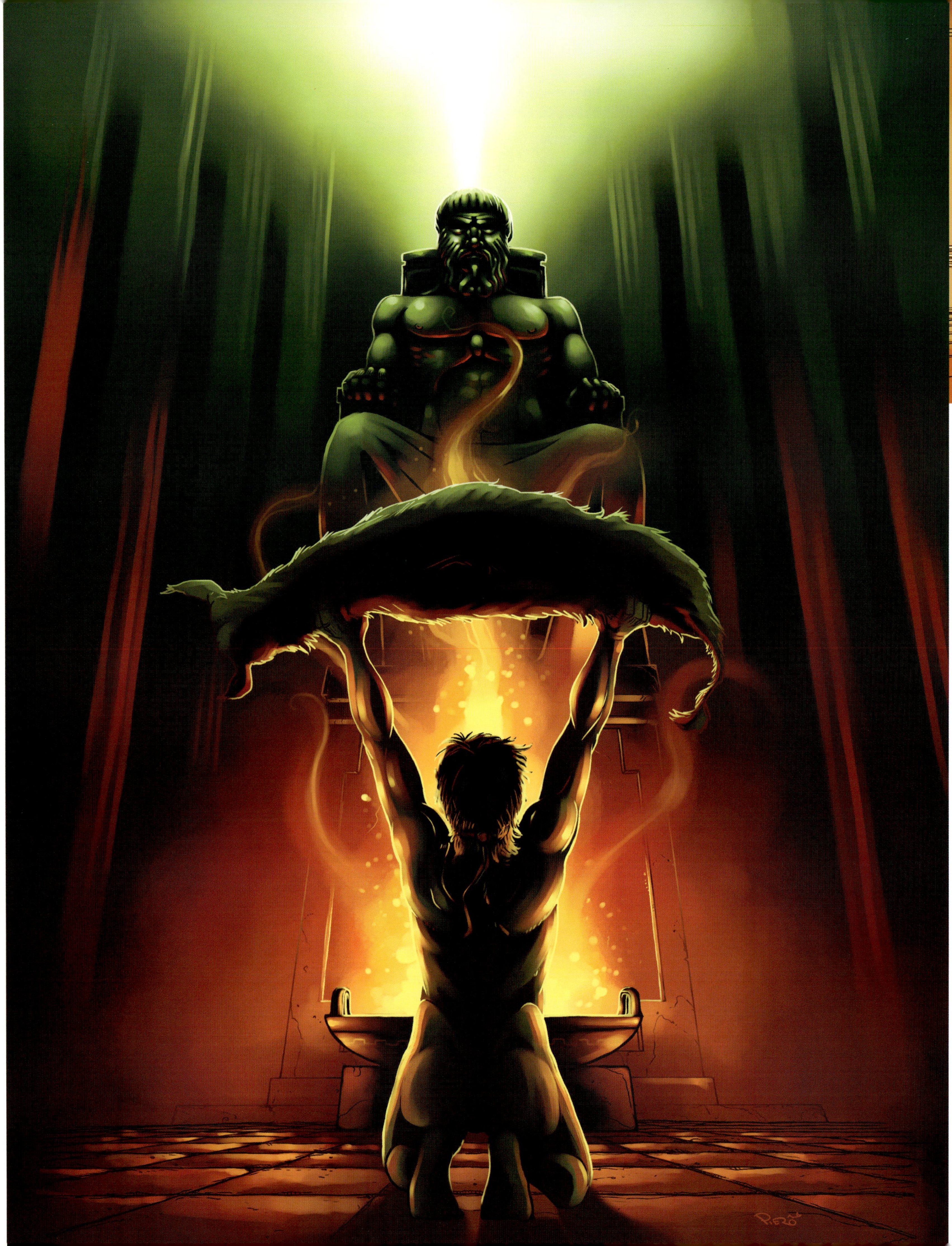

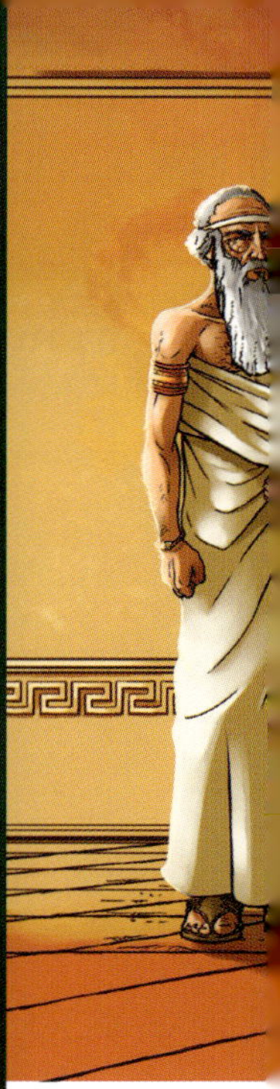

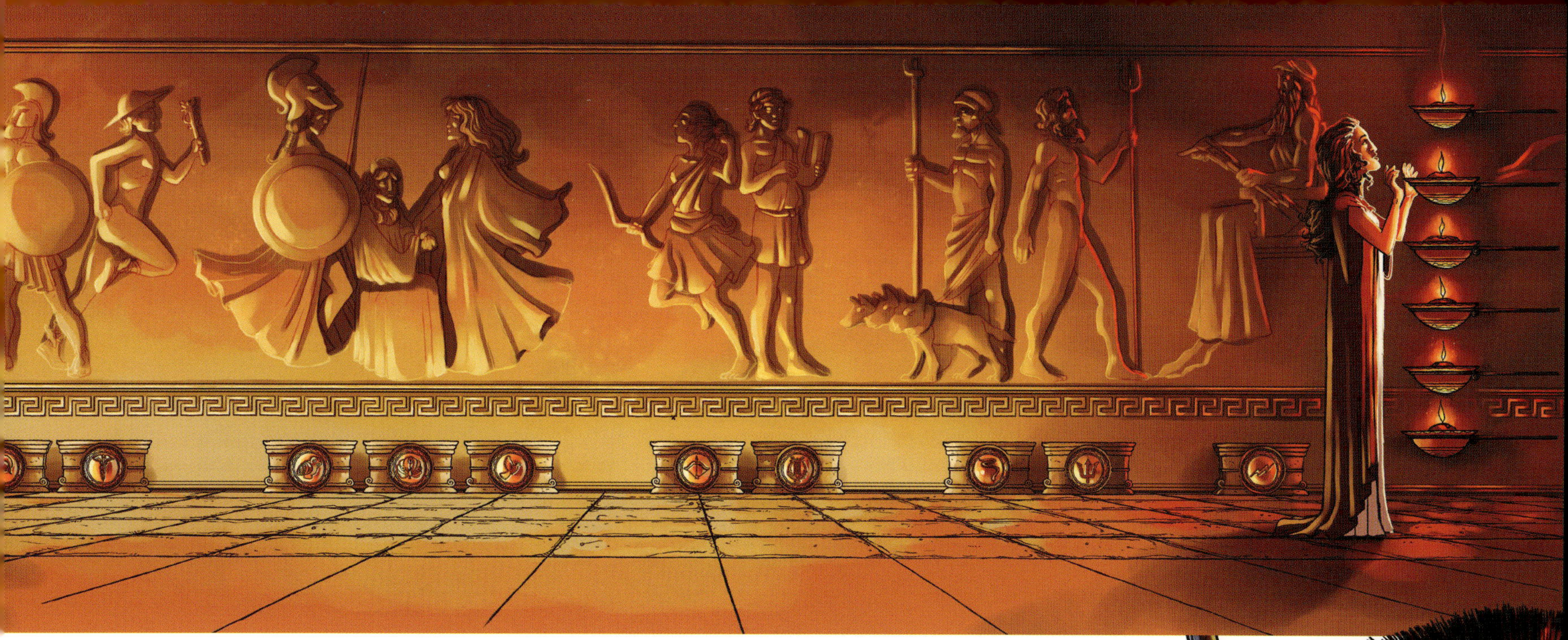

OFFRANDES
Offerings

Cédric Lefebvre

Ludonaute
2010

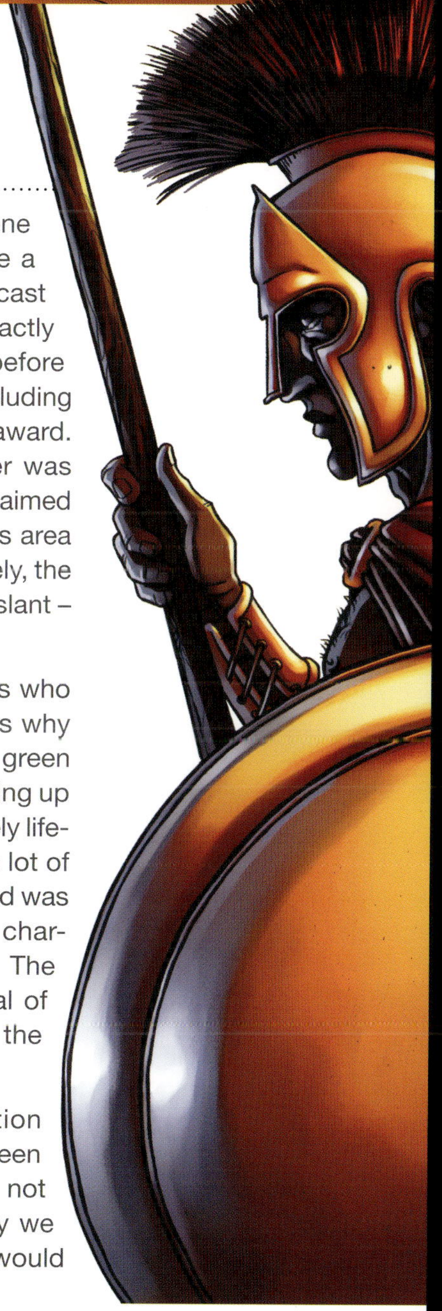

Quand un nouvel éditeur arrive sur le marché lançant le jeu d'un auteur débutant, il peut être avantageux d'avoir quelqu'un de « connu » au générique. Même si ça n'est « que » l'illustrateur. C'est comme ça que la maison d'édition *Ludonaute* commence. Ils rencontrent depuis de beaux succès, dont un *Spiel des Jahres* pour COLT EXPRESS. Mais pour leur première sortie, l'auteur est l'éditeur et il s'agit d'un jeu d'enchères « à l'allemande » qui s'adresse à un public de niche. C'est mon premier travail dans ce genre-là et je ne suis pas très à l'aise. Heureusement, le thème sur l'antiquité grecque teintée de mythologie me tente beaucoup.

J'ai envie de prouver que je peux m'adresser à des adultes qui réfléchissent en jouant. C'est comme ça, je crois, que nous finissons avec une couverture de boîte toute verte et jaune (mouais, un choix pas très judicieux) avec, au premier plan, un homme nu qui soulève un animal mort. La direction un peu réaliste que nous envisageons me pose énormément de problèmes pour la cohérence du plateau principal d'enchères. La superposition d'animaux et de personnages ne rend pas non plus comme je l'envisage. Ça reste fonctionnel, mais j'ai un regard très critique sur le résultat final. Par contre, j'aime bien le plateau des offrandes.

Pour en avoir rediscuté avec eux récemment, on se demande un peu ce qui nous est passé par la tête à ce moment-là. On assume hein, mais tout de même, on peut parler d'audace. Nous ne ferions sûrement pas les mêmes choix aujourd'hui.

When a new publisher comes onto the scene with a game from a new designer, it can be a smart move to have a familiar name on the cast list. Even if it is "only" the illustrator. That is exactly how the publisher *Ludonaute* started out, before going on to enjoy a string of successes, including COLT EXPRESS, which won a *Spiel des Jahres* award. For this first release, however, the designer was self-publishing an auction-based "Eurogame" aimed at a niche audience. It was my first job in this area and I was outside my comfort zone. Fortunately, the theme – Ancient Greece with a mythological slant – appealed to me strongly.

I wanted to prove that I could engage adults who like to think while they play. No doubt that is why we ended up with a very dubious choice of a green and yellow box cover with a naked man holding up a dead animal in the foreground… The relatively life-like direction we were looking for gave me a lot of problems ensuring that the main auction board was coherent. The superimposed animals and characters didn't work as I had planned, either. The game remains playable, but I'm very critical of the end result. On the other hand, I do like the offering board.

When the subject came up in conversation recently, we wondered what on earth had been going through our heads at the time. We're not ashamed of what we did, but you might say we were "being bold"! I very much doubt we would make the same choices today.

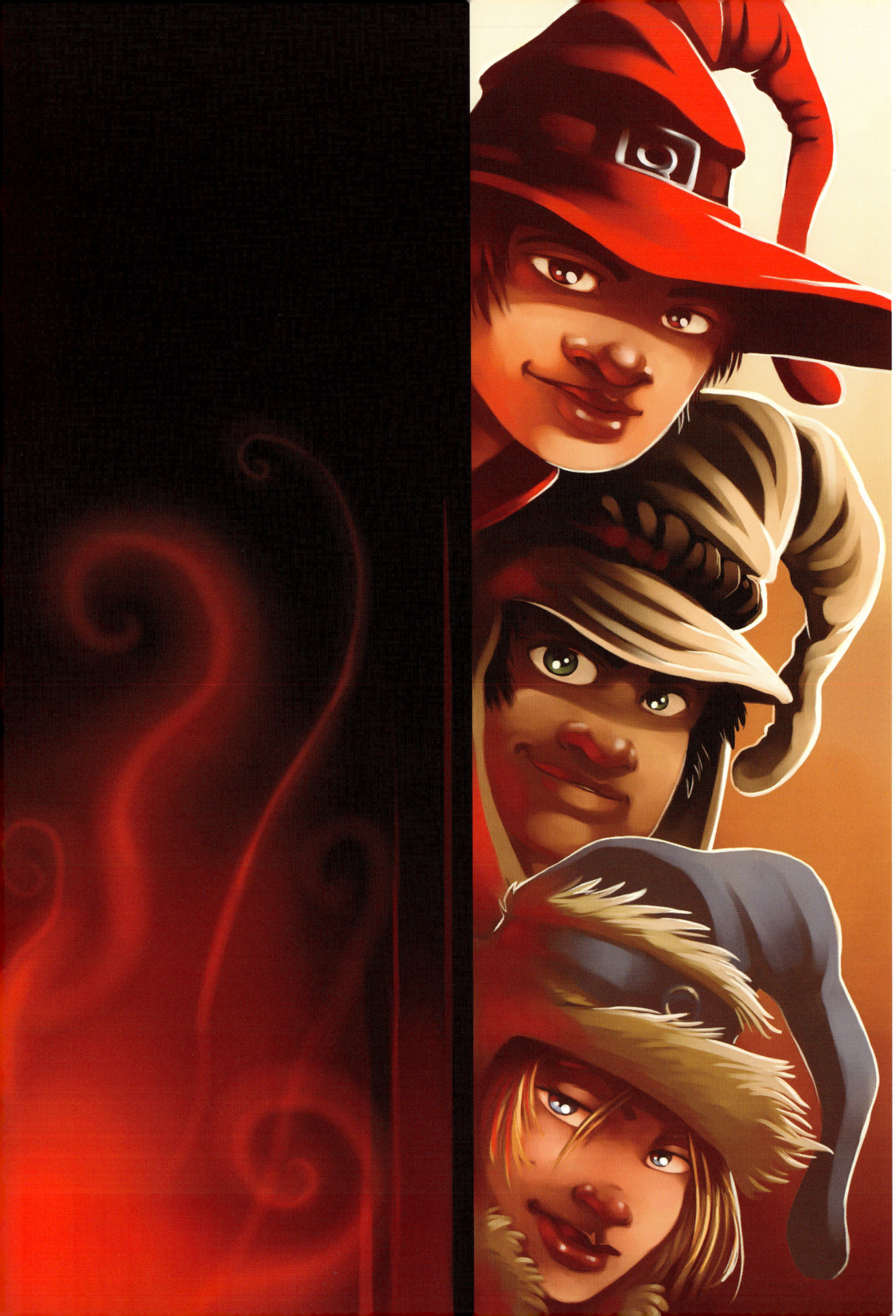

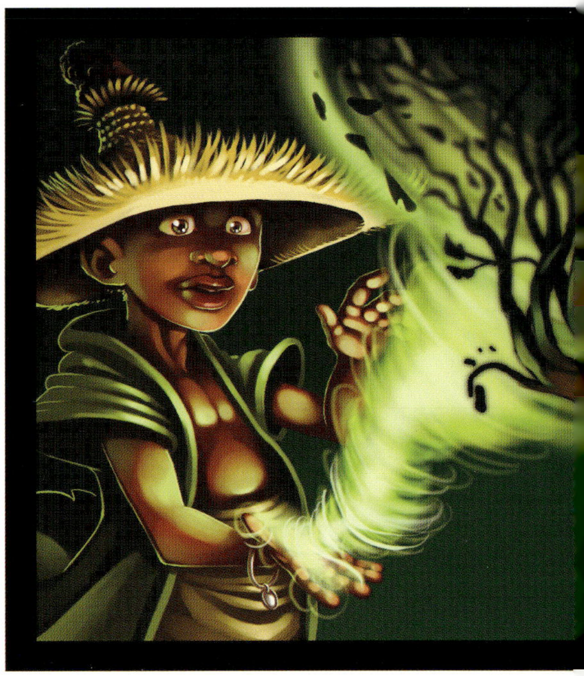

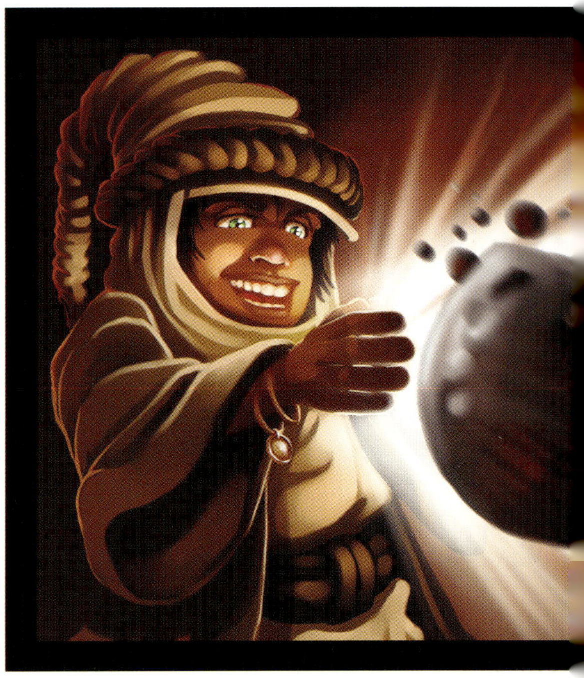

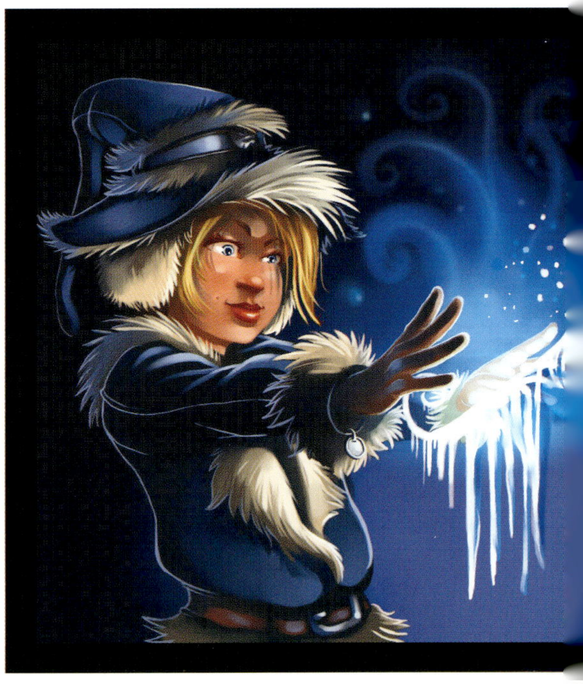

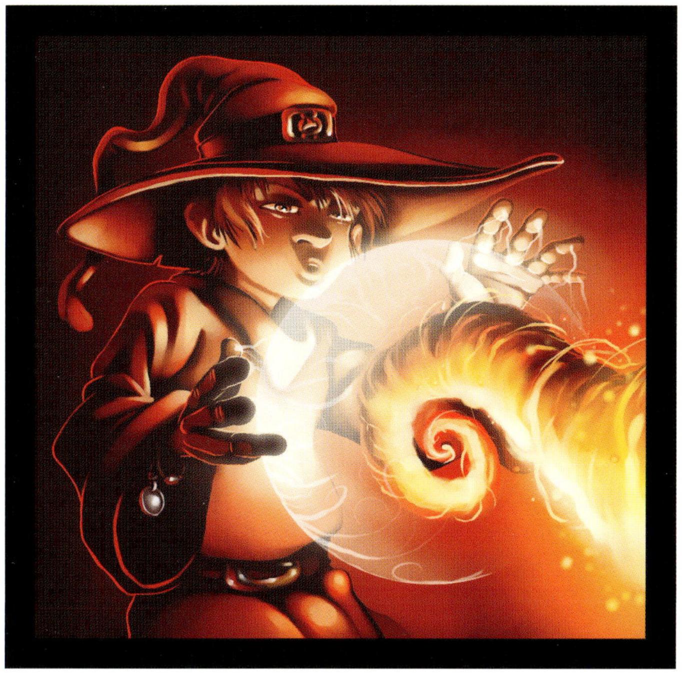

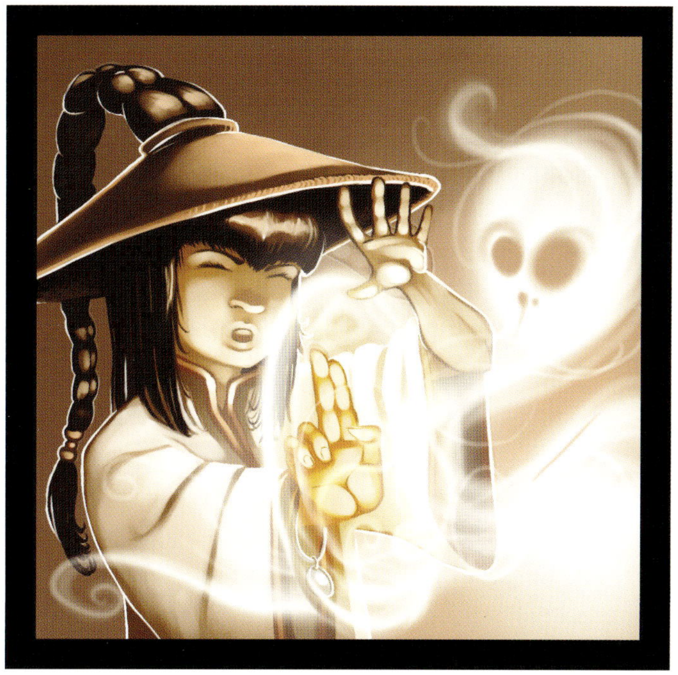

O'PENZEDOR

À cette époque, je suis souvent contacté par de jeunes éditeurs. Là, il s'agit d'un jeu à la **CAN'T STOP**, basé sur des prises de risque proposant de mettre fin à son tour pour remporter sa mise, ou de continuer… quitte à tout perdre. J'aime cette mécanique et le jeu m'attire. De plus, éditeur et auteur, me font confiance et j'ambitionne de tenter de mettre en couleur mes illustrations sans conserver le trait du dessin. Beaucoup plus difficile que je ne l'imagine, ces petits personnages me prennent un temps fou, mais j'en garde un très bon souvenir et ne regrette pas grand-chose.

Je tombe alors dans le piège du temps mal géré. Je perds beaucoup d'heures sur les personnages. Je ne suis pas habitué à travailler autant ma couleur et ma méthode me pose des soucis de finitions. Du coup, j'empiète sur l'étape allouée aux cartes sorts qui ne sont pas très jolies mais je suis épuisé par ces couleurs.

J'ai le même problème avec la couverture. Le thème du jeu se situe dans une école de magie où les enfants ouvrent des portes et font face à des sorts qu'ils doivent contrer. Je veux montrer des enfants passant leur tête par une porte, mais je rate, et les couleurs sont bien trop sombres.

Impossible de trouver un titre convenable, international et rigolo, je demande alors conseil à Bruno Cathala. Il lui faut 26 secondes. Sauf que je lis o'pendézor et même si cela ne veux rien dire, je trouve ça mignon. C'est lorsque j'envoie mon premier essai de titre que l'éditeur me donne le bon… et je le trouve juste excellent. Qu'il est fort ce monsieur Cathala !

Around this time, I was regularly being contacted by newly-established publishers. In this **CAN'T STOP**-like this game, players take calculated risks: do you choose to end your turn and collect your winnings, or instead push your luck… and risk losing everything. I like this mechanic and the game appealed to me. Even better, the publisher and designer trusted me, and I set out to colour my artwork without keeping the drawing outlines. This proved far harder than I imagined and these little characters took me ages, but I have very good memories of the challenge and have no real regrets.

Nevertheless I fell into the time trap, spending hour after hour on the characters. I wasn't used to working so much with colours, and my method wasn't giving a perfect finish. As a result, I overran onto the phase assigned to the "spell" cards, which are not particularly pretty but I was exhausted after dealing with the colours.

I had the same problem with the cover. The theme of the game is a magic academy where pupils open doors and are confronted with spells that they must counter. I wanted to show children putting their head around a door, but I messed up and the colours are far too dark.

After trying and failing to find a suitably fun, international name for the game I contacted Bruno Cathala to pick his brains. It took him 26 seconds. The funny thing was that I read his reply as **O'PENDEZOR**, which struck me as cute despite being meaningless. It was only when I submitted my first study for the title that the publisher told me the right name… which I thought was excellent. Cathala – what a dude!

Cédric Joint

Pavillon Noir
2010

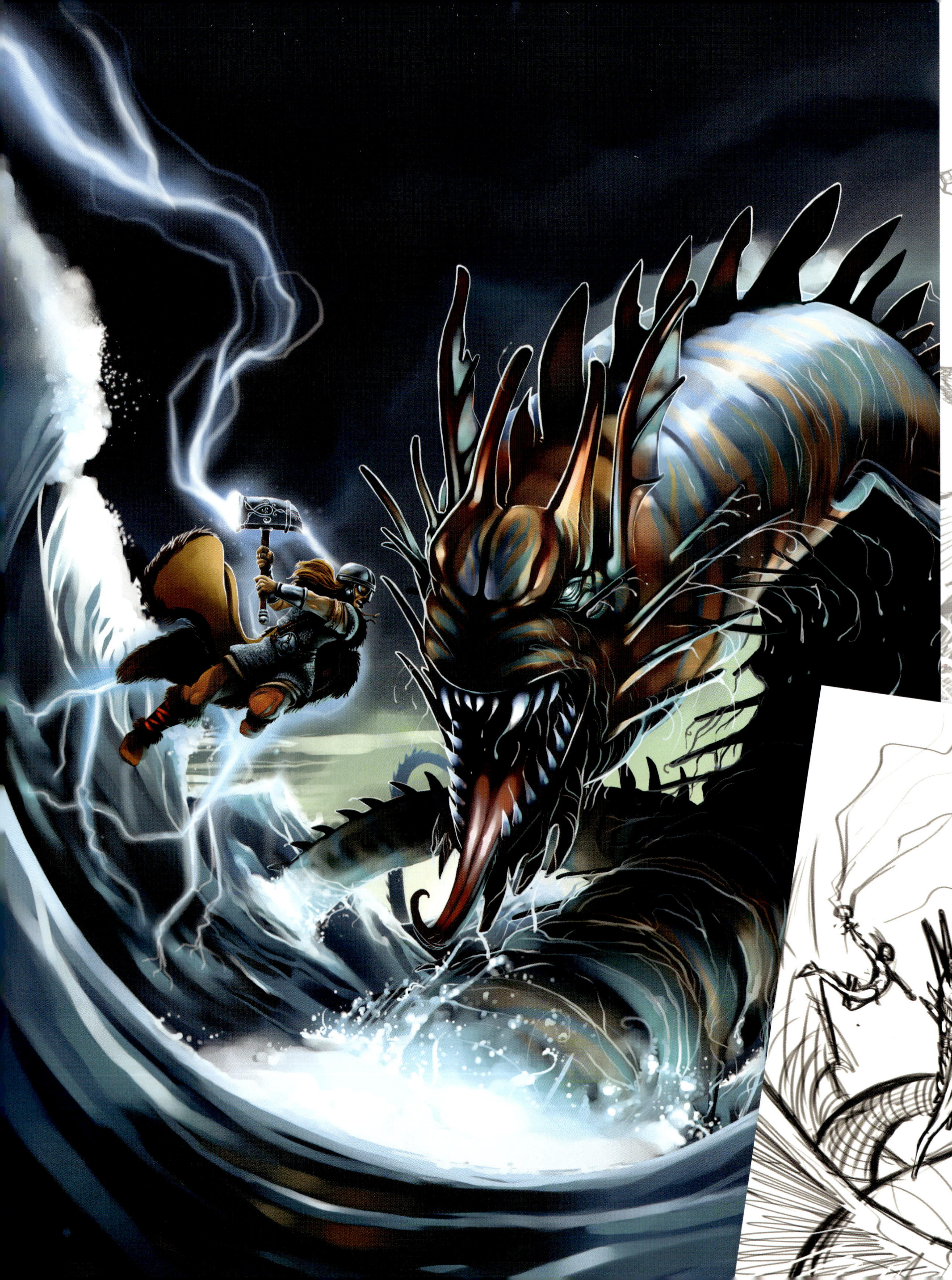
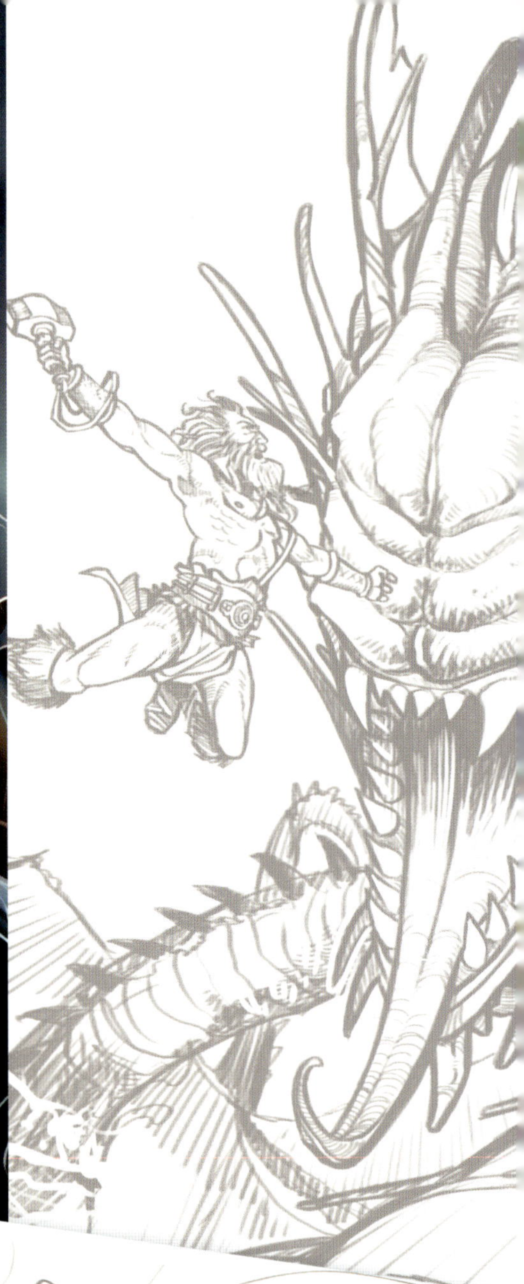
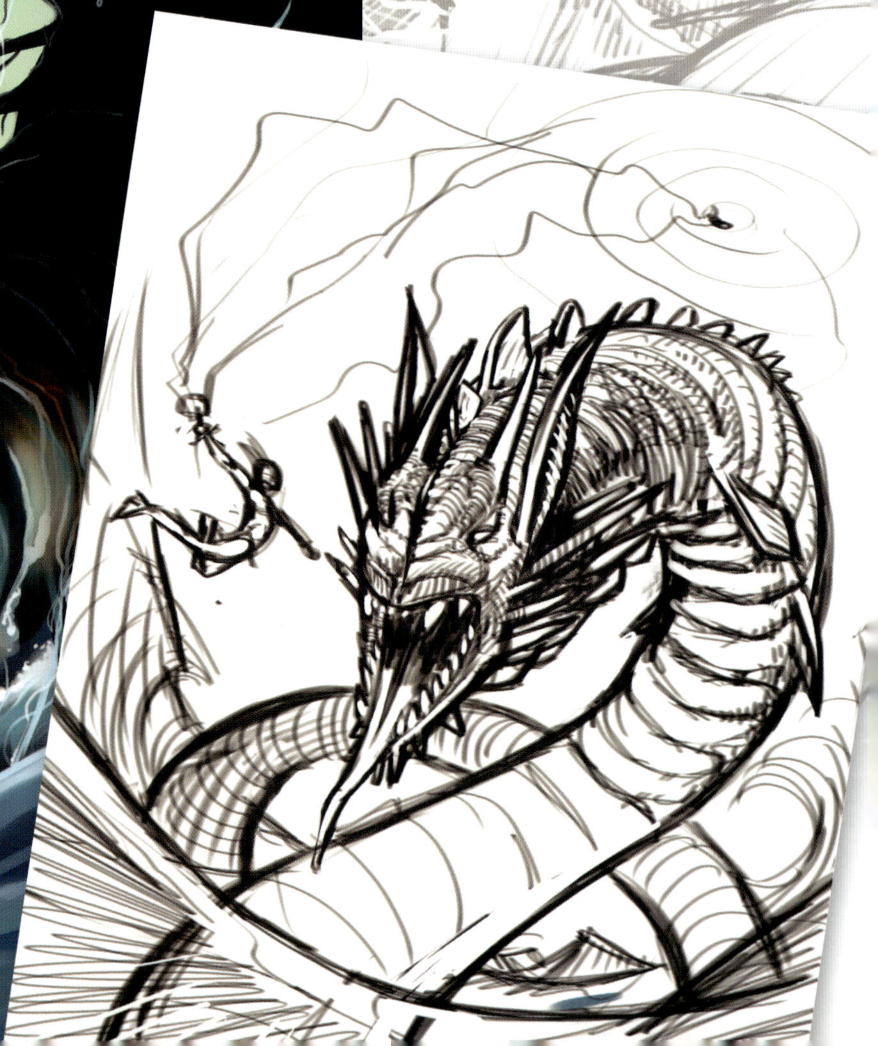

YGGDRASIL

Cédric Lefebvre
Fabrice Rabellino
Ludonaute
2011

Pas rancunier, *Ludonaute* revient vers moi pour leur nouveauté. Un coopératif situé dans la mythologie nordique dont les auteurs sont des amis : Cédric Lefebvre, fondateur de *Ludonaute*, et Fabrice Rabellino, un ami commun qui tient un blog sur les jeux de société, où il me fait une belle promotion depuis mes débuts.

Bref, tout me motive et j'ai plein d'ambition. Sauf que, parfois tout ne se passe pas comme on aimerait. Dès le départ, je fais un choix qui, selon les termes techniques, est casse-gueule. Je cherche à faire du réalisme sans garder le trait. En clair, un mélange de mes deux expériences sur O'PENZEDOR et OFFRANDES. La pression existe, d'autant plus que Cédric et Fabrice se passionnent pour les mythologies nordiques. Il y a une recherche d'exigence.

La couverture du jeu me prend un ou deux mois de travail à temps plein. Pas déplaisant à exécuter, mais très, très long. Je pousse énormément dans les détails et reviens sans cesse sur des éléments qui ne se verront jamais à l'oeil nu. Il est bon de savoir aussi que le bleu et le vert sont des couleurs qui perdent énormément en vivacité à l'impression. Le choix de mes dominantes n'est donc pas idéal.

De plus, ce contrat tombe à un moment où ma vie privée est fort compliquée et cela prend le pas sur mon travail. Pour la première fois de ma carrière, je me retrouve confronté à ce genre de situations ; là où je prends conscience que malgré le fait que je me revendique comme un artisan plus qu'un artiste, quand la tête n'est pas au travail, il n'en ressort pas grand-chose de bon.

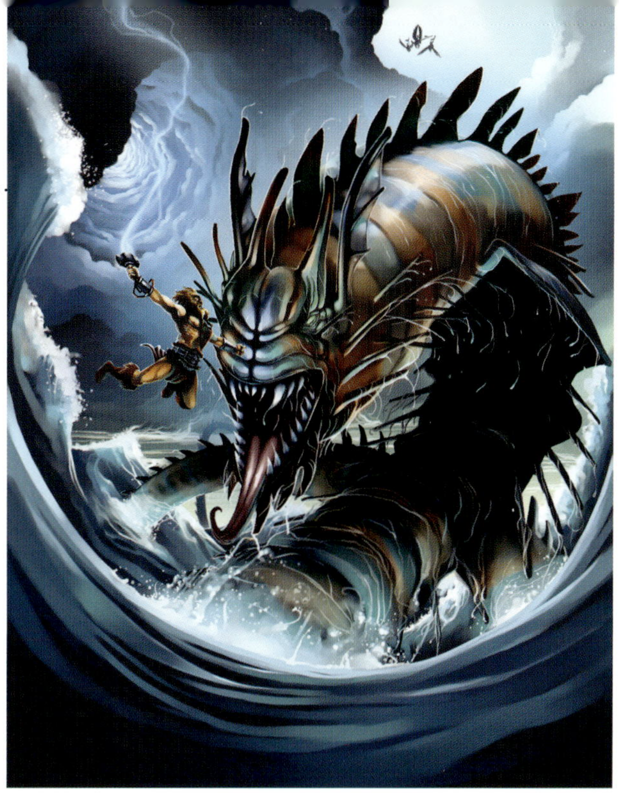

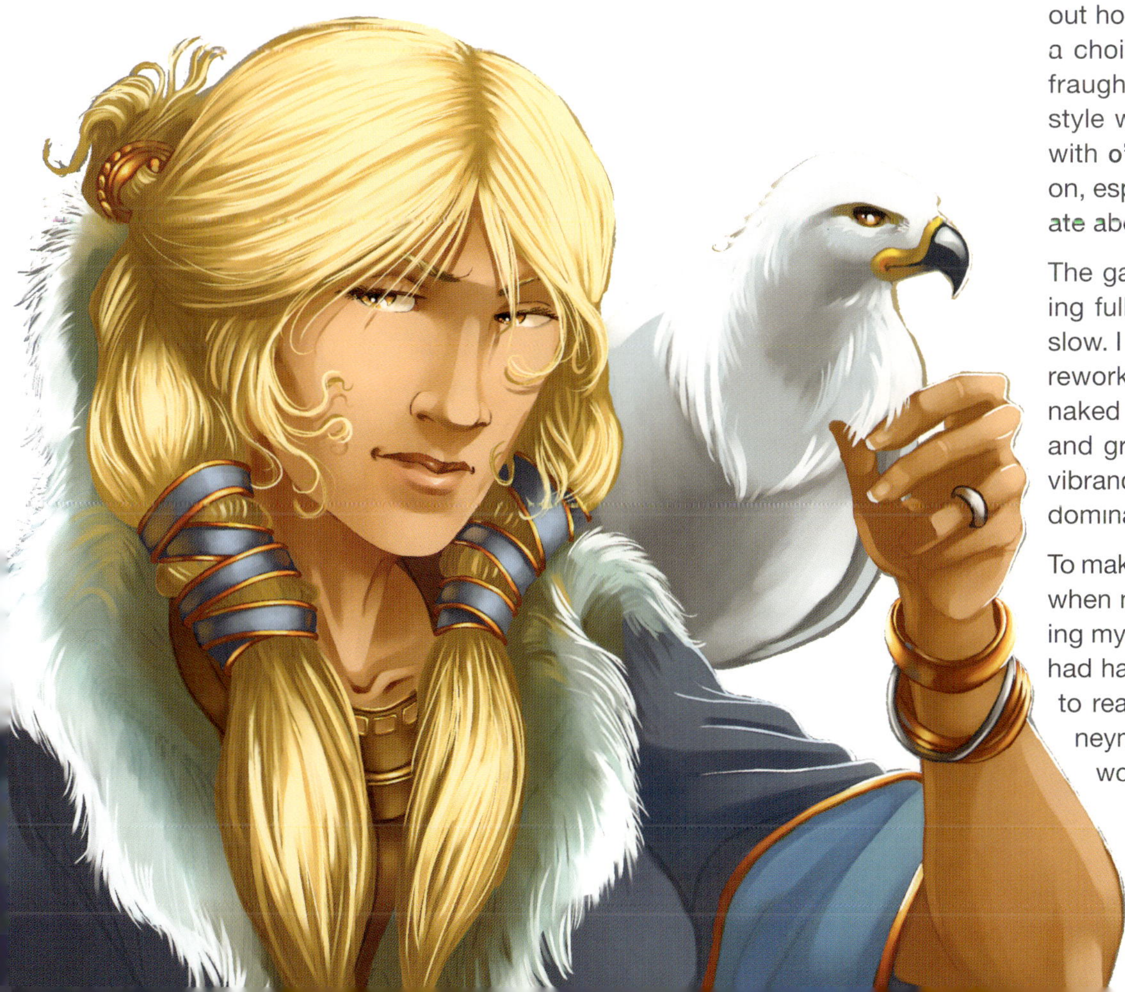

Not ones to bear grudges, *Ludonaute* contacted me again regarding their next project. A Norse mythology-themed cooperative game designed by two friends: Cédric Lefebvre, *Ludonaute's* founder and Fabrice Rabellino, a mutual friend who ran a board gaming blog that had promoted my work when I was just starting out.

In a nutshell, I was keen as mustard and bursting with big ideas. Unfortunately, not everything turned out how I would have liked. From the start, I made a choice that, from a technical perspective, was fraught with peril: I wanted to produce a lifelike style with no outlines, building on my experience with O'PENZEDOR and OFFRANDES. The pressure was on, especially as Cédric and Fabrice were passionate about Norse mythology. The bar was set high.

The game's cover took me a month or two working full time. Quite enjoyable work, but incredibly slow. I went into the finest of details and constantly reworked elements that would be invisible to the naked eye. Also, I learned a valuable lesson: blue and green are two colours that lose a lot of their vibrancy when printed. In hindsight, my choice of dominant colours was not ideal.

To make matters worse, this contract came at a time when my private life was very complicated, affecting my work. It was the first time in my career that I had had to deal with such a situation, and I began to realise that despite my claim to be more journeyman than artist, when your mind's not on your work, it won't be much good.

Le plateau

En attaquant **YGGDRASIL**, je sais que mon défi se situe dans le plateau. Un vrai bon gros plateau bien difficile, rempli de détails et qui doit prendre toute son ampleur avec la technique choisie. Mon plus grand regret dans ce dernier ? Qu'il soit trop sombre. Je ne peux pas le représenter avec un joli ciel bleu, soit, mais on perd beaucoup en lisibilité.

Game board

When I tackled **YGGDRASIL**, I was well aware that the real challenge would be the game board. A big, difficult board packed with details that should really come into its own with the technique I had chosen. In the end, my biggest regret was that the board was too dark. I know I couldn't have done it with a pretty blue sky, but the dark colours had a big impact on legibility.

“

Si je passe un mois sur la boîte du jeu, deux mois, et pas de tout repos, m'attendent pour le plateau.

When I spend a month on a box cover, I know another two months of hard graft lie ahead for the board.

”

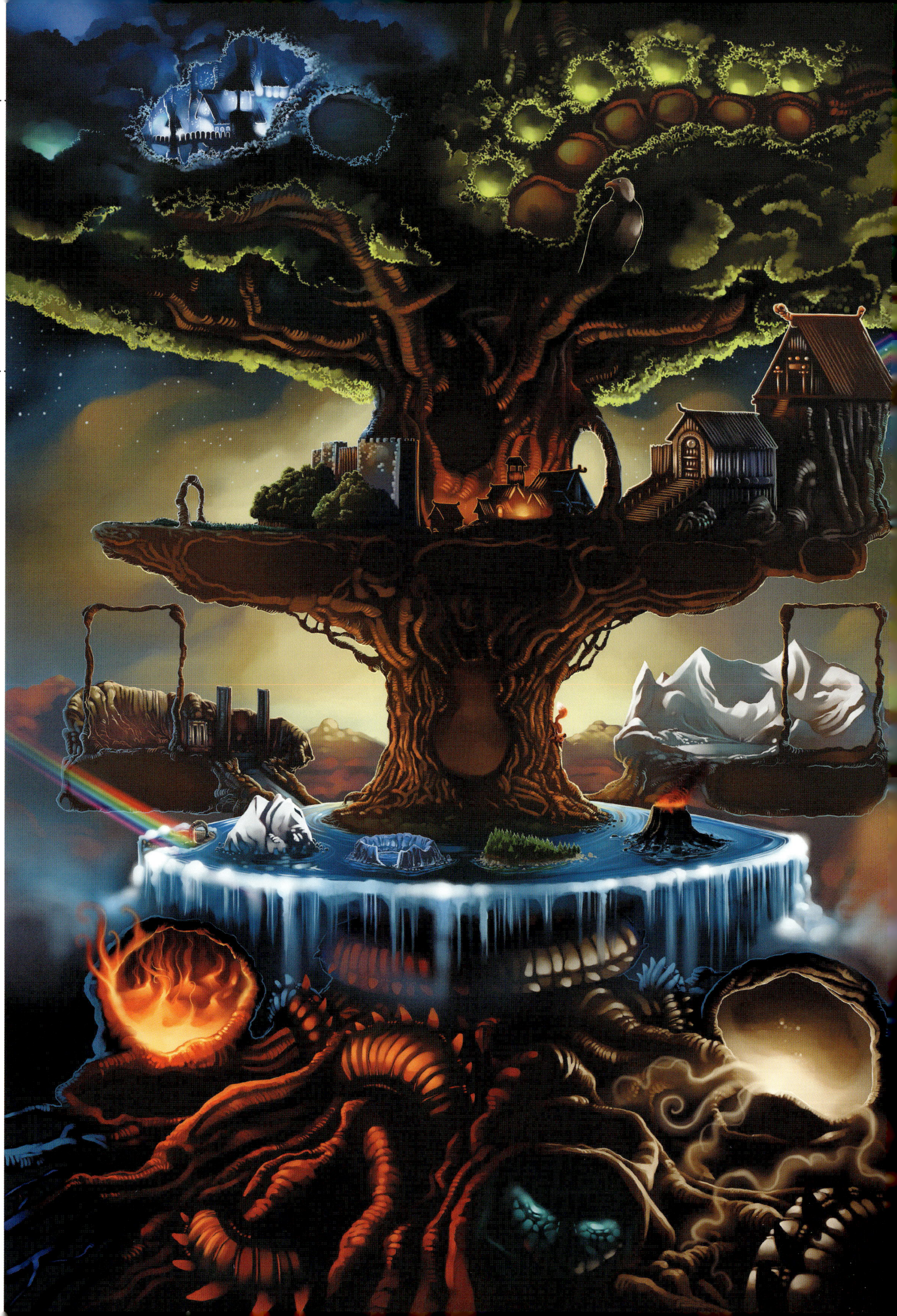

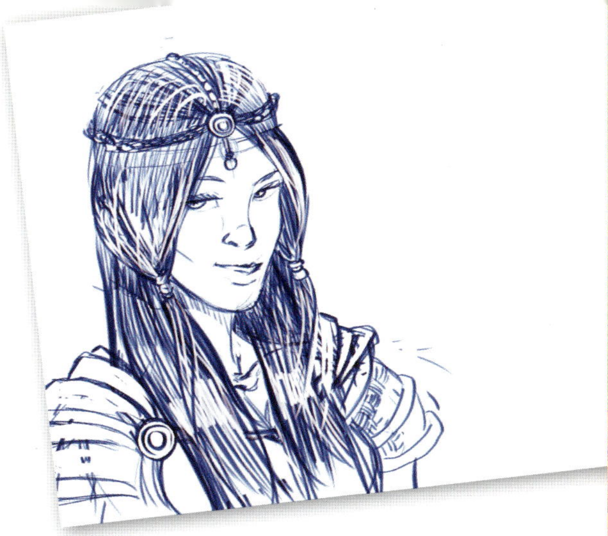

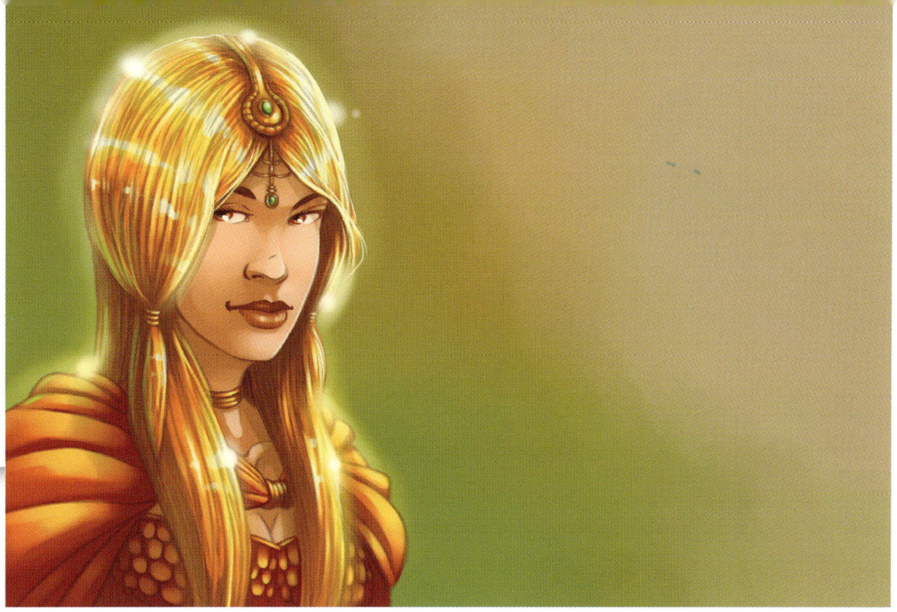

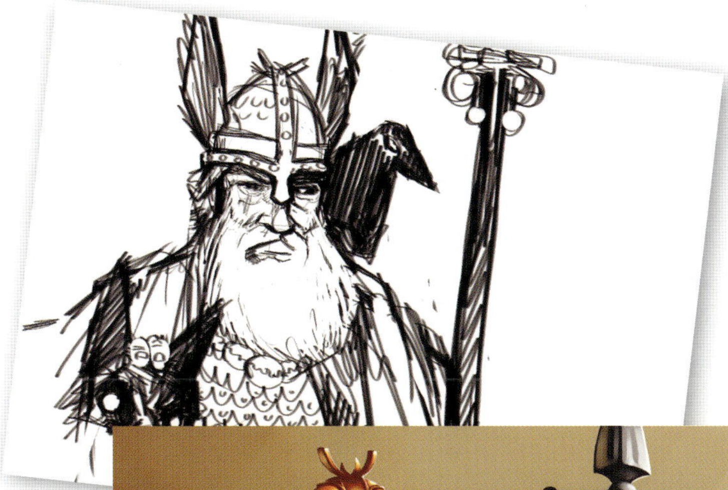

> *J'aime bien mes dieux en l'état, mais il y aurait eu de meilleurs choix à faire.*

> *I do like my gods as they are, but perhaps there were better alternatives.*

Characters

In Norse mythology, gods are often represented in human form, and I had an opportunity to draw some faces with strong personalities. My proposals were slightly at odds with *Ludonaute's* request, which was for full-length representations with the characters in action. In hindsight, maybe they were right!

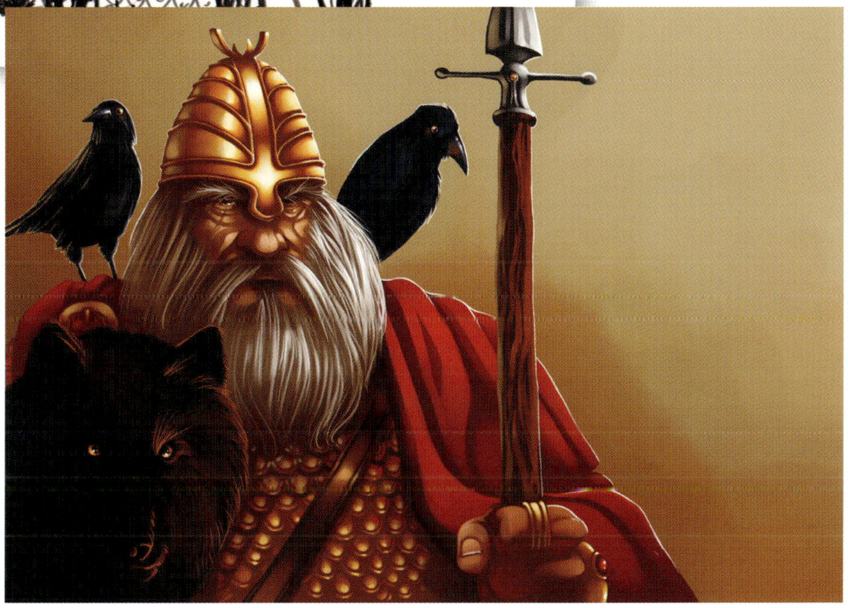

Les personnages

Les dieux des mythologies nordiques sont souvent représentés comme de simples humains et j'ai l'occasion de dessiner des visages avec des personnalités fortes. Je vais un peu à l'encontre de la demande de *Ludonaute* avec mes propositions vu qu'ils souhaitent des personnages en pied et en action. Avec le recul, ils avaient peut-être raison.

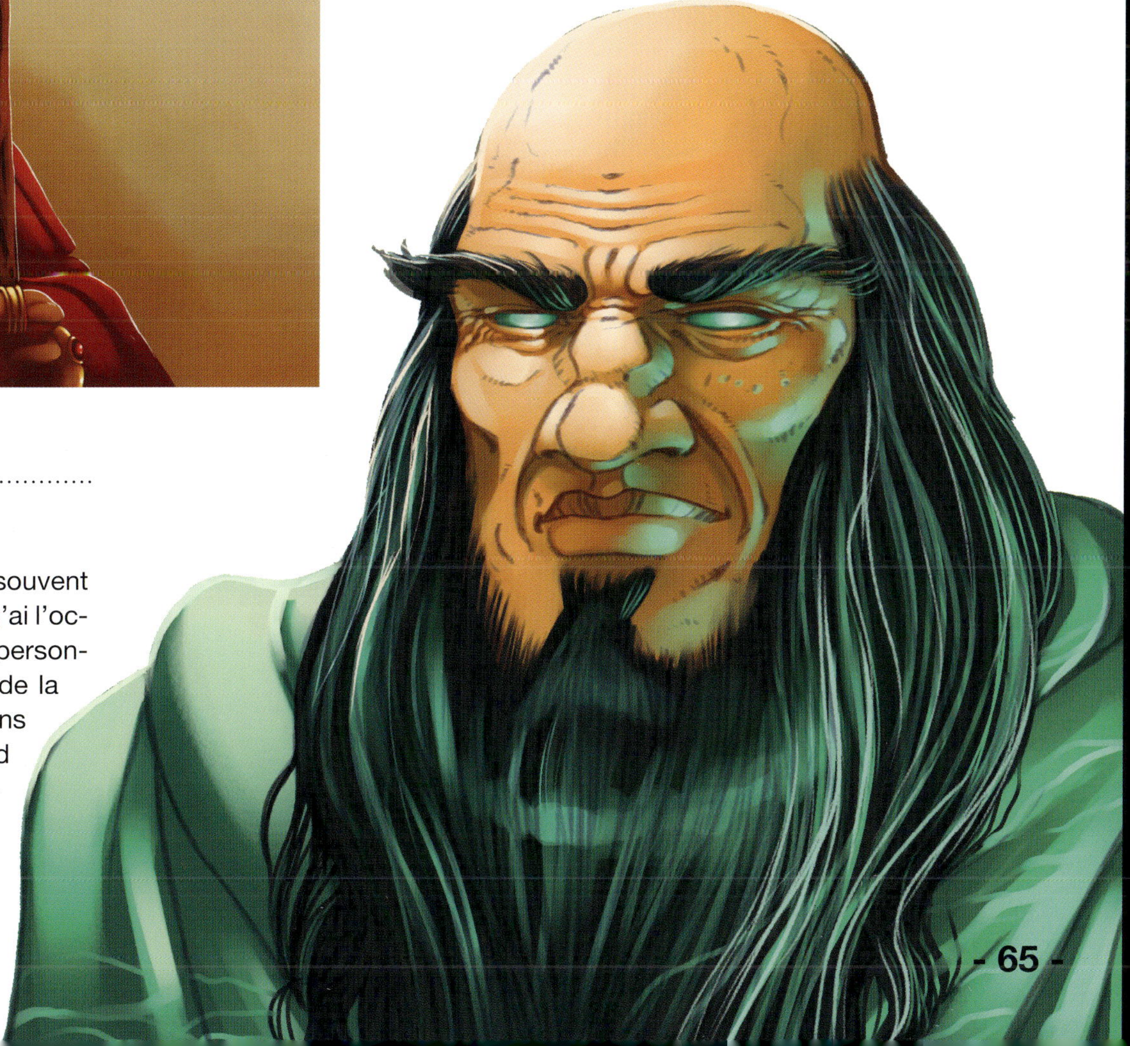

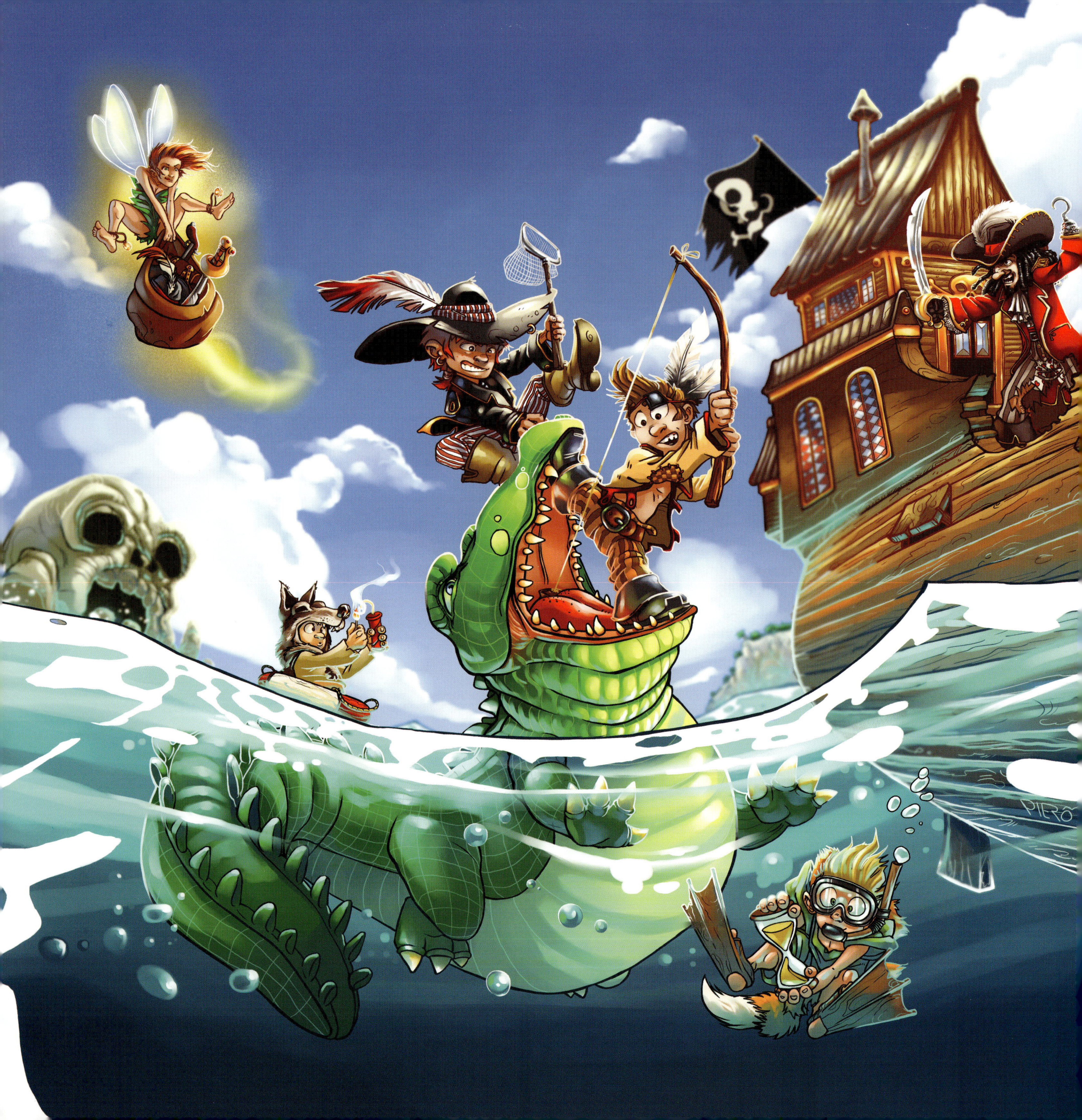

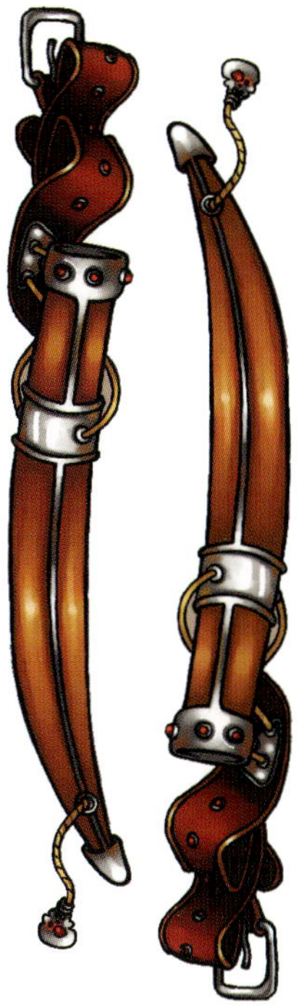

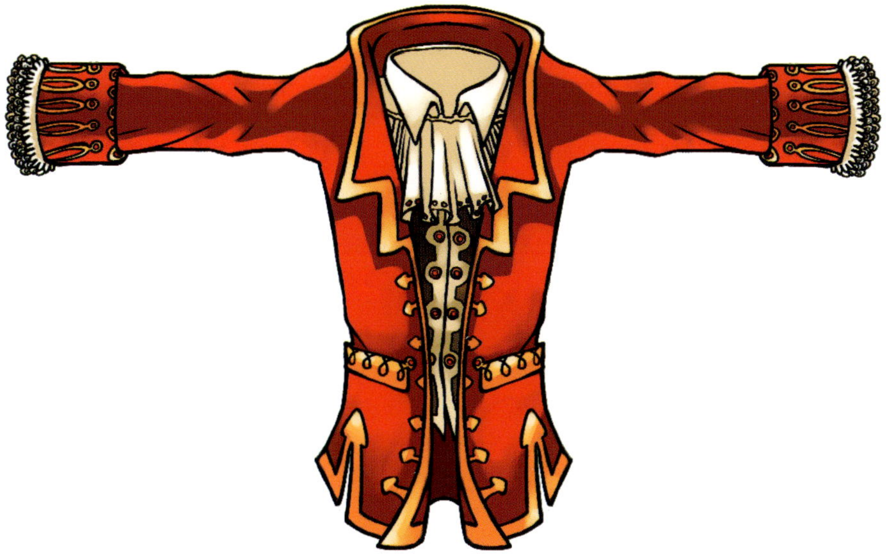

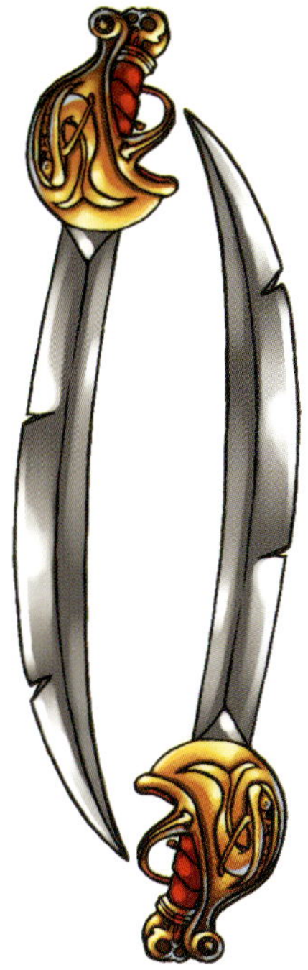

CLOCK O'DILE

Antoine Bauza
Bruno Cathala
Hurrican

Parfois des années se passent entre l'idée et le moment où le public aura la boîte entre les mains. Pour schématiser, voici les étapes : l'auteur crée un jeu, réalise un prototype, le fait tourner puis le présente aux éditeurs. Quand un éditeur le signe, il le développe et au besoin modifie le thème proposé. Une fois passées ces étapes, l'éditeur cherche un illustrateur et lance la production dont l'étape suivante est l'envoi à l'imprimeur, qui l'adresse au distributeur, qui livre les boutiques.

Pour ce jeu, tout est validé jusqu'à l'imprimeur, puis annulé. Le jeu se retrouve dans la nature et reprit par un autre éditeur, *Hurrican*. C'est à ce moment-là que je débarque. Changement de thème : on passe de fouilles archéologiques à un jeu où les compagnons de Peter Pan, les enfants perdus, tentent de récupérer les objets du Captain Crochet que le Crocodile a avalé.

Parfait pour moi, je rêve de travailler cet univers. Certains éléments sont compliqués à illustrer, le processus laborieux. De plus, à force d'en discuter, les auteurs — Antoine Bauza et Bruno Cathala — et l'éditeur commencent à craindre que le thème soit trop enfantin. Après beaucoup d'échanges, le jeu est mis en pause puis annulé sous cette forme. Hurrican l'éditera en 2011 sous le nom de **DR. SHARK** avec une thématique d'enquête aquatique.

Sur le coup, je suis déçu mais aucune rancoeur personnelle. Les arguments avancés sont fondés et la décision ne réjouit personne. Mon seul regret : il s'agit de l'un de mes plus beaux projets. Ce livre est l'occasion de voir enfin ces images imprimées.

Sometimes, years go by between having an idea and seeing people hold the box in their hands. The basic steps are as follows: the designer creates a game, produces a prototype, play-tests it and then presents it to publishers. When a publisher signs a contract to release the game, it develops it and may change the original theme if it sees fit. At the end of this sequence of steps, the publisher looks for an illustrator and launches production, the next step being to send the game files to the printer, which sends the finished games to the distributor, which in turn supplies shops.

This game had gone through every stage until it reached the printer, and then it was cancelled. The game found itself in limbo, before being taken up by another publisher, *Hurrican*. This was when I got involved. The theme was changed from archeological excavations to a game in which Peter Pan's companions, the Lost Children, attempt to recover Captain Hook's belongings, which had been swallowed by the Crocodile.

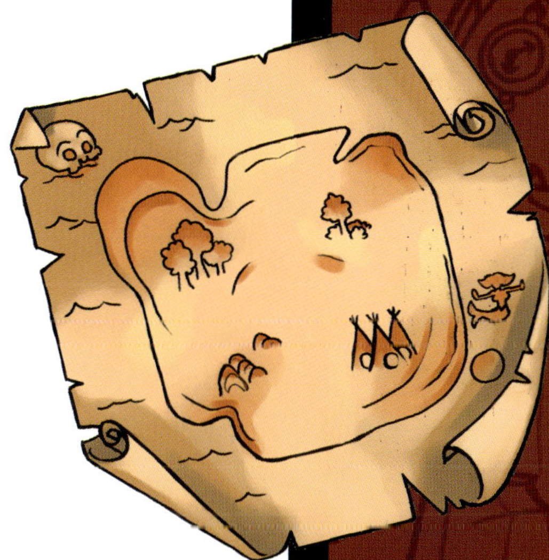

This was perfect for me, and tackling this theme was a dream come true. Certain elements were complicated to illustrate and the process quite laborious. In another twist, discussions between the designers (Antoine Bauza and Bruno Cathala) and the publisher were leading them to fear that the theme might be too childish. After much to-ing and fro-ing, the game was put on standby and subsequently cancelled in its current form. Hurrican eventually published it in 2011 under the name **DR. SHARK**, with an aquatic spy movie theme.

I was disappointed at the news but didn't bear any personal grudges. The rationale made sense and nobody was overjoyed about the decision. My only regret is that it was one of my best projects. Thanks to this book, I at last get to see these images in print.

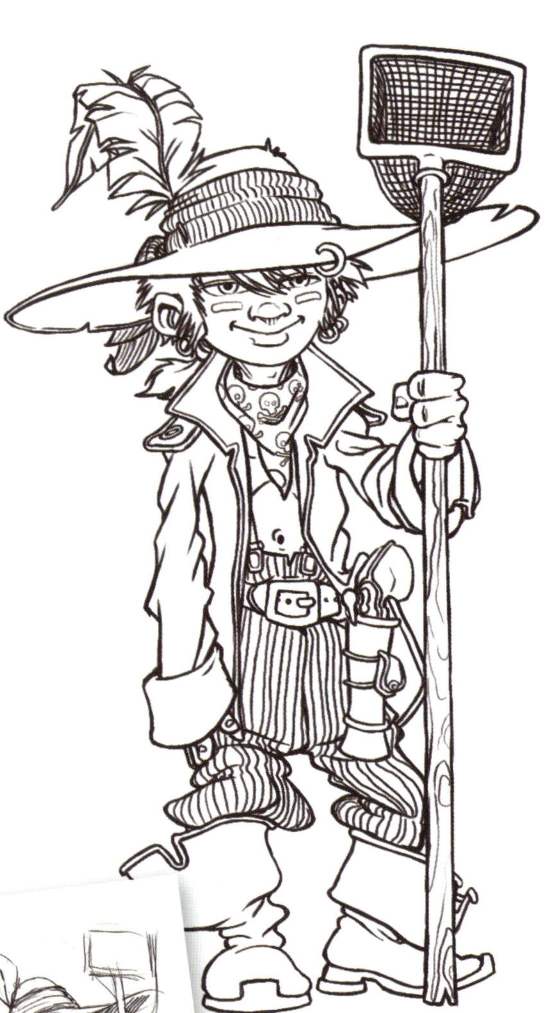

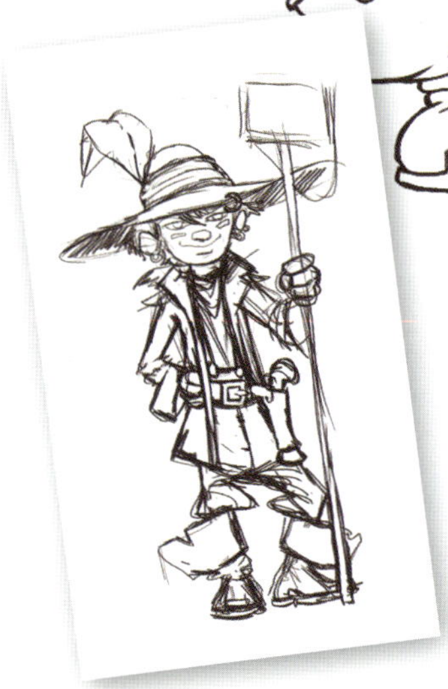

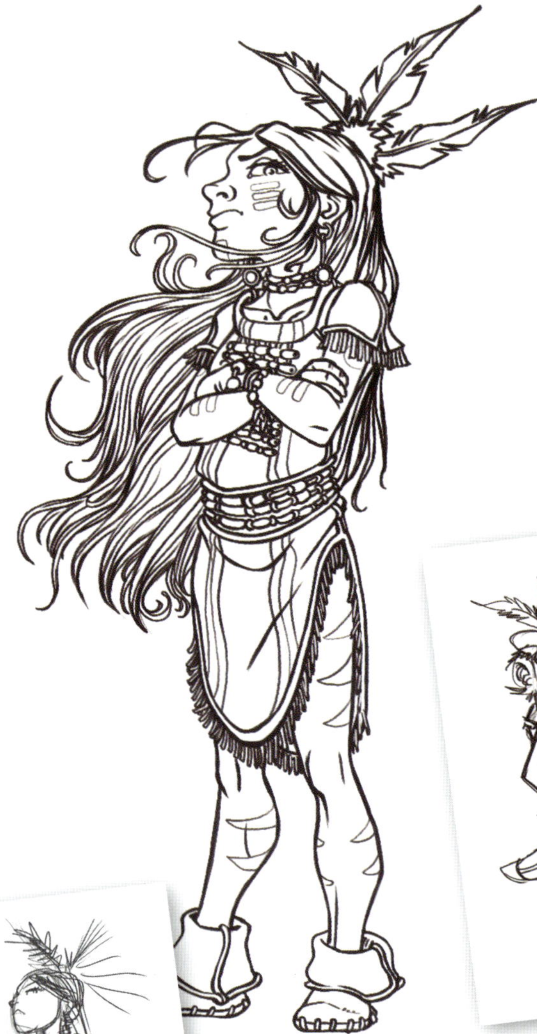

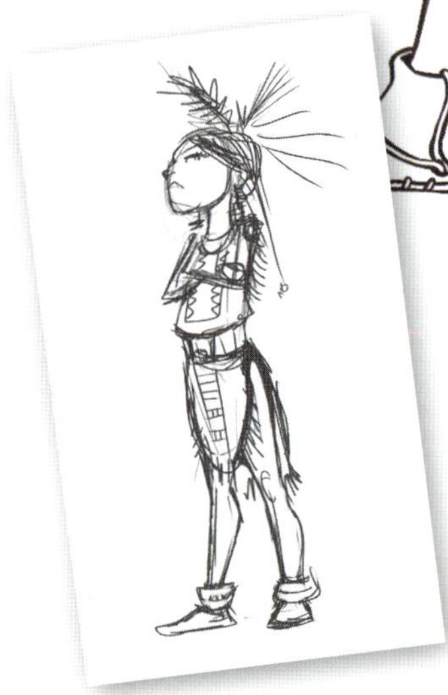

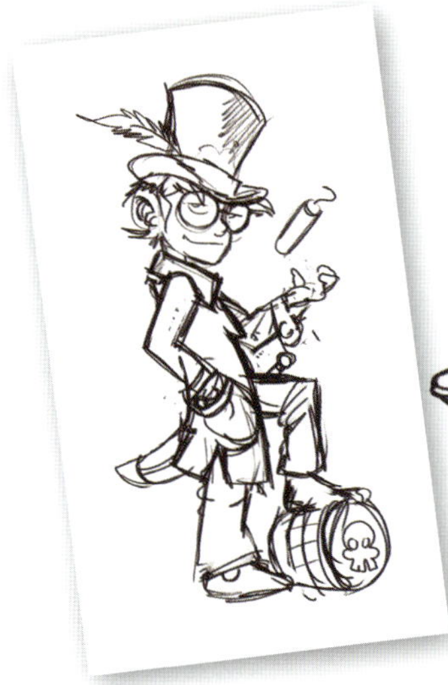

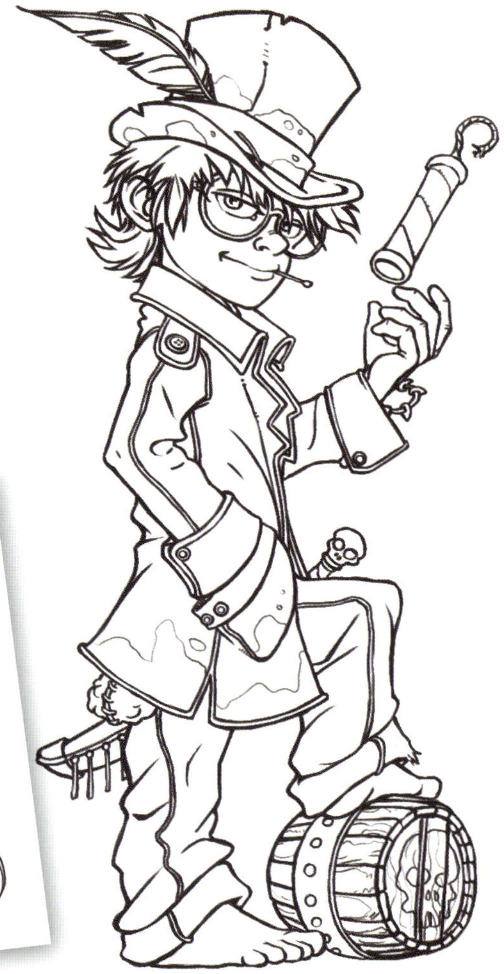

Le projet ayant été annulé, je n'ai jamais ajouté la couleur…

As the project was cancelled, I never got round to colouring the drawings…

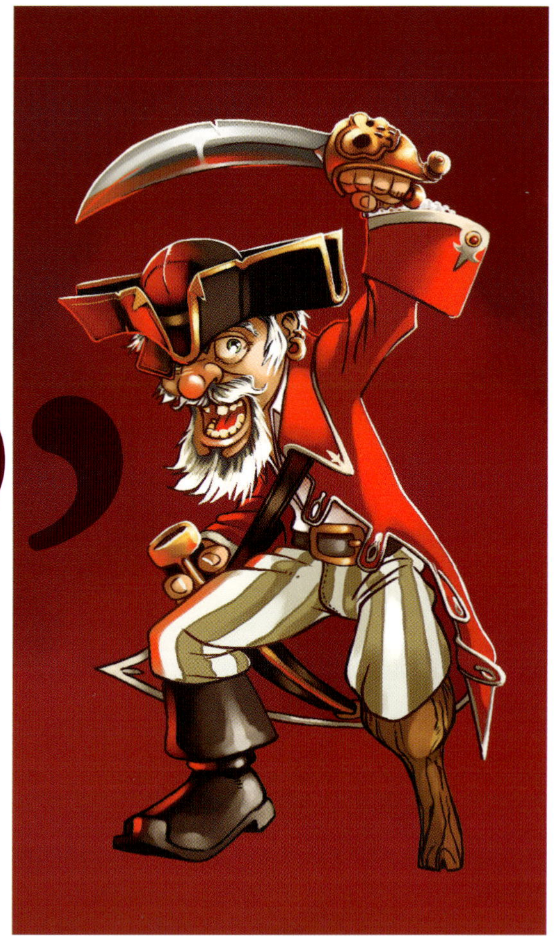

Les personnages

Au départ, le jeu met en scène l'équipage du Capitaine Crochet devant l'aider à récupérer ses affaires dans le ventre du crocodile. Puis finalement, c'est plus drôle si les joueurs incarnant les enfants perdus font la compétition de celui qui en récoltera le plus. Je peux enfin dessiner ces personnages qui me fascinent depuis mon plus jeune âge. Dessiner des enfants jouant aux pirates, c'est juste génial.

Characters

Originally, the game showed Captain Hook's crew helping him to recover his belongings from the crocodile's belly. But in the end, it seemed more fun for the players to be the lost children, competing to collect the most items. At last I was getting a chance to draw these characters that had fascinated me from an early age. Drawing kids playing at being pirates was just amazing!

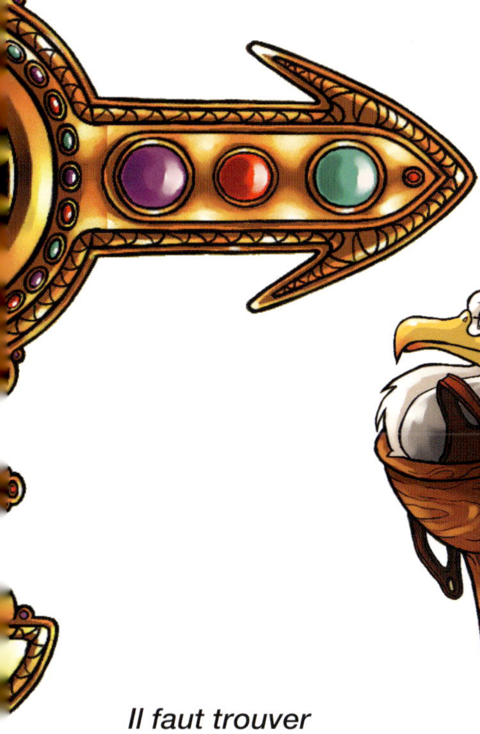

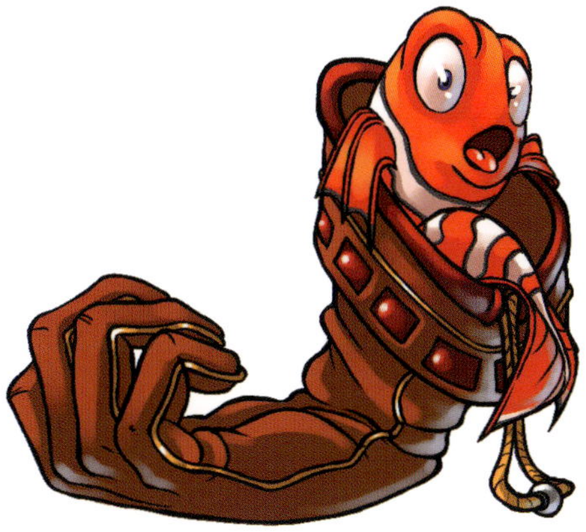

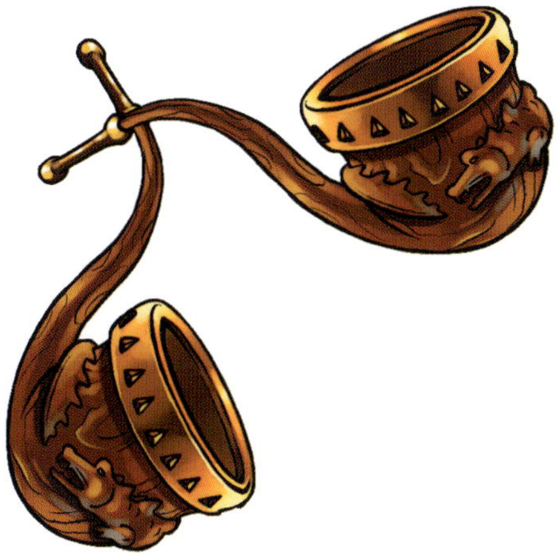

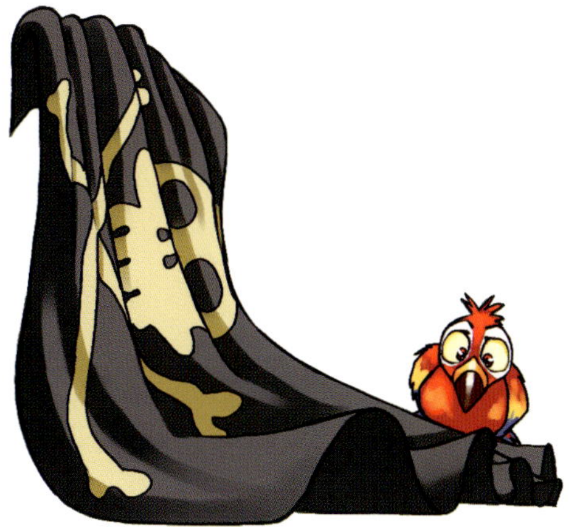

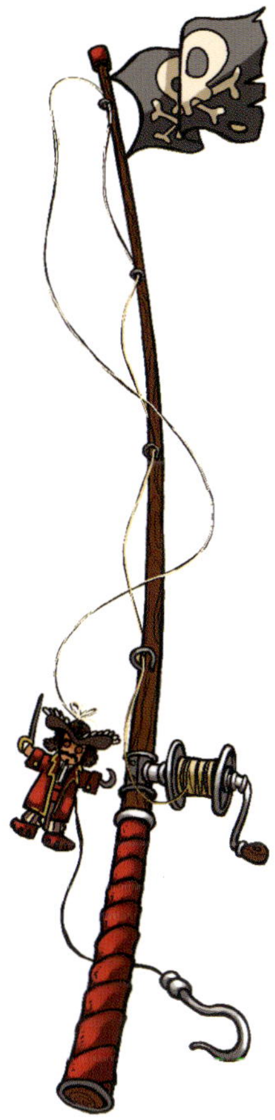

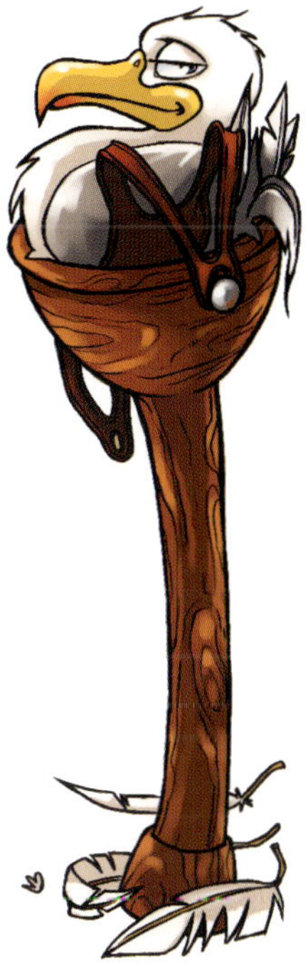

Il faut trouver les matières, puis les objets... Et les dessiner! C'est là que cela se complique.

We had to find materials, and then objects... And then draw them! And that's when things got complicated.

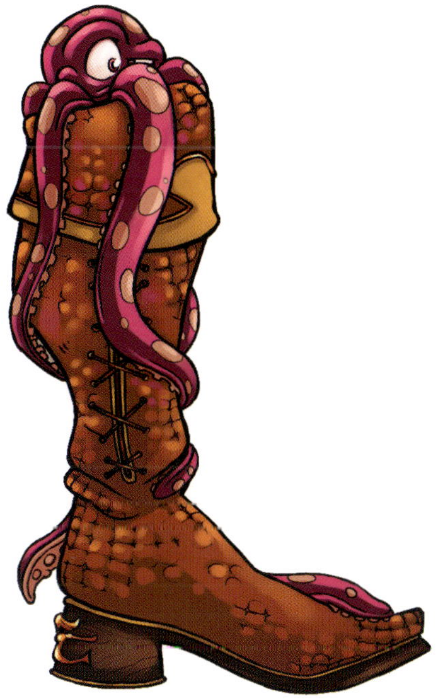

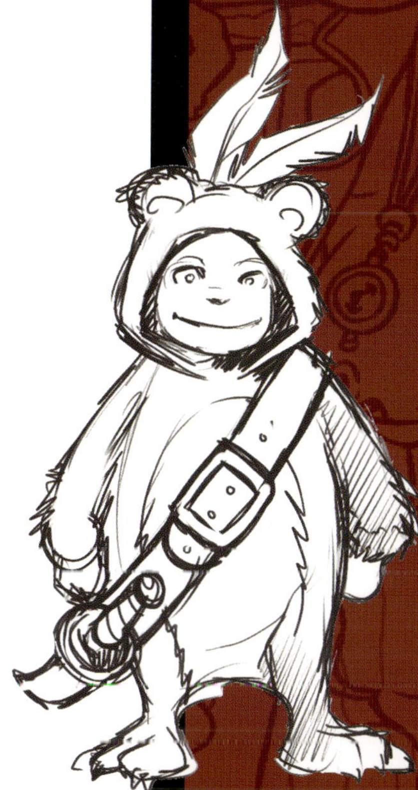

Les objets

En les gobant, le crocodile a cassé les objets et il faut parvenir à récupérer les pièces pour les assembler. Chaque objet a une texture différente, les pièces de puzzle étant choisies au toucher dans un sac. Certaines pièces peuvent être assemblées dans les deux sens et le dessin doit correspondre à chaque fois. Difficile d'expliquer, j'ai besoin de toute la patience et la pédagogie de Bruno et Antoine pour comprendre moi-même... Mais le résultat est là! Hein?

Objects

The crocodile broke the objects as it ate them, and the players had to recover and assemble the various pieces. Each object had a different texture, with puzzle pieces being selected by touch inside a bag. As some pieces could be assembled in either direction, the artwork had to match in each case. It's hard to explain, but it took all of Bruno and Antoine's patience and teaching skills to get me to understand... But hey, the end result looks good (in my opinion at least!)

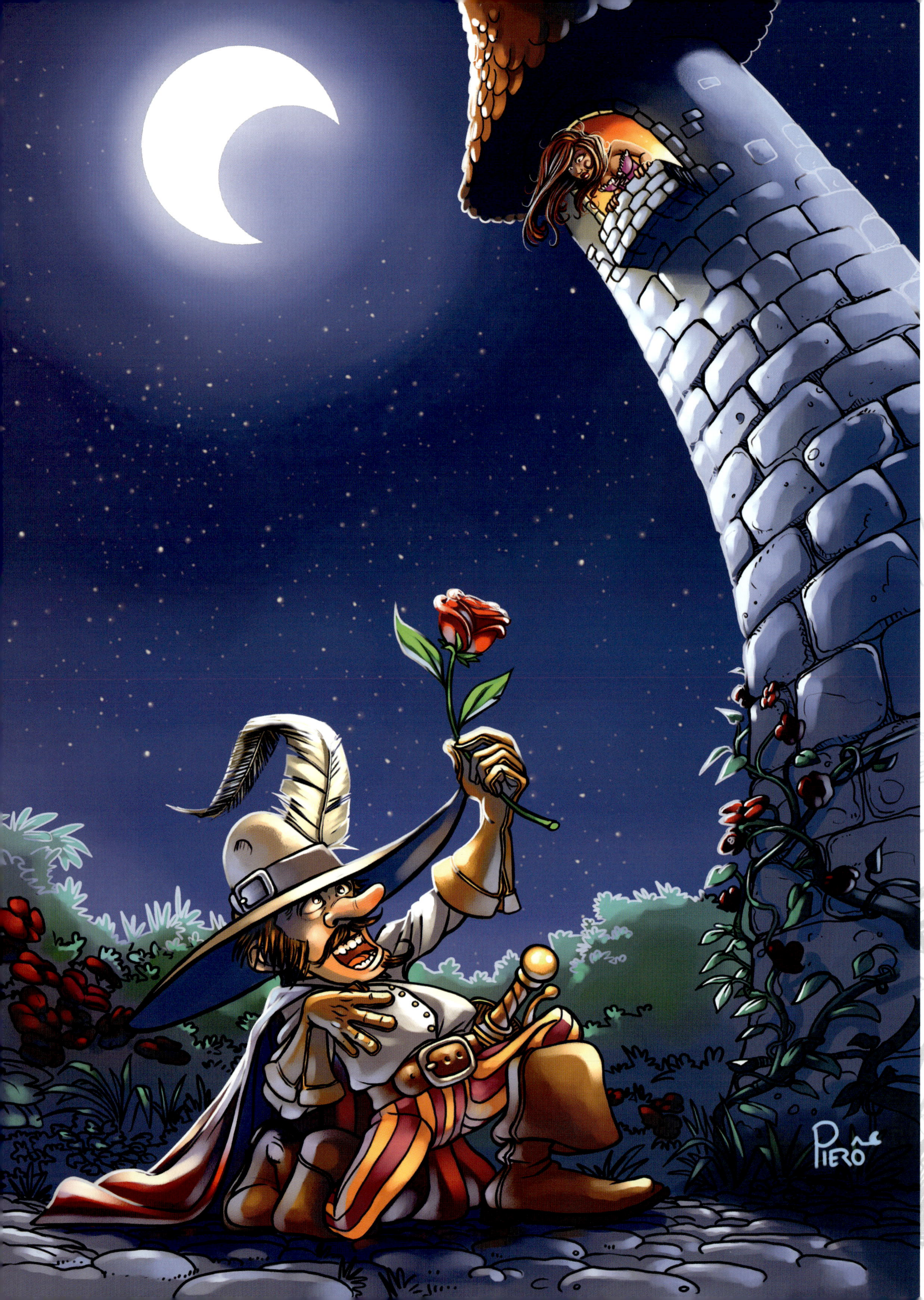
PIERÔ

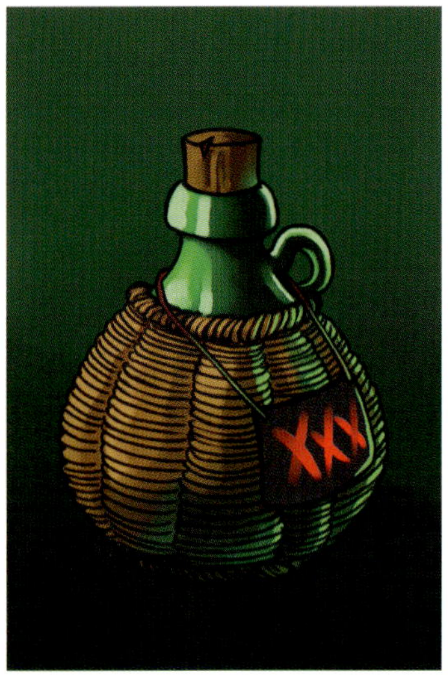
XX

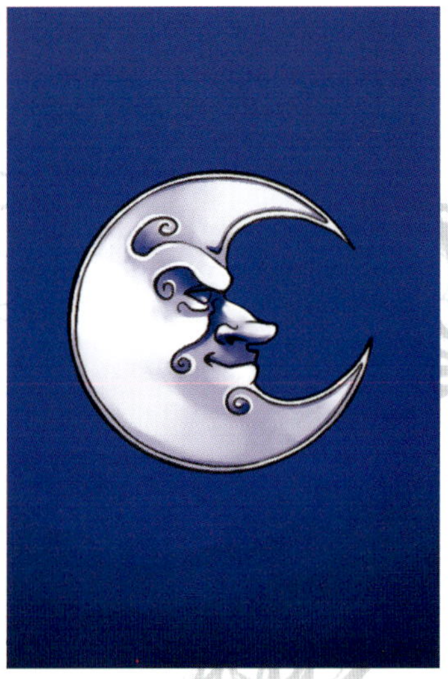

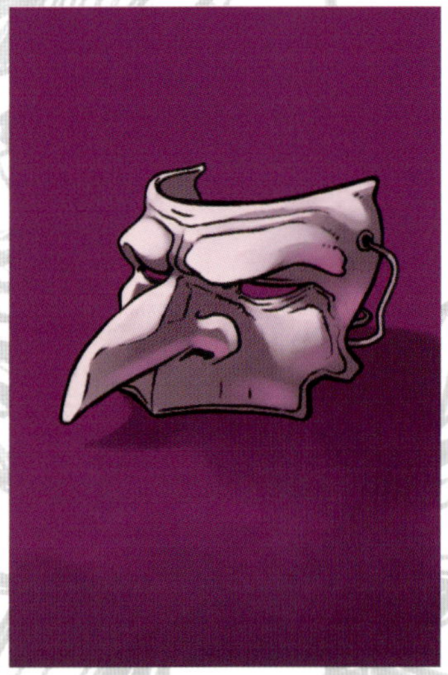

CYRANO

Ludovic Maublanc

Repos Production
2010

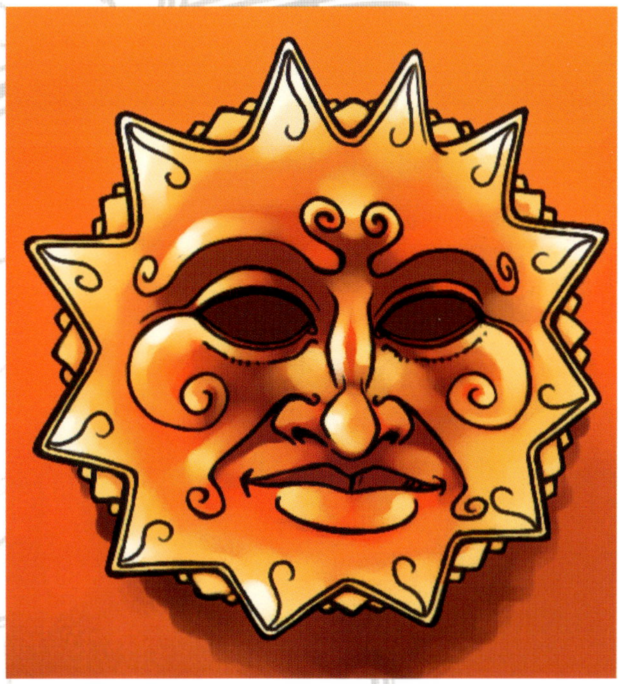

CYRANO est un jeu sur lequel je n'ai pas beaucoup de travail à faire. Seulement une couverture, quelques objets pour des cartes et une illustration pour les scores. Cependant, c'est peut-être celui qui sera le plus long ! De mémoire, je dirais bien trois ans entre le premier coup de crayon et le dernier. Entre mon emploi du temps et celui de *Repos Production*, beaucoup de projets s'intercalent entre le moment où l'on commence et la sortie de celui-ci. En attendant, Ludovic Maublanc patiente, car c'est son bébé… Le jeu faisant de Ludo l'auteur qui apparaît au générique du plus grand nombre de jeux que j'ai illustrés, devant les compères Cathala et Bauza.

CYRANO ne reçoit pas le succès qu'il mérite. Un jeu d'ambiance exceptionnel dans lequel à chaque tour, on vous donne deux rimes et vous devez composer un petit poème de quatre vers. En fonction des gens autour de la table, de leur inspiration et peut-être aussi de ce qu'ils ont mis dans leur verre : fous rires garantis. Je le découvre aux rencontres des *Ludopathiques* de Bruno Faidutti en 2007. On est une grosse dizaine et on finit au petit matin avec des douleurs aux côtes à force de rire et tous aphones.

J'ai toujours aimé cette couverture, car je me devais d'y mettre un peu de poésie et elle me semble drôle et douce à la fois. Bon, les plus psychologues et analystes d'entre vous y verront d'autres choses beaucoup moins poétiques… À ma décharge, rien de conscient.

CYRANO is a game for which I didn't have much work to do. Just the cover, a few items for cards and an illustration for the scores. Even so, it may well be my longest ever project! If my memory is correct, three years went by between the first and last strokes of the pencil. What with my schedule and *Repos Production's*, numerous projects were shoehorned in between starting this game and its eventual release. Meanwhile, Ludovic Maublanc was waiting patiently for his baby to arrive… This was the game that made Ludo *my* designer, the one with his name on the largest number of games that I have illustrated, ahead of messrs. Cathala and Bauza.

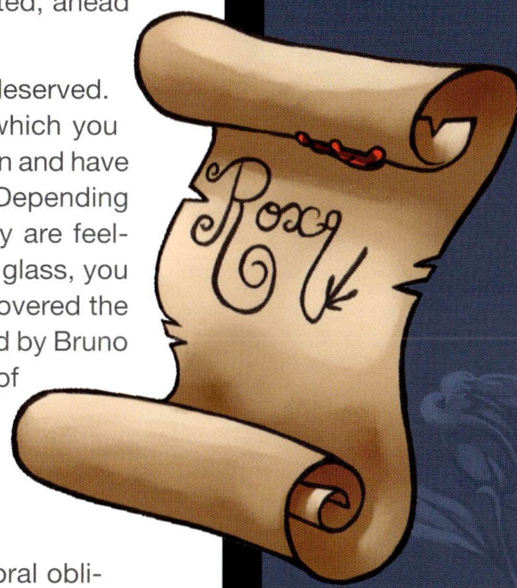

CYRANO did not achieve the success it deserved. This is an outstanding party game, in which you receive two rhymes at the start of each turn and have to compose a short, four-verse poem. Depending on who's at the table, how inspired they are feeling and possibly, what they have in their glass, you can be sure of some great laughs. I discovered the game at a *Ludopathiques* event organised by Bruno Faidutti in 2007. There were at least ten of us, and when we stopped playing in the early hours we had all lost our voices and our sides were aching from laughing too much.

I have always liked this cover: I felt a moral obligation to give it a poetic flavour and it seemed both droll and charming to me. For sure, the armchair psychologists and analysts among you will find some far less poetic things in there… but in my defence, I swear I was blissfully unaware!

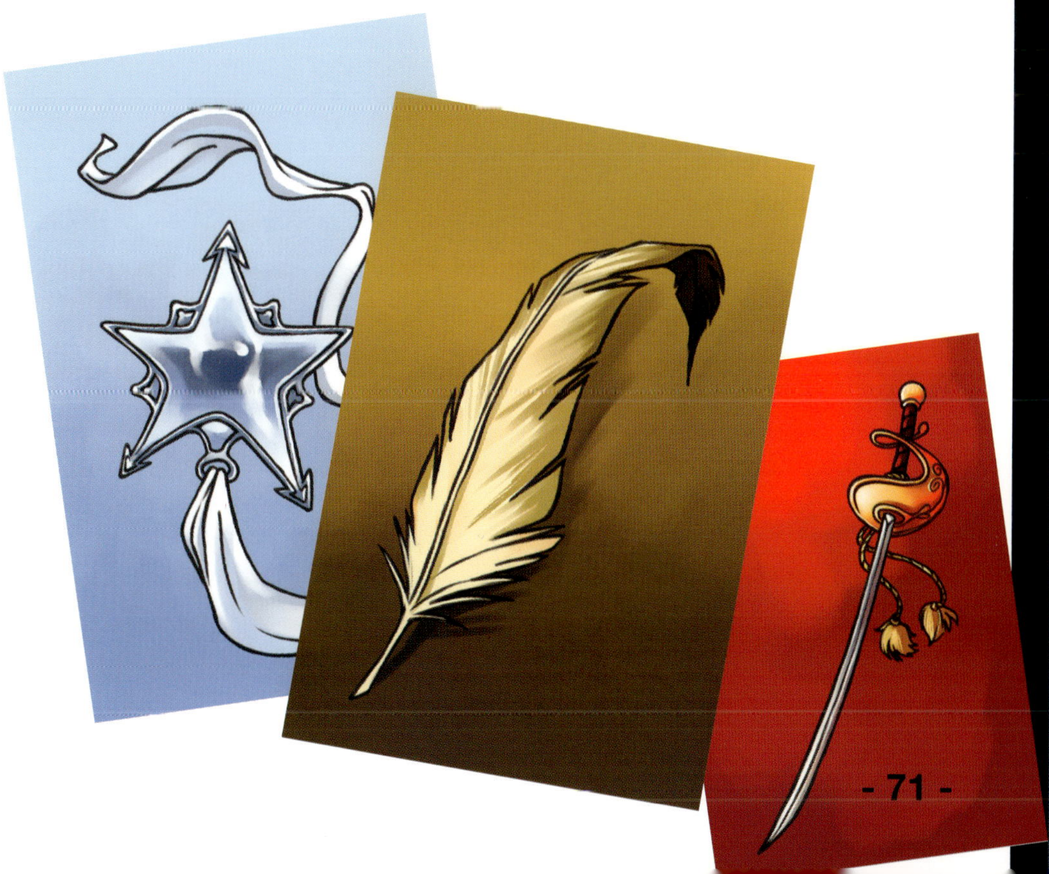

Les jeux abstraits et les jeux d'ambiance sont deux catégories qui ne nécessitent pas vraiment d'illustrations. Dans le cas d'un jeu abstrait (comme **LES ÉCHECS** ou **ABALONE**), une jolie photo de leur matériel et pour les jeux d'ambiance (**TIME'S UP!** par exemple), un titre bien dynamique avec une maquette pimpante suffisent. Cependant, une illustration peut parfois aider à thématiser ou à donner une idée de l'ambiance. Sur ces « petits jeux », je ne réalise qu'une couverture, souvent très petite, et il est très difficile de dégager une atmosphère sur un carré de 9 cm de côté ou sur une image de la taille d'une carte postale, ça demande beaucoup d'imagination, que je n'ai pas toujours.

Abstract games and party games are two categories that don't really need artwork. In the case of an abstract game such as **CHESS** or **ABALONE**, a nice photo of the game components is enough. Similarly, for a party game like **TIME'S UP!**, a punchy title and uplifting layout are all you need. Nevertheless, an illustration can sometimes help to convey a theme or give an idea of the atmosphere. With such "mini-games", I just draw a cover, which is often very small, and it is no easy feat to generate atmosphere in a 9 x 9 cm (3 ½") card or a postcard-sized picture. It takes a great deal of imagination… which I don't always have!

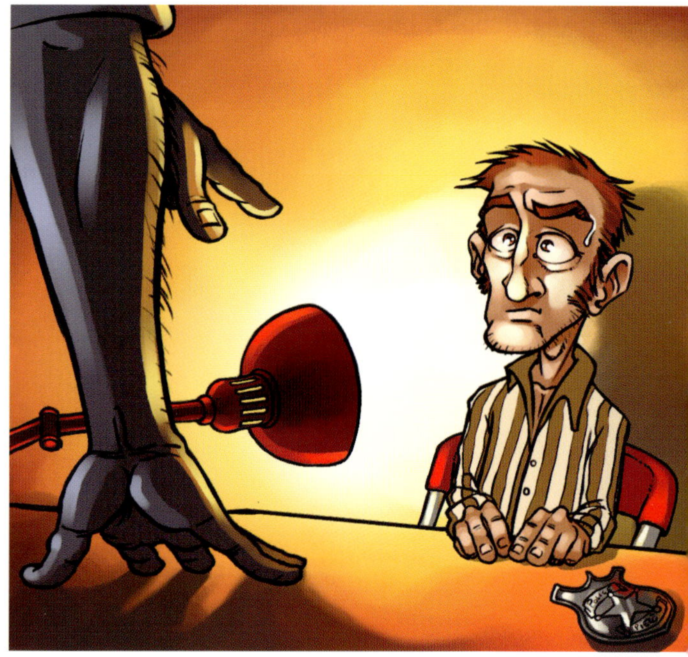

À L'HEURE DU CRIME… OÙ ÉTIEZ-VOUS ?
★ Christian Lemay & Pascal Roussel
⚅ *Ferti*, 2009

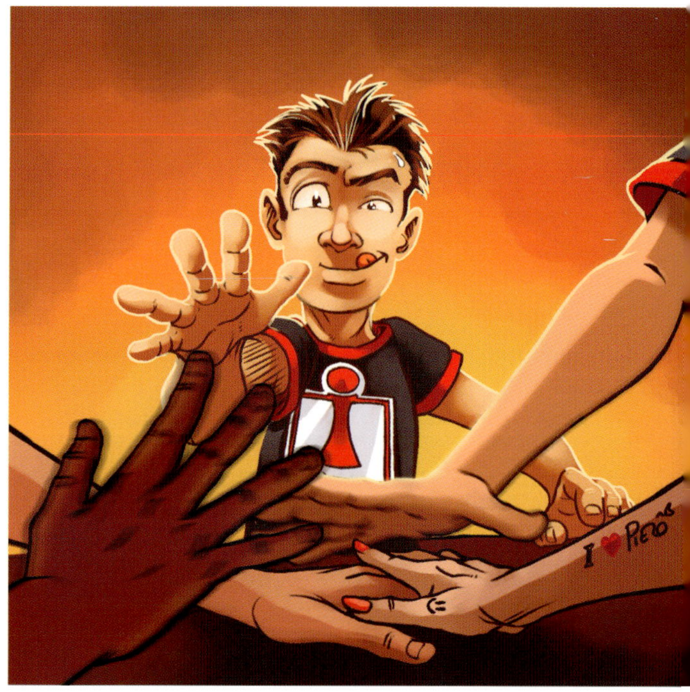

DÉCLIC ! ?
TRIGGER ! ?
★ Julien Sentis
⚅ *Ferti*, 2010

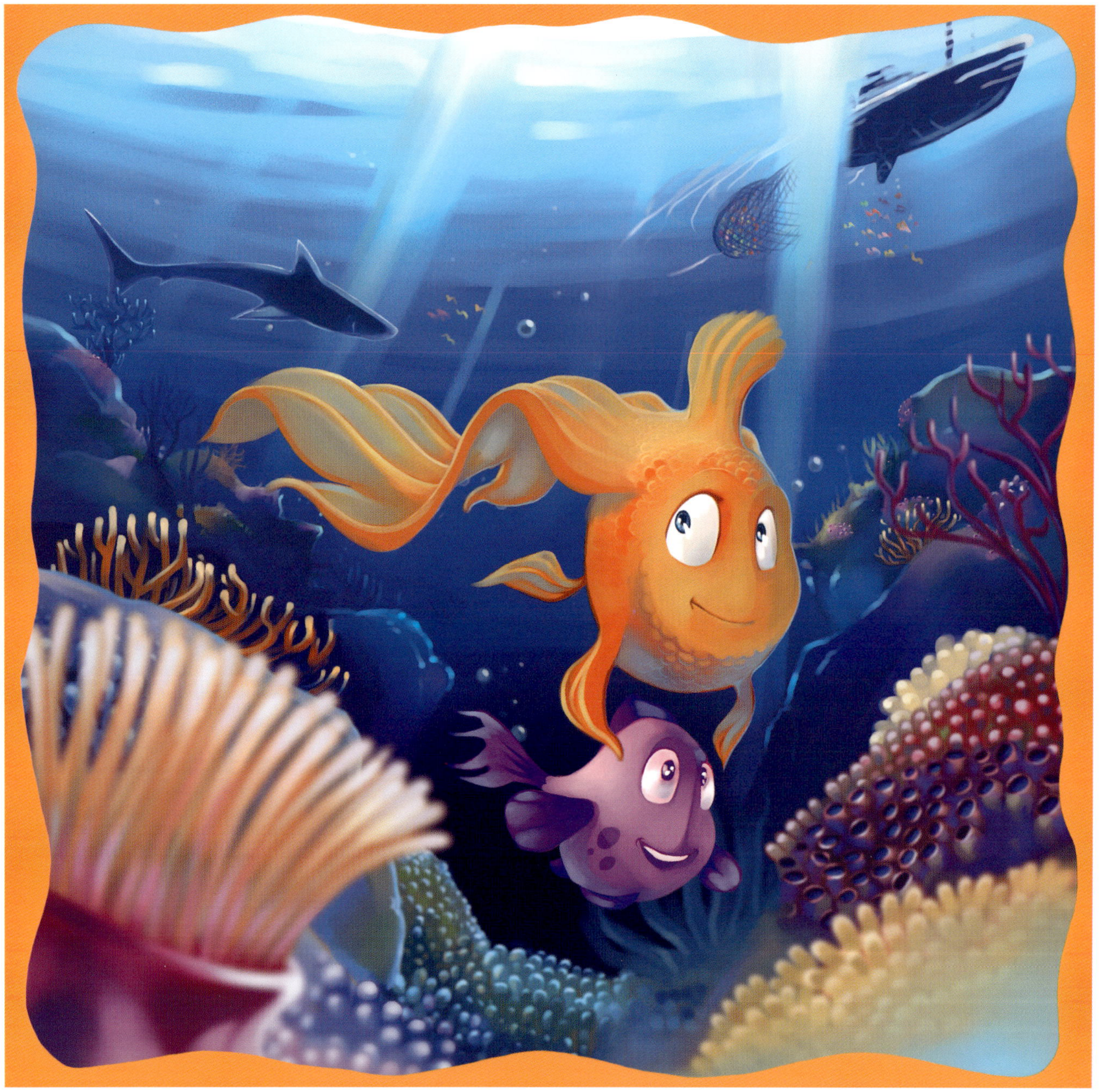

CALYPSO
★ Max Gerchambeau
⚅ *Ferti*, 2005

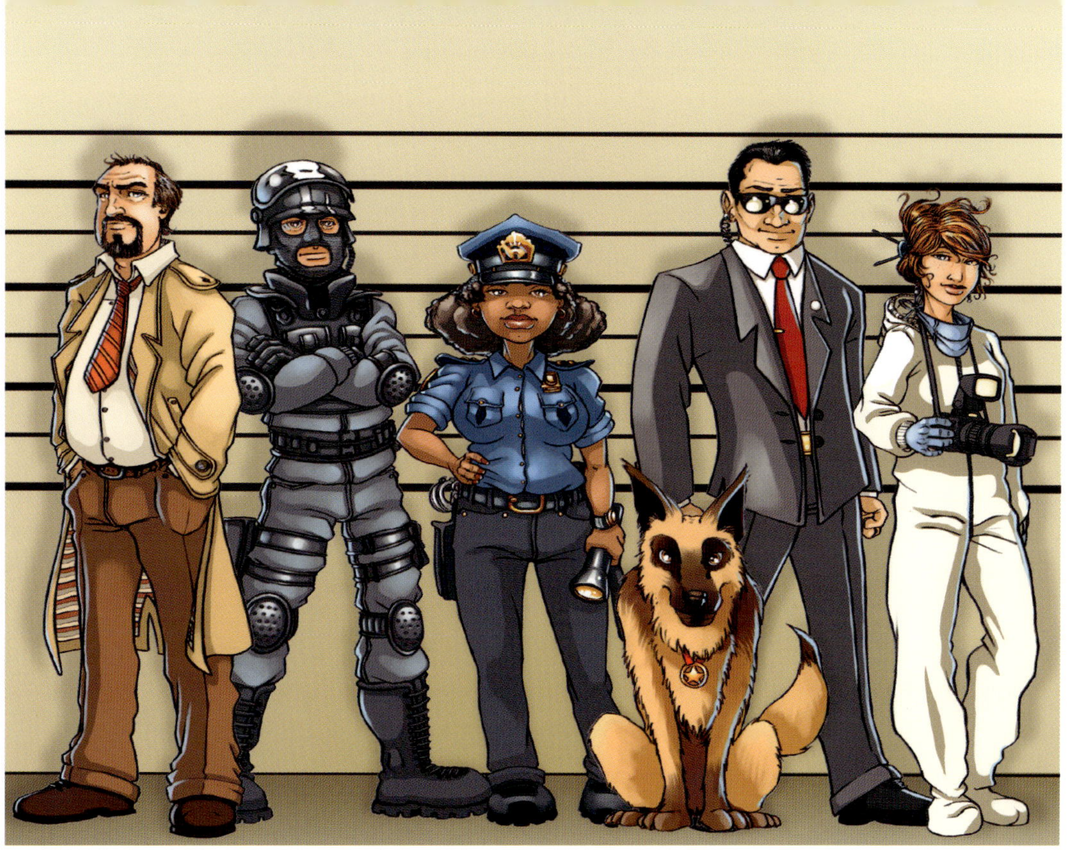

POLICE PARTY
Guillaume Goujon,
Alexandre Pierru
& Arnaud Pierru
Grosso Modo, 2011

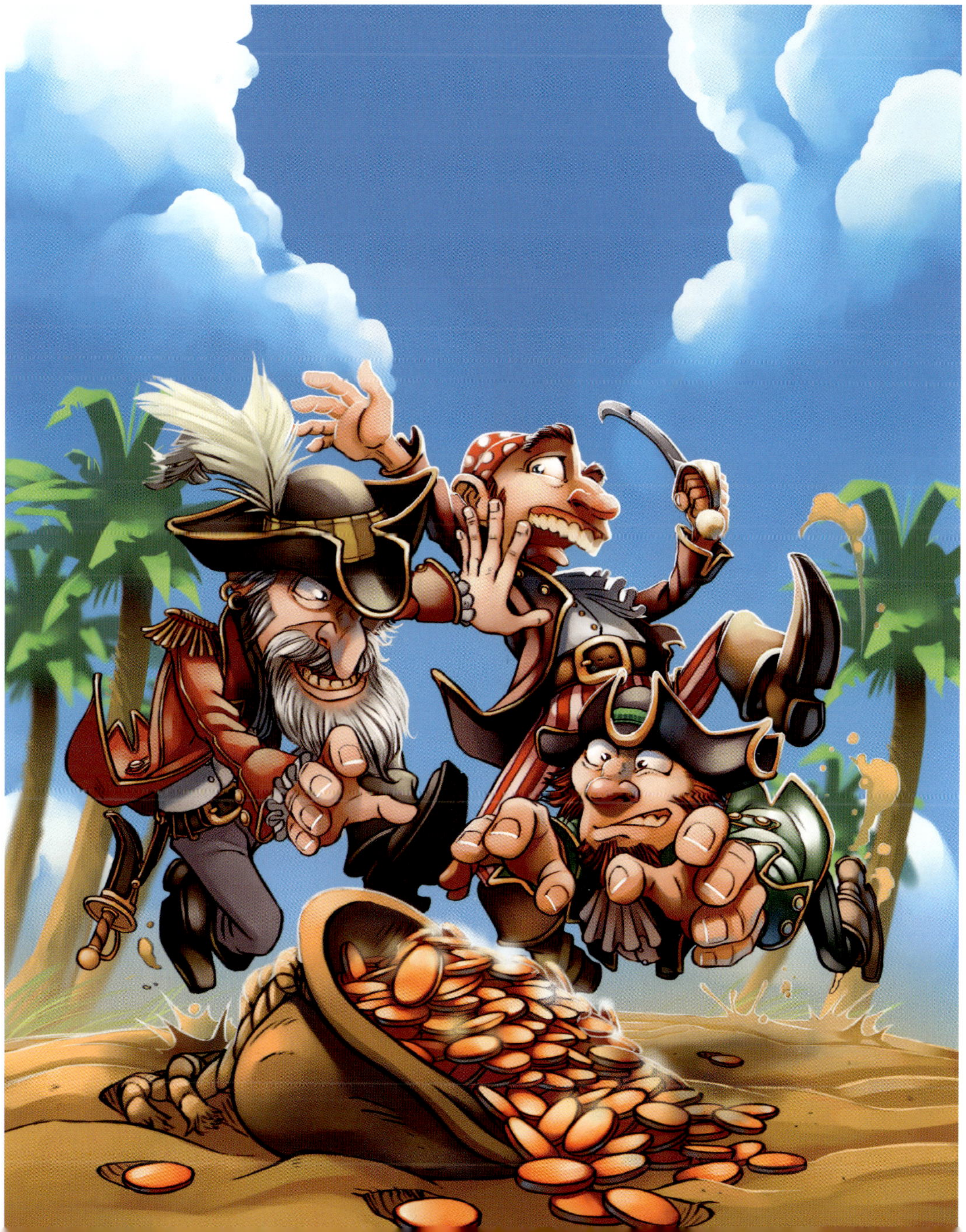

KING'S GOLD
Stéphane Maurel
Blue Orange, 2014

DIXIT est un jeu particulier, reposant sur les images. Celles-ci doivent avoir plusieurs niveaux de lecture. Pour la première fois, et sûrement la seule, certains pourraient estimer que Marie Cardouat, l'illustratrice, est coauteure avec Jean-Louis Roubira tant son talent va permettre au jeu de fonctionner. Et cela fonctionne étant donné que **DIXIT** remporte tous les prix ludiques existants et que son succès continue huit ans après. La volonté de l'éditeur, Régis Bonnessée, est dès le départ qu'interviennent d'autres illustrateurs pour enrichir le vocabulaire du jeu. Pour la deuxième extension, *Libellud* nous propose de réaliser un travail à quatre mains avec Marie.

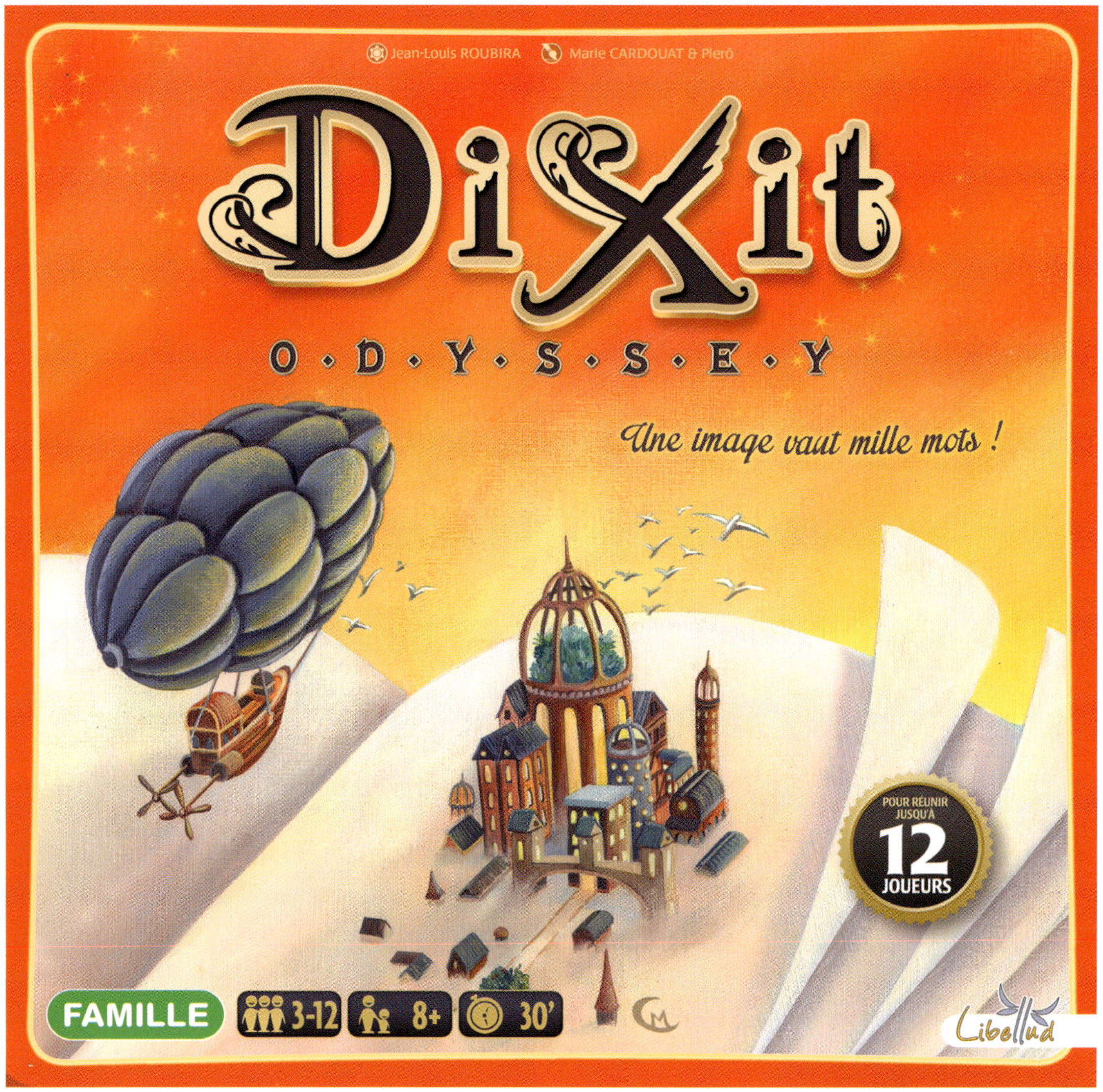

DIXIT is an atypical game that revolves around images. These are designed to be interpreted on several levels. For the first time (and no doubt the last), some people might consider that Marie Cardouat, the illustrator, was a co-designer alongside Jean-Louis Roubira, such was the extent to which her talent enabled the game to work. And it certainly did work: **DIXIT** picked up every game award in existence and is still a success eight years later. From the start, the game's publisher, Régis Bonnessée, intended to bring in other illustrators to enrich the game's vocabulary. For the second expansion, *Libellud* asked me to work in tandem with Marie.

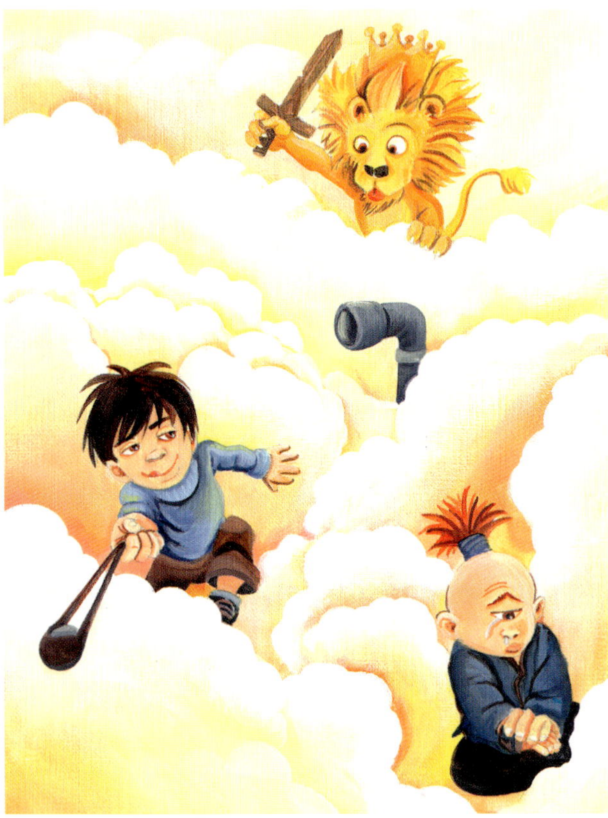

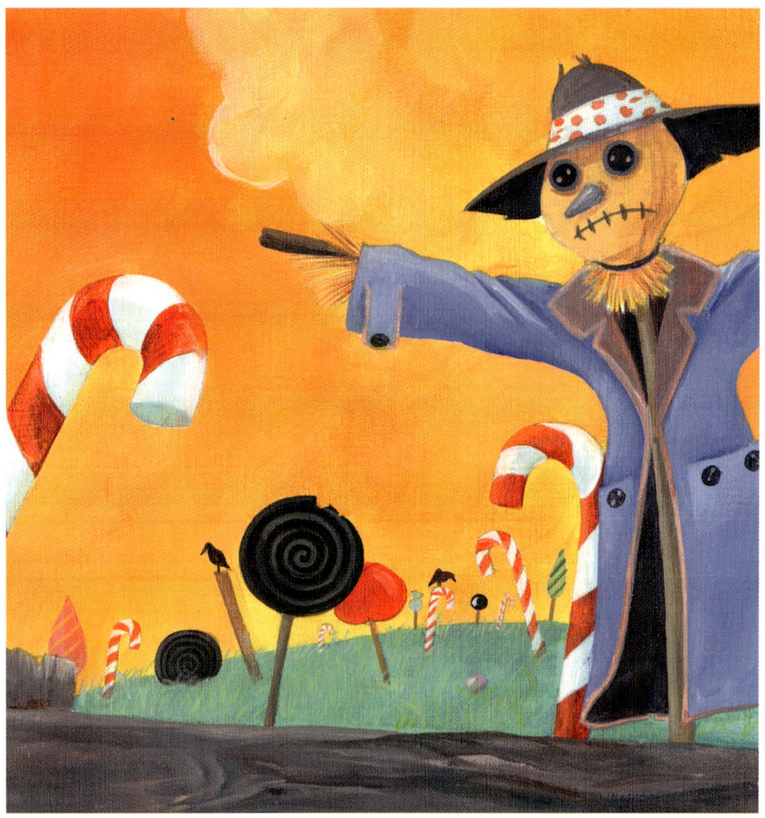

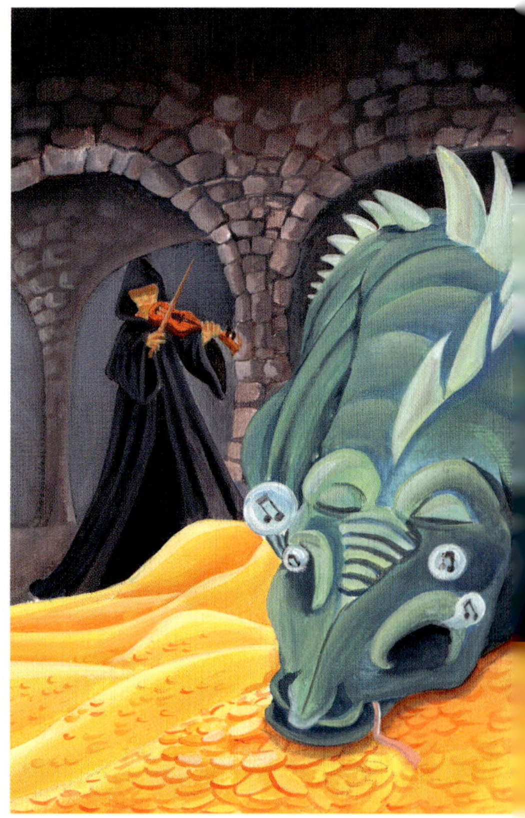

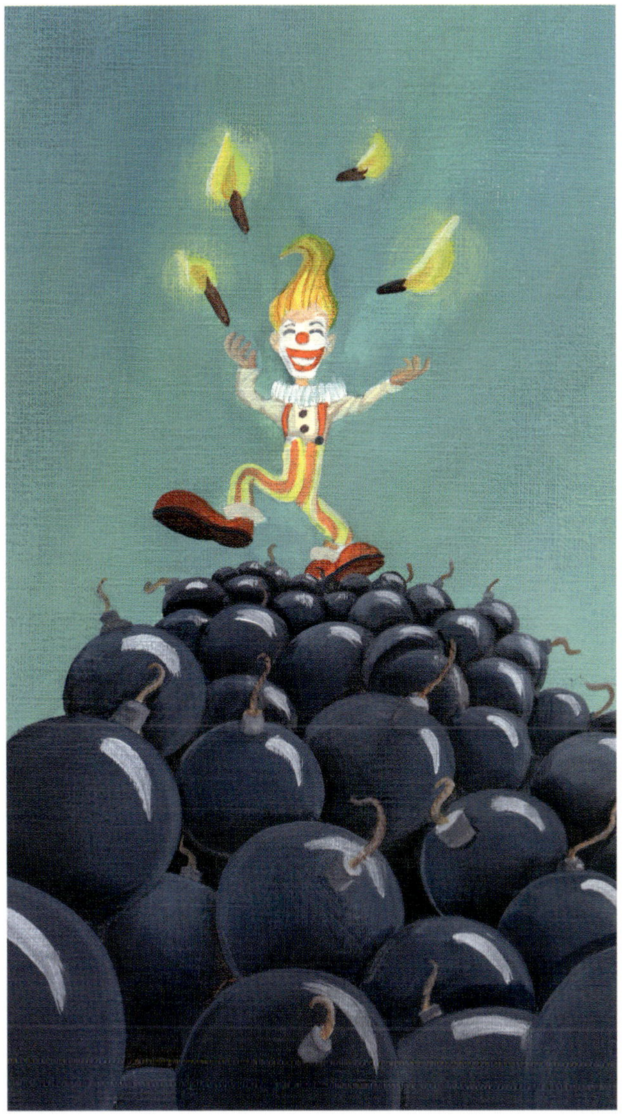

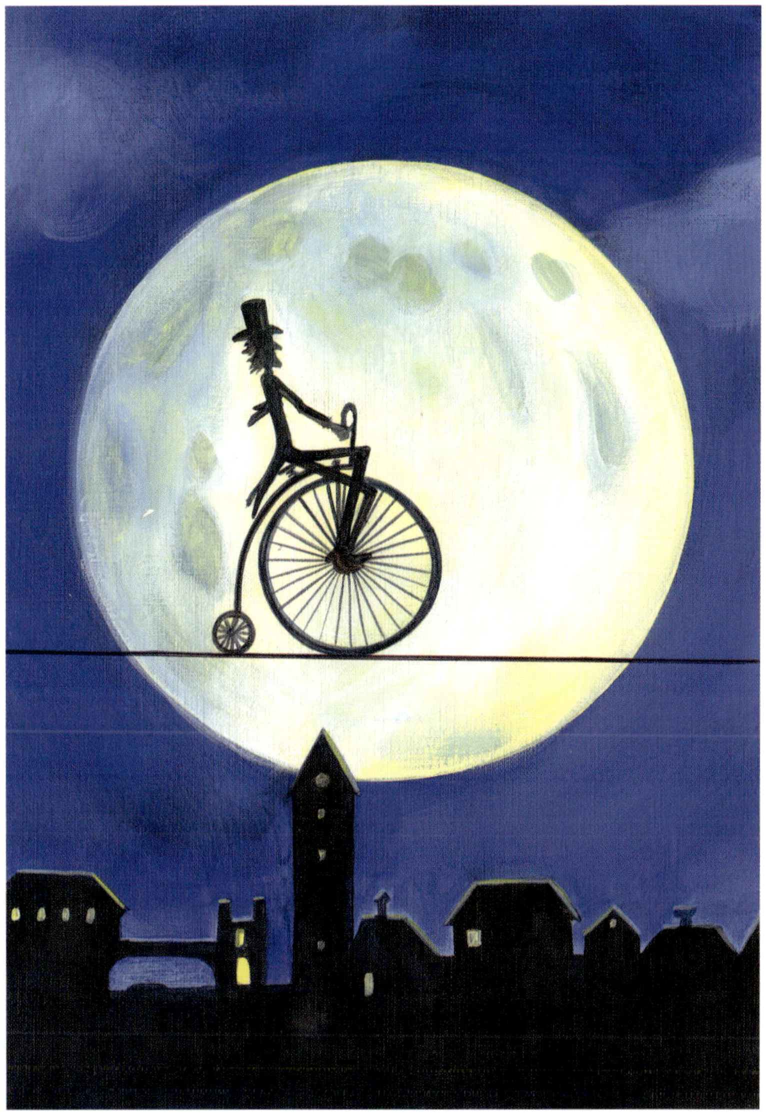

C'est une première pour nous deux. Déjà, on n'utilise pas la même technique : elle travaille en traditionnel sur du papier d'arbre et avec des pinceaux à poils de bisons et moi, sur l'ordinateur. Du coup, je dois reprendre mon crayon gris. *Libellud* nous donne des briefs pour les cartes et nous travaillons sur la composition de l'image. Je me concentre sur les dessins et Marie les met en couleur. Nos styles sont très différents et pas toujours compatibles, cela nous demande donc des ajustements. Chez Marie, la couleur fait partie intégrante de son illustration et prend beaucoup plus de place, alors que ma couleur est plus du « coloriage ». Elle passe quatre jours pour mettre ses couleurs sur la première carte… Alors on change notre méthode de travail, avec quatre-vingt-quatre cartes, cela nous aurait pris plus d'une année pour finir cette commande.

This was a first for both of us. For a start, we didn't use the same technique: she worked traditionally, using buffalo hair paintbrushes on woodpulp paper, whereas I used a computer. This meant I had to pick up my pencil again. *Libellud* gave us briefs for the cards and we worked to compose the images. I focused on the drawings and Marie coloured them. Our styles were very different and not always compatible, forcing us to make adjustments. For Marie, colouring was part and parcel of her artwork, and had a central role, whereas my use of colour was more a case of "colouring in" a drawing. She spent four days applying her colours to the first card… This prompted us to change our work method, otherwise it would have taken us more than a year to finish this order for 84 cards.

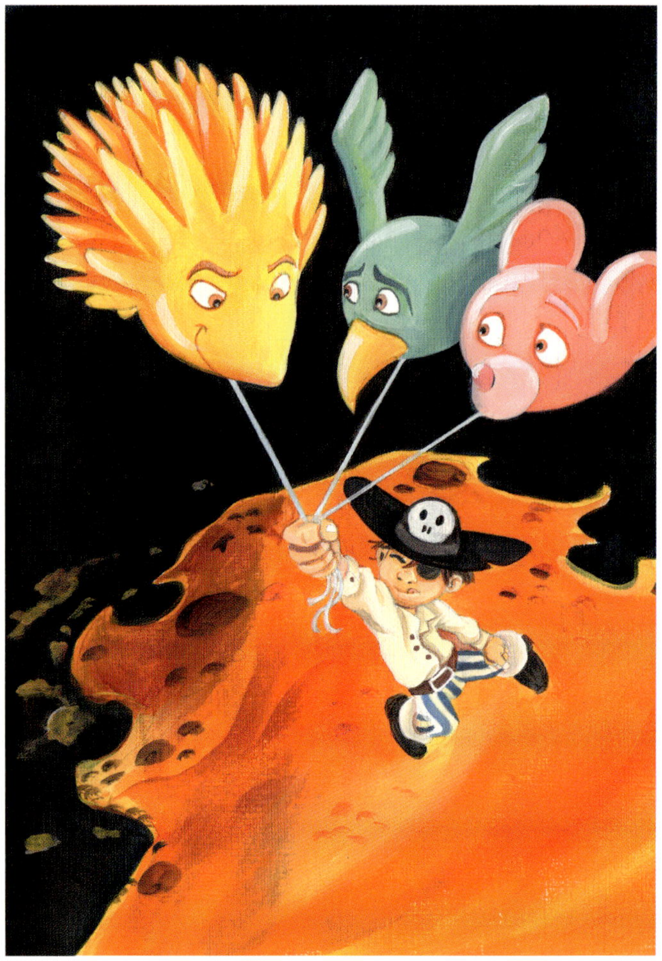
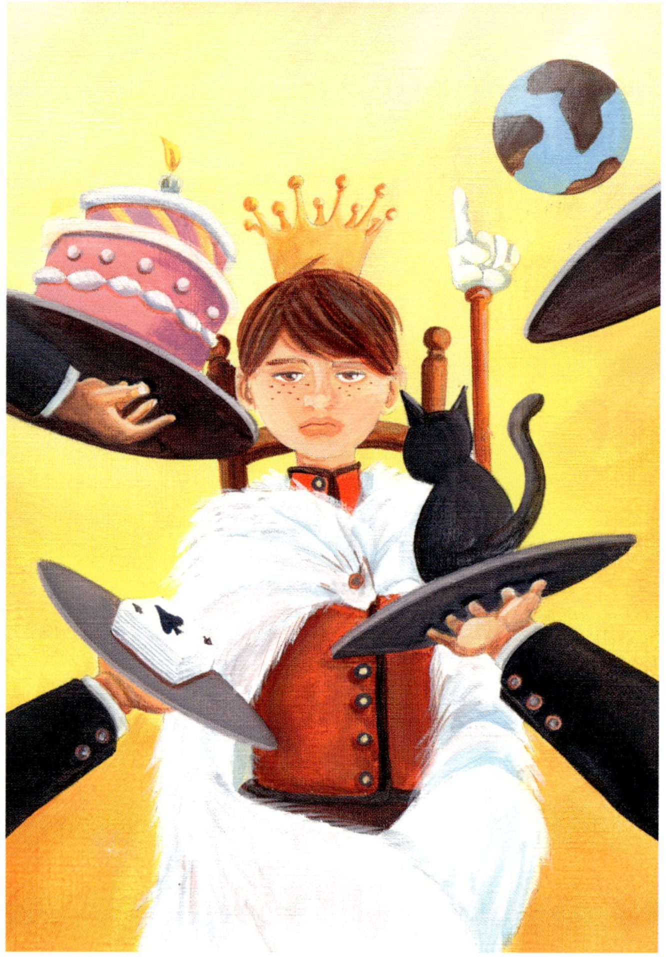
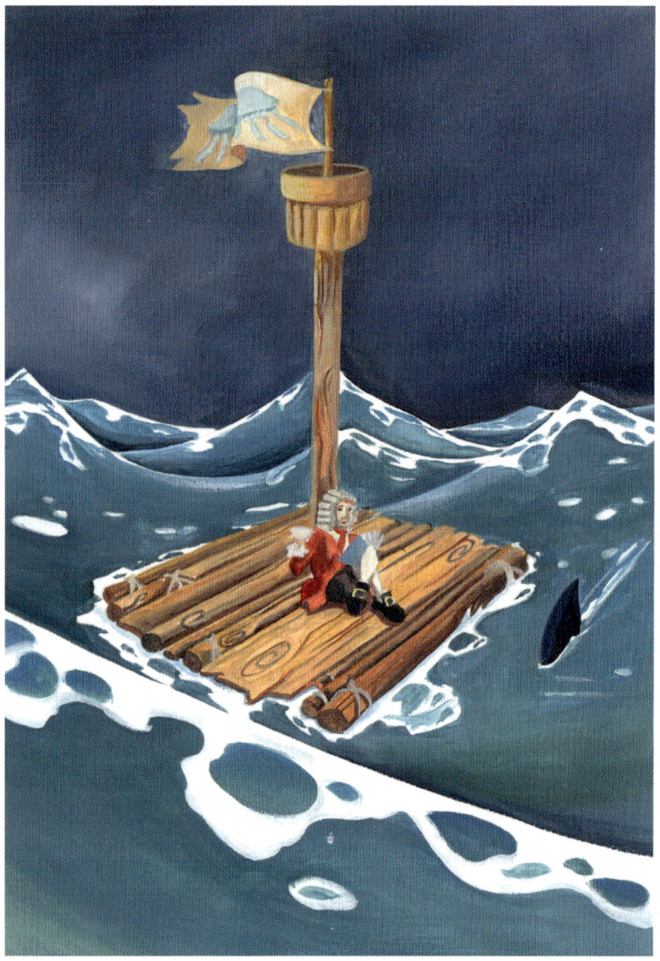
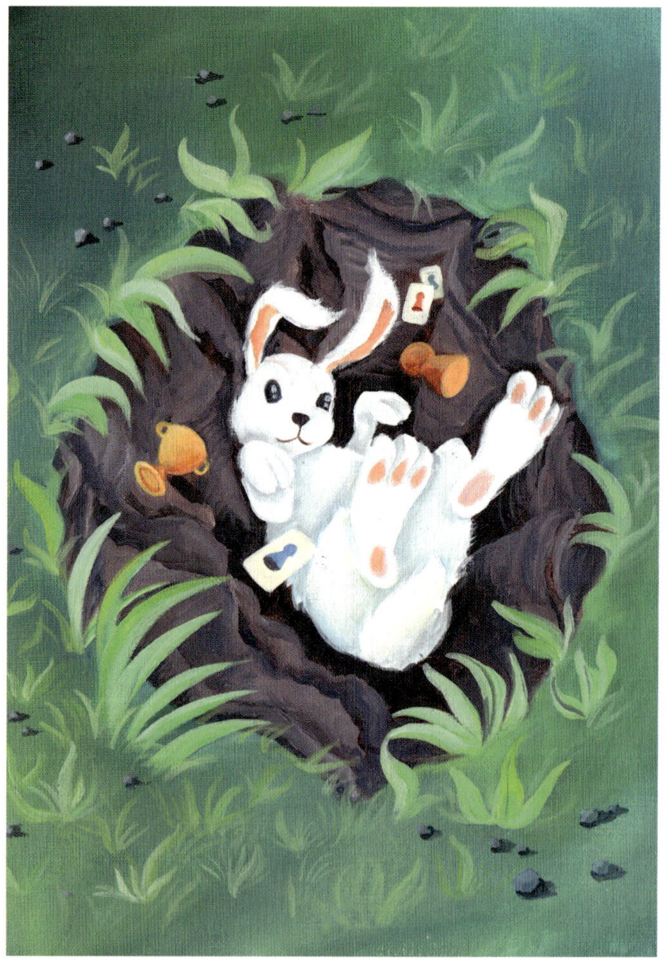

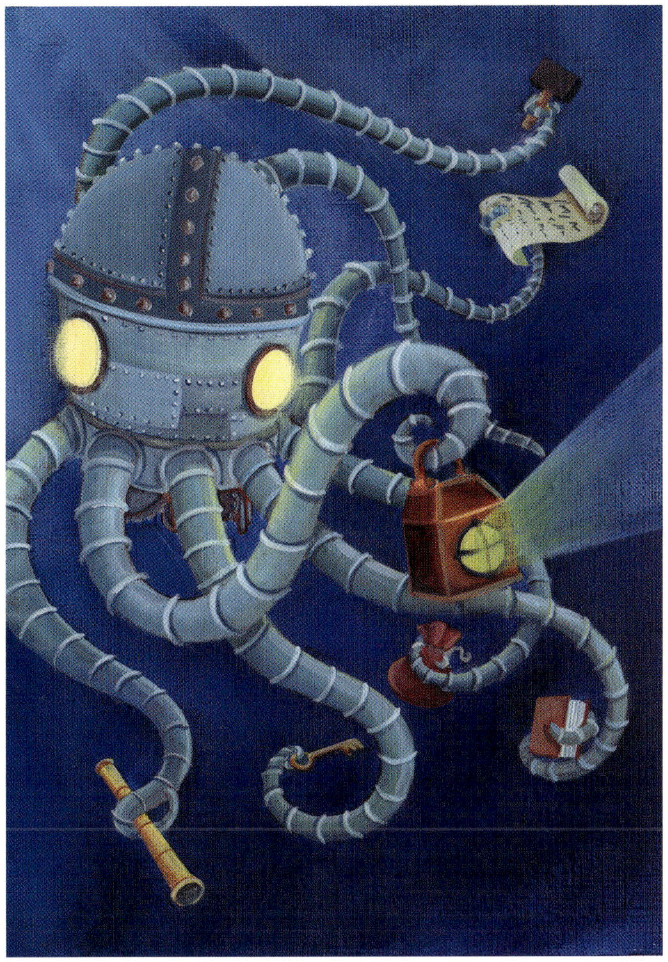

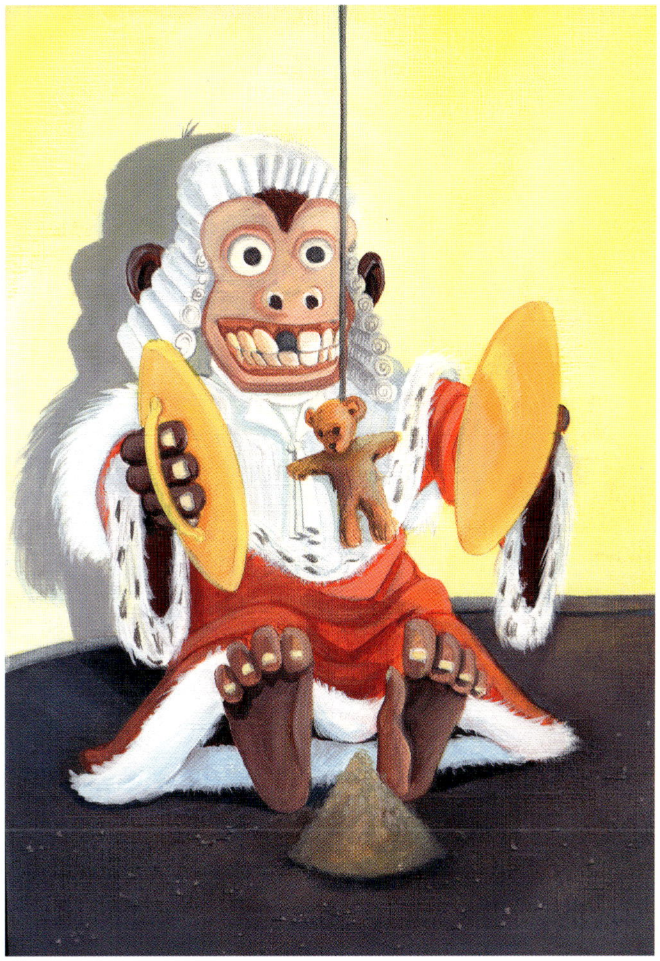

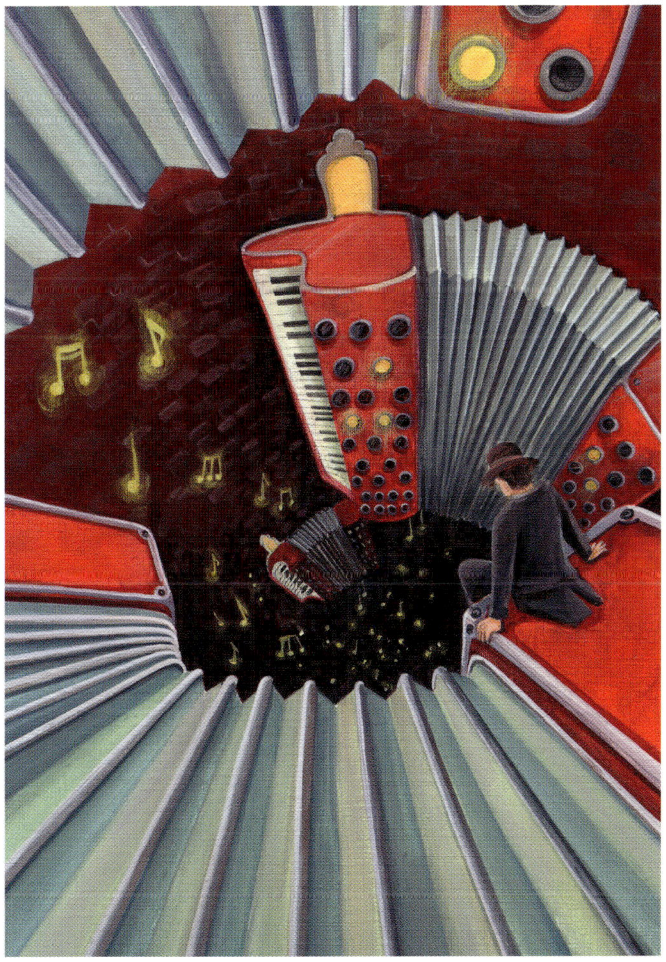

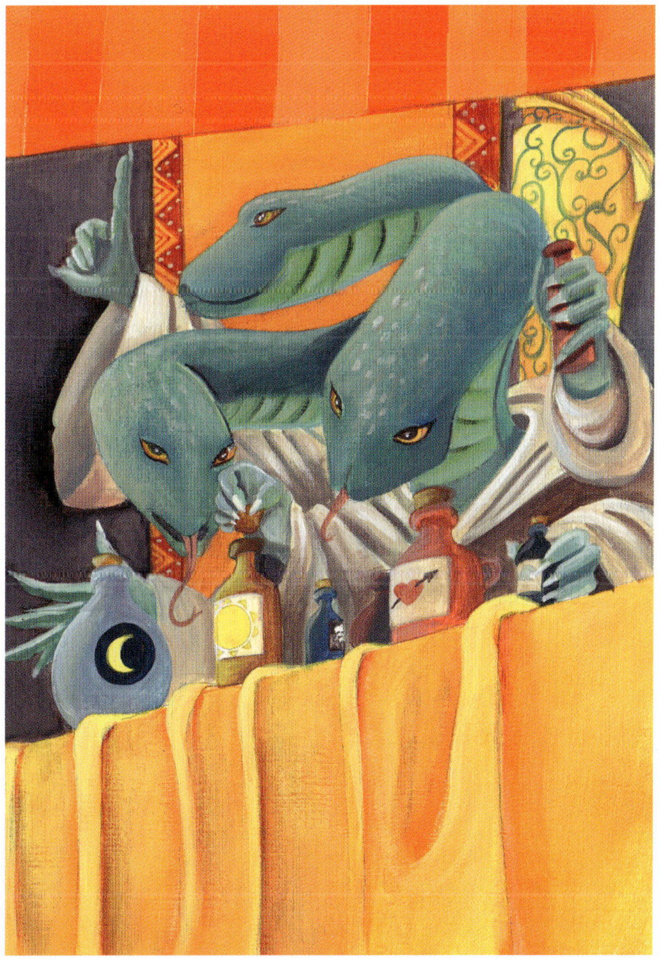

DIXIT ODYSSEY

Jean-Louis Roubira

Libellud
2011

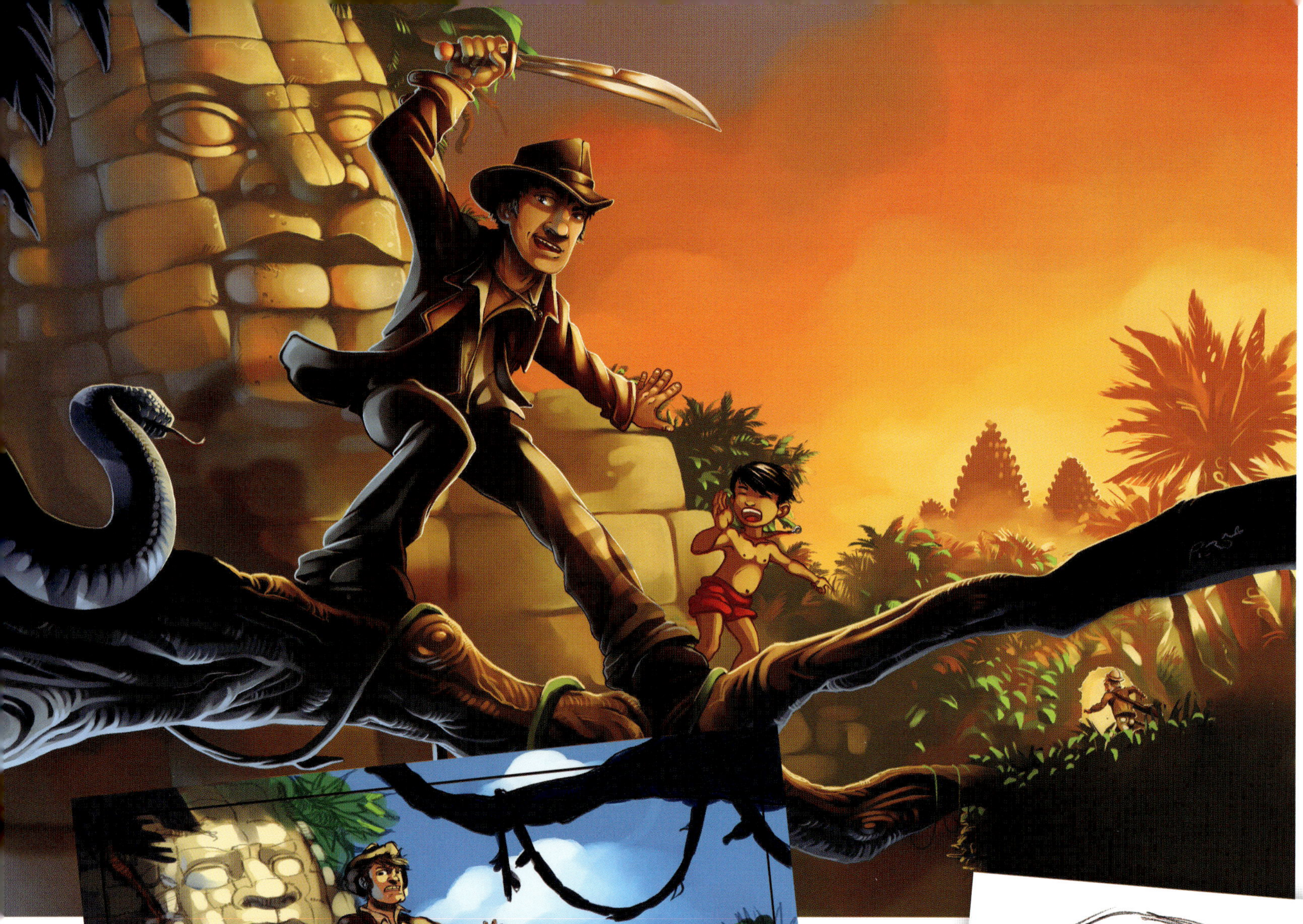
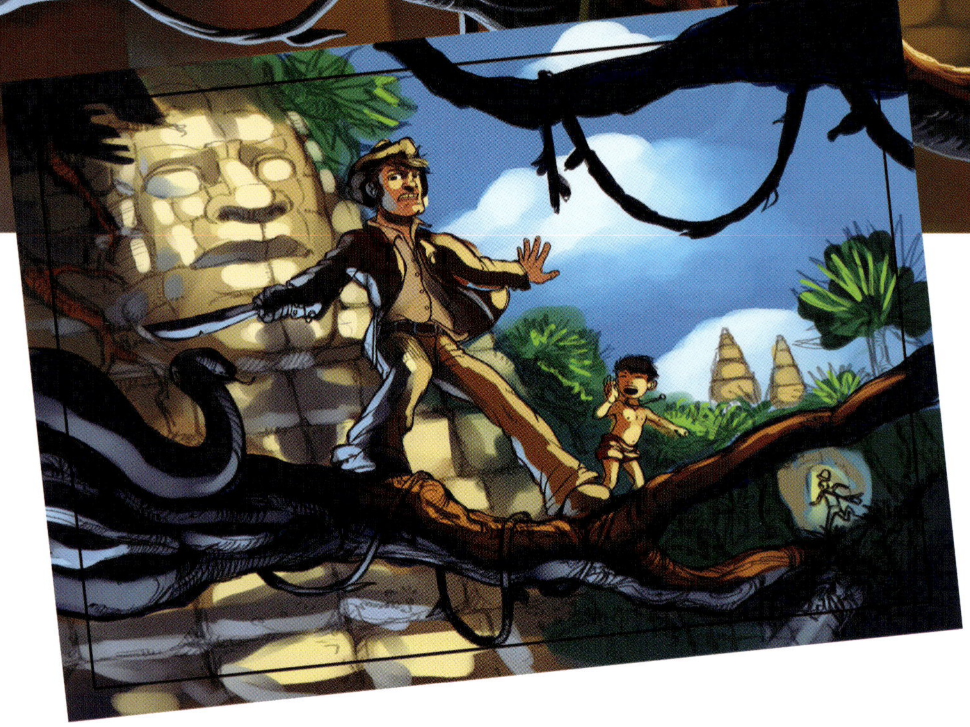
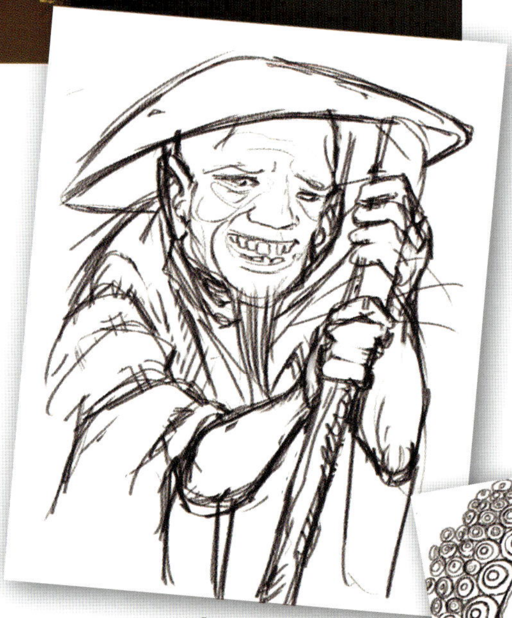
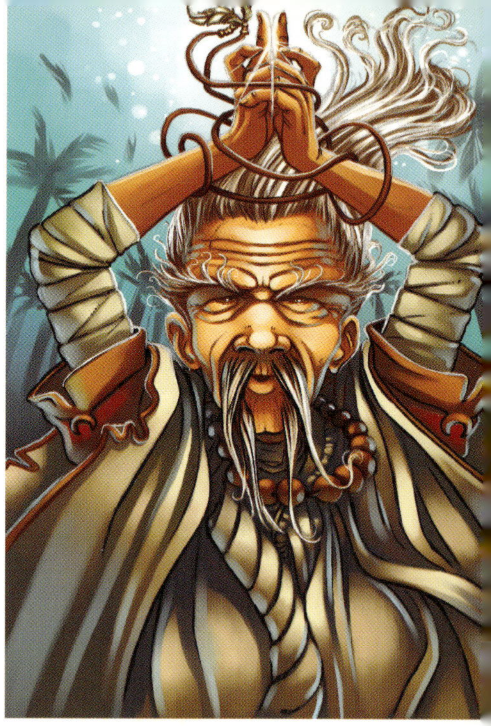
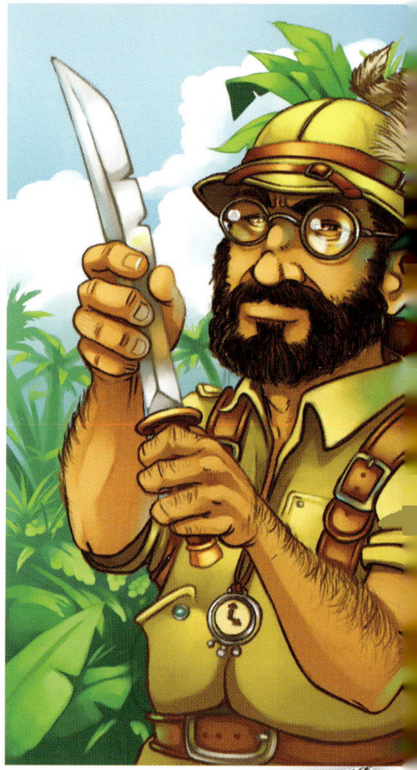
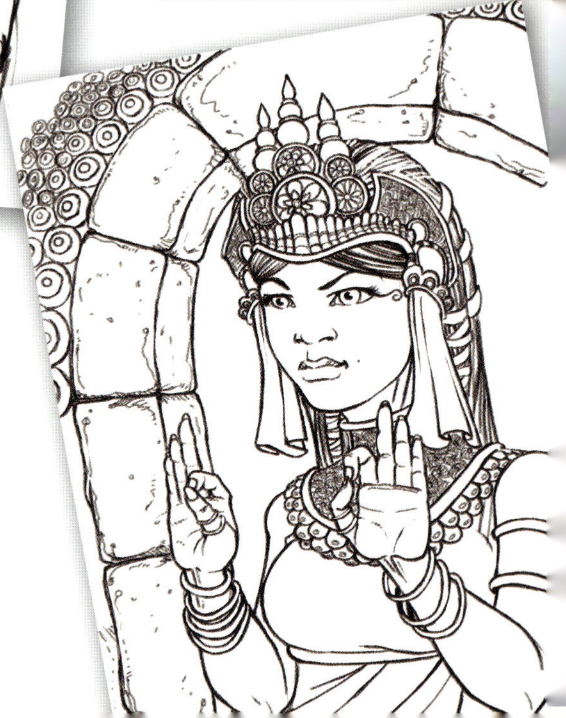

Pendant longtemps, l'auteur de jeux, Bruno Faidutti vit près de chez moi. Les quelques dizaines de kilomètres qui nous séparent ne nous effrayent pas pour se retrouver avec une bande d'amis lors de soirées jeux. L'occasion pour Bruno de faire tourner ses prototypes et lui permettre de voir s'ils fonctionnent comme il le souhaite.

The game designer Bruno Faidutti lived near me for many years. We were happy to travel the few dozen kilometres between us for games nights with a group of friends. Bruno used to show us his prototypes at these sessions, to see if they worked the way he wanted.

LOST TEMPLE

Bruno Faidutti

White Goblin Games
2011

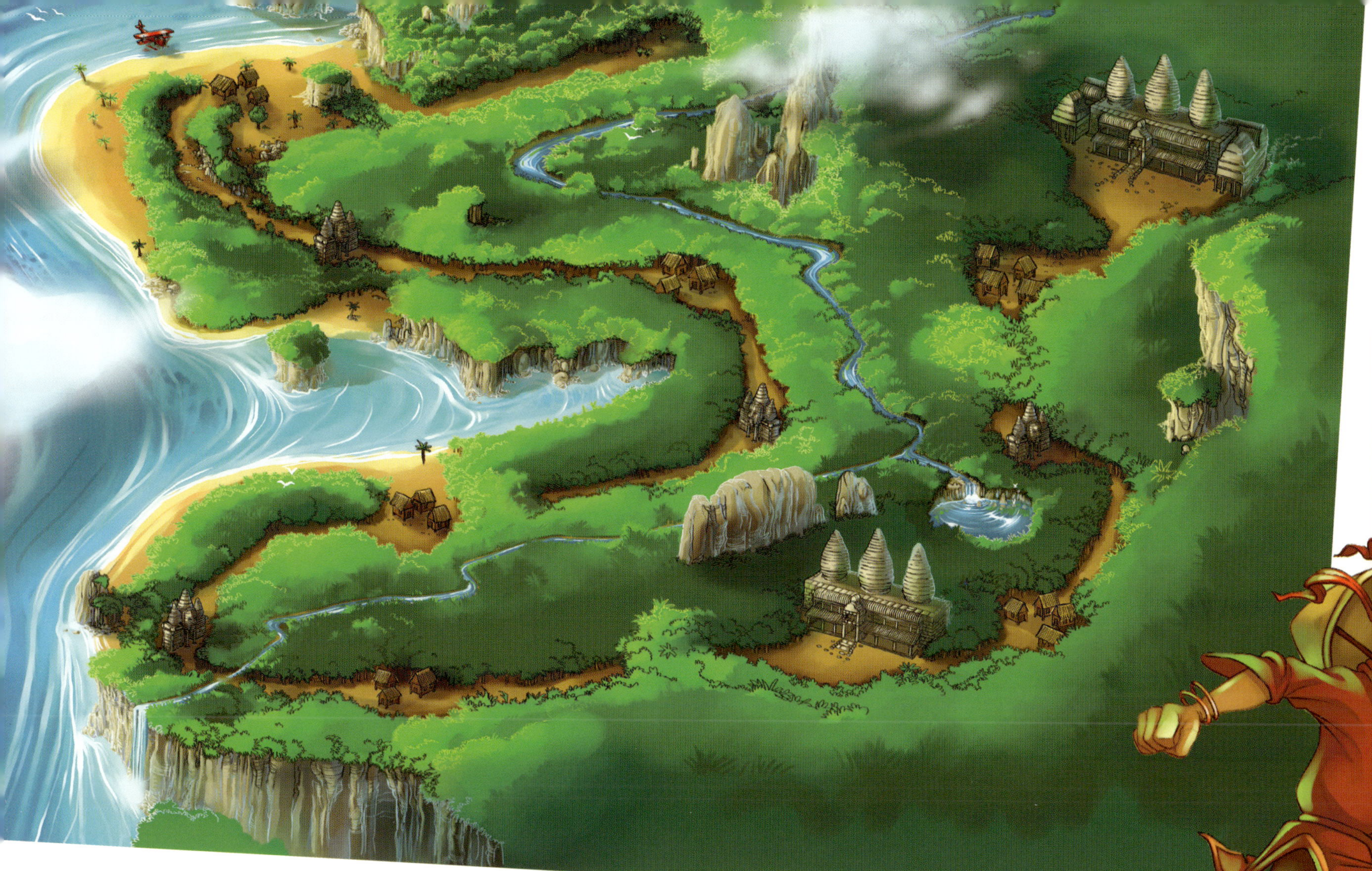

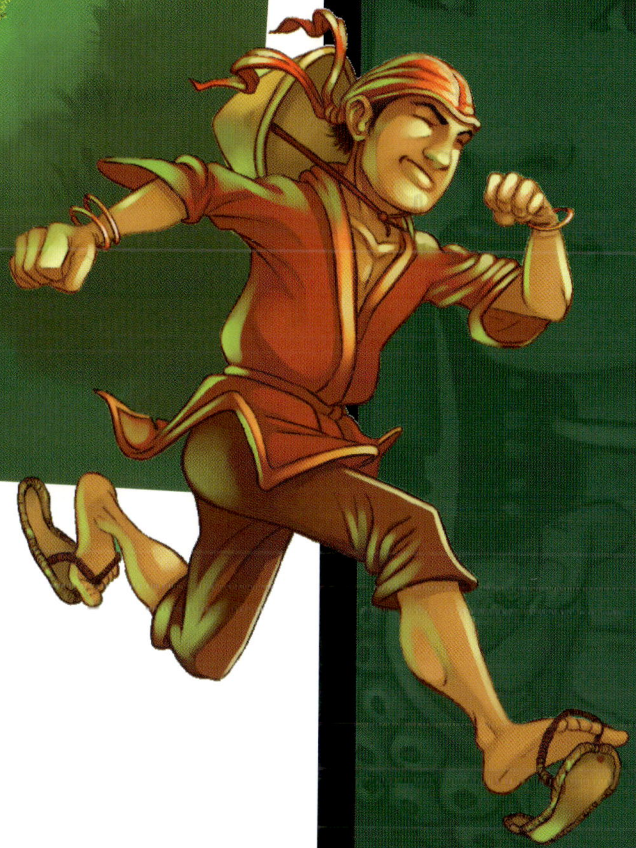

Voilà comment je joue au prototype de **LOST TEMPLE** une course basée sur les règles de **CITADELLES**. Fan de ce dernier et n'ayant pas trop illustré de jeu de parcours, ça me dit bien de le faire. Bruno propose mon nom à *White Goblin*, l'éditeur. Je n'ai même pas à postuler.

La couverture ne me plaît pas du tout. Je foire le personnage principal. Je désire une ambiance ensoleillée avec un ciel bleu, mais l'éditeur souhaite plus des teintes orangées. Un plateau difficile, car, inconscient, je veux en faire un beau comme sait si bien les dessiner Miguel Coimbra. Mais avec peu de temps et sûrement pas le talent.

Je prends beaucoup plus de plaisir sur les personnages et cela me donne l'occasion de dessiner Bruno en aventurier. Facile de le reconnaitre, il porte sa montre autour du cou !

J'apprécie beaucoup ce jeu, mais j'aurais aimé mieux le réaliser. De mauvais choix et trop peu de temps pour les rattraper. Le plus étrange : je réalise que je ne suis pas content de moi qu'au moment d'envoyer les fichiers finaux à l'éditeur… Un poil trop tard en somme.

And that was how I came to play the prototype for **LOST TEMPLE**, a racing game based on the rules of **CITADELS**. As a **CITADELS** fan who hadn't illustrated many course-based games, I quite fancied the idea. Bruno put my name forward to the publisher, *White Goblin*. I didn't even have to apply for the job.

I don't like the cover at all. I messed up the main character. I was hoping to create a sunny atmosphere with a blue sky, but the publisher wanted more orangey tones. The board was difficult to do because I foolishly wanted to produce a work of art like the boards that Miguel Coimbra draws so well. But with too little time and probably not enough talent.

Creating the characters was much more enjoyable, and it gave me the chance to draw Bruno as an adventurer. He is easy to spot, with his watch around his neck!

I really like this game, but I wish I had done a better job. I made some bad choices and had too little time to fix them. The strangest part is that I realised I wasn't satisfied with myself precisely as I sent the final files to the publisher… in other words, just a fraction too late.

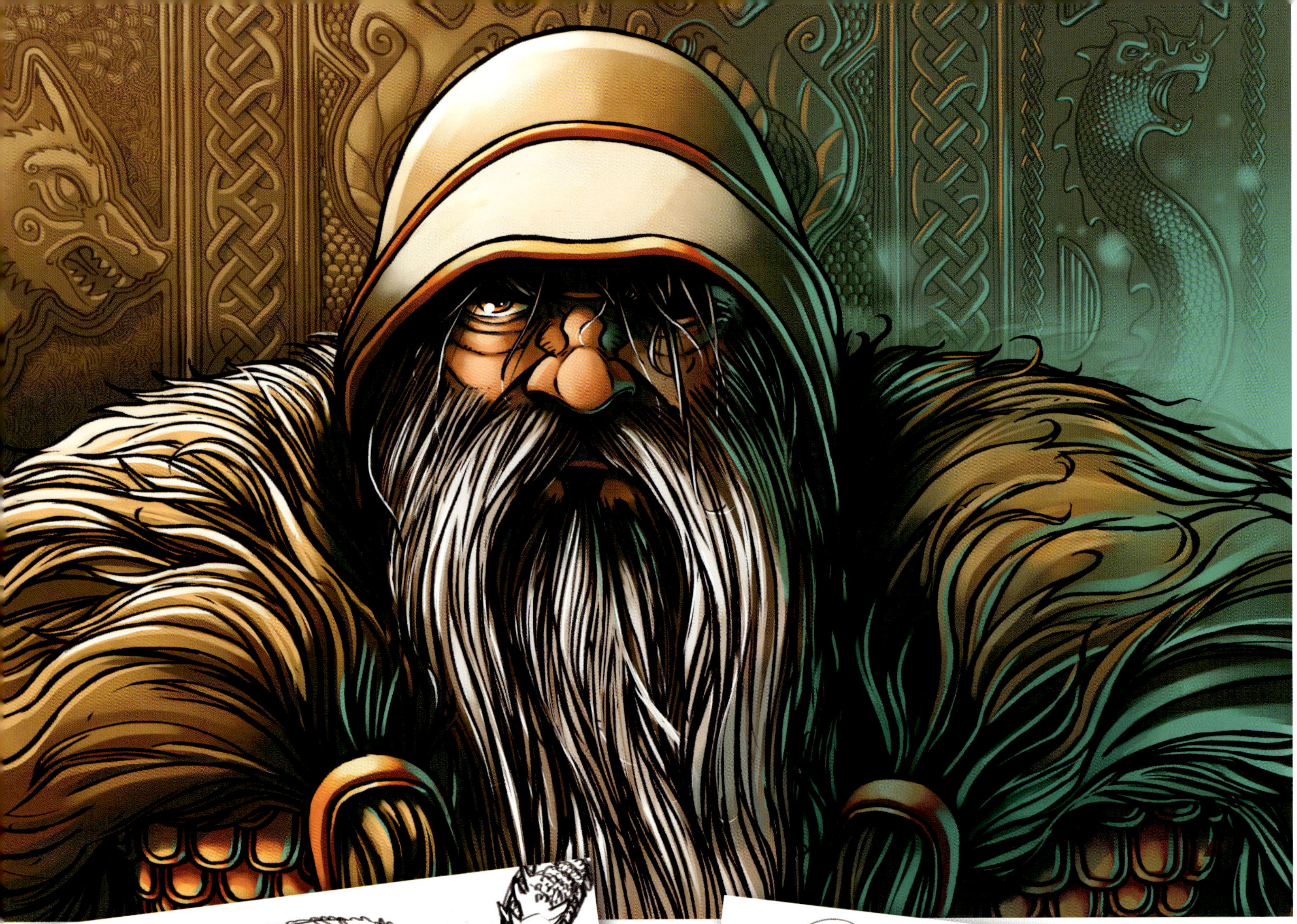
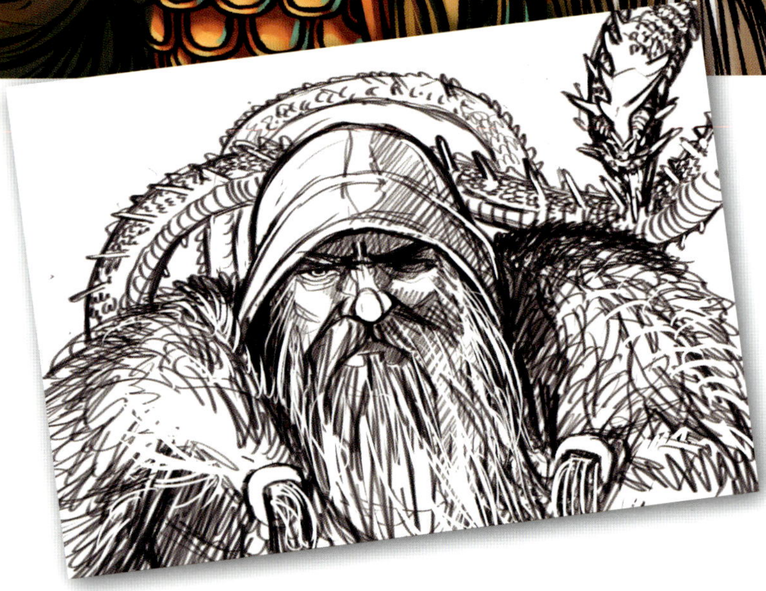
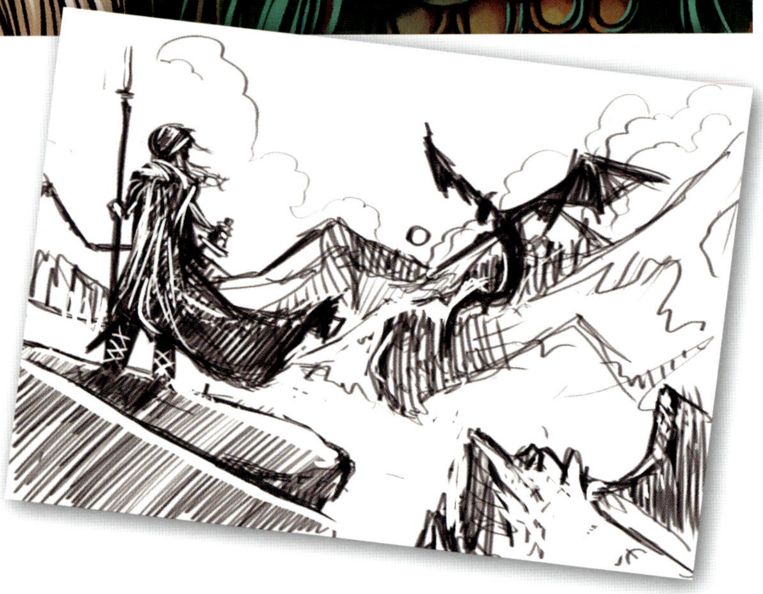
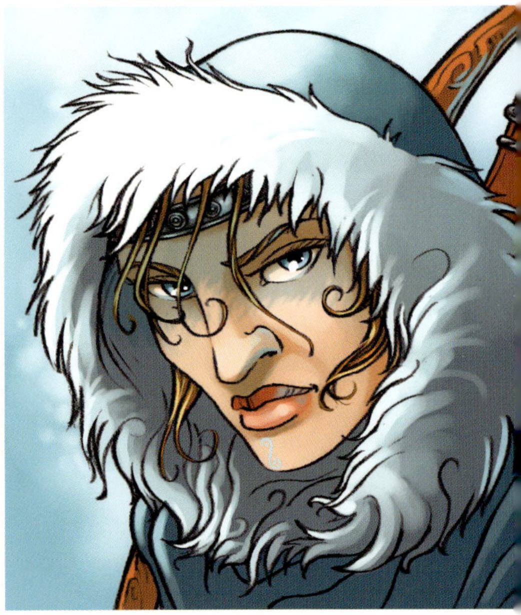
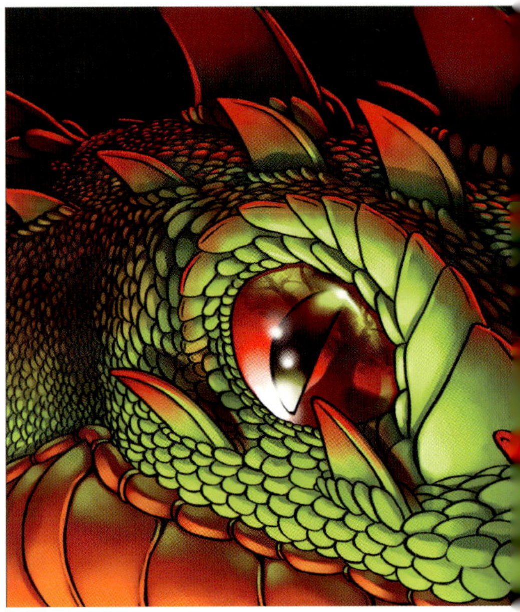
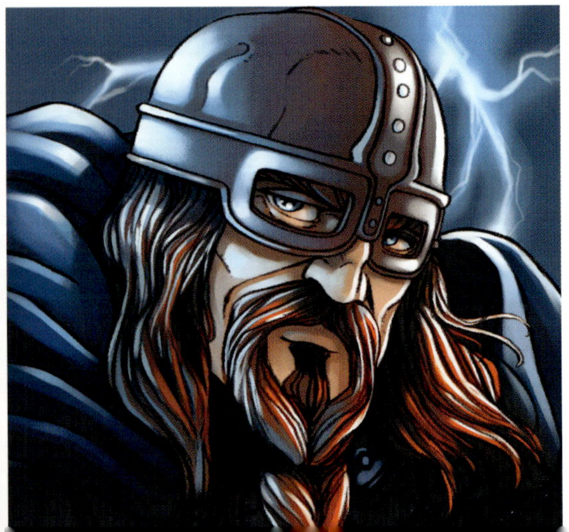
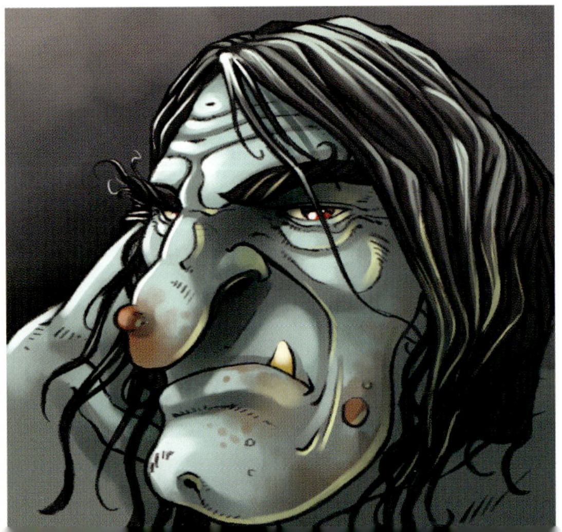
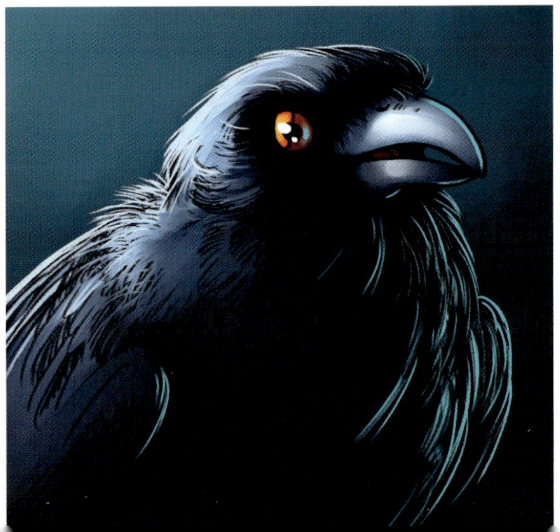
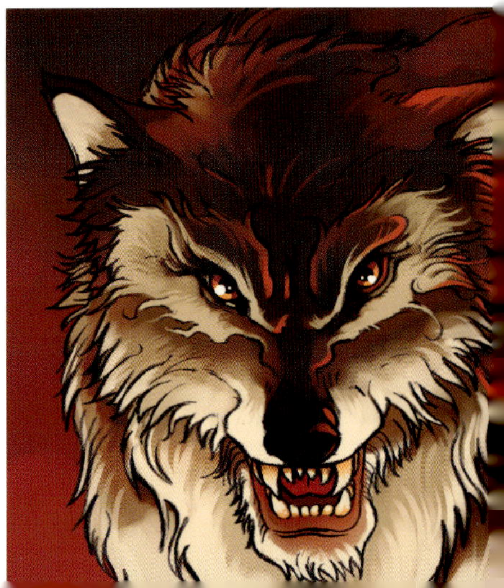

VOLUSPA

Scott Caputo
White Goblin Games
2012

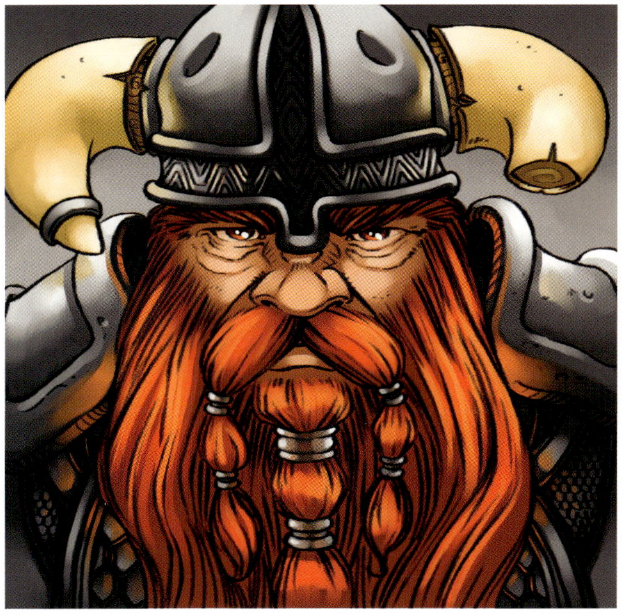

The publisher wanted to follow up on **LOST TEMPLE** without wasting any time. He liked working with me, and in particular he thought I worked fast (apparently, agreeing to far-too-short deadlines gives an impression of efficiency). **VOLUSPA** is a little tile-placement game that is very strategic with two or three players and total chaos with four or five. Its theme was based on Norse mythology, which was another reason why *White Goblin* sought me out: they had really liked the visuals for **YGGDRASIL**.

As I didn't want to do the same thing again, and was keen to avoid any risk of Joe Public mistakenly thinking the two games were connected in some way, I invested a lot of energy to ensure that the they looked totally different… So much in fact that by the end the result was pretty much the same, just with a different technique. It's weird how you don't control everything, and especially, how you don't realise it at the time.

My moment of drama with **VOLUSPA** involved the cover. I wanted to depict the god of gods, Odin, a majestic, charismatic main character…But it was a **DUNGEONS & DRAGONS** dwarf that came out.

Après **LOST TEMPLE**, l'éditeur veut remettre le couvert très vite. Il aime bien travailler avec moi et surtout, il me trouve rapide (dire oui à des délais trop courts, ça donne une impression d'efficacité). **VOLUSPA** est un petit jeu de tuiles très stratégique à deux ou trois joueurs et un bazar complet à quatre ou cinq. Il a pour thème les mythologies nordiques et c'est aussi pour cela que *White Goblins* vient me trouver : ils apprécient beaucoup les visuels d'**YGGDRASIL**.

Je ne veux pas refaire la même chose ni que le public puisse se méprendre sur une éventuelle relation entre eux, donc je mets beaucoup d'énergie pour que les deux jeux soient très distincts… Tellement qu'à l'arrivée, en fait, c'est tout pareil avec juste un peu de technique différente. Étrange comme quoi, on ne contrôle pas toujours tout et surtout, on ne le réalise pas au moment où on le fait.

Mon drame dans **VOLUSPA** : sa couverture. J'ai voulu représenter le dieu des dieux, Odin, en personnage central, plein de majesté, de charisme…Et c'est un nain de **DONJON & DRAGONS** qui en est sorti.

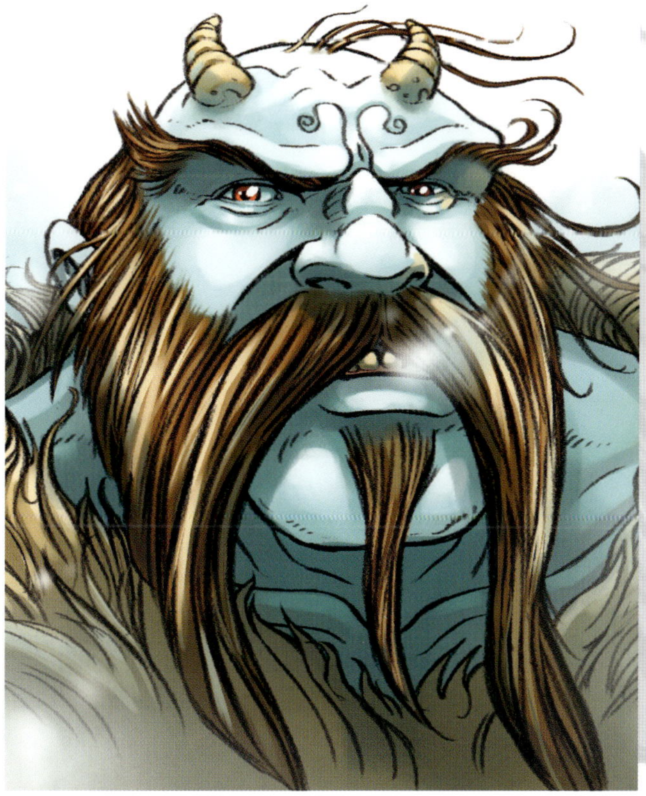

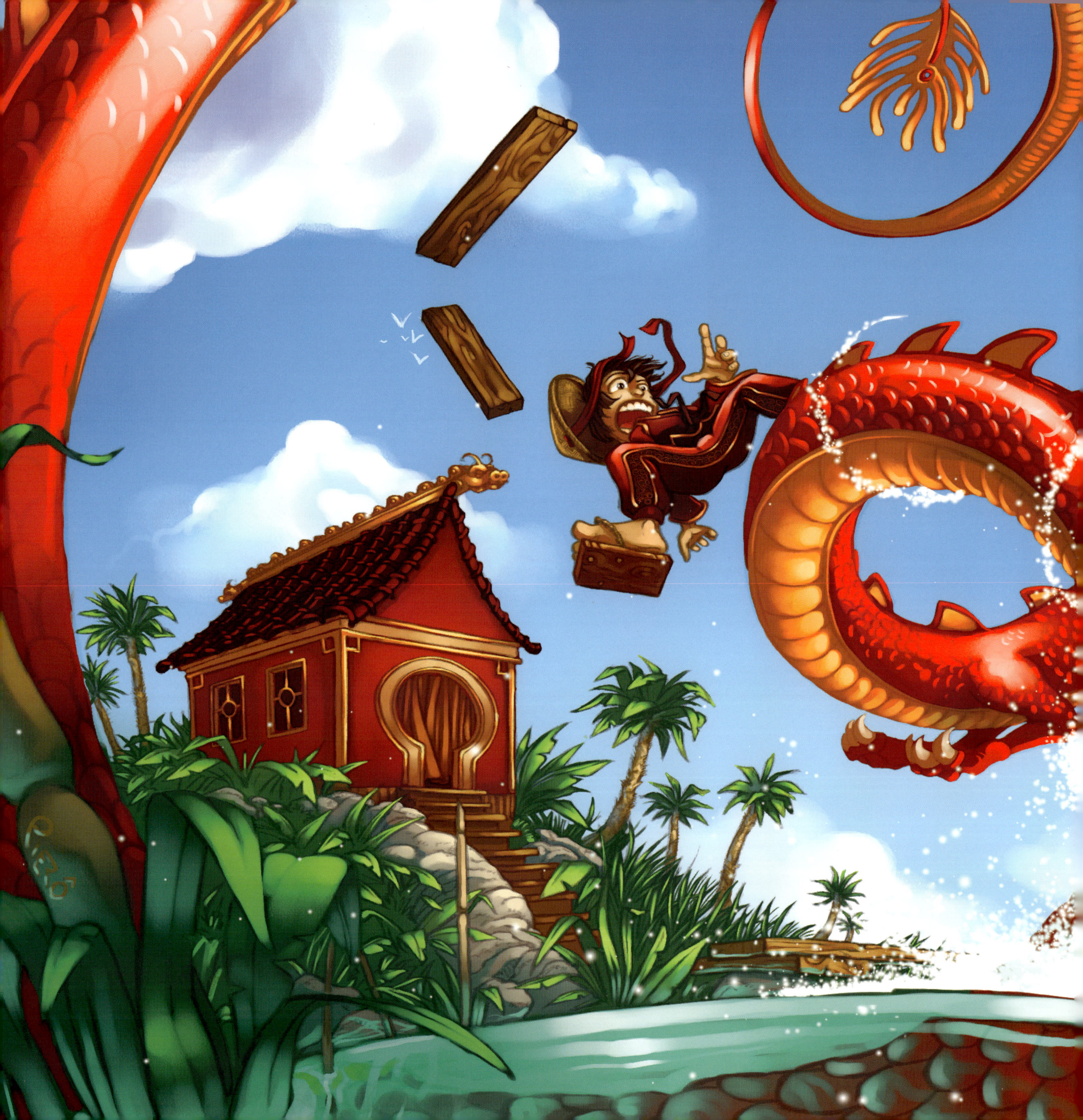

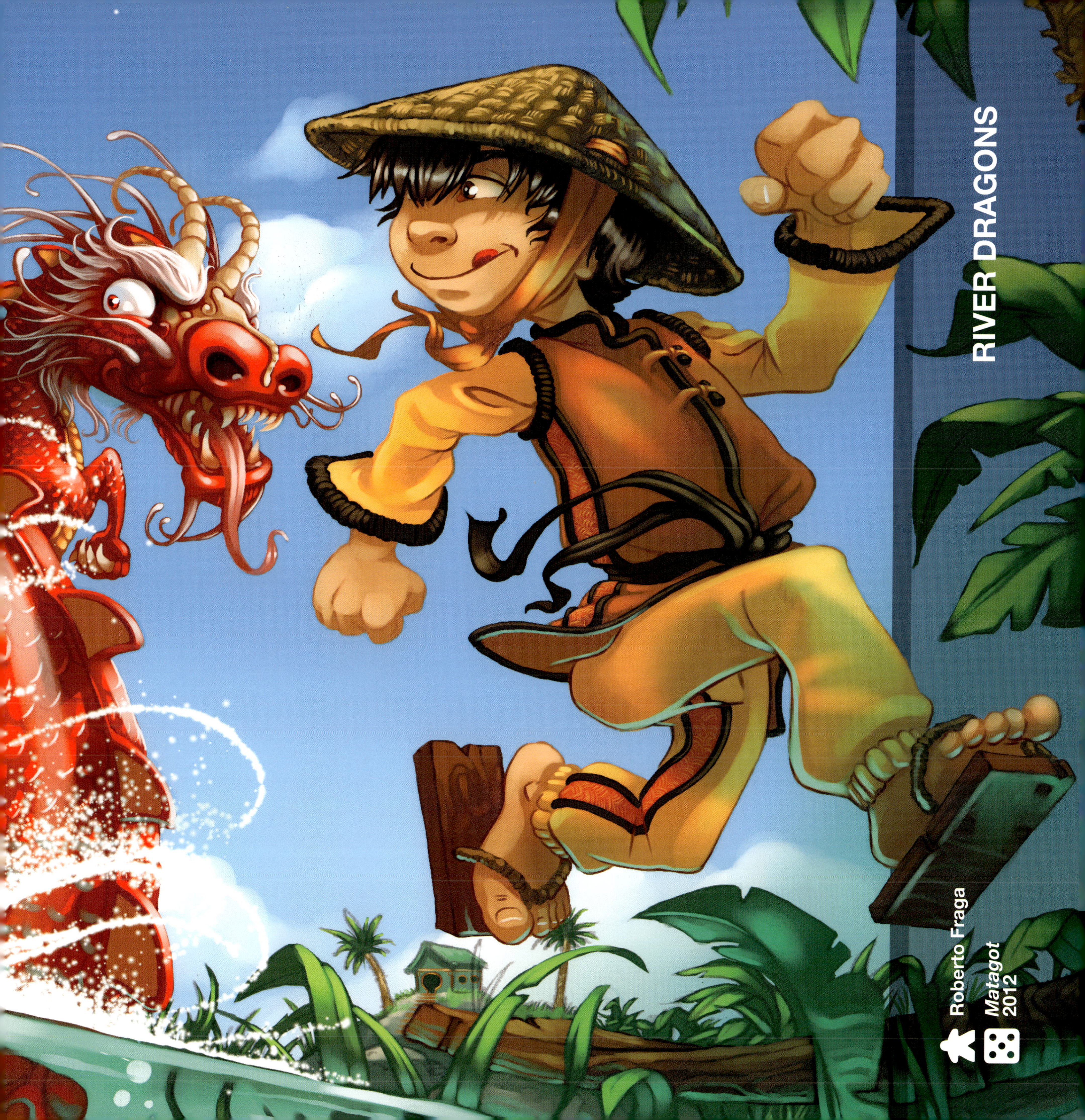
RIVER DRAGONS
Roberto Fraga
Matagot
2012

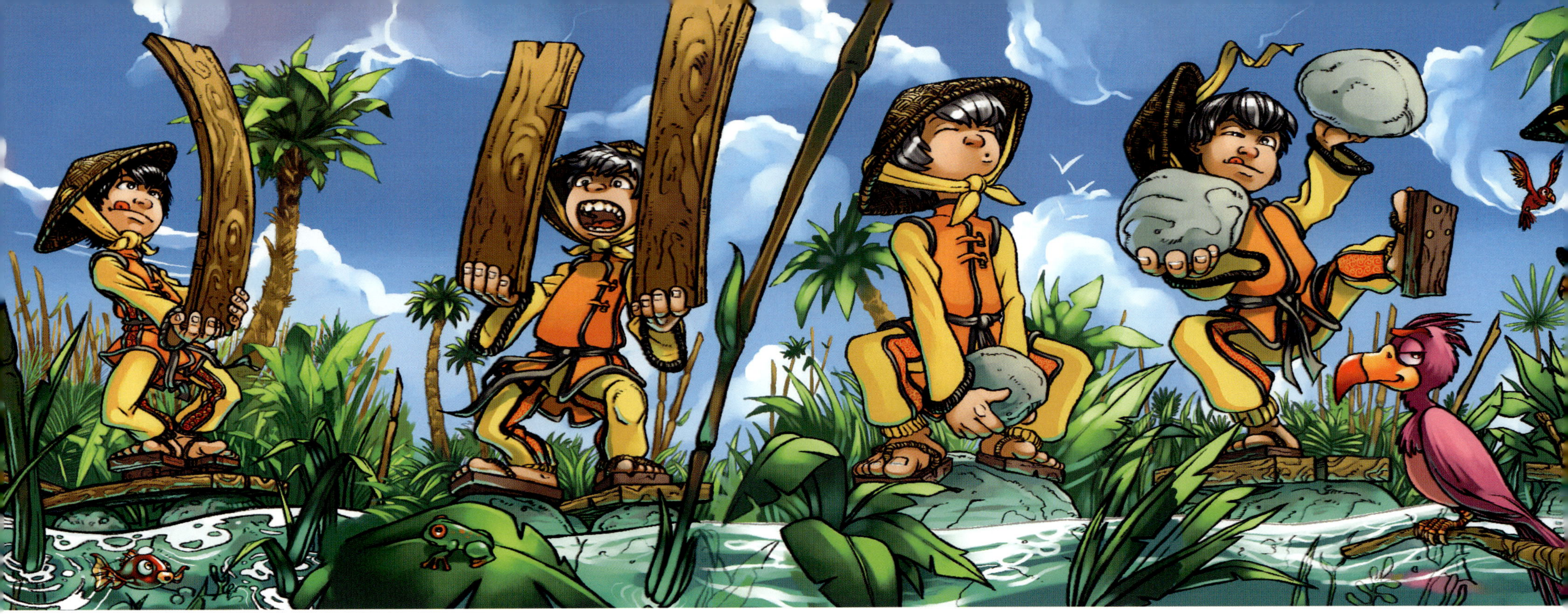

Dans la vie, il faut se fixer des objectifs. Pour mon premier jeu, je suis gâté en commençant par Bruno Cathala et Ludovic Maublanc et j'enchaîne assez rapidement avec Bruno Faidutti. À partir de là, je me surprends à dresser une liste des « gens avec qui je veux travailler » et Roberto Fraga en fait partie.

Rob', « Captain Fracass », Fraga un auteur de génie… Oui, de génie. Au-delà de l'originalité de ses thèmes ou mécanismes, il sait faire rire, bouger et même réfléchir. Lors du salon d'Essen en 2011, Hicham Ayoub Bedran de *Matagot* vient me faire un cadeau en me proposant de réaliser les illustrations de la réédition des **DRAGONS DU MÉKONG** qui s'appellera **RIVER DRAGONS**.

Au-delà du fait que ce jeu soit un classique devenu alors introuvable et nominé au *Spiel des Jahres* en 2000, c'est pour moi l'occasion de travailler enfin aux côtés de ce grand auteur avec la certitude que *Matagot* en fera une édition parfaite… Plus que parfaite même !

Avec une belle vingtaine de jeux à mon actif à l'époque, je n'ai pas encore entendu les mots magiques : *carte blanche*. Pour la première fois, un éditeur expérimenté me fait assez confiance pour me dire une des phrases qui me marquera le plus dans ma carrière : « Pierô, si je t'ai demandé de faire ce travail, c'est parce que je voulais du "Pierô". Fais comme tu le sens. »

Au final, la réalisation dont je retire le plus de fierté et de loin. Un jeu génial, un travail d'édition au-delà de toutes espérances et une liberté de création totale : le rêve.

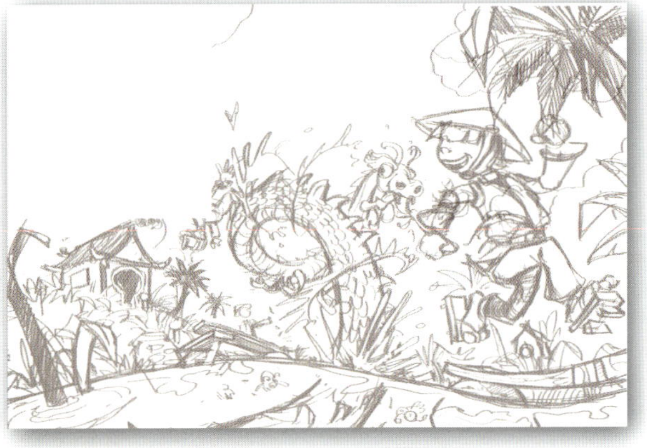

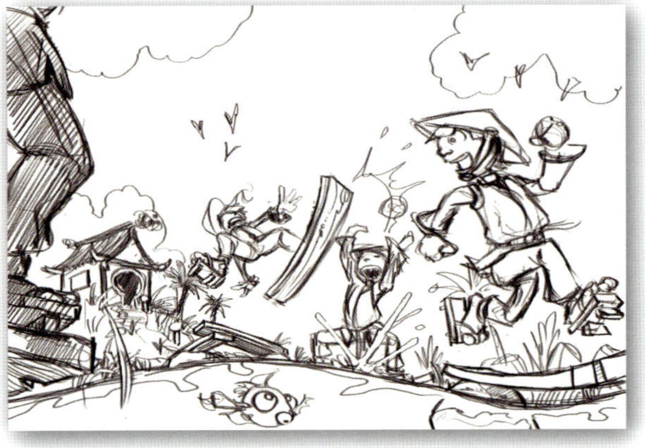

It's important to set yourself goals in life. I was spoiled rotten for my first game, starting out with Bruno Cathala and Ludovic Maublanc, quickly following that up with a game for Bruno Faidutti. From then on, I caught myself making a mental list of "people I wanted to work with" and Roberto Fraga was on that list.

Rob', "Captain Fracass", Fraga the genius designer… Yes, I did just say genius! As well as inventing highly original themes and game mechanics, he knows how to get players laughing, moving and even thinking. During the 2011 Essen games fair, Hicham Ayoub Bedran from *Matagot* gifted me an invitation to do the artwork for the re-edition of **DRAGONS DU MÉKONG** under the new name **RIVER DRAGONS**.

Over and above the fact that the game was a by-then unobtainable classic and a 2000 *Spiel des Jahres* nominee, here at last was my chance to work with this outstanding designer, safe in the knowledge that *Matagot* would do a perfect job publishing it… Better than perfect, even!

By that time, I had well over 20 games to my credit, but had yet to hear those magic words: *carte blanche*. A free hand! For the first time, an experienced publisher was trusting me enough to utter a sentence that would have one of the biggest impacts on my career: "Pierô, if I've asked you to do this job, it's because I want a "Pierô". Go with your gut feeling."

This ended up being the project of which I'm proudest, by far. A brilliant game, a publishing effort that exceeded my wildest expectations and total creative freedom – The dream job!

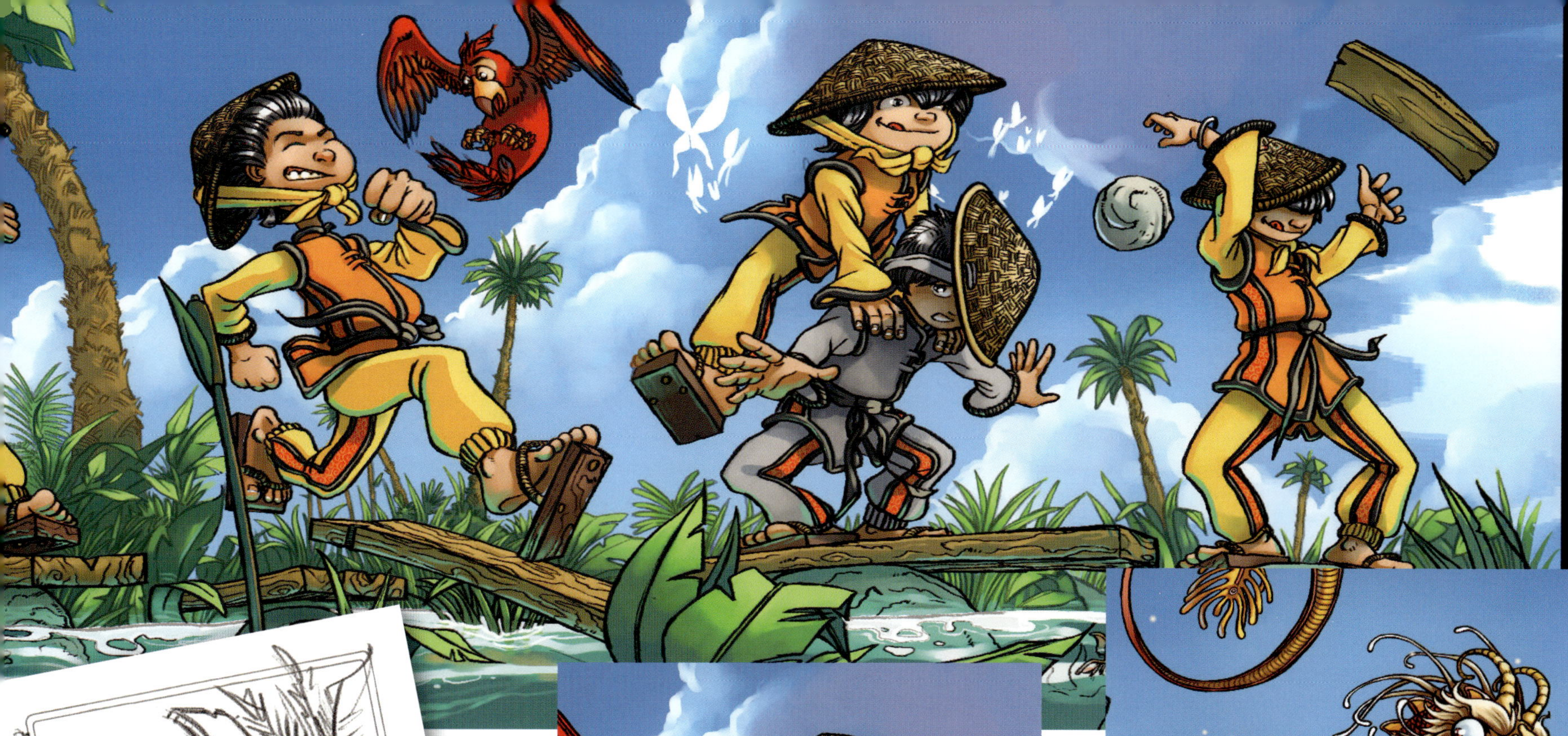

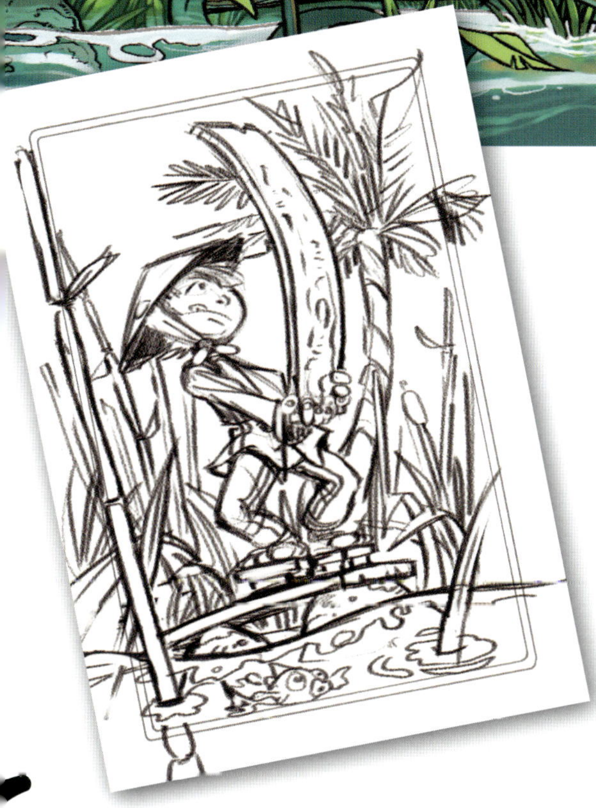

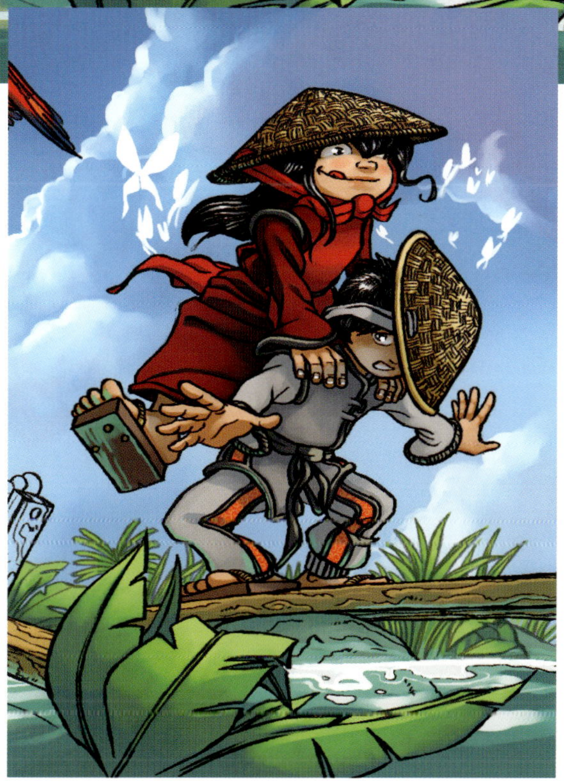

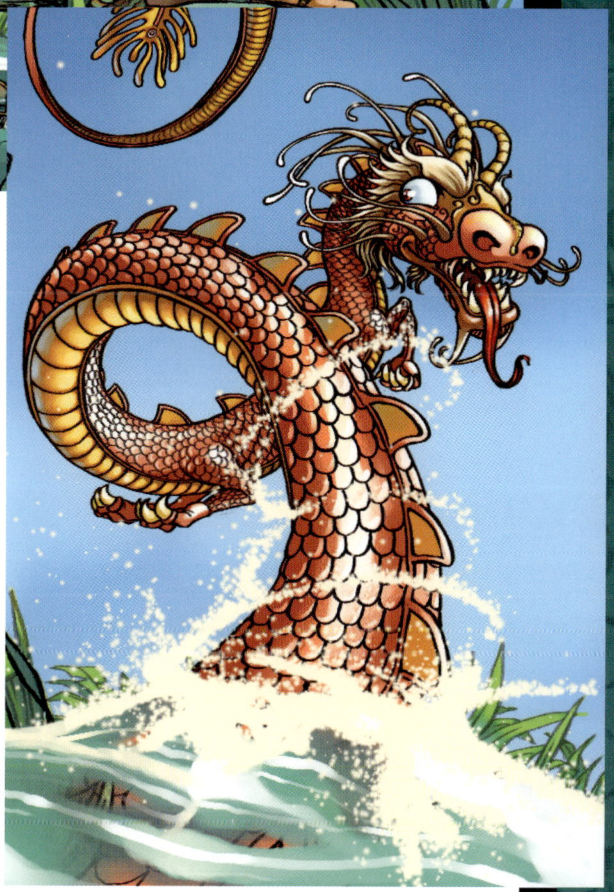

Il y a ce panorama des cartes totalement inutile, mais qui nous a bien fait rire.

Les cartes

Je commence par les cartes. Je cherche le style, nous convenons avec *Matagot* d'un résultat semi-réaliste-cartoon. Ça démarre bien puis très vite, le blocage. Je réalise alors que je ne suis pas bien parti et reprends du début en donnant un style cartoon plus appuyé. Je dois convaincre qu'il s'agit du bon choix. Comme à chaque fois avec *Matagot*, le curseur se déplace de « on fait ce qu'on doit faire » à « on fait ce qu'on veut en se faisant plaisir ».

Cards

I started with the cards. I was seeking a style, and with *Matagot* we agreed on a semi-lifelike cartoonish look. Things started well but very quickly, I got stuck. I realised at that point that I was on the wrong track and started again from scratch with a more pronounced cartoon style. I had to persuade *Matagot* that this was the right choice. As usual, the goalpost was moved from "do what you're supposed to do" to "do what you want and have fun".

There was this panorama of cards that served absolutely no purpose but gave us some good laughs.

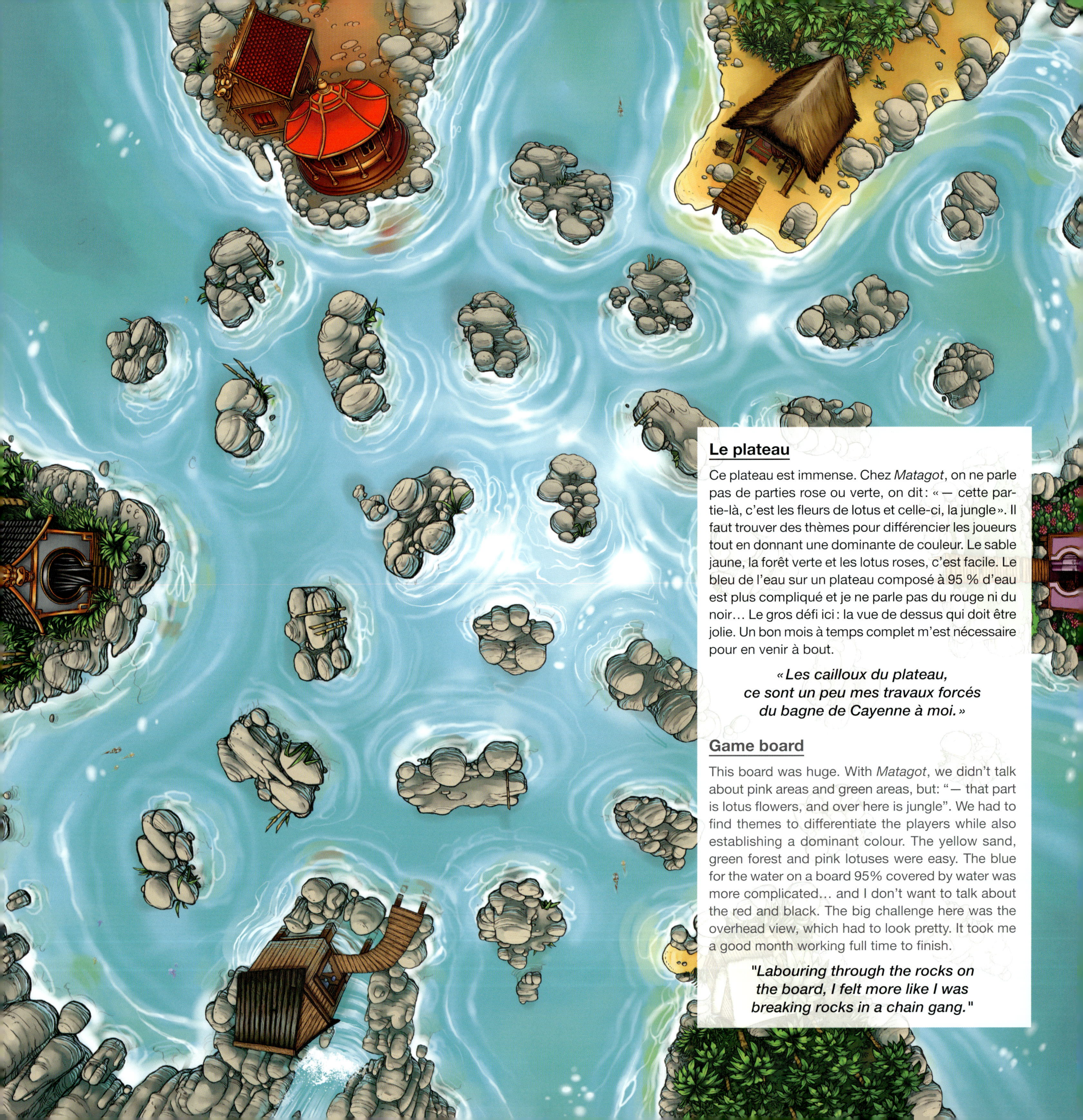

Le plateau

Ce plateau est immense. Chez *Matagot*, on ne parle pas de parties rose ou verte, on dit : « — cette partie-là, c'est les fleurs de lotus et celle-ci, la jungle ». Il faut trouver des thèmes pour différencier les joueurs tout en donnant une dominante de couleur. Le sable jaune, la forêt verte et les lotus roses, c'est facile. Le bleu de l'eau sur un plateau composé à 95 % d'eau est plus compliqué et je ne parle pas du rouge ni du noir… Le gros défi ici : la vue de dessus qui doit être jolie. Un bon mois à temps complet m'est nécessaire pour en venir à bout.

« Les cailloux du plateau, ce sont un peu mes travaux forcés du bagne de Cayenne à moi. »

Game board

This board was huge. With *Matagot*, we didn't talk about pink areas and green areas, but: "— that part is lotus flowers, and over here is jungle". We had to find themes to differentiate the players while also establishing a dominant colour. The yellow sand, green forest and pink lotuses were easy. The blue for the water on a board 95% covered by water was more complicated… and I don't want to talk about the red and black. The big challenge here was the overhead view, which had to look pretty. It took me a good month working full time to finish.

"Labouring through the rocks on the board, I felt more like I was breaking rocks in a chain gang."

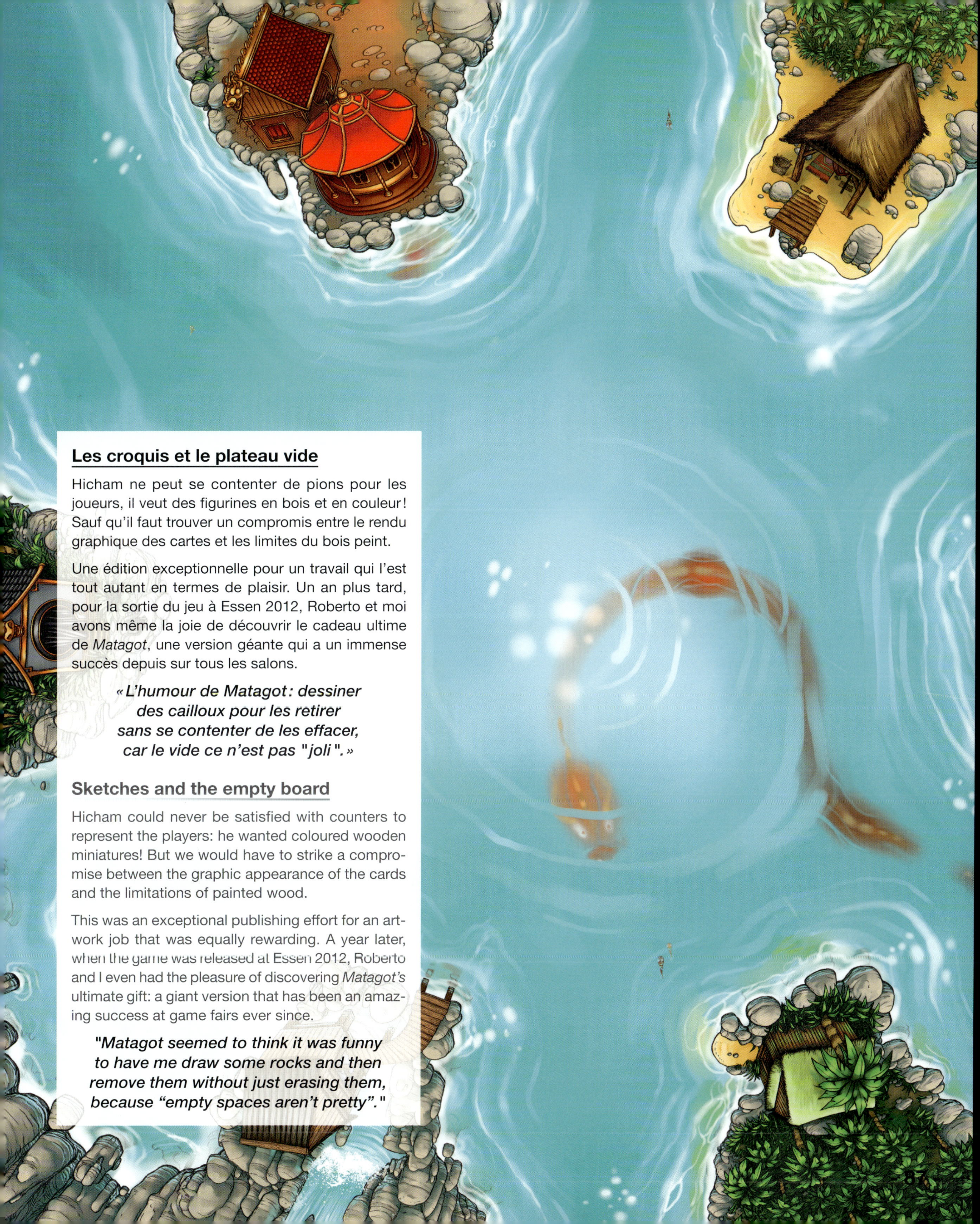

Les croquis et le plateau vide

Hicham ne peut se contenter de pions pour les joueurs, il veut des figurines en bois et en couleur ! Sauf qu'il faut trouver un compromis entre le rendu graphique des cartes et les limites du bois peint.

Une édition exceptionnelle pour un travail qui l'est tout autant en termes de plaisir. Un an plus tard, pour la sortie du jeu à Essen 2012, Roberto et moi avons même la joie de découvrir le cadeau ultime de *Matagot*, une version géante qui a un immense succès depuis sur tous les salons.

« L'humour de Matagot : dessiner des cailloux pour les retirer sans se contenter de les effacer, car le vide ce n'est pas "joli". »

Sketches and the empty board

Hicham could never be satisfied with counters to represent the players: he wanted coloured wooden miniatures! But we would have to strike a compromise between the graphic appearance of the cards and the limitations of painted wood.

This was an exceptional publishing effort for an artwork job that was equally rewarding. A year later, when the game was released at Essen 2012, Roberto and I even had the pleasure of discovering *Matagot's* ultimate gift: a giant version that has been an amazing success at game fairs ever since.

"Matagot seemed to think it was funny to have me draw some rocks and then remove them without just erasing them, because "empty spaces aren't pretty"."

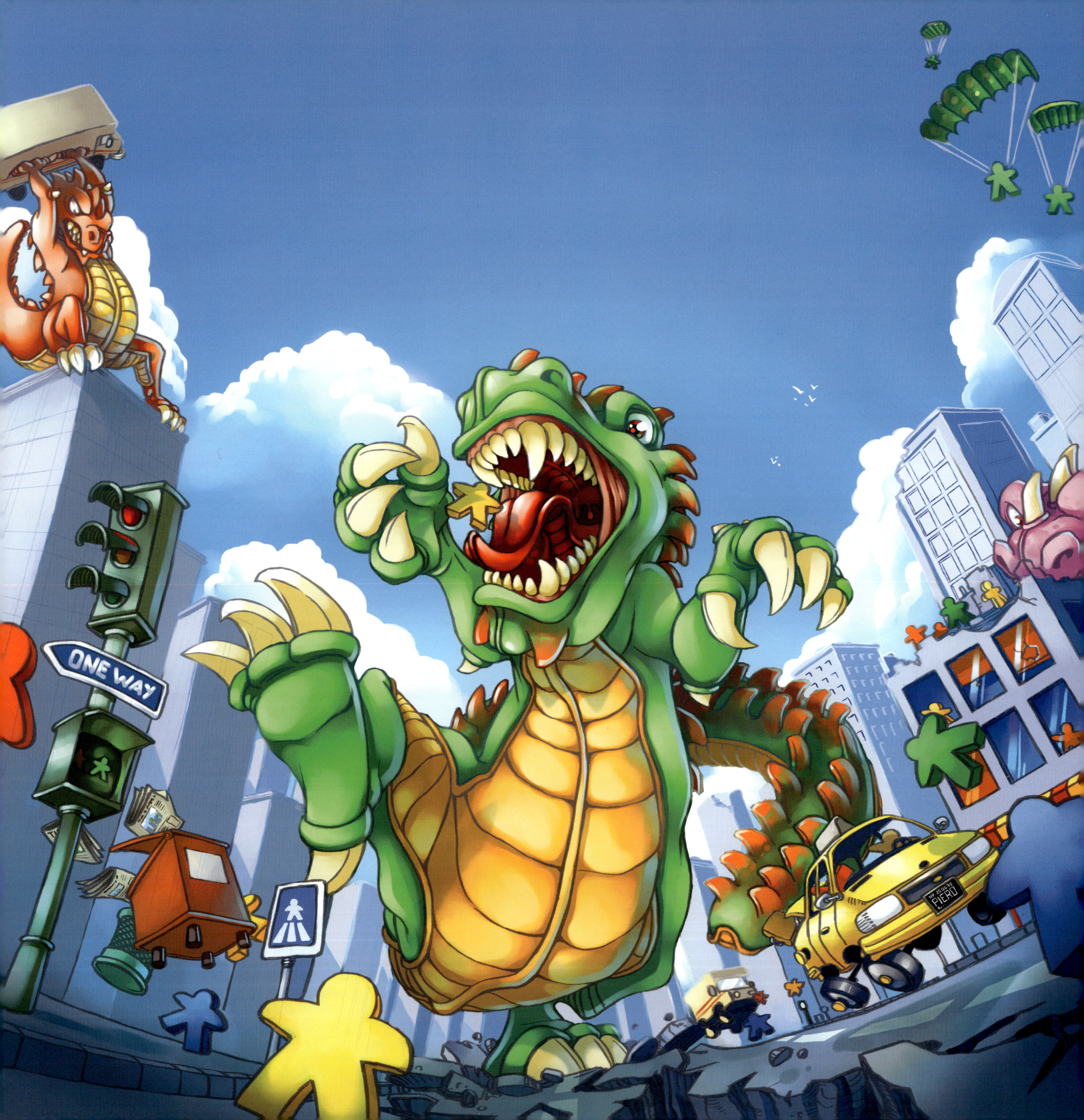
ONE WAY
NY 250675
PIERO

Certains projets sont plus durs que d'autres, celui-ci part pourtant sur les meilleures bases : Ludovic Maublanc et Antoine Bauza en auteurs, *Repos Production* en éditeur et un jeu qui fait rigoler. Malheureusement, des fois, ça ne se passe pas comme on voudrait.

Le premier test du jeu auquel j'assiste a lieu à Essen (comme souvent), à une heure indécente (comme souvent), avec une ambiance assez euphorique (comme toujours), dans un appartement loué par l'équipe de *Repos Production*. Il est quatre heures du matin quand les rires réveillent Cedrick Caumont, un des deux patrons. Le voilà qui débarque en tenue légère dans la pièce et au moment où on s'attend à prendre une soufflante, il pointe le jeu du doigt en disant : « Je signe ! » Étant en train de filmer la scène de la tenue très « légère », j'ai osé finir sa phrase par : « Et c'est moi qui l'illustre. » Alors, bien évidemment, *Repos Production* a surtout édité le jeu parce qu'il est bon, original et délirant comme ils aiment, mais c'est moins drôle. Les bases d'un projet génial étant là, pourquoi cela se passe-t-il mal ?

Mes quelques années de métier à ce moment-là ne suffisent pas à éviter certaines erreurs comme sous-estimer le travail. Alors que je prévois un bon mois bien chargé, c'est plus de quatre qui sont nécessaires. Comme le jeu est « toonesque », je pense que ça va aller vite et malheureusement, ce n'est pas le cas. De plus, il nous faut longtemps pour trouver le style qui nous plaît à tous et qui convient au projet.

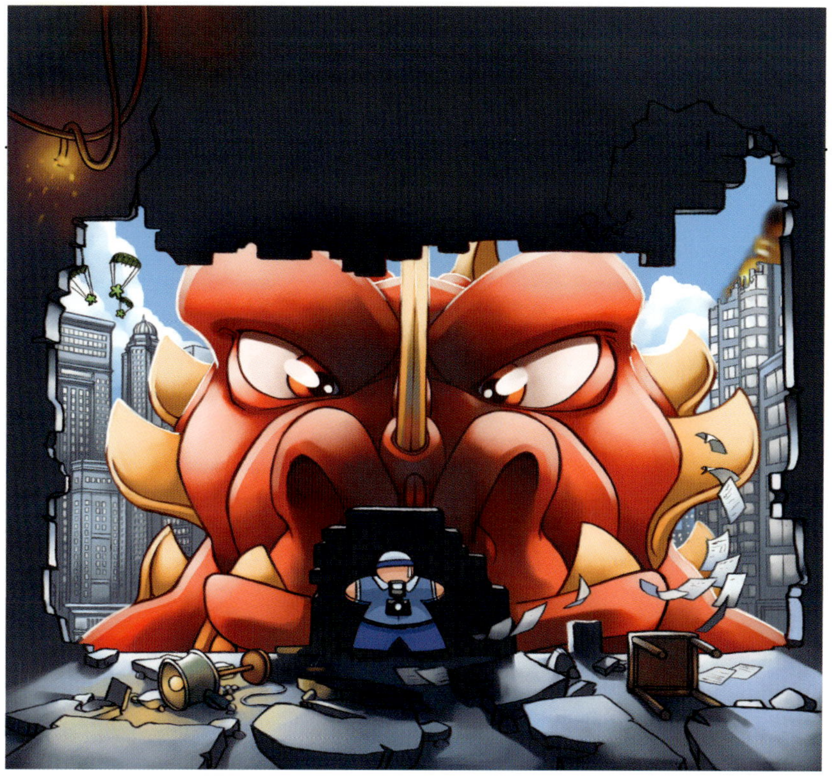

TERROR IN MEEPLE CITY

Some projects are harder than others. This one seemed to be off to a good start, with Ludovic Maublanc and Antoine Bauza as the designers, *Repos Production* as the publisher and a game that made people laugh. Unfortunately, sometimes not everything goes according to plan.

The first time I tested the game was in Essen (as is often the case), at an ungodly hour (nothing unusual) in a fairly euphoric atmosphere (as always) in an apartment rented by the *Repos Production* time. It was 4 a.m. when our laughter woke Cedrick Caumont, one of the company's two bosses. He walked into the room half-dressed, and as we braced ourselves to be yelled at, he pointed at the game and said: "— I'm signing that". I was filming the scene and Cedrick's skimpy attire, daring to append his sentence with: "— and I'm illustrating it". Obviously, the main reason *Repos Production* published RAMPAGE is because it was the kind of well-designed, original and off-the-wall game they love… but that wouldn't make such a good anecdote. As the foundations for a fantastic project were in place, how could it possibly go wrong?

My few years' experience as an illustrator were not enough to prevent me making certain mistakes such as underestimating the amount of work involved. I estimated that the job would take me about a month if I put my back into it, but in the end it took more than four months. As the game was "cartoonish", I thought I would make quick progress but that was unfortunately not the case. To make things worse, it took us a long time to find a style that we all liked and was appropriate to the project.

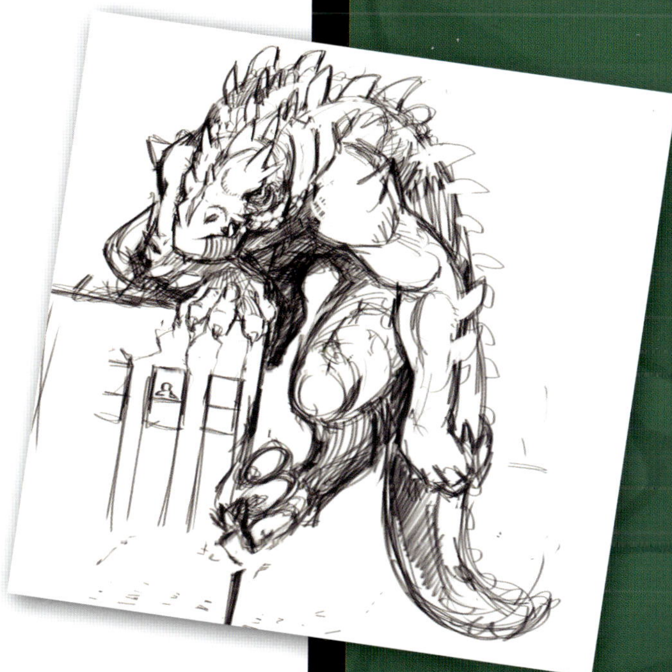

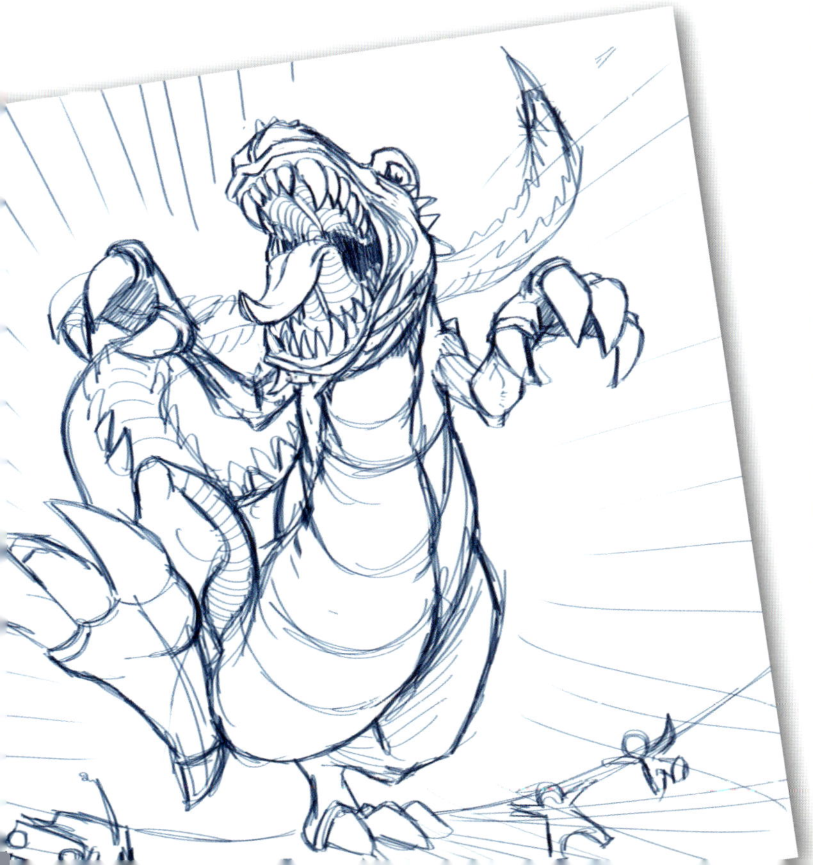

Antoine Bauza
Ludovic Maublanc
Repos Production
2013

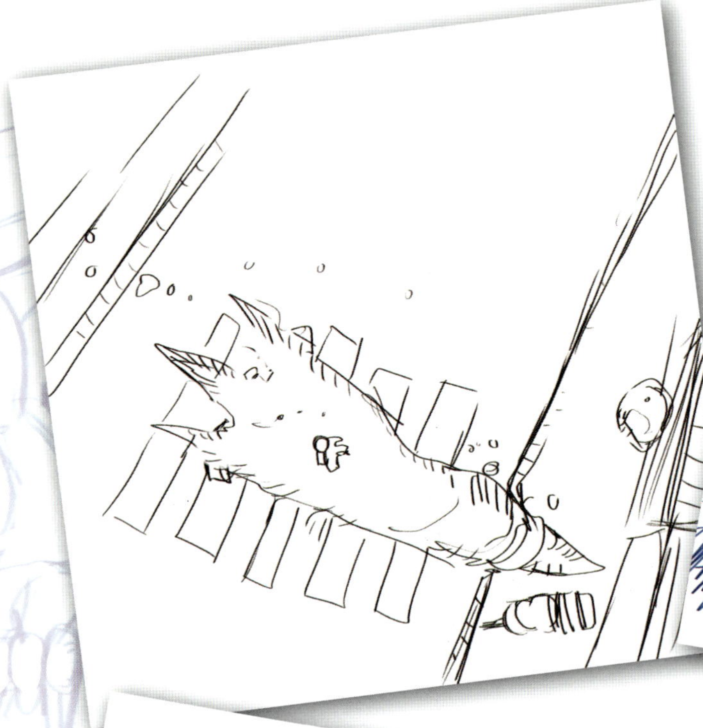

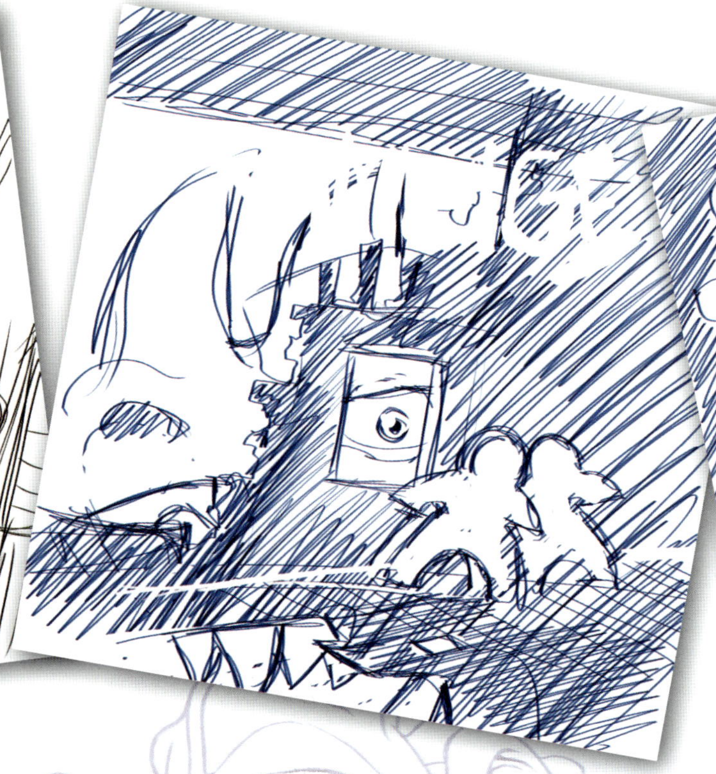

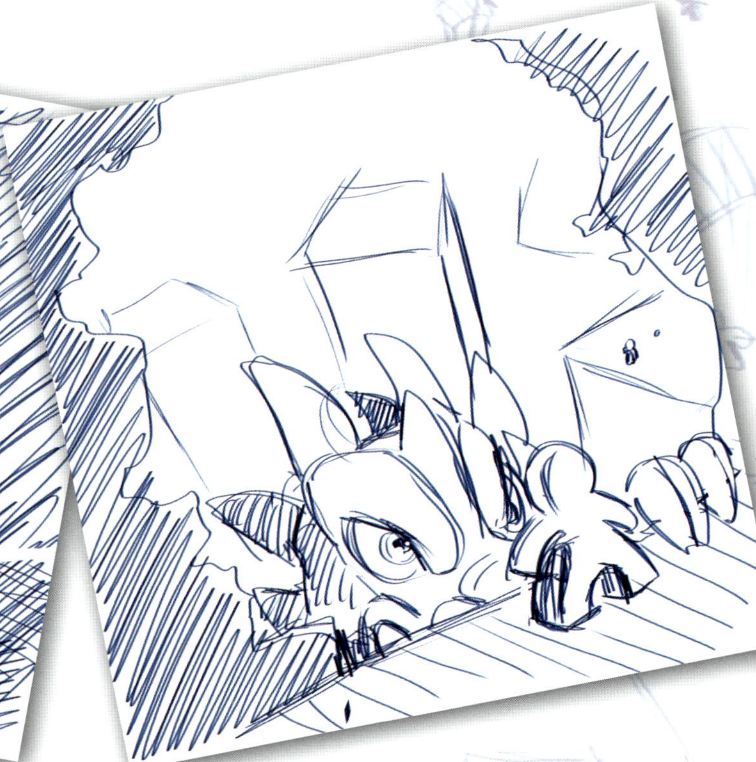

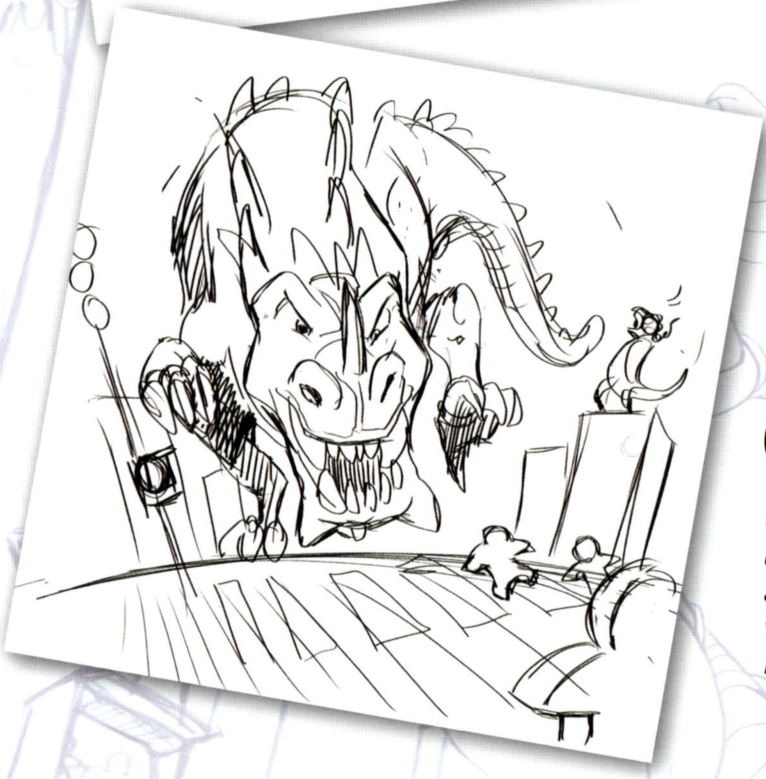

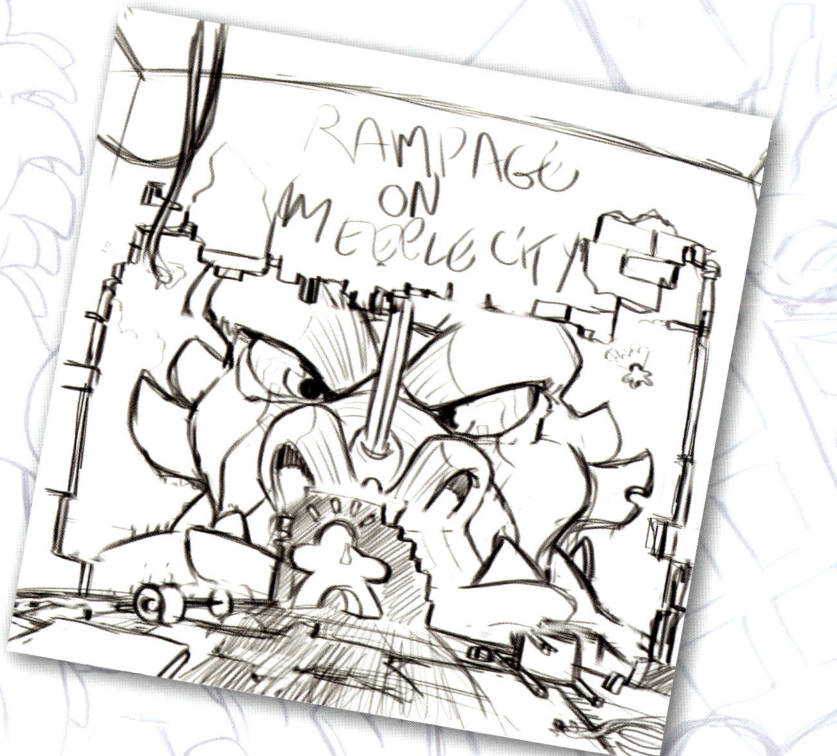

Une couverture entre un hommage prononcé à Jurassic Park et la volonté de rester dans l'illustration bien narrative.

The cover oscillated between a tribute to Jurassic Park and my desire to stick with narrative artwork.

Les recherches de couvertures et les croquis

RAMPAGE est un mélange de jeu d'ambiance et d'agilité, on incarne un monstre rasant une ville : à coups de pichenettes ou en soufflant, on détruit littéralement le plateau. Aux États-Unis, pour le second tirage, RAMPAGE devient TERROR IN MEEPLE CITY, m'obligeant à refaire la couverture.

Cover studies and sketches

RAMPAGE is part party game, part agility game: players are monsters flattening a city, literally destroying the board by flicking and blowing on it. In the USA, the second production of RAMPAGE become TERROR IN MEEPLE CITY. This changement contrains me to do a new cover.

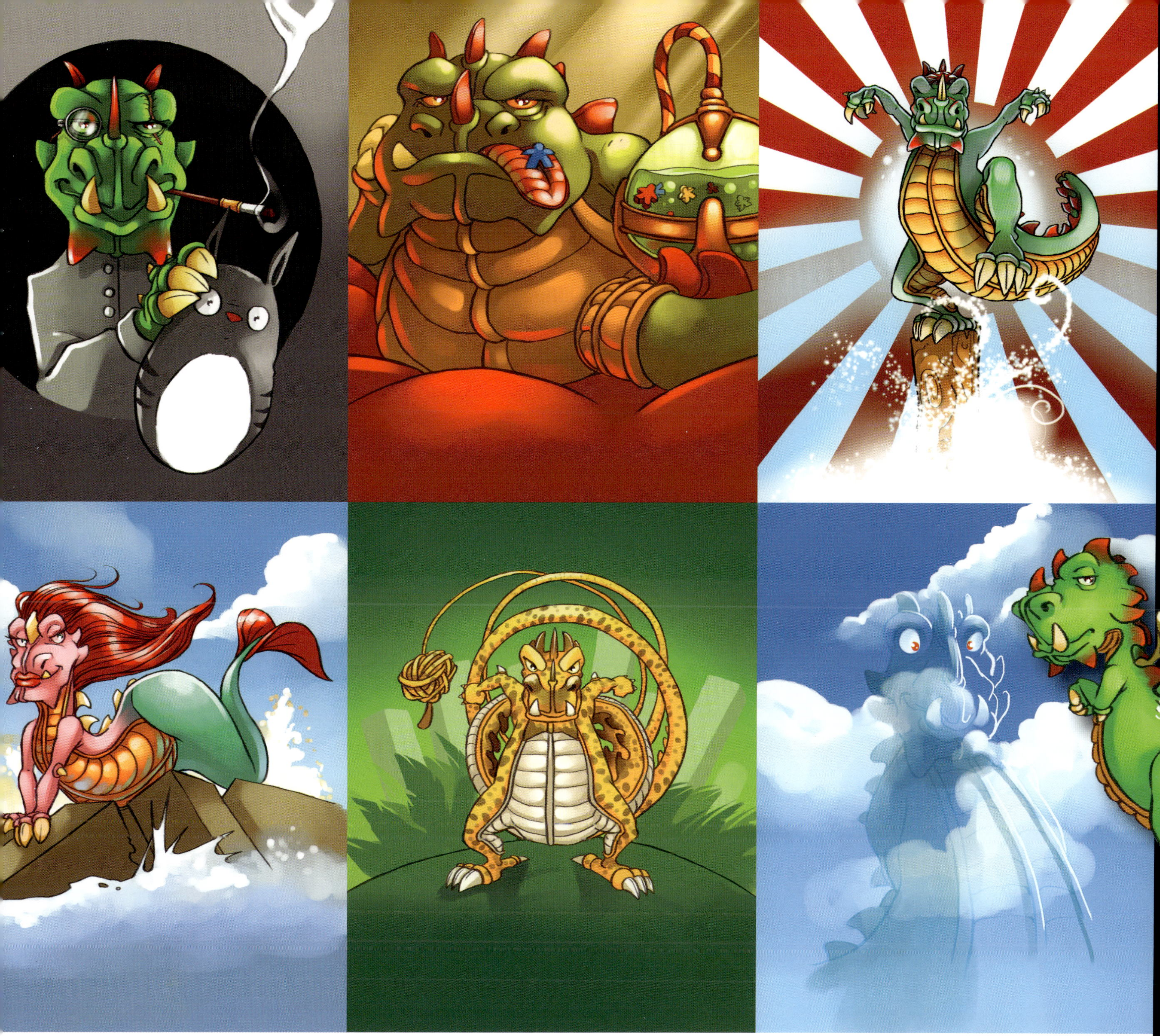

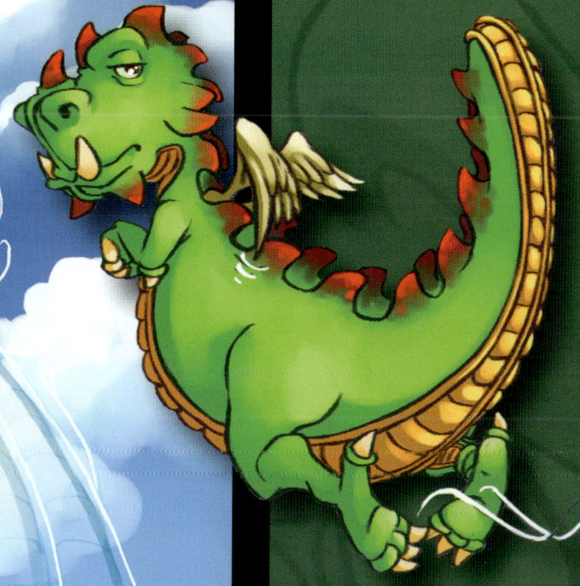

Je m'en donne à cœur joie sur les références aux bandes dessinées, films et jeux vidéo.

Les cartes

La partie la plus rapide et amusante à réaliser. On a un look de monstre qui nous plaît et avec Antoine et Ludo aux commandes, les cartes Pouvoir et Action sont rigolotes. Quand on réunit des trentenaires nostalgiques un peu enfantins, on s'ennuie rarement.

I had great fun with the references to comics, movies and video games.

Cards

This part of the project was the fastest and most enjoyable. We found a look that we liked for the monsters, and the action cards and special powers were as fun as you would expect from Antoine and Ludo. When you get a group of nostalgic and slightly mad thirty-somethings together, the result is rarely boring.

RAMPAGE
Terror in Meeple City

Antoine Bauza
Ludovic Maublanc
Repos Production
2013

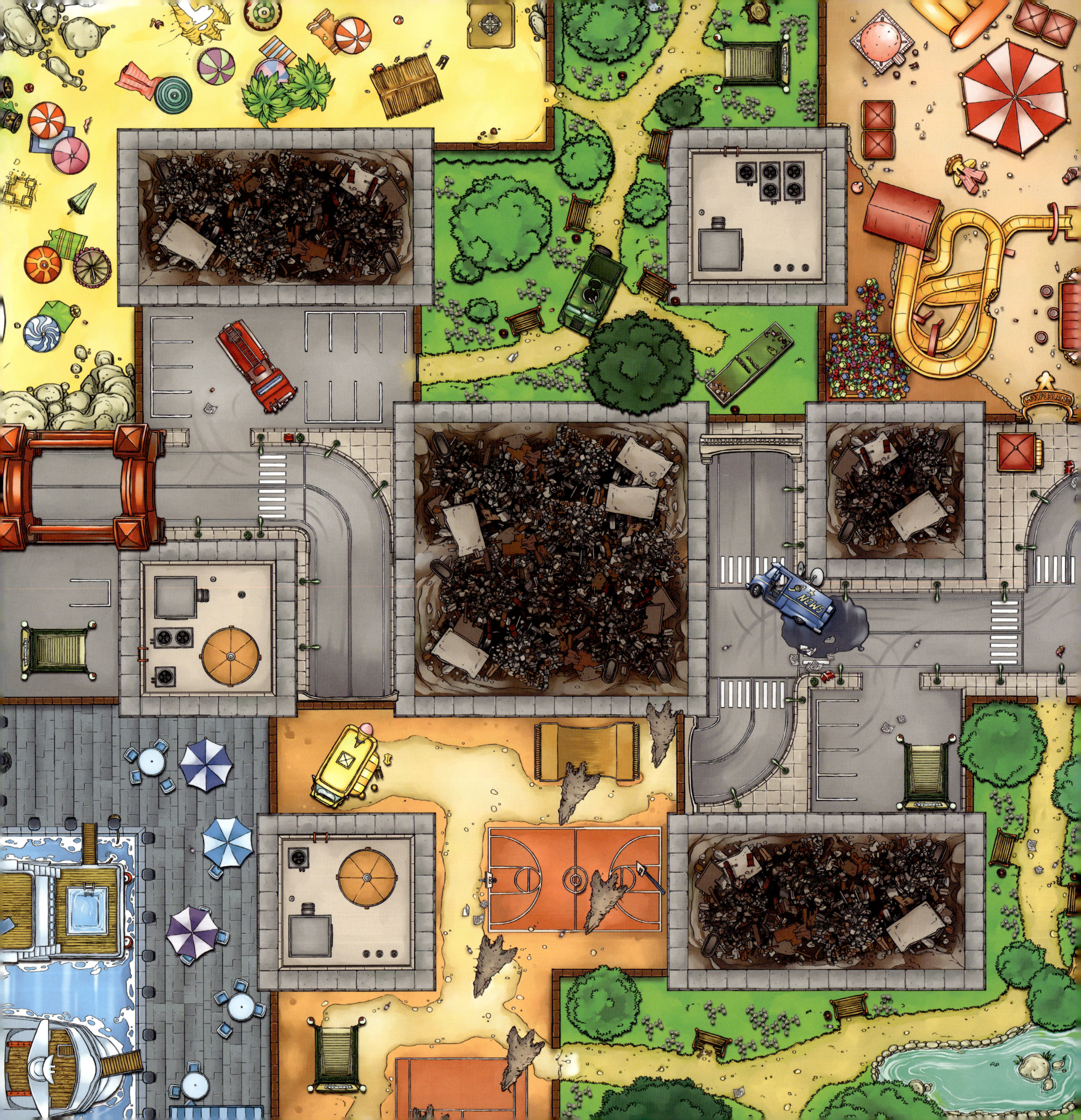
NEWS

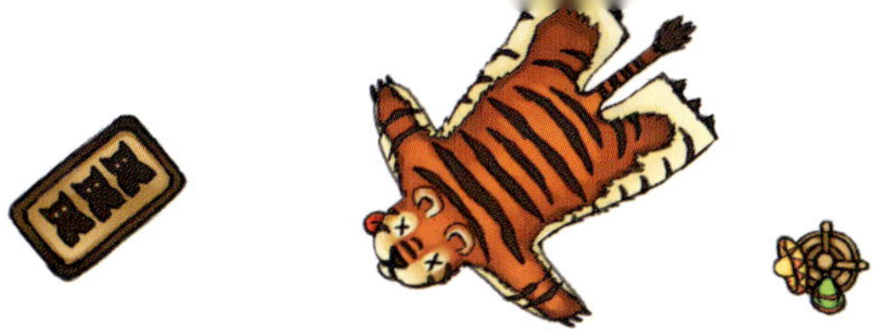

Le plateau

Ici, mon enfer commence. Le plateau est une ville que les monstres rasent. Dans l'idée, la ville doit être vue de dessus, donc pas de perspectives. Mon erreur consiste à croire que cela va être facile, voire rapide. Mais le style cartoon combiné à une vue de dessus donne à ma première version un aspect vide et simpliste. Il faut trois mois pour le finaliser et j'y laisse mes nerfs et ma patience. Heureusement, l'équipe de *Repos Production* confie les petites touches finales à Éric Azagury, leur illustrateur maison, car je n'en peux plus.

Game board

This is where my personal hell began. The board represents a city being torn down by monsters. The idea was that the city would be viewed from above, meaning no perspective views. My mistake was to think that that would be easy, and quick. But a cartoon style combined with a top view gave my initial version an empty, simplistic appearance. It took me three months, all my patience and my nerves to finalise the board. Luckily for me, the *Repos Production* team asked Eric Azagury, their in-house illustrator, to make the finishing touches, because I couldn't take any more.

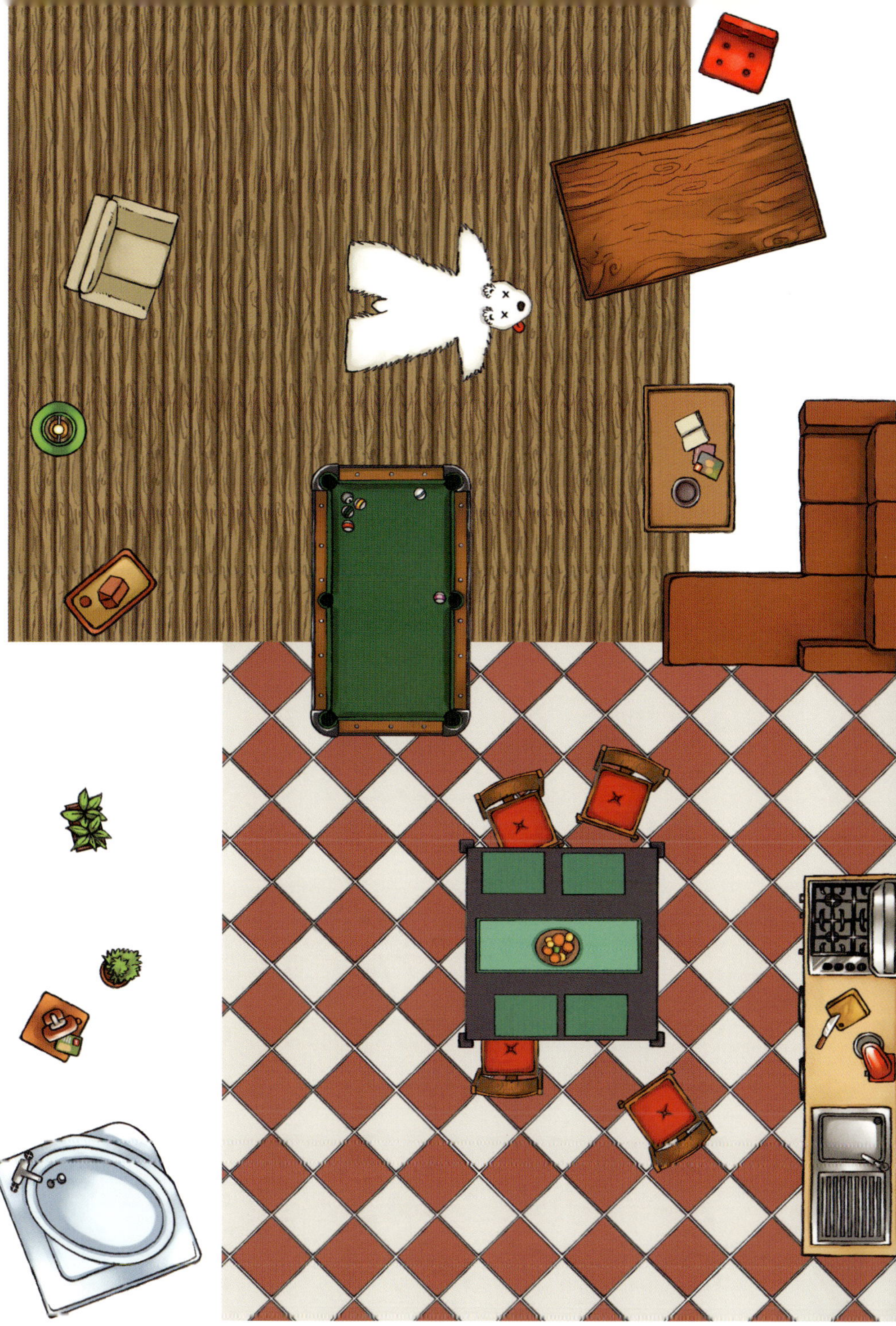

Je prévois une semaine pour réaliser le plateau… Fou, inconscient, naïf: les trois ?

I allocated a week for the game board… Was I insane? Reckless? Naive? All three?

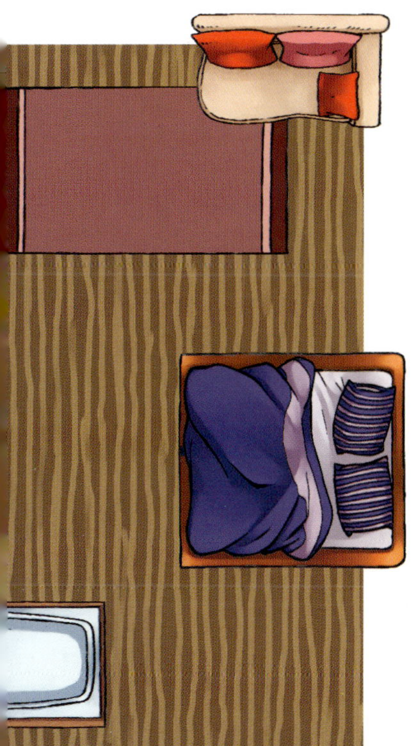

Ah les débris… Bah oui, quand on rase un immeuble, il y a des décombres ! Sauf que moi, je dois les rendre jolis…

Ahhhh, debris… When you demolish tower blocks, they leave piles of rubble! Except that I'm supposed to make them look pretty…

Les objets et les débris

Sur le plateau, il faut mettre des immeubles que les monstres doivent détruire. Évidemment, on ne veut pas qu'ils soient tous identiques, donc je réalise des meubles, des objets de décoration et des fonds pour varier.

Je dois rendre les débris jolis tandis qu'ils ressemblent plus ou moins aux restes de mon cerveau quand je donne le dernier coup de pinceau numérique.

Objects and debris

Buildings are set up on the board, ready to be destroyed by the monsters. Obviously, we didn't want all the buildings to be identical, so I created furniture, decorative items and backgrounds to add variety.

I had to try to make the debris look good, although it was in pretty much the same state as what was left of my brain by the time I finally applied the final digital brushstroke.

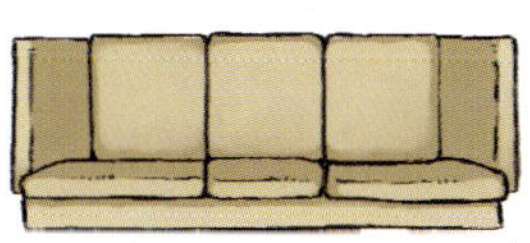

RAMPAGE
Terror in Meeple City

Antoine Bauza
Ludovic Maublanc
Repos Production
2013

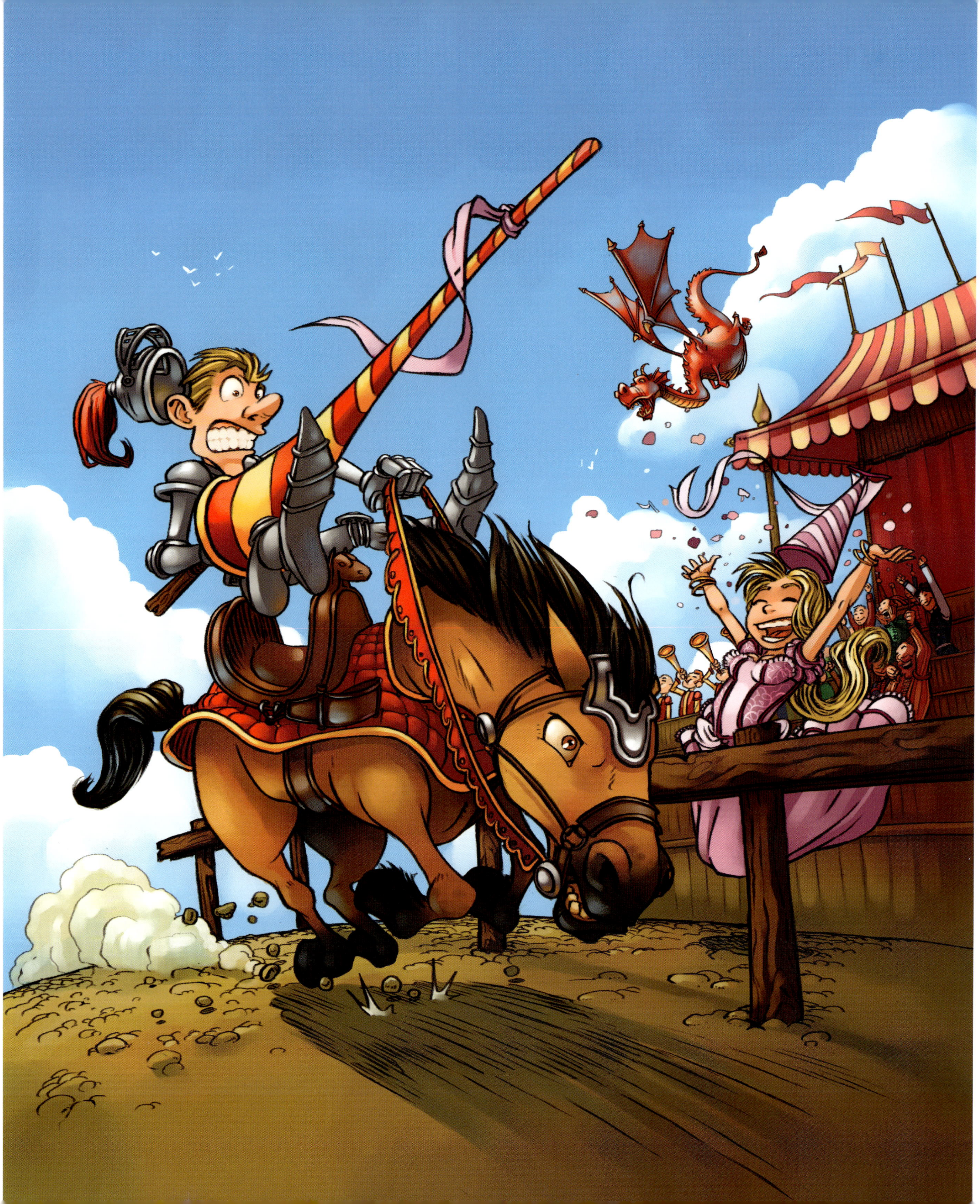

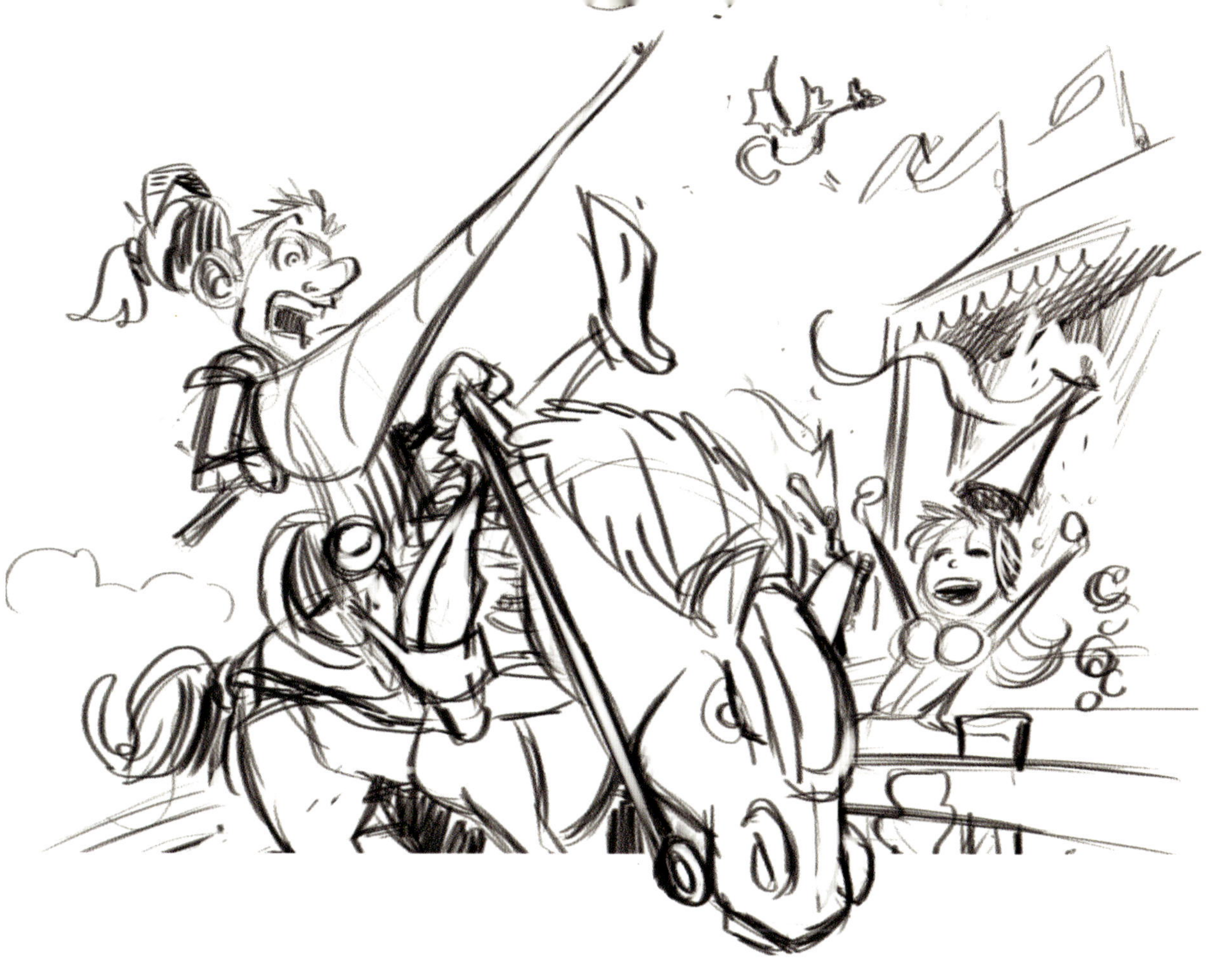

Connu à l'époque sous le pseudo Drax, Alain Balaÿ est l'un des personnages emblématiques du milieu ludique de la ville rose : il occupe différents postes au sein des boutiques et ludothèques, mais c'est surtout le fondateur du merveilleux *Festival Alchimie du jeu de Toulouse*. Il fait ses armes en tant qu'éditeur aux côtés de Philippe Des Pallières chez *Lui-Même*.

Quand il m'appelle pour me proposer d'illustrer son premier jeu sous le label *Blue Cocker*, sa toute jeune maison d'édition, il a déjà en tête ce qu'il veut. Il m'envoie le prototype de son jeu sous le code EPIC. De suite, je tombe amoureux du jeu qui reste, aujourd'hui encore, un des prototypes auxquels j'ai le plus joué. Cependant, le jeu est assez sérieux et Alain veut un aspect cartoon et léger, ce qui me surprend. En effet, le public cible de ce genre de jeux préfère les illustrations traitées de façon réaliste et je ne suis clairement pas le meilleur choix dans ces cas-là.

Chez *Blue Cocker*, quand on a une idée en tête, c'est comme un chien avec un nonos, on ne lâche pas. Du coup, nous voilà partis à faire du rigolo et on s'est appliqués.

La couverture donne le ton de ce que vous trouverez à l'intérieur, même si ce n'est pas forcément ce que vous ressentirez lors d'une partie. Le pari est osé et nous n'échappons pas à quelques retours dans le sens de nos craintes, mais dans l'ensemble, l'accueil est très favorable au jeu et à l'ambiance choisie.

Best known at the time by the pseudonym Drax, Alain Balaÿ is an iconic figure of Toulouse's gaming community: as well as holding down various jobs with shops and games libraries he founded the fantastic *Alchimie game festival*. He had also cut his teeth as a publisher, working alongside Philippe Des Pallières at *Lui-Même*.

When he called me with an invitation to illustrate his first game for his fledgling publishing company, *Blue Cocker*, he already had a clear idea of what he wanted. He sent me the prototype of his game, under the code-name EPIC. I immediately fell in love with the game, which to this day remains one of my most-played prototypes. However, this was quite a serious game but Alain wanted a light-hearted, cartoon appearance, which surprised me. It's true that the target audience for this type of game generally prefers lifelike artwork, and I am definitely not the best choice in such cases.

But when *Blue Cocker* has an idea in mind, it's like a dog with a bone, they don't let go easily. So, fun artwork it would be, and we got stuck in.

The cover gives a good idea of what you will find inside the box, even if that doesn't necessarily reflect what you feel during a game. It was a bold move and we did get a few negative comments along those line, but by and large, both the game and the choice of atmosphere were very well received.

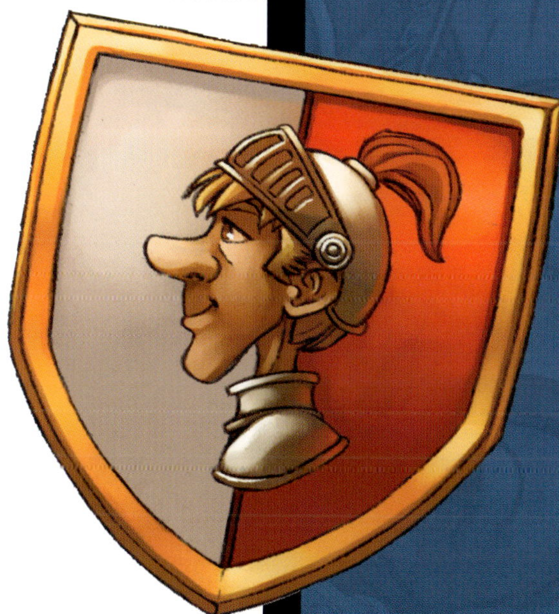

Nicolas Poncin

Blue Cocker
2014

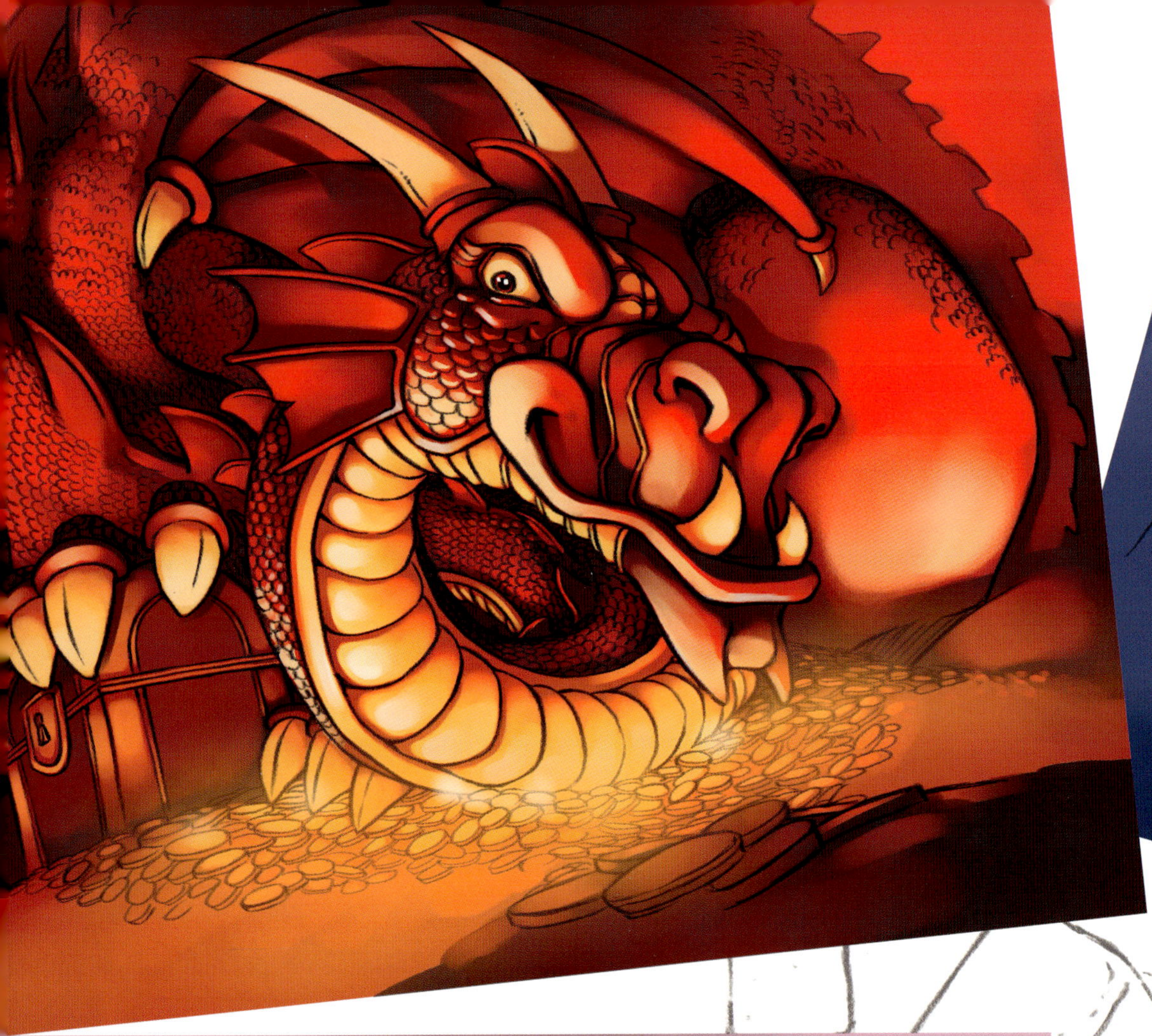
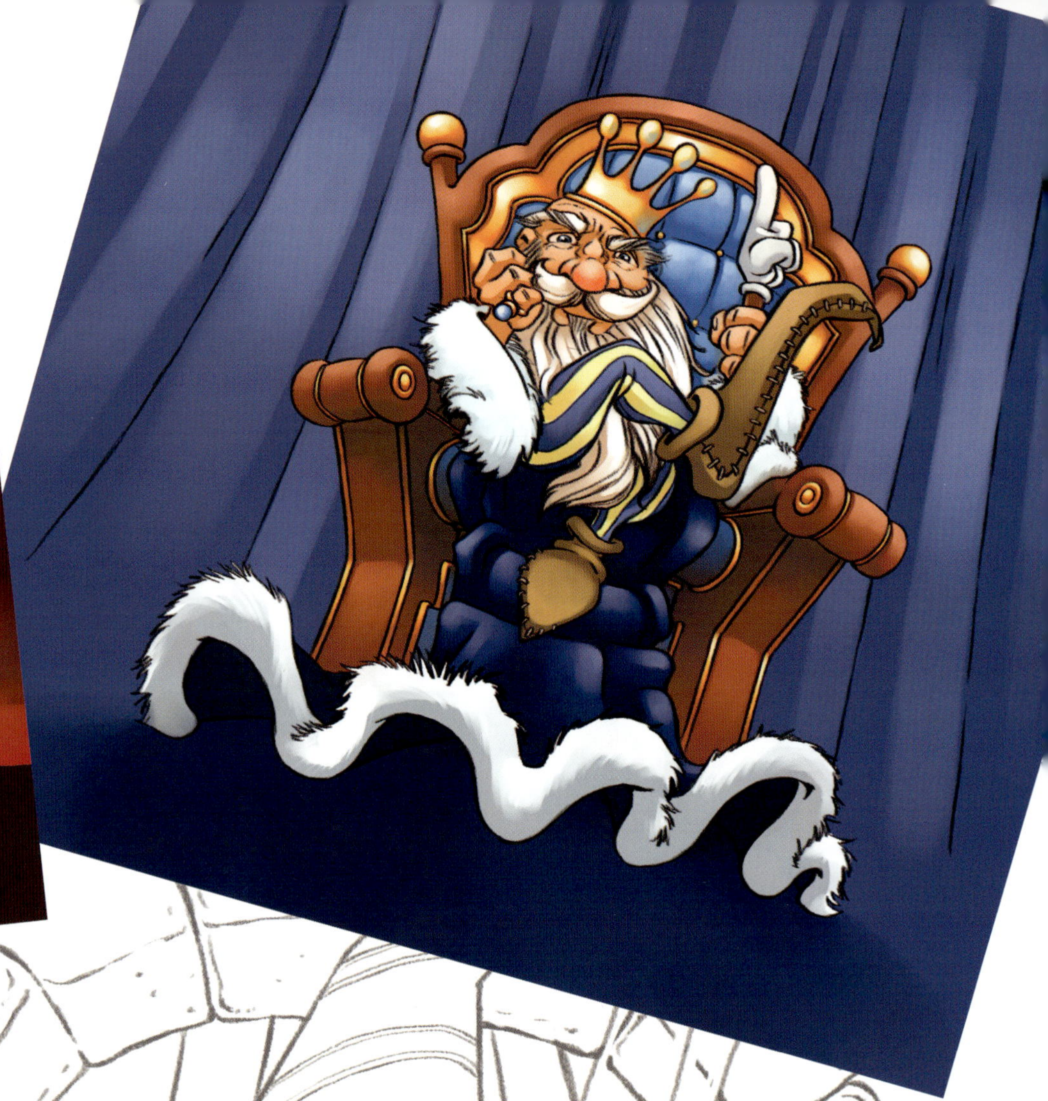
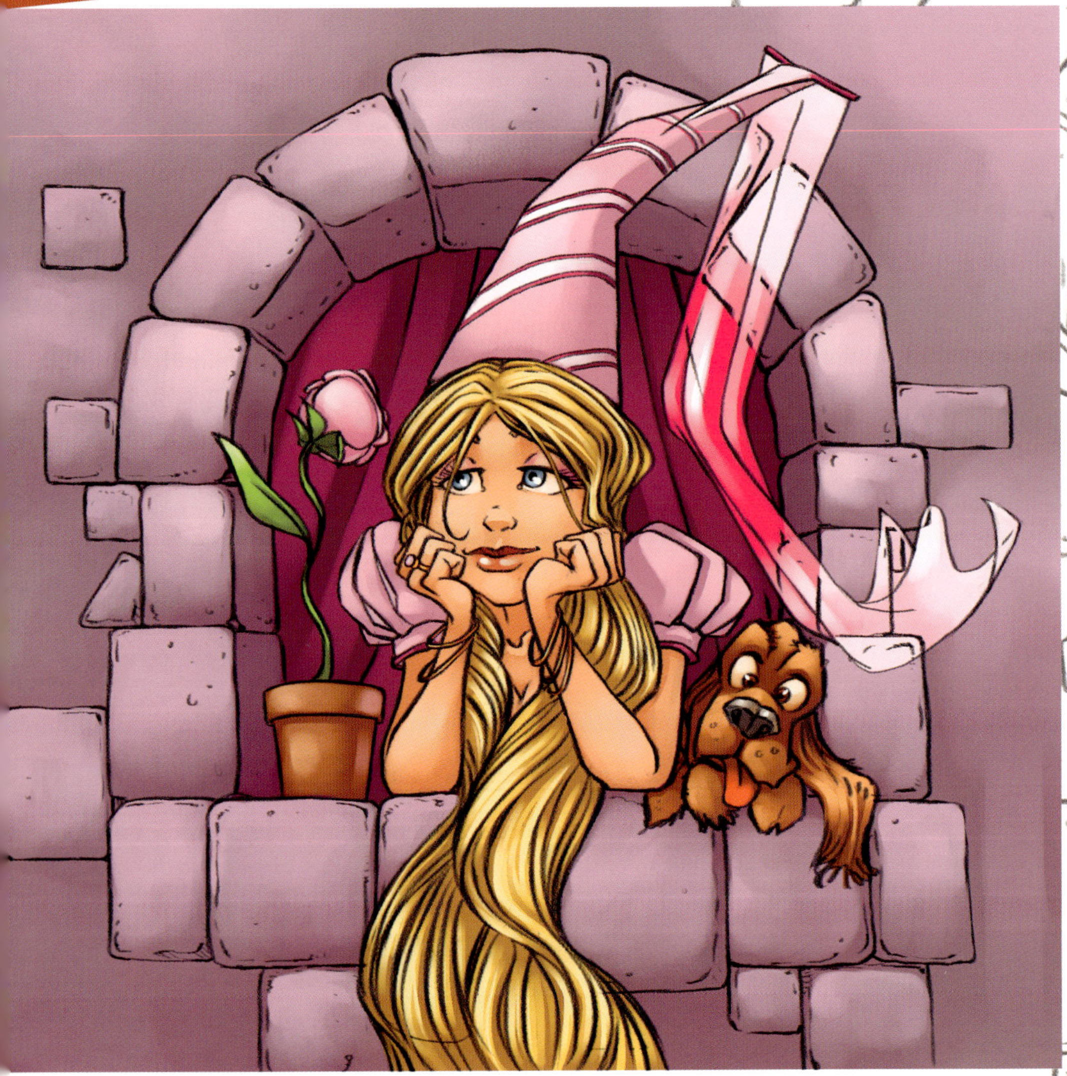
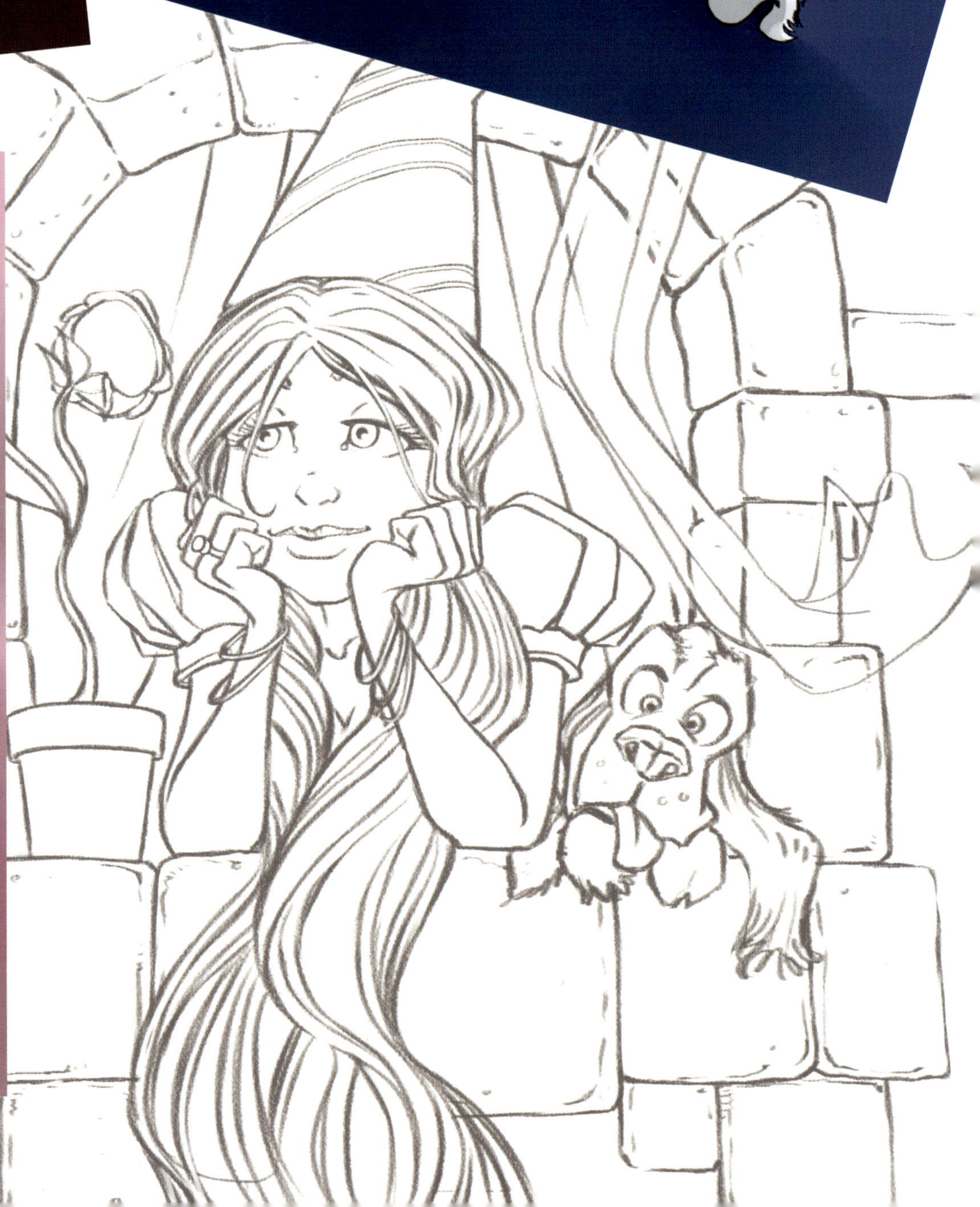

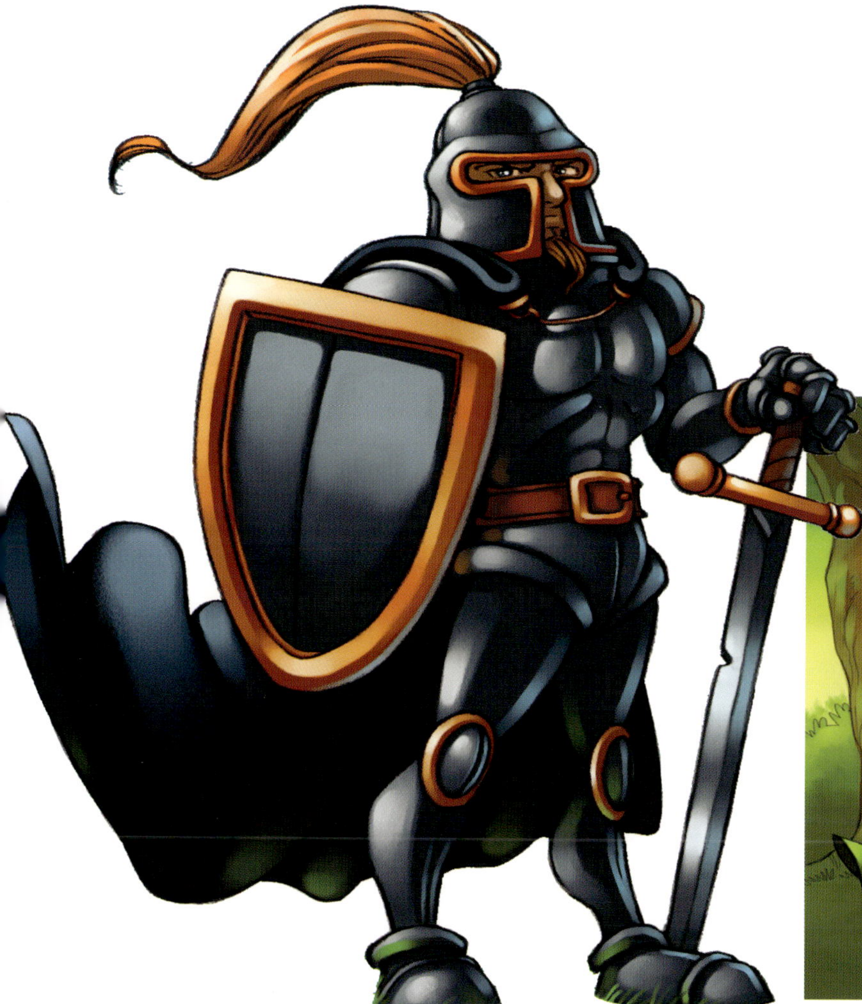

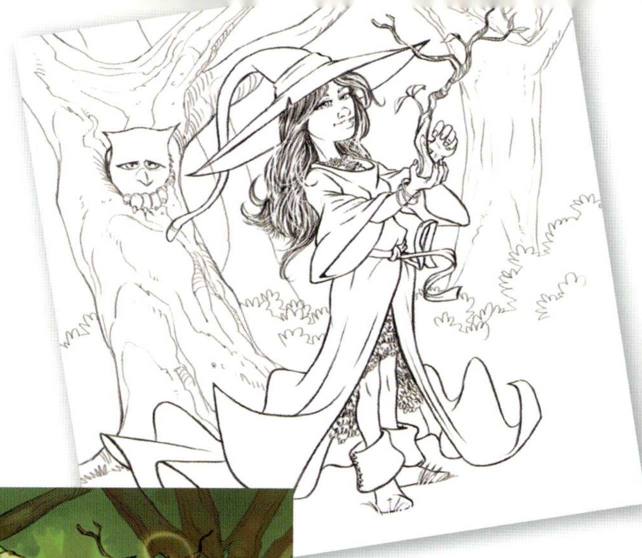

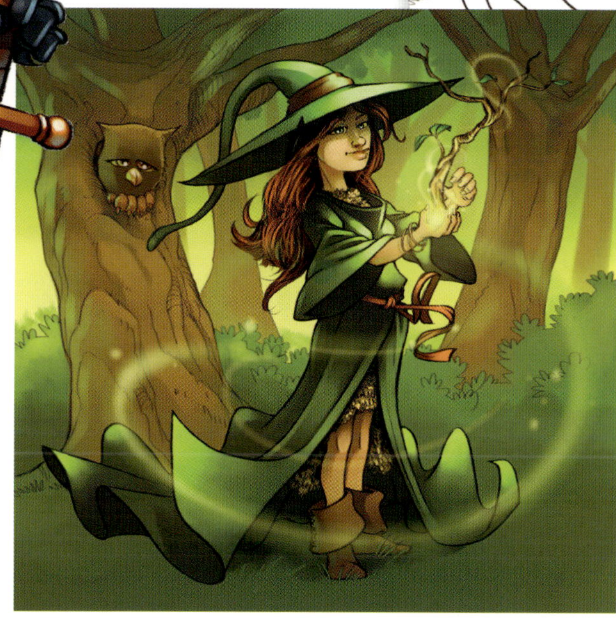

MEDIEVAL ACADEMY

Nicolas Poncin

Blue Cocker
2014

Les tuiles

Comme pour GHOST STORIES, on a deux possibilités pour les tuiles formant le plateau de MEDIEVAL ACADEMY. Soit nous faisons classique avec un décor médiéval vu de dessus, soit nous poussons le curseur de l'humour en représentant les personnages de chaque tuile.

Évidemment, on opte pour le deuxième choix. Beaucoup plus drôle à réaliser, il nous permet de proposer des personnages colorés donnant une véritable personnalité aux différents lieux.

Les personnages

Pris dans l'euphorie du travail en bonne entente et dans une ambiance très sympa, on déroule les illustrations assez rapidement. Avec le recul, on a deux personnages qui se ressemblent fort, le mendiant et le bibliothécaire, mais cela ne pose pas trop de problèmes. Pour la maquette du jeu, je fais appel à l'époque à une amie, Serena Blasco, qui réussit à se plier à l'exercice pénible de l'iconographie du jeu sérieux, tout en prolongeant l'ambiance des illustrations légères.

Tiles

As with GHOST STORIES, we had two options for the tiles that make up the MEDIEVAL ACADEMY game board. We could either take the conventional approach and depict a medieval setting viewed from above, or alternatively, take a more humorous angle showing the characters associated with each tile.

Obviously we picked the second option. This was much more fun to do, and enabled us to create colourful characters that added a dash of personality to the various locations.

Characters

We created the artwork quite quickly, spurred on by the euphoria of working in a very friendly atmosphere with a good sense of mutual understanding. In hindsight, two of our characters – the beggar and the librarian – looked very much alike, but that didn't cause us too many problems. For the layout work, I contacted a friend, Serena Blasco, who successfully tackled the arduous task of producing the iconography for a serious game without compromising the atmosphere created by the light-hearted artwork.

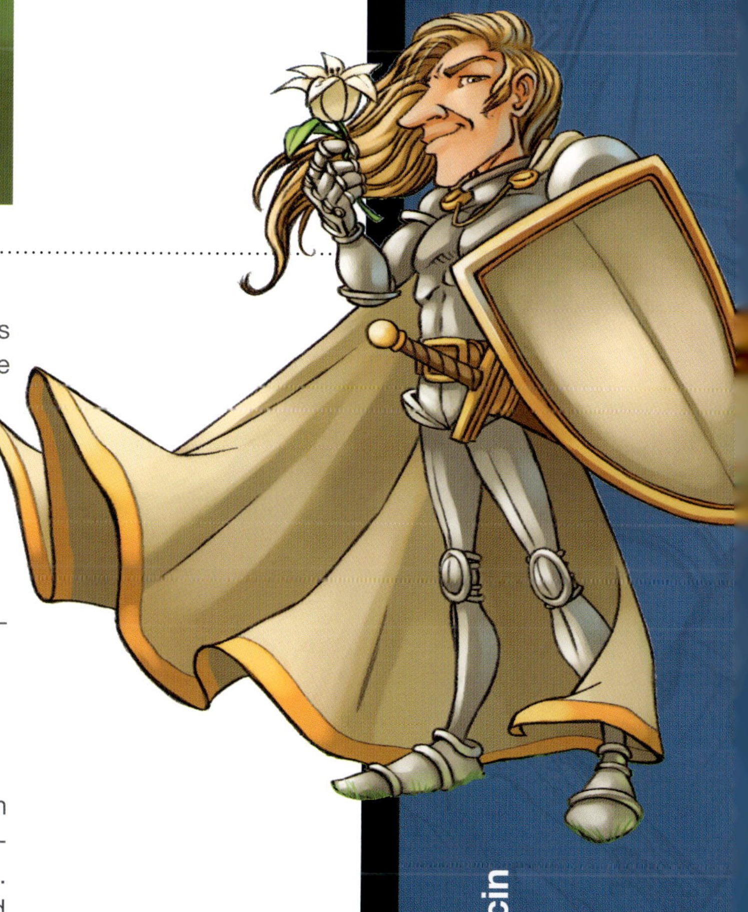

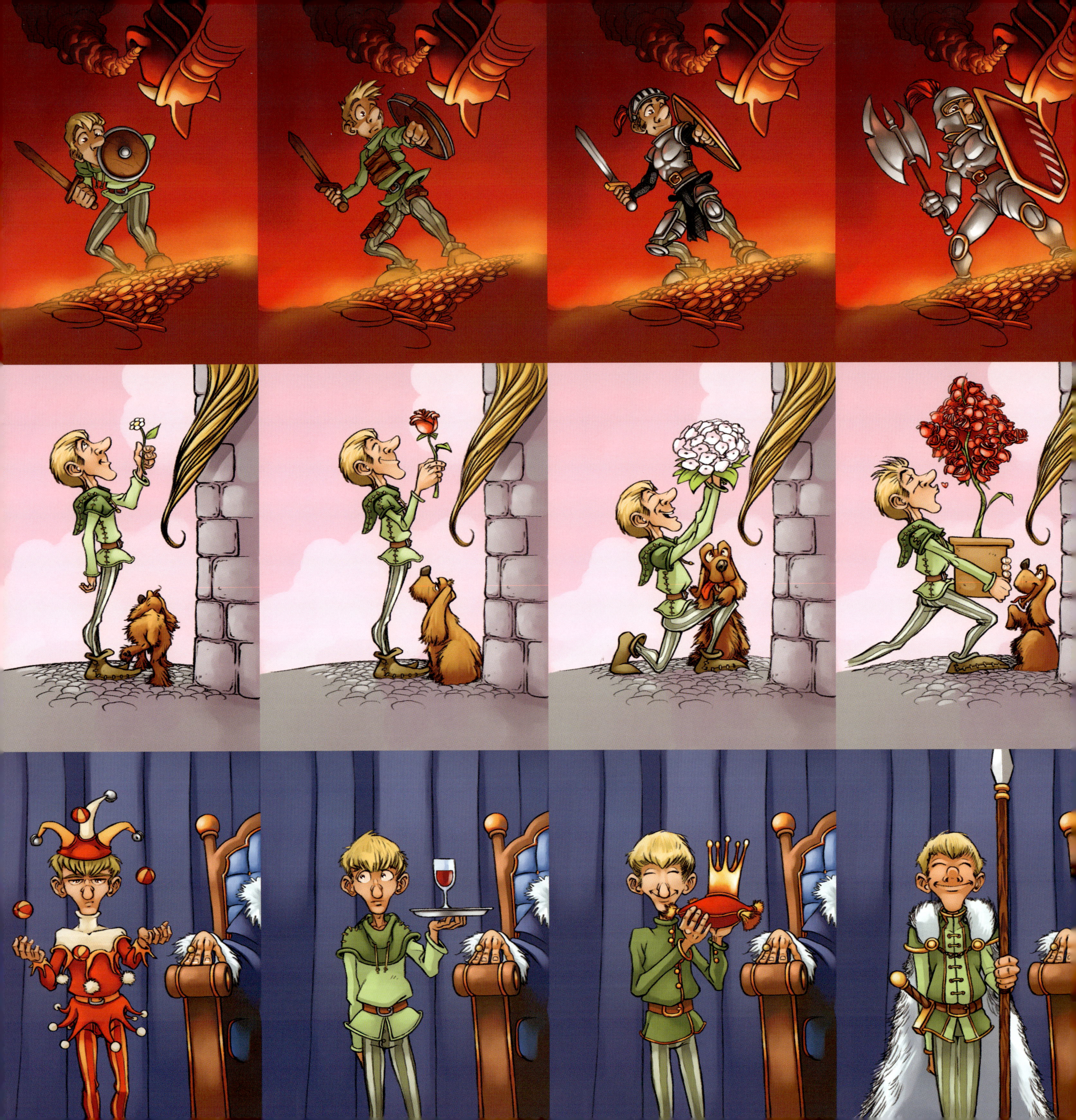

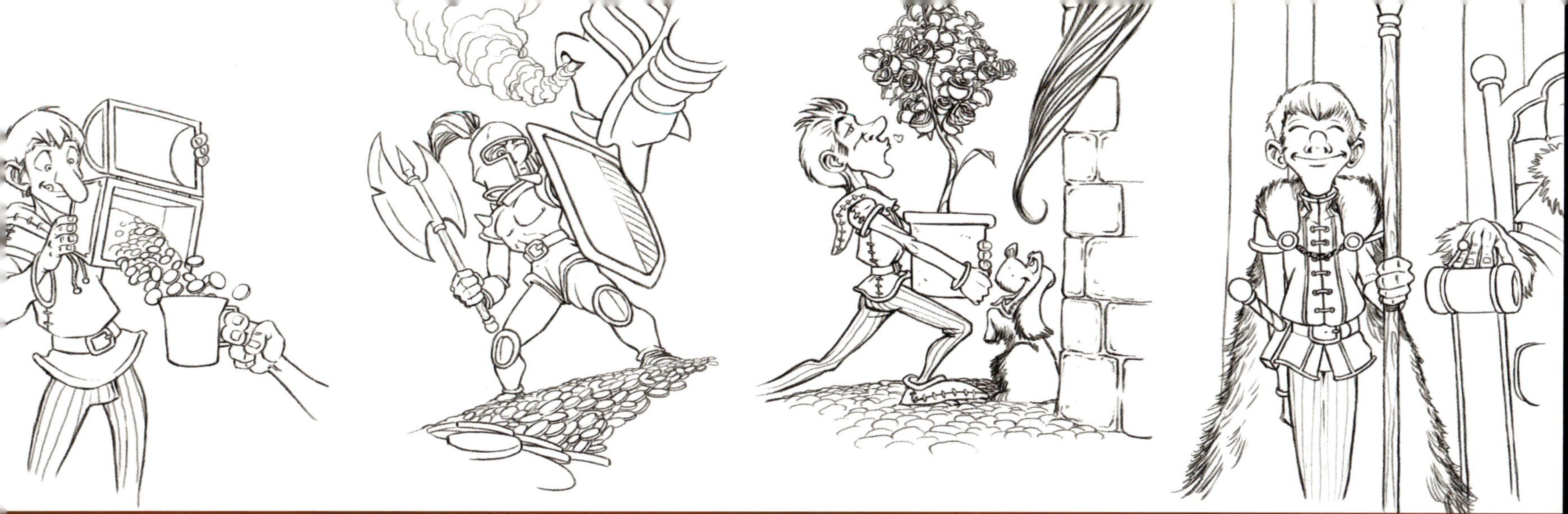

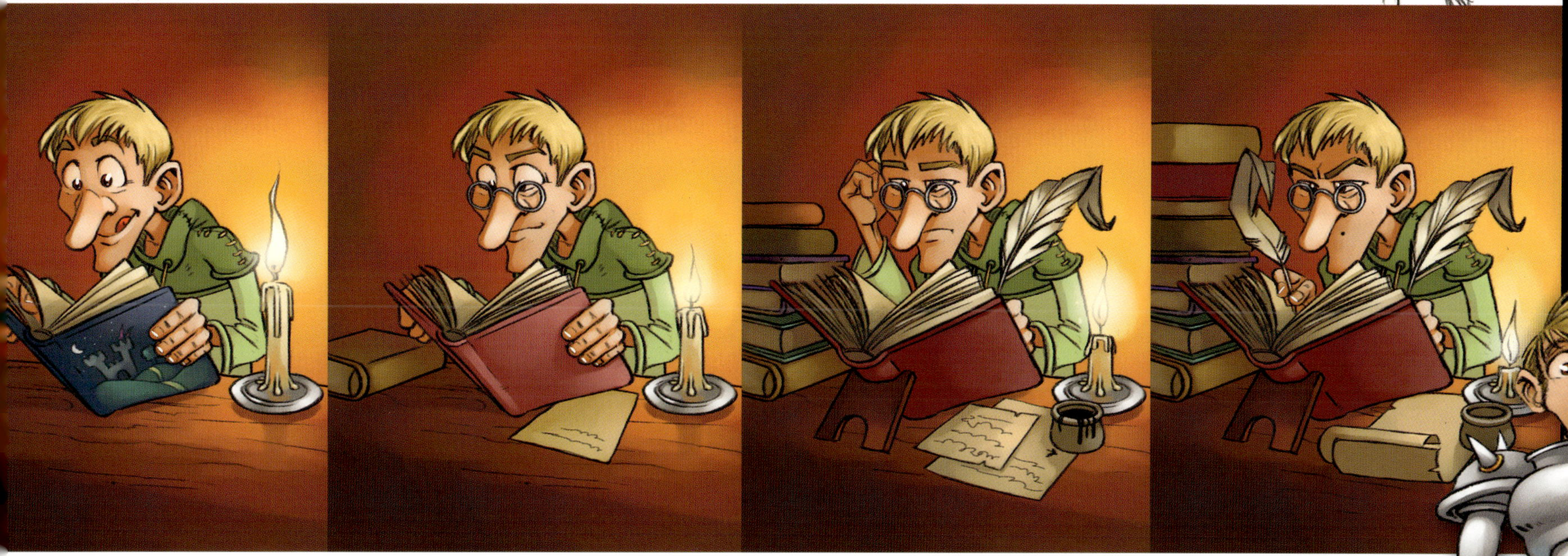

Parfaitement inutile, forcément indispensable, je me fais plaisir. Et le résultat correspond à l'idée globale de départ.

Although absolutely unnecessary, I decided I had to do it, and indulged myself. The end result lived up to the original idea.

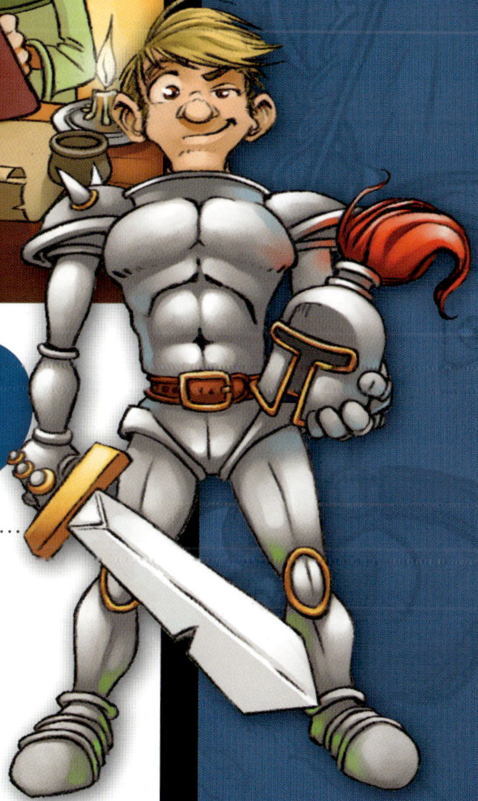

Les cartes

Dans ce jeu, les cartes sont primordiales. Toutes reliées aux tuiles de plateau, elles ont différentes valeurs. On pourrait reprendre la couleur dominante des plateaux et y mettre un chiffre et une icône. Cependant, on est bien partis avec Alain Balaÿ pour se faire plaisir jusqu'au bout. Chaque joueur incarne un écuyer qui veut devenir chevalier, et je cherche le design d'un écuyer de base qu'ensuite, je décline en réalisant l'action de chaque tuile. Plus la valeur de la carte est grande, plus l'action de l'écuyer est importante et cool.

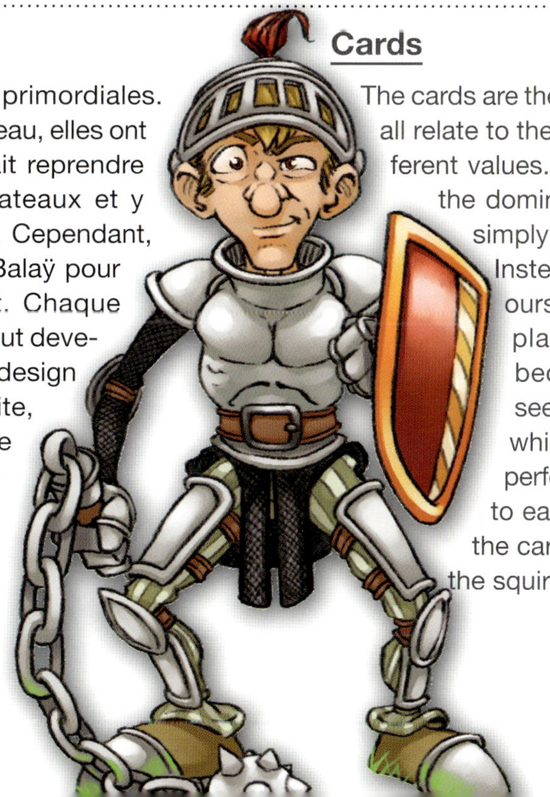

Cards

The cards are the centrepiece of this game. They all relate to the game board tiles and have different values. We could easily have adopted the dominant colours of the boards and simply added a number and an icon. Instead, Alain Balaÿ and I indulged ourselves to the limit. Each player plays a squire who dreams of becoming a knight; I began by seeking a design for a basic squire, which I then adapted to show him performing the action corresponding to each tile. The higher the value on the card, the more elaborate and cool the squire's action.

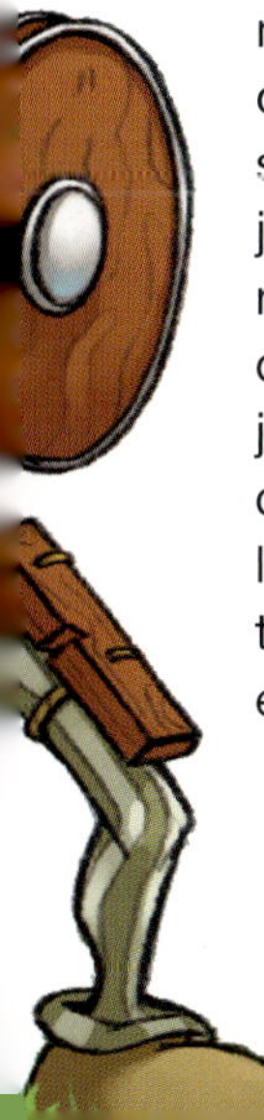

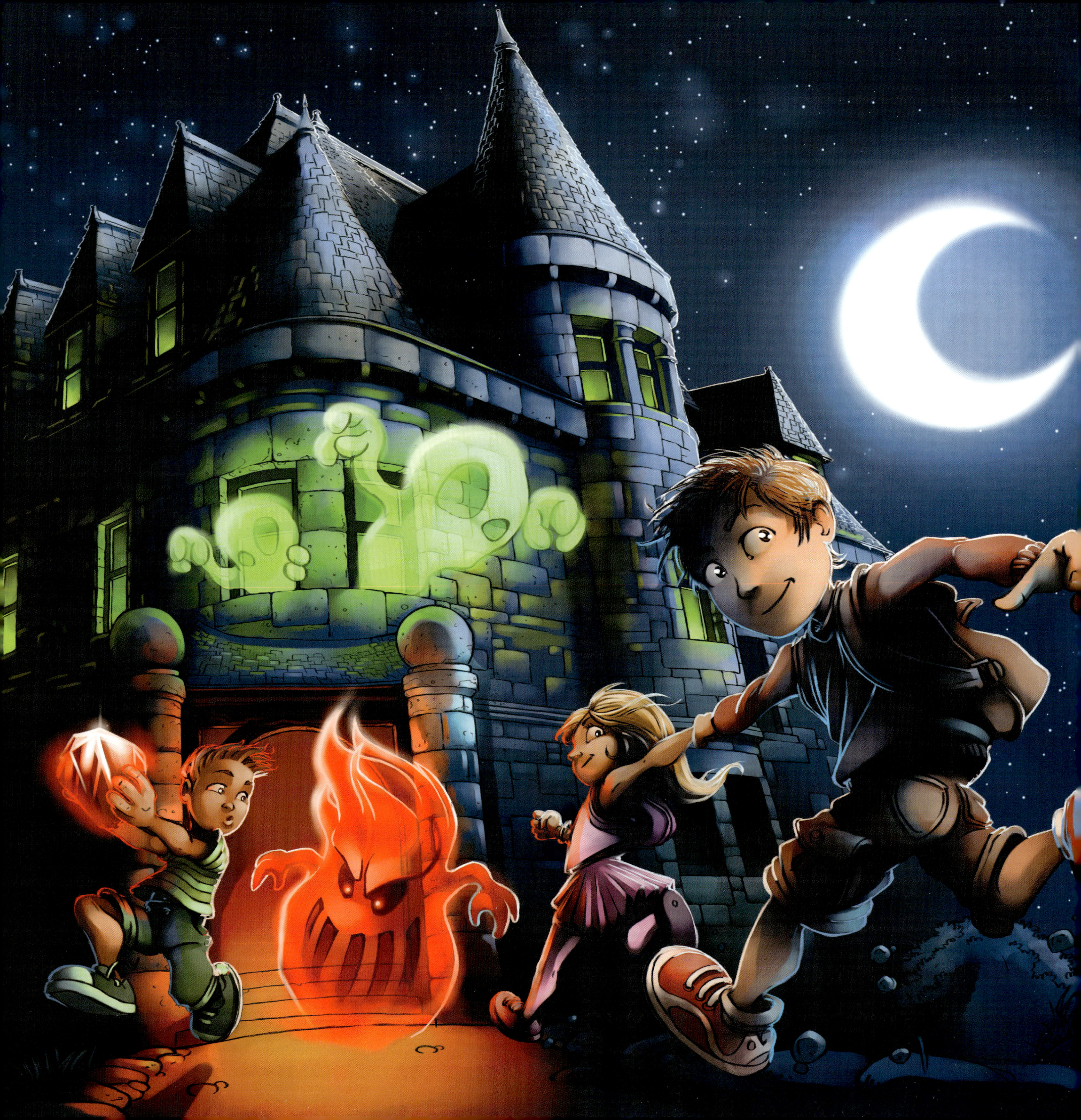

GEISTER, GEISTER, SCHATZSUCHMEISTER !

Ghost fightin' treasure hunters!

Brian Yu

Mattel
2013

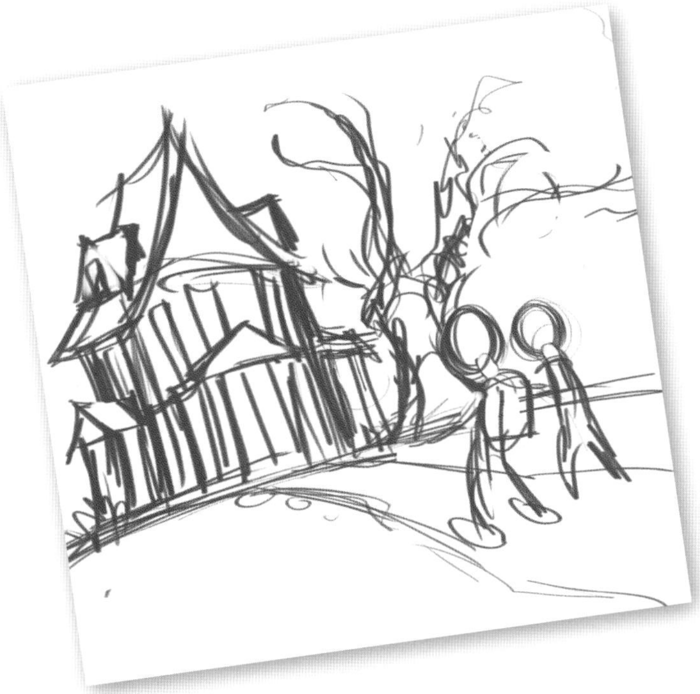

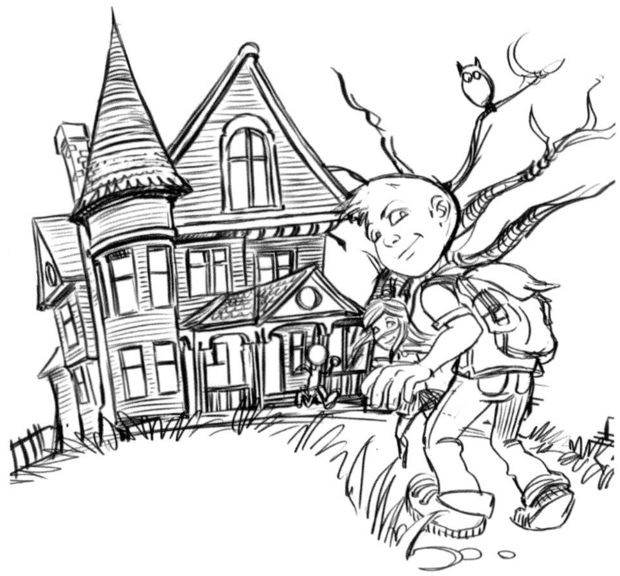

Lors de ma première séance de dédicaces en Allemagne à Essen en 2006, je rencontre Brian Yu. À l'époque, je ne sais rien de lui, si ce n'est qu'il est le frère de Dale Yu, un analyste américain et amateur éclairé de jeux de société. Je croise Brian tous les ans à la même occasion, et il devient un fan de **GHOST STORIES** venant faire signer ses boîtes à chaque sortie d'extension. On sympathise et il me demande de lui faire un dessin à l'occasion de son anniversaire de mariage les représentant, lui et sa femme, en personnages de **GHOST STORIES**.

Je n'accepte que très rarement ce genre de requête par manque de temps. Mais l'idée me fait rire et le résultat leur plaît beaucoup. En me remerciant, Brian lâche une phrase que j'entends souvent : « J'aimerais bien qu'on ait l'occasion de travailler ensemble. » C'est assez rare d'avoir besoin d'un illustrateur, à moins d'être éditeur, et je la prends pour une formule de politesse. Il me précise alors qu'il travaille chez *Mattel*. Oui, oui, *Mattel*. Si certains pensent de suite à **BARBIE**, moi, c'est aux **MAÎTRES DE L'UNIVERS**, LE dessin animé et LES jouets de mon enfance.

À l'époque, je n'envisage pas une seconde que cela se réalisera étant donné que je m'imagine mal, moi, petit illustrateur français, travailler pour la plus importante compagnie de jouets au monde. Comme quoi…

Ma hantise est de travailler avec un groupe de gens anonymes et je collabore en fait avec deux personnes : Brian Yu et David Tucker.

I met Brian Yu at my very first signing session, back in 2006 at the Essen fair in Germany. At the time, the only thing I knew about him was that he was the brother of Dale Yu, an American board game analyst and hobbyist. I subsequently met Brian at the same event each year and he became a fan of **GHOST STORIES**, bringing me his copy of each new expansion to have it signed. We became friends and he asked me to draw him and his wife as **GHOST STORIES** characters for his wedding anniversary.

I only very rarely agree to this type of request, due to lack of time. But the idea made me laugh and they were very pleased with the result. As he thanked me, Brian let slip a phrase that I hear a lot: " I hope we get the chance to work together". It's quite rare for anyone other than a publisher to need an illustrator so I assumed he was just being polite. Then he mentioned that he worked for *Mattel*. Yes, *Mattel*… While this would immediately make most people think of **BARBIE**, for me it was **MASTERS OF THE UNIVERSE** - the definitive animated cartoon and toys of my childhood.

At the time, I didn't think anything would come of it, as I couldn't for one moment imagine a little-known French illustrator working for the world's biggest toy company. Which just goes to show…

My biggest fear is working with a group of anonymous people, so I was relieved to be partnered with just two individuals: Brian Yu and David Tucker.

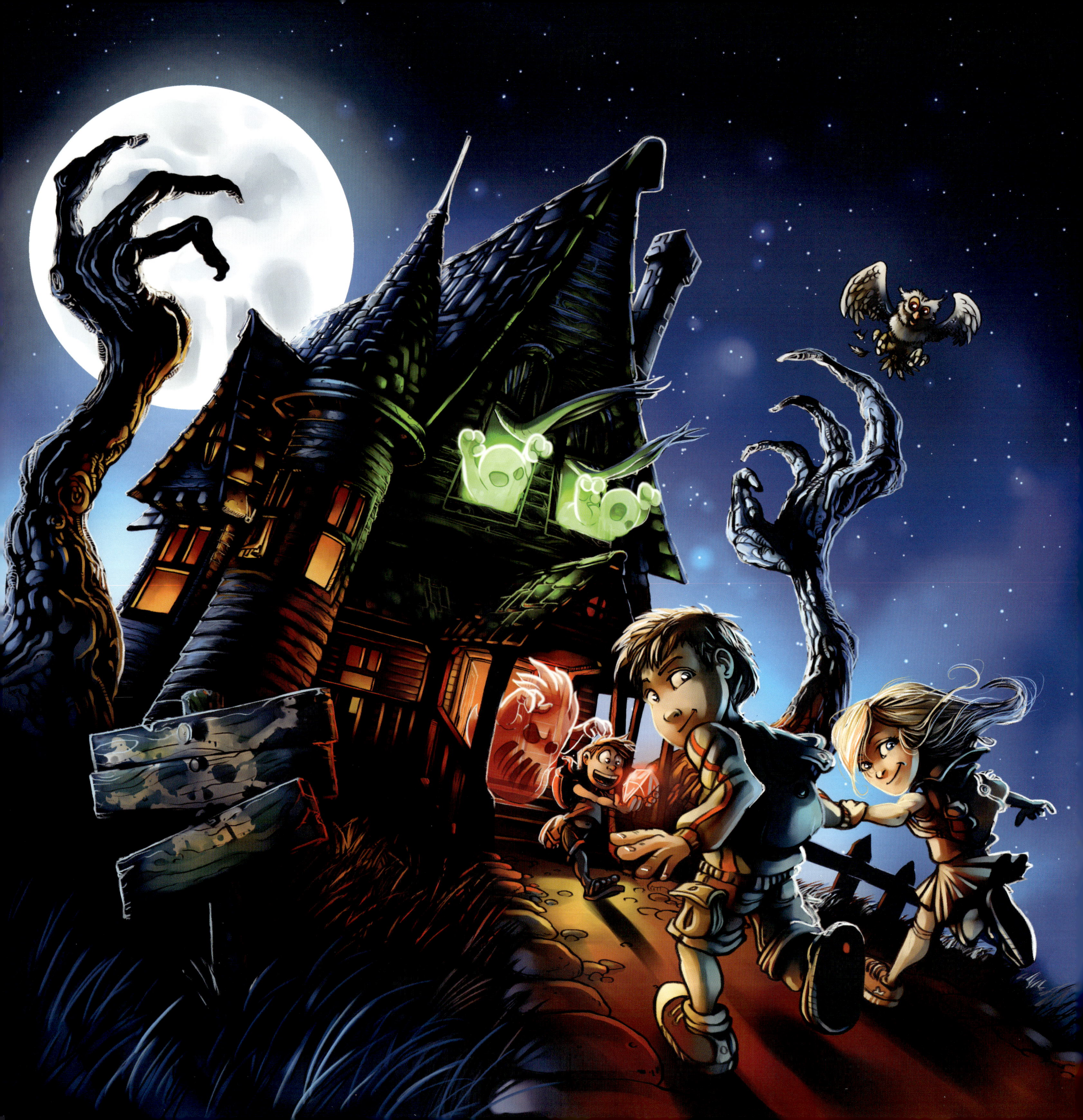

GEISTER, GEISTER, SCHATZSUCHMEISTER !

Ghost fightin' treasure hunters!

Brian Yu

Mattel
2013

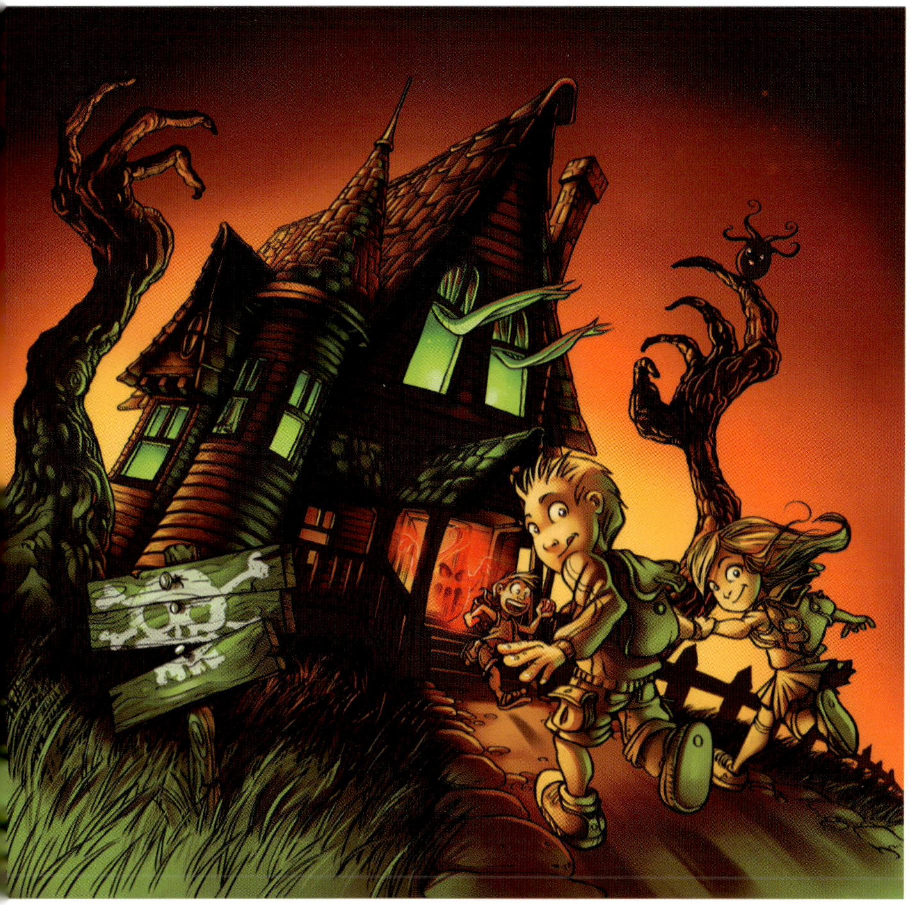

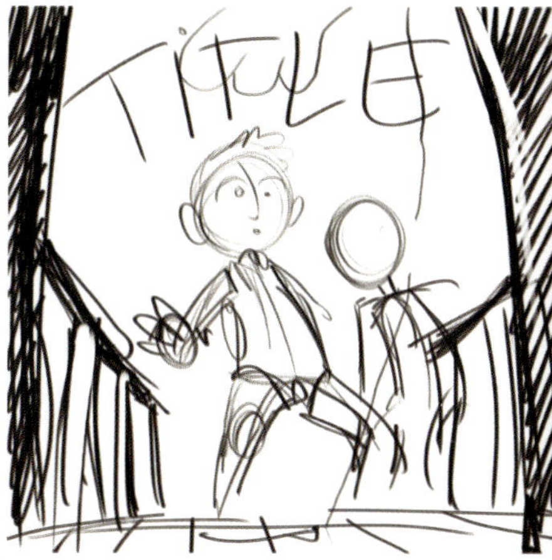

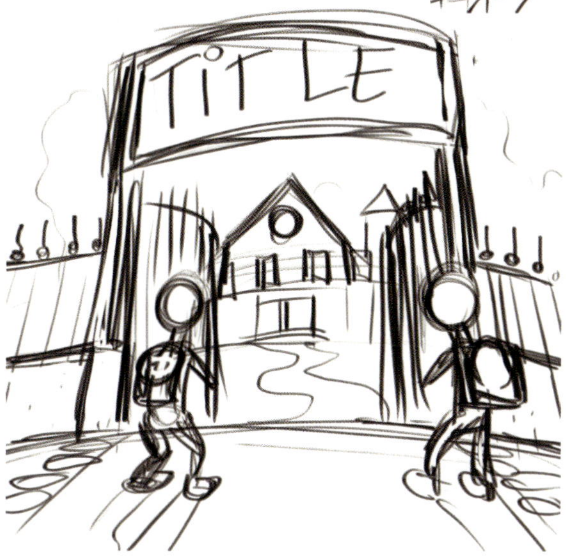

Les recherches de couvertures

Il existe deux illustrations finies pour la couverture de GEISTER GEISTER SCHATZSUCHMEISTER. La première deviendra quelques années plus tard l'image pour la version américaine, et la seconde celle pour l'Allemagne.

L'idée de la couverture est simple et nous tombons vite d'accord sur la composition générale. Seule la gamme de couleurs nous cause souci. L'équipe de *Mattel* veut une dominante orangée, mais on réalise très vite que ça donne un côté Halloween qui nous gêne. On redémarre donc la couleur. Mais ça n'est pas le seul problème.

Le jeu est destiné au marché allemand et en réalisant l'illustration avec le directeur artistique américain, nous n'imaginons pas que cela puisse poser un souci.

C'est au moment d'envoyer l'image que nous pensons finale à *Mattel* Allemagne, qu'ils nous répondent qu'il y a un vrai problème. En effet, là-bas, la « maison hantée au fond du bois » n'existe pas, il n'y a que des châteaux hantés.

Il faut la refaire entièrement et heureusement, aujourd'hui, la première image revoit le jour pour la version américaine, car nous l'aimons tous et j'y ai passé beaucoup de temps.

Cover studies

Two finished illustrations exist for the cover of GHOST FIGHTIN' TREASURE HUNTERS. The first would be used a few years later for the American version, and the second was used for Germany.

The idea for the cover was simple and we quickly agreed on the basic composition. Only the colour palette posed a problem. The *Mattel* team wanted an orangey dominant colour, but we quickly realised that this gave the game a Halloween feel that we didn't feel comfortable with. So we went back to square one for the colouring. But that was not the only problem.

The game was intended for the German market. As I worked on the artwork with the American art director, I was blissfully unaware that this would be an issue.

It was only when we sent what we thought was the final image to *Mattel* Germany that they replied that there was a real problem, explaining that "haunted houses deep in the woods" don't exist in Germany, where only castles are haunted.

We had to redo the cover art from scratch. Luckily, our original image has since been used for the American version, which is nice, as we all liked it and I spent a long time on it.

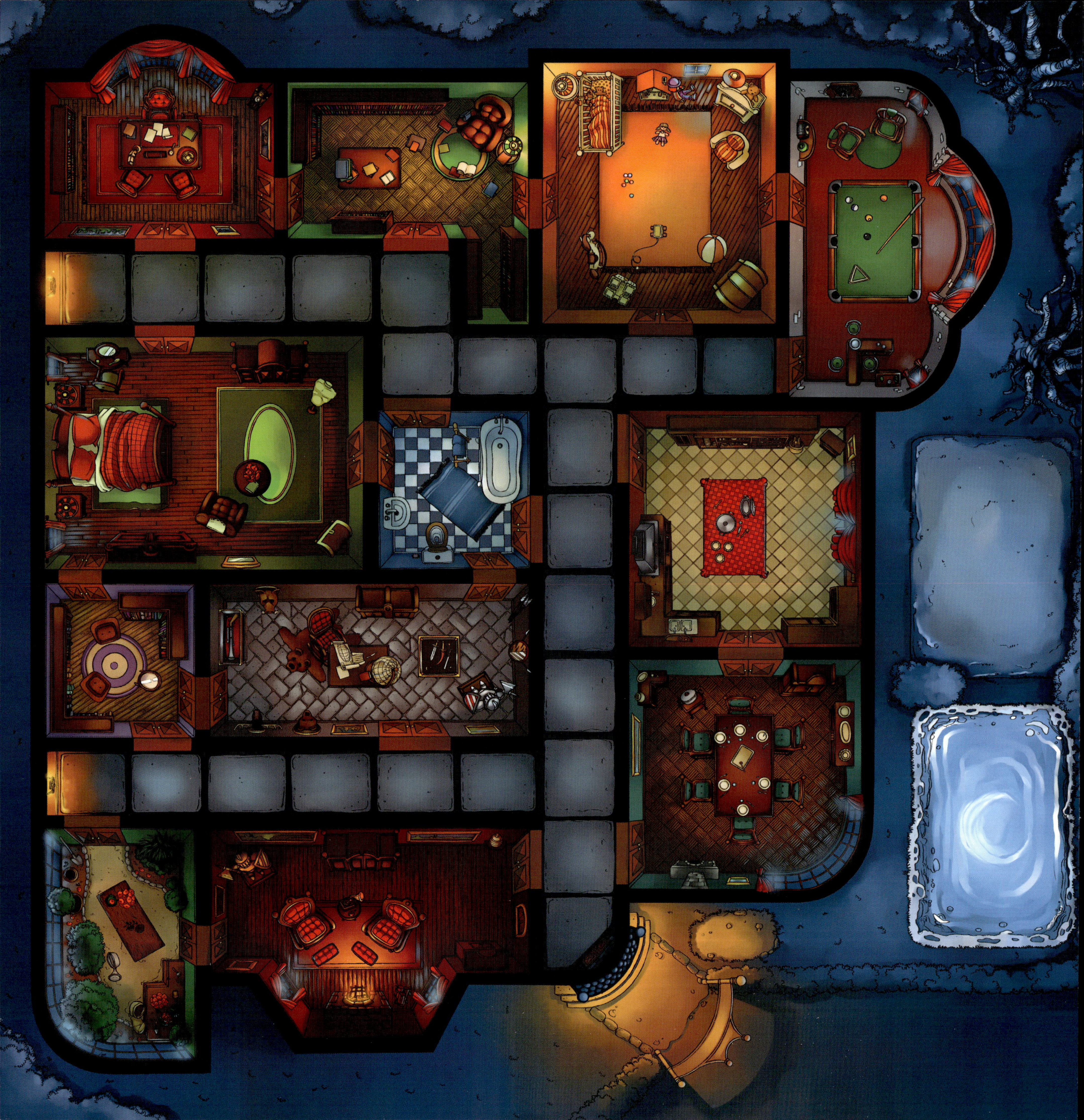

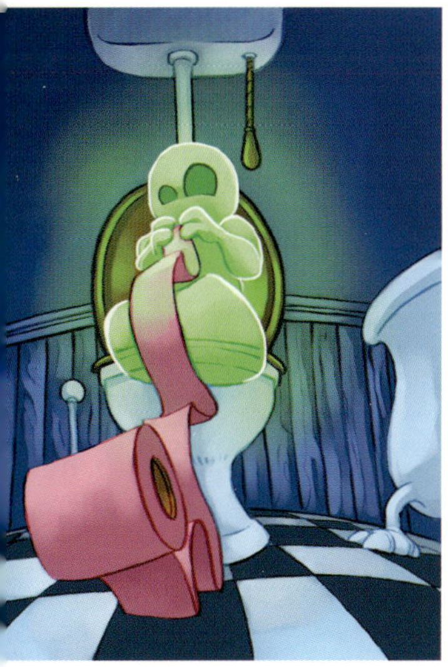

Honnêtement, je ne pensais pas que le fantôme sur les toilettes, ça passerait !

I honestly didn't think I'd get away with the ghost on the toilet!

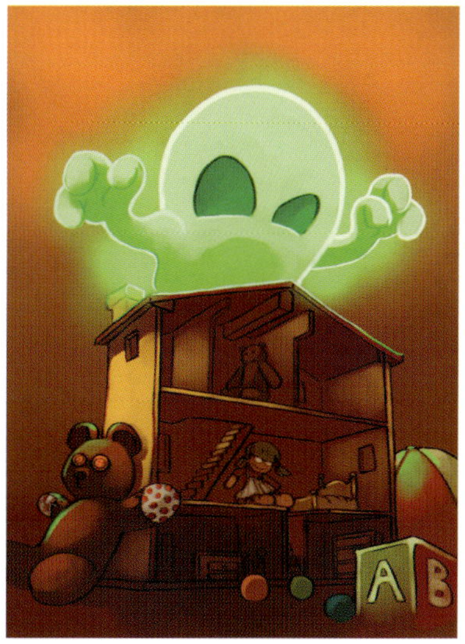

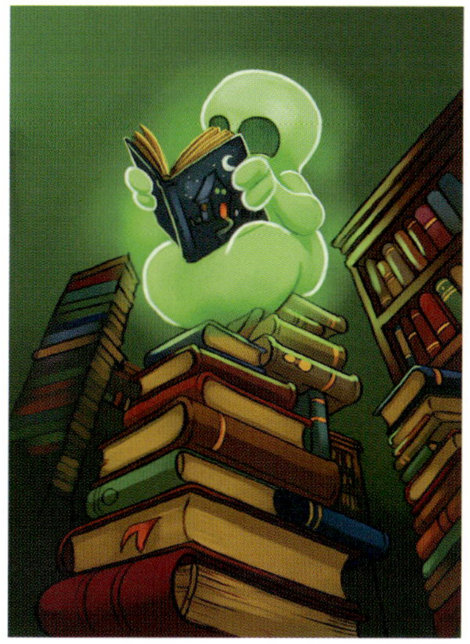

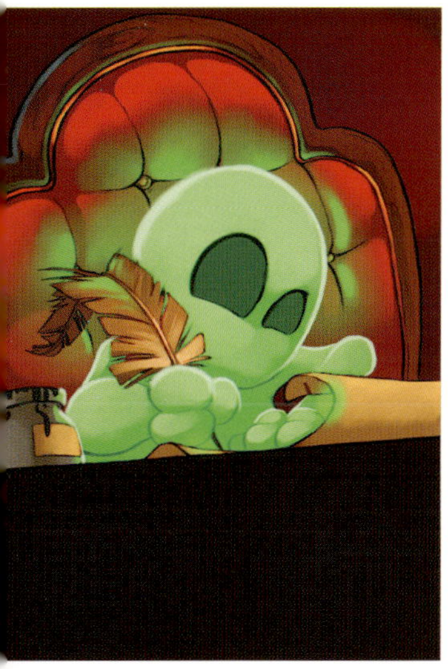

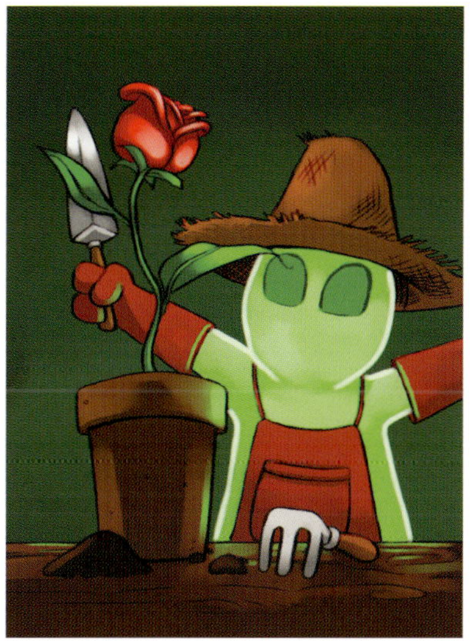

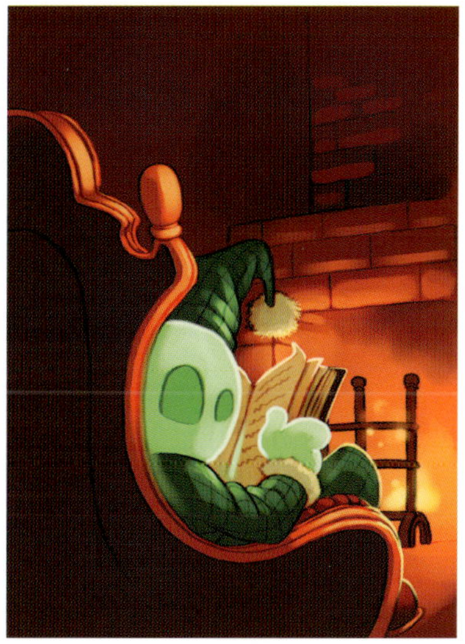

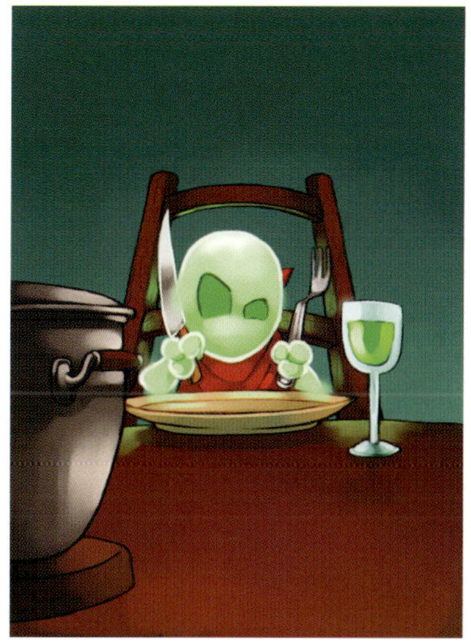

Voilà un plateau qui me terrifie avant même de l'avoir commencé.

This was a game board that terrified me before I even began!

Le plateau

Un gros décor de maison hantée, rempli d'objets et de meubles, dans une ambiance nocturne et avec la nécessité d'avoir des couleurs dominantes pour chaque pièce. Au final, c'est long, mais pas si difficile que ça. Ma seule crainte est de devoir le refaire quand nous changeons l'image de la boîte. Heureusement, ça n'est pas le cas.

Game board

The customer needed a large decor showing a haunted house filled with furniture and other items, in a night-time atmosphere with dominant colours for each room. In the end, the work was time-consuming but not as difficult as it could have been. My only fear was that we might have to start over when the box image was changed… Fortunately, that was not the case.

Les cartes

Au moment d'attaquer le projet, les figurines du jeu sont déjà réalisées (oui, c'est bizarre, je sais) et elles me servent de base pour créer les cartes. Le design des fantômes étant très rigolo, je veux garder cet esprit humoristique dans les illustrations.

Cards

When I started working on the project, the miniatures had (rather unusually) already been produced and I used them as the basis for creating the cards. As the design for the ghosts was very amusing, I wanted to apply the same humorous approach to the artwork.

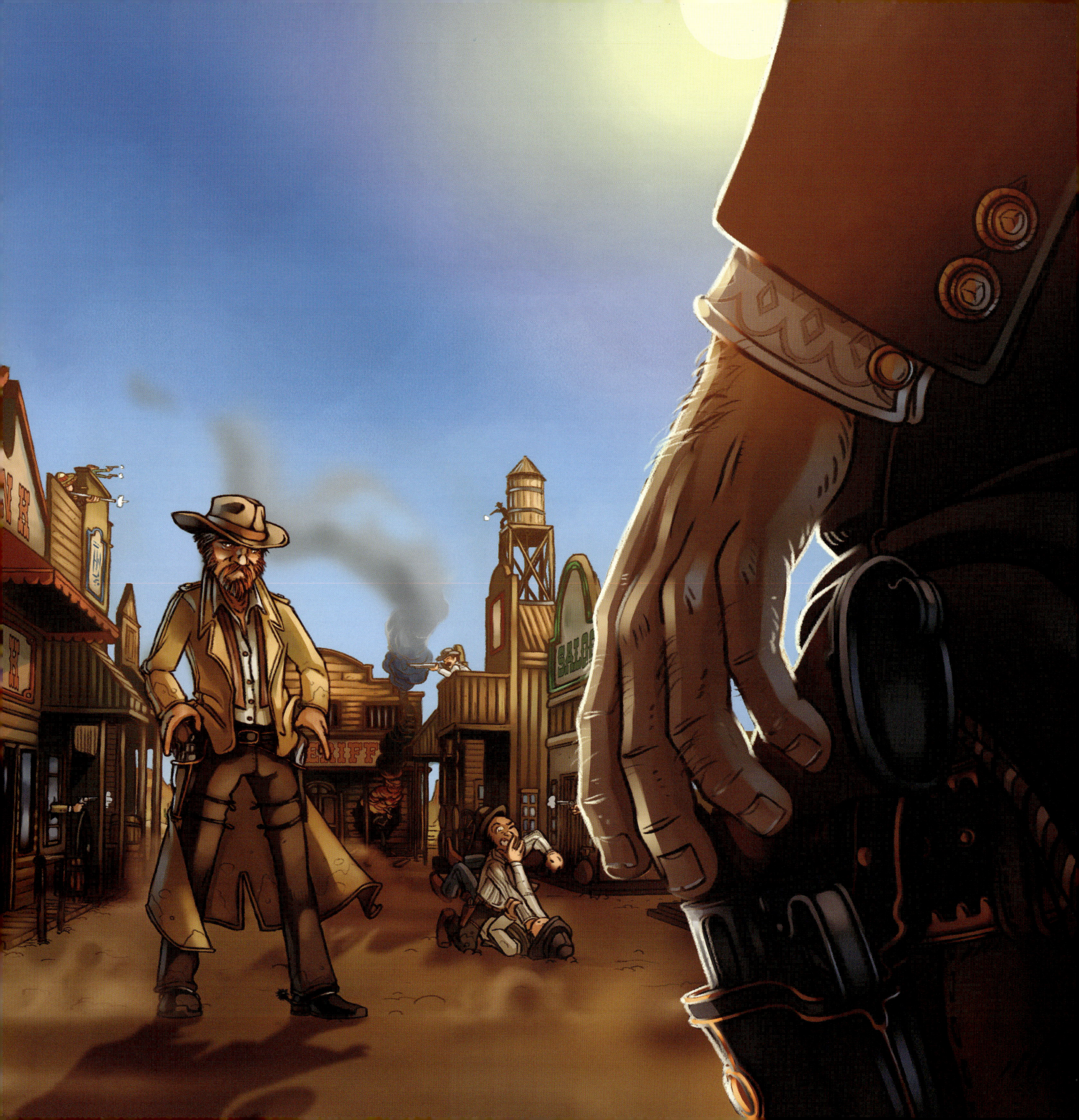

DESPERADOS OF DICE TOWN

Bruno Cathala
Ludovic Maublanc
Matagot
2014

Pendant cinq ans, je travaille avec des illustrateurs et scénaristes de bandes dessinées dans un atelier où nos pauses de l'après-midi sont rythmées par des parties de fléchettes en version *Criquet*. Quelle belle surprise de tester le prototype **DARTS** de Bruno Cathala qui reprend les règles du *Criquet* !

Ce jeu de dés est excellent, rapide, drôle et bourré de méchanceté, le genre de petit jeu qu'on sort facilement à l'apéro avec des copains. Avec quelques années d'expérience, j'apprends que je ne peux pas illustrer TOUS les prototypes qui me plaisent et surtout ceux qui n'en ont pas vraiment besoin. Je suis donc très surpris quand Bruno me lance : « J'ai trouvé un éditeur pour **DARTS**, et il y a des chances que ça soit toi qui l'illustres… » J'adore le jeu, mais j'imagine mal autre chose qu'une simple couverture avec une cible et des fléchettes dedans. Le genre de travail qu'un graphiste ferait beaucoup mieux que moi. Mais Bruno reprend (je coupe souvent la parole) : « Avec Ludo, on le thématise **DICE TOWN**, on doit sortir son gang de prison et éliminer les autres. » Yeah ! Illustrer un bon jeu et revenir à **DICE TOWN**, le rêve.

Le jeu étant assez méchant et littéralement « Pan ! Dans ta face ! » (expression d'usage et normalement un poil plus vulgaire), je me fais plaisir avec une jolie scène de duel pour la boîte et surtout, un cadrage avec un premier plan très présent, chose que j'aime bien faire. Évidemment, je reprends un peu les bâtiments de **DICE TOWN**, mais de façon discrète, car les deux jeux n'ont rien à voir et on ne veut pas que les gens croient en une extension.

For five years, I worked alongside comic writers and illustrators in a workshop where we would spend our afternoon breaks playing the darts variant known as *Cricket*. So it was a nice surprise to test the prototype for Bruno Cathala's **DARTS** game, which was based on the rules for Cricket!

This was an excellent dice game: fast, funny and downright evil – the perfect type of game to play with your mates at the pub. By this time, with a few years' experience under my belt, I had learned that I couldn't illustrate EVERY prototype that took my fancy, and especially not those that didn't really need artwork. As a result, I was more than a little surprised when Bruno told me: "— I've found a publisher for **DARTS** and there's a good chance you'll be doing the artwork…" I loved the game, but I didn't really imagine anything other than some basic cover art featuring darts and a dart board. The kind of work that a graphic designer would do much better than me. But Bruno picked up where he left off (I have a tendency to interrupt people): "— With Ludo, we're giving it a **DICE TOWN** theme – the goal is to bust your gang out of jail and wipe out the other gangs". Yeah! Illustrate a good game AND take another trip to **DICE TOWN**? What more could you ask for?

As the game was quite cutthroat and "Bam! Stick that up your Stetson!" (to paraphrase a ruder expression), I had a great time drawing a nice duel scene for the box, and indulged my preference for a view framed with the emphasis on the foreground. Naturally, I echoed the buildings of **DICE TOWN**, but discreetly, as the two games are totally different and we didn't want people to think that this was an expansion.

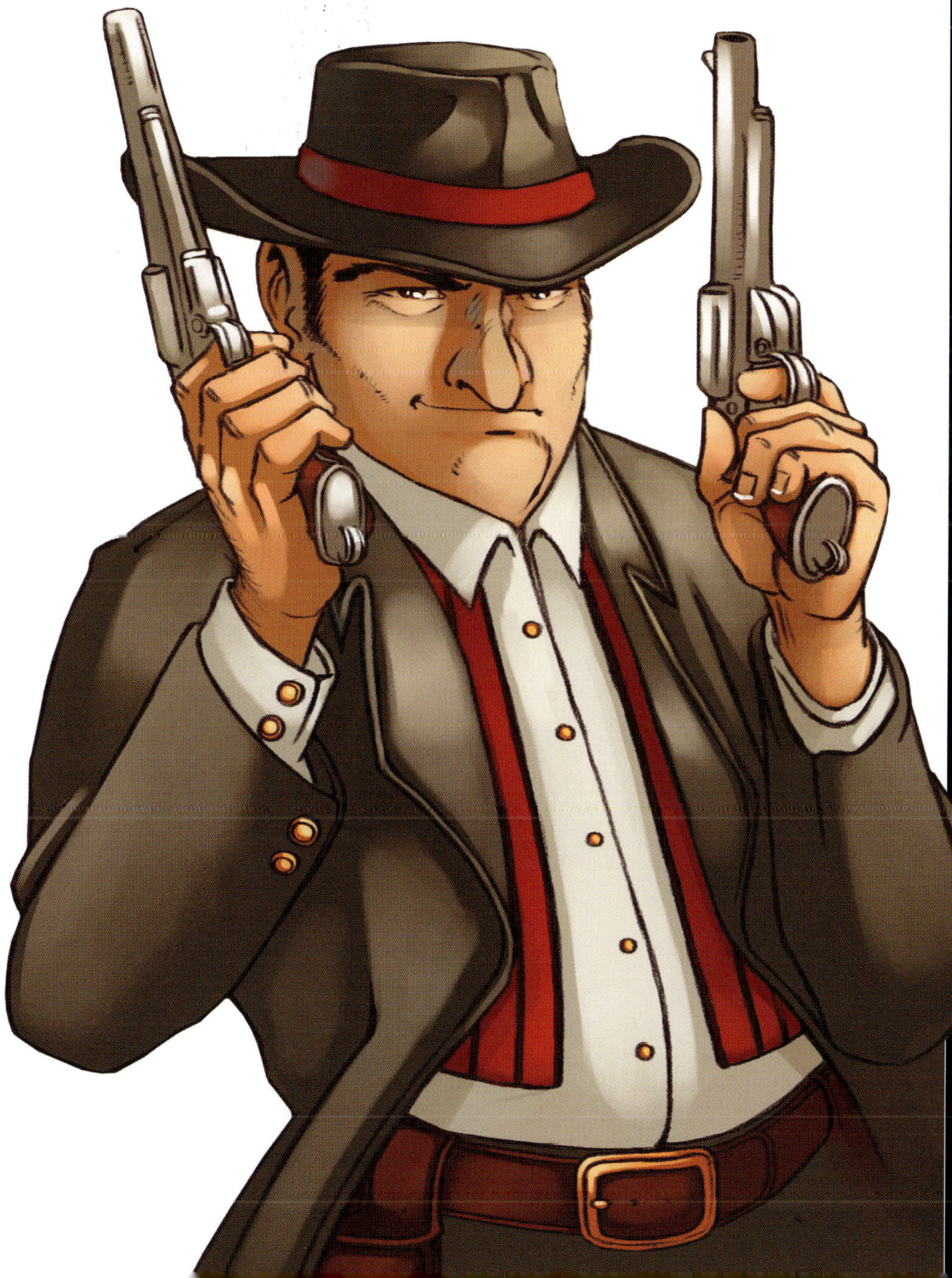

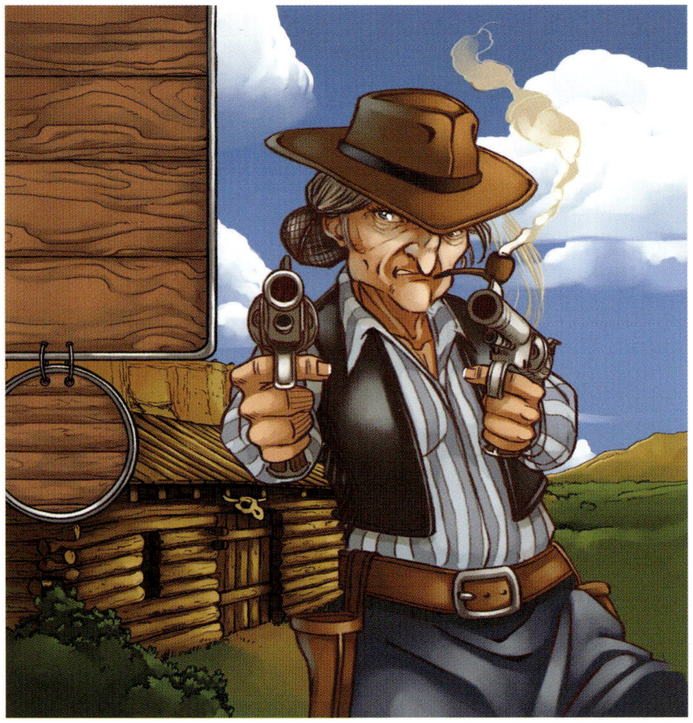

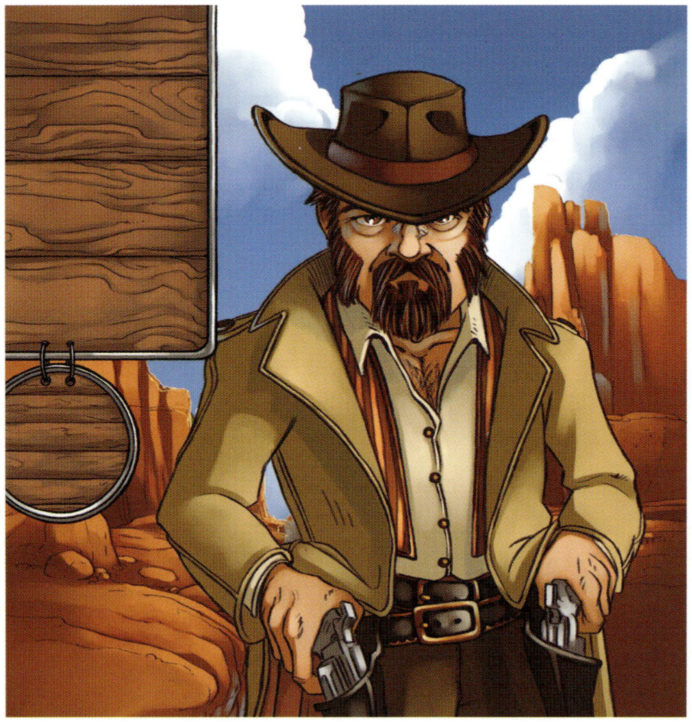

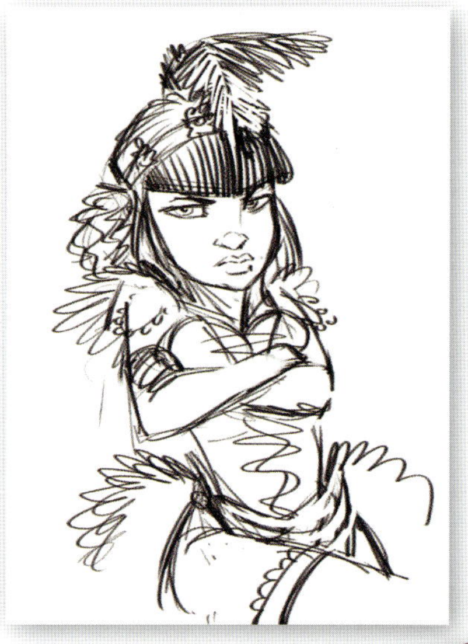

Je suis devenu illustrateur à force de dessiner mes copains de classe et mes profs au lieu de les écouter.

I became an illustrator as a consequence of drawing my classmates and teachers instead of listening to them.

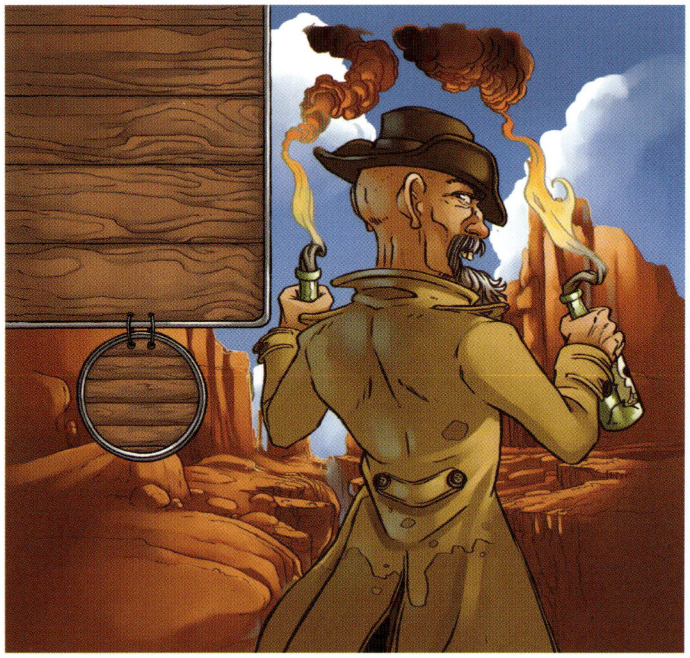

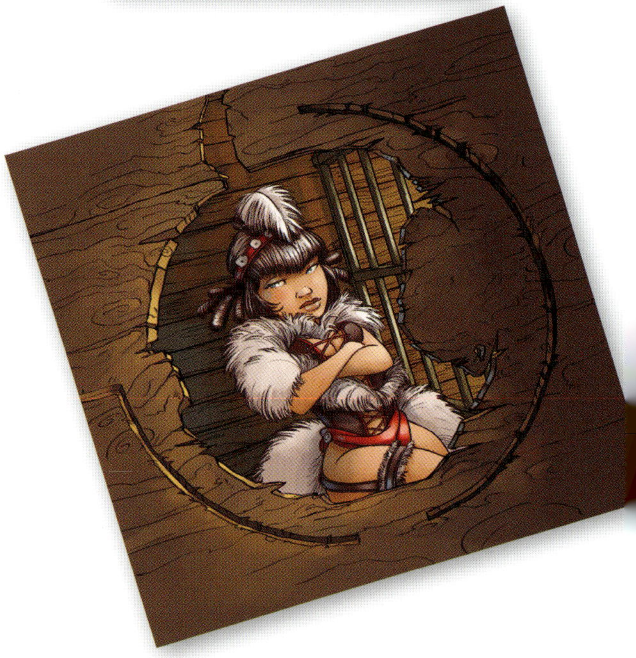

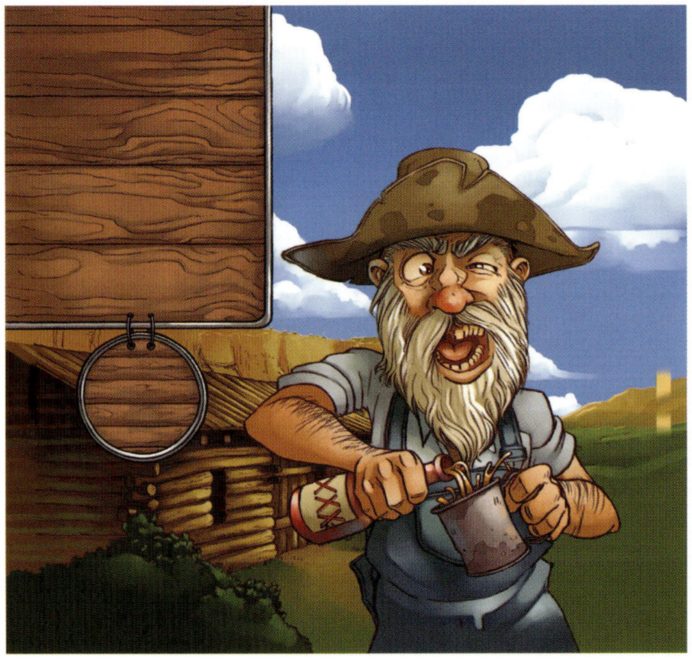

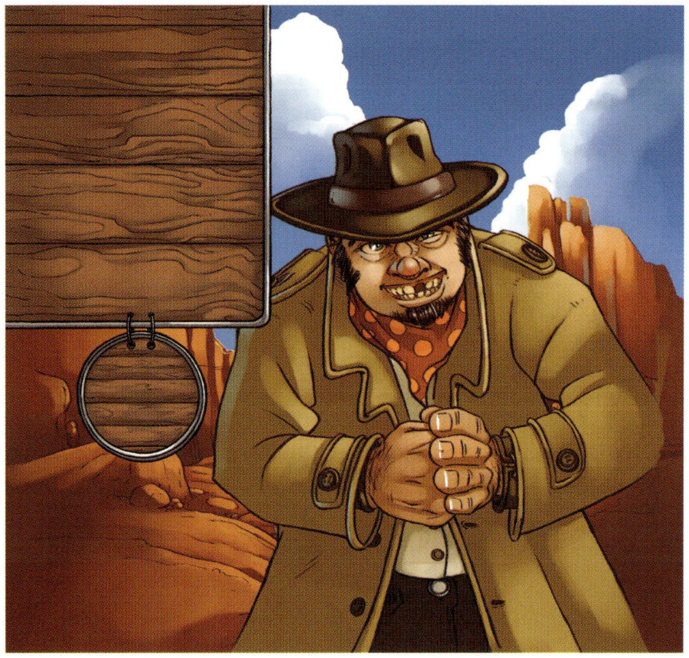

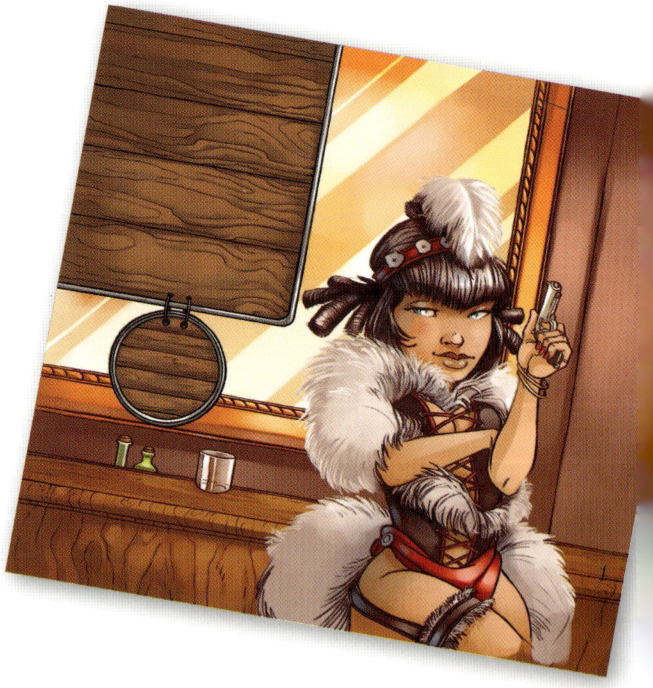

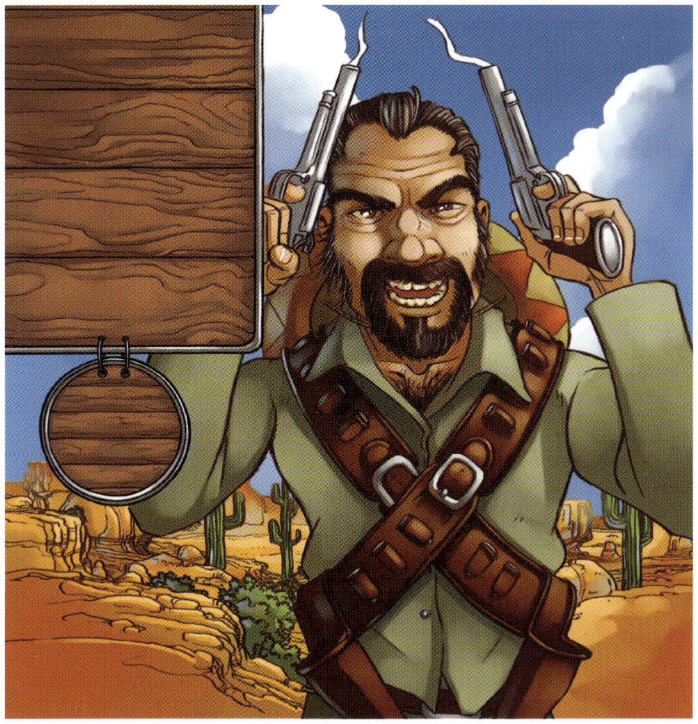

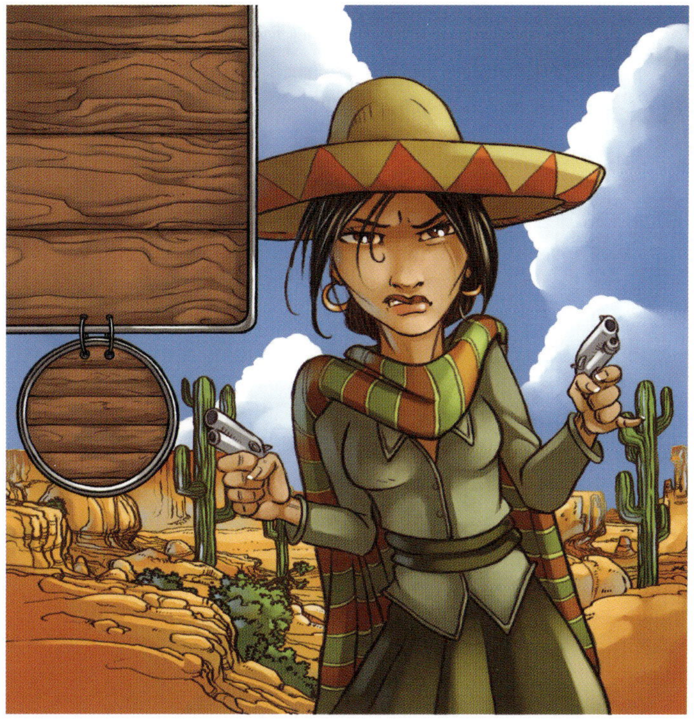

On tient à mettre aussi des personnages féminins, même si le thème du Old West est plutôt viril, tendance machiste.

We were also determined to include some female characters, despite the Wild West theme being quite virile or even downright macho.

Les gangs

C'est toujours rigolo de glisser des clins d'œil dans ses illustrations, et croquer les gens que l'on a autour de soi permet de ne pas trop se froisser les neurones à imaginer chaque fois de nouveaux visages. C'est souvent une mauvaise idée en fait. Dans DESPERADOS OF DICE TOWN, les personnages les plus réussis restent ceux que je crée, car je m'affranchis de la contrainte de la ressemblance et de la peur de vexer en poussant la caricature.

Dans DESPERADOS OF DICE TOWN, l'objectif est de libérer son gang, alors il faut faire une version prison et une autre, libre. Les gangs doivent être identifiables tant dans leurs habits que dans le décor pour que le jeu soit bien lisible et rapide à installer.

Gangs

It's always fun to slip references into your artwork, and sketching the people around you is easier than having to wrack your brains inventing new faces every time. But it's often a bad idea… In DESPERADOS OF DICE TOWN, the most successful characters were the ones I made up, as I wasn't limited by the need to aim for a resemblance or avoid upsetting someone by pushing the caricature too far.

In DESPERADOS OF DICE TOWN, the aim of the game was to release your gang, so I had to draw a "jailed" version and another "free" version. The gangs had to be identifiable by their clothes as well as the decor, to make the game easy to read and quick to set up.

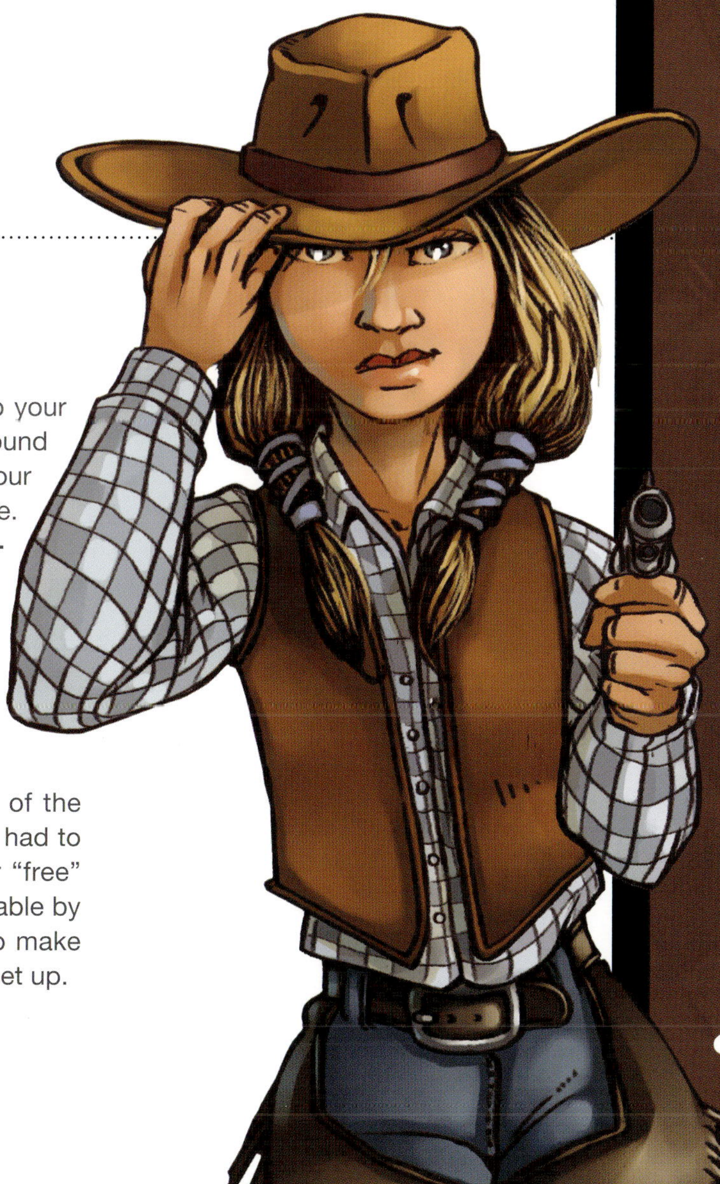

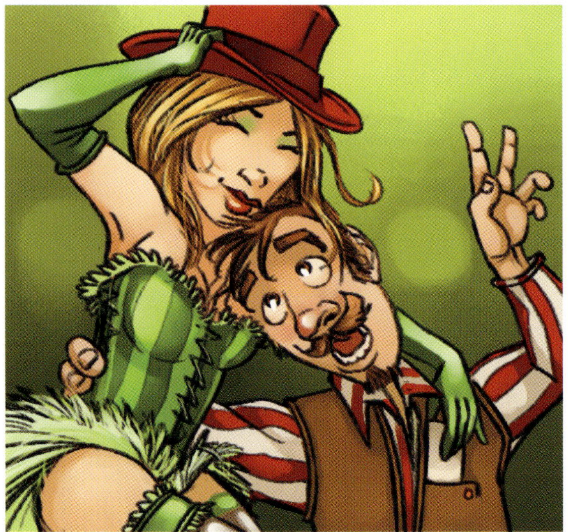
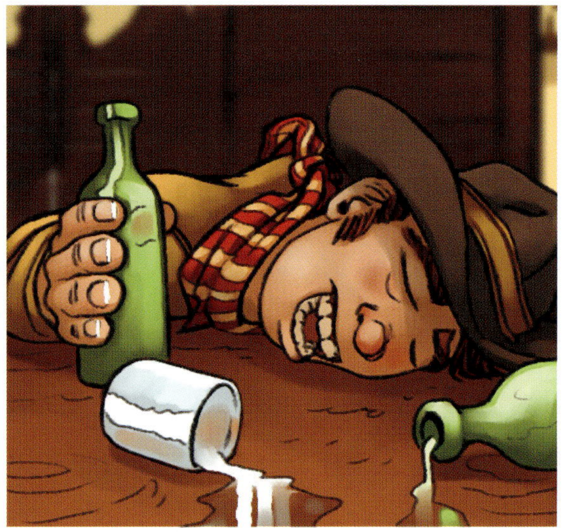
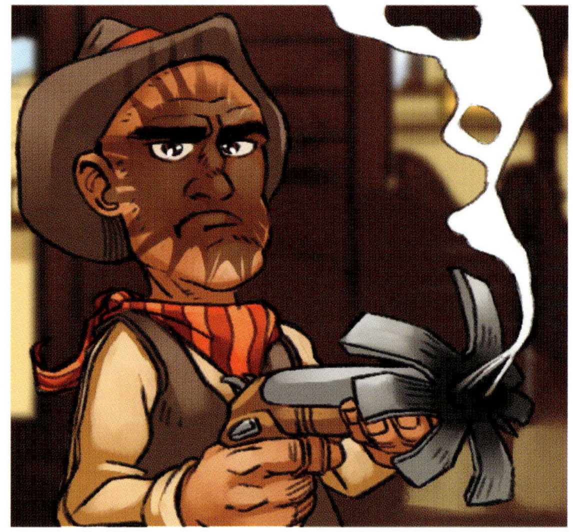
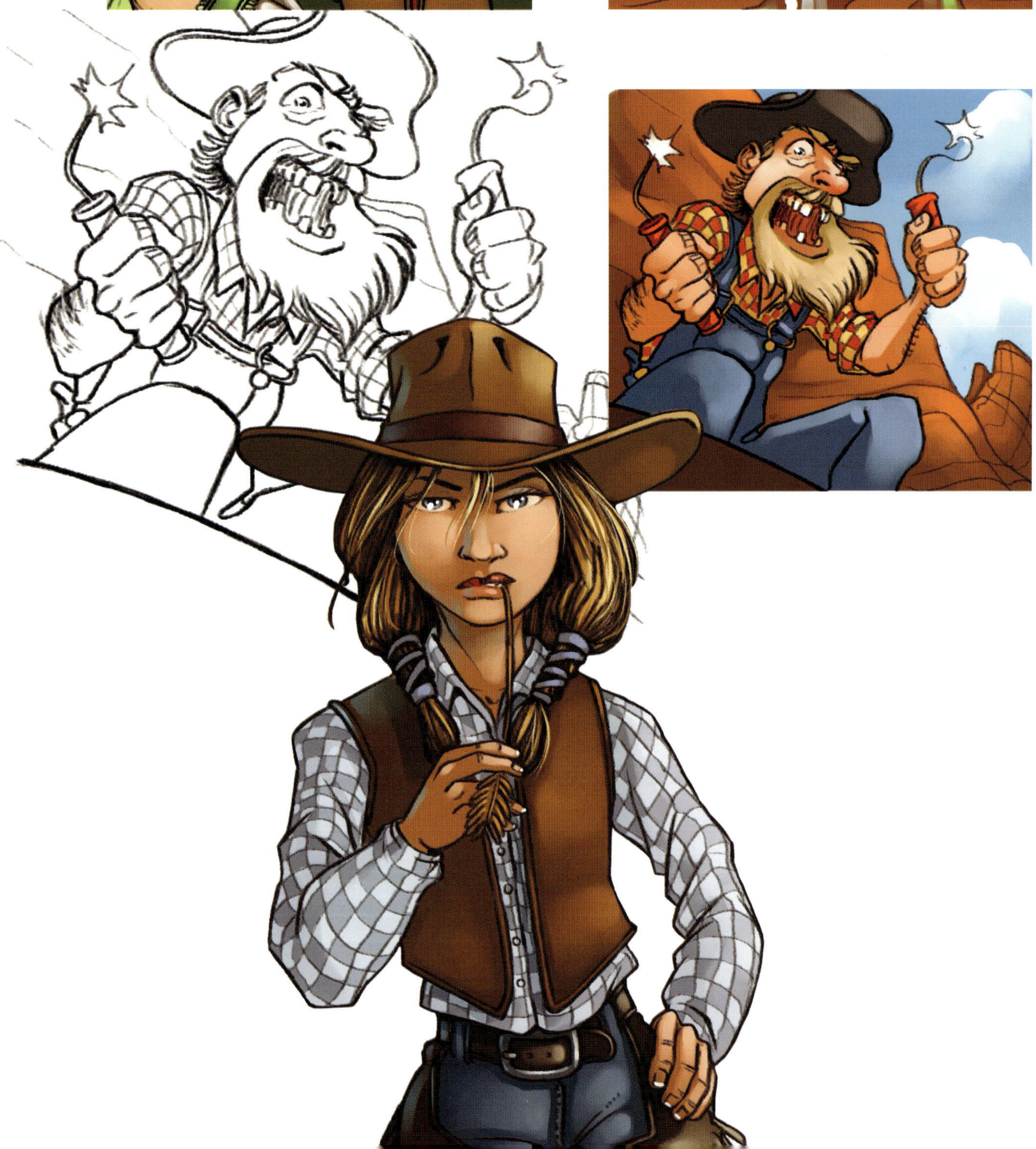
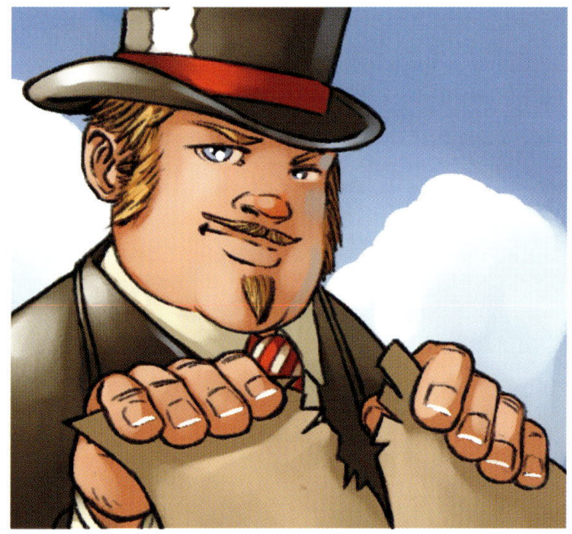
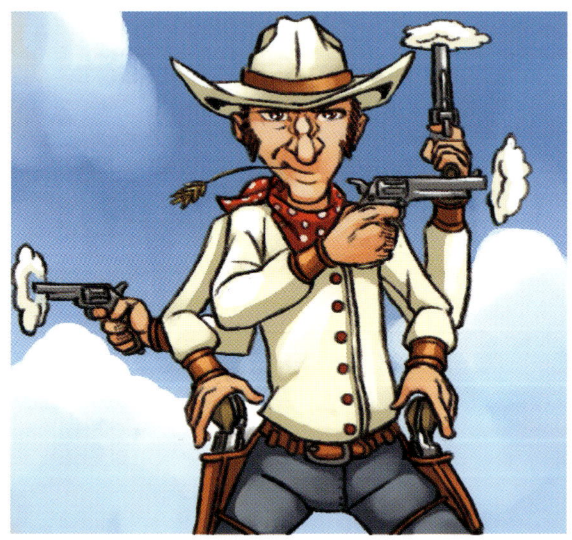

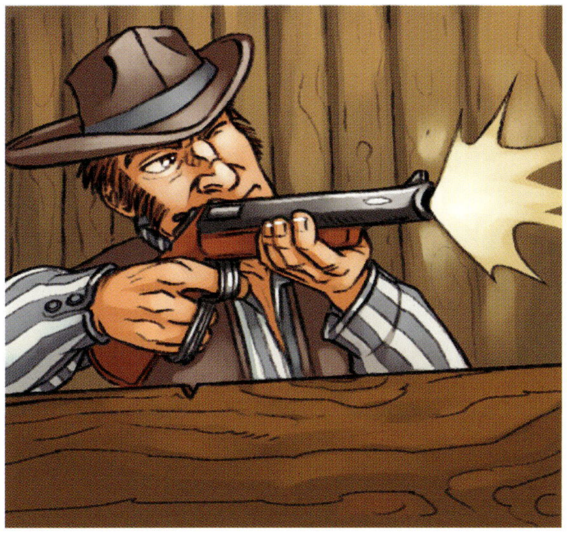

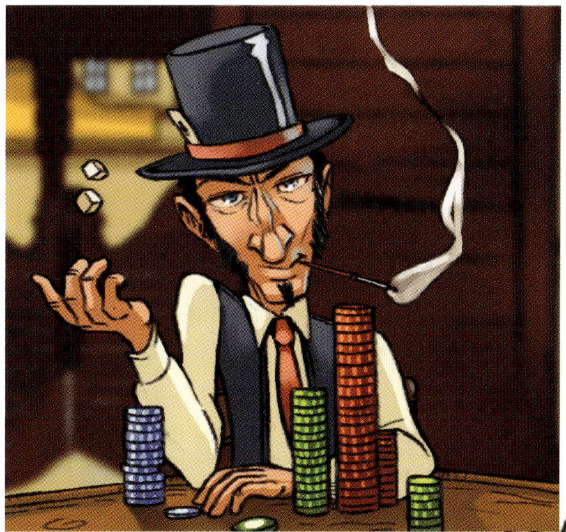

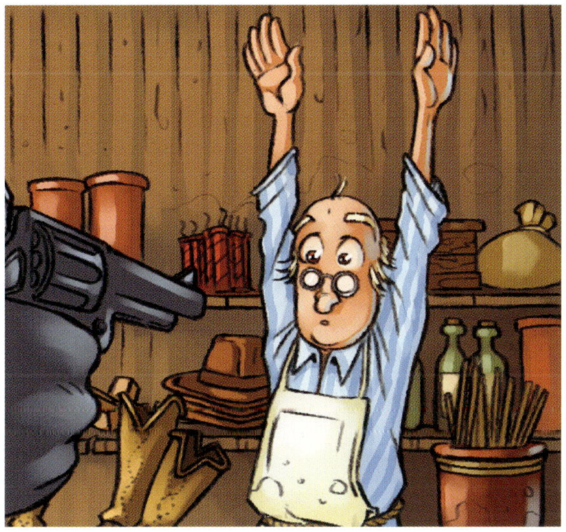

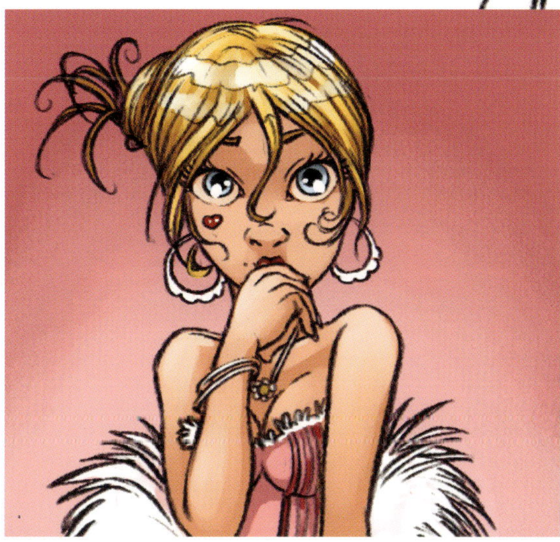

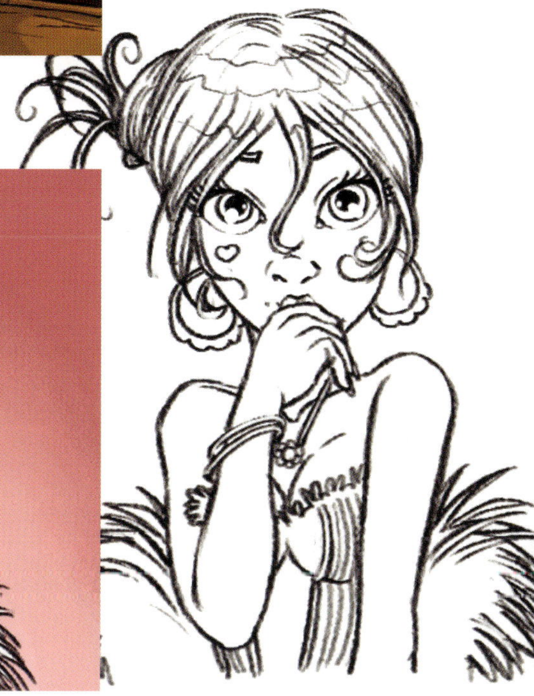

Les cartes Action

Les cartes Action de **DICE TOWN** (le jeu de base) ont été très agréables à créer, mais je trouve qu'elles ont pris un sacré coup de vieux. Peut-être réalisées trop vite à l'époque, je veux me rattraper avec **DESPERADOS OF DICE TOWN** et les faire encore plus drôles en m'appliquant davantage sur le dessin. Cependant, la taille de la carte et de la maquette ne laisse que peu de place à l'illustration et il faut « faire avec ».

Action cards

I really enjoyed drawing the Action cards for **DICE TOWN** (base game), but I thought they had become very dated. Maybe I had done them too quickly at the time. In any case, I wanted to redeem myself with **DESPERADOS OF DICE TOWN** and make the cards even funnier while taking extra care with the drawing. However, the size of the card and the layout didn't leave much room for the artwork, and I had to settle for "doing my best".

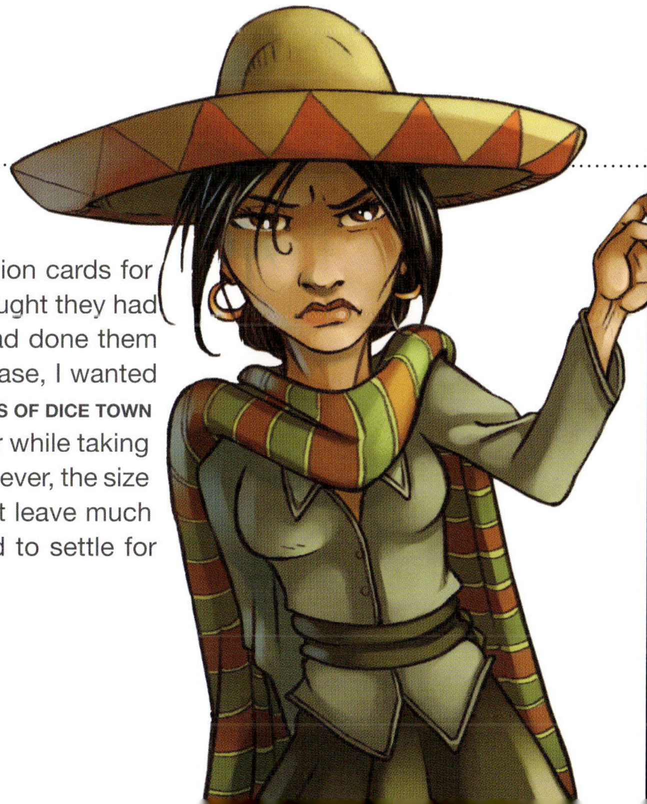

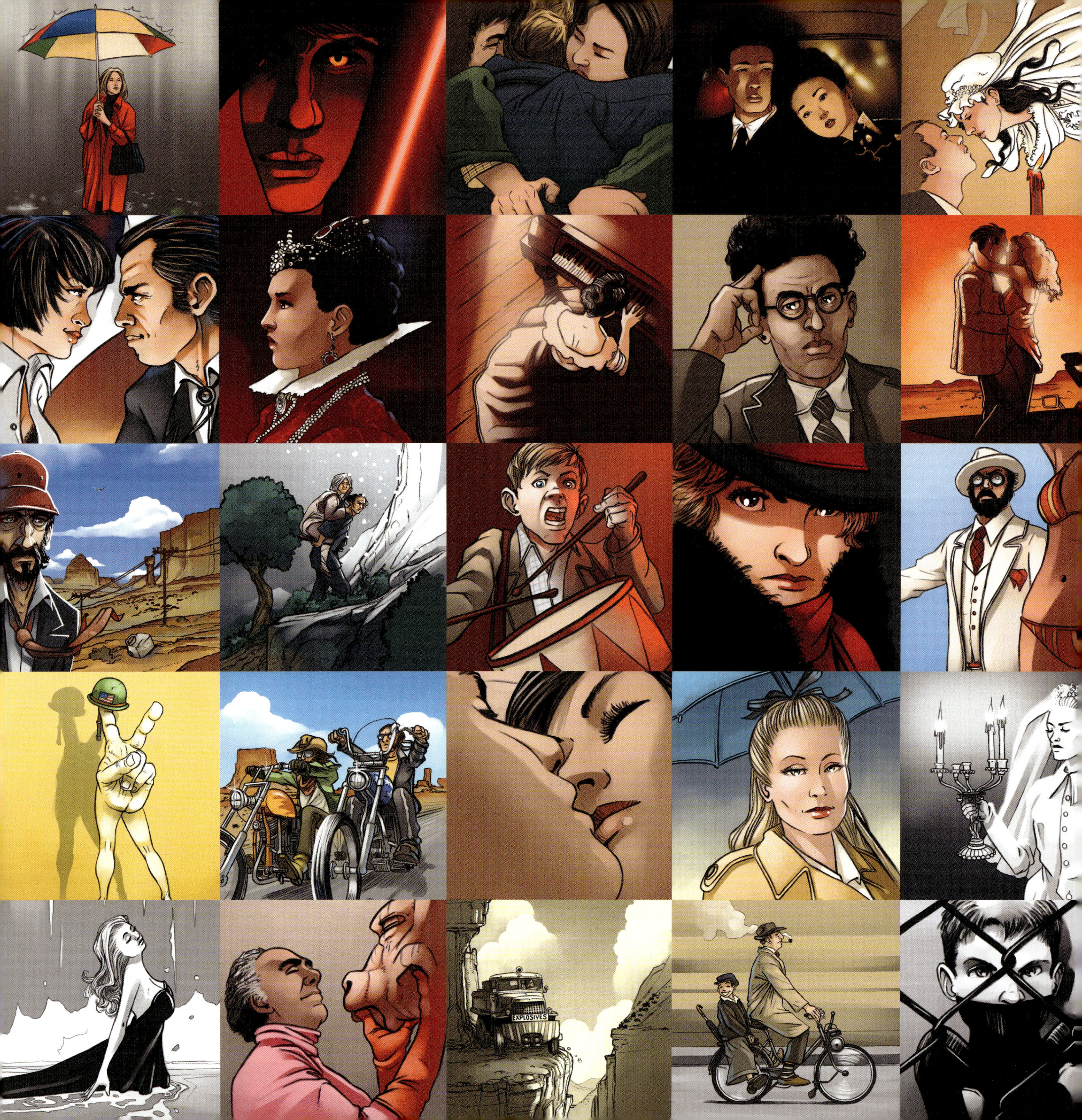
EXPLOSIVES

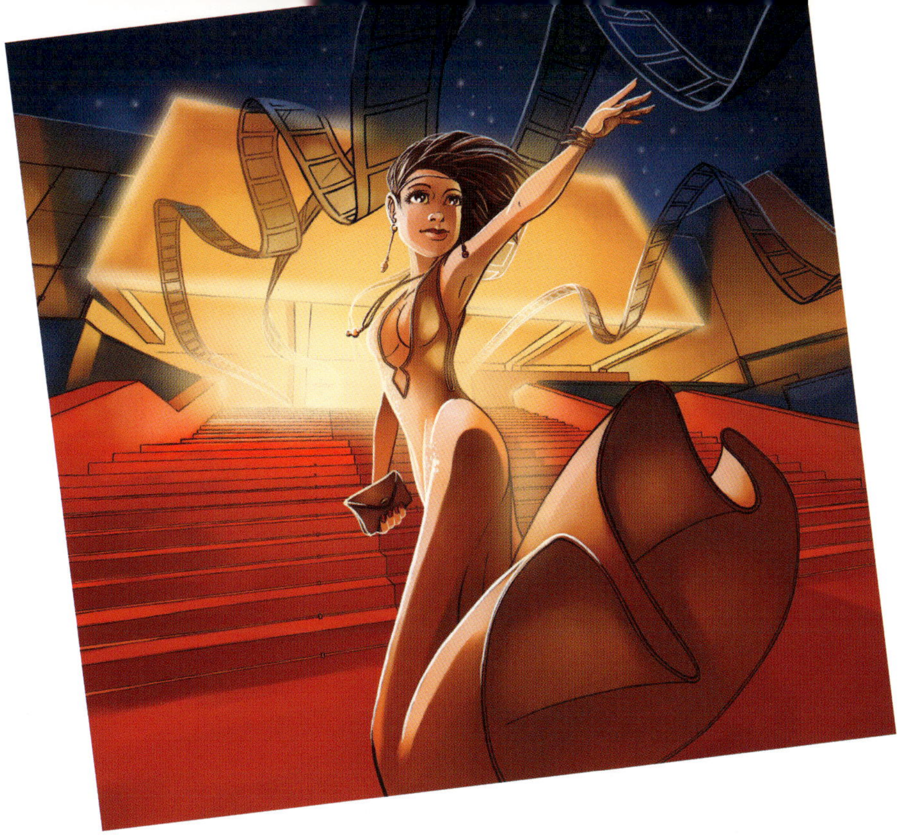

En 2016, le *Festival International des Jeux de Cannes*, un des plus gros évènements ludiques en France, fêtait ses trente ans d'existence. Pour l'occasion, le festival voulait sortir un jeu qui rendrait hommage à son grand frère du film. C'est une version du jeu **TIMELINE** qui sera retenue, dans laquelle les joueurs doivent remettre dans l'ordre chronologique les films primés lors du festival.

Quand *Bombyx* me propose d'en faire les illustrations, je ne peux qu'accepter. Je suis totalement débordé, je n'ai pas la moindre place dans mon planning dans les six mois suivants, et ils sont très pressés. « L'infâme éditeur » aura recours à deux arguments qui me convaincront de rallonger de façon catastrophique mes journées de travail.

Le premier, un coup de téléphone de Nadine Seul, commissaire du festival. Cette adorable personne avec qui j'ai sympathisé au gré de dix années passées à dédicacer au festival effectue un tel travail pour le jeu dans son ensemble qu'il m'est difficile de lui refuser quoi que ce soit. Puis *Bombyx* m'envoie la liste des films et elle comporte un de mes films préférés depuis l'adolescence : *Paris, Texas*. Avoir l'occasion de faire un dessin autour de ce film magnifique qui m'a tant marqué est une opportunité inespérée.

Me voilà embarqué dans une aventure éreintante, mais qui me laisse un super souvenir. Ne pouvant reprendre les affiches officielles pour des raisons de droits d'auteur, cela me contraint à me replonger dans des films merveilleux ou à les découvrir. De plus, participer à un **TIMELINE**, c'est quand même la classe !

The *Cannes International Games Festival*, one of France's biggest gaming events, celebrated its 30th anniversary in 2016. To mark the occasion, the festival wanted to release a game paying tribute to the festival's big brother devoted to film. A version of the game **TIMELINE** was chosen, in which players have to arrange movies that won awards at the festival in the correct chronological order.

When *Bombyx* invited me to produce the artwork, how could I refuse? I was totally snowed under, without the tiniest gap in my schedule for the next six months, and they were in a hurry. The "devious publisher" deployed two arguments that would convince me to catastrophically extend my working hours.

The first was a telephone call from Nadine Seul, the festival's commissioner. This wonderful person, with whom I had made friends during my ten years' doing signings at the festival, works so hard for the benefit of the board gaming world in general that it would have been hard for me to refuse her anything. Then *Bombyx* sent me the list of films, which included a movie that had been one of my favourites ever since my teenage days: *Paris Texas*. Here was a golden opportunity to produce a drawing connected with this magnificent film that had made such a big impression on me.

So I set off on an adventure that was exhausting but left me with some great memories. As I couldn't work with the official movie posters for copyright reasons, I had to re-watch or discover a long list of fantastic films. And to top it off, helping to make a **TIMELINE** game is a pretty cool thing in its own right!

TIMELINE CANNES & CINÉMA

Frédéric Henry

Festival International des Jeux, Palais des Festivals de Cannes
Bombyx
Asmodee
2016

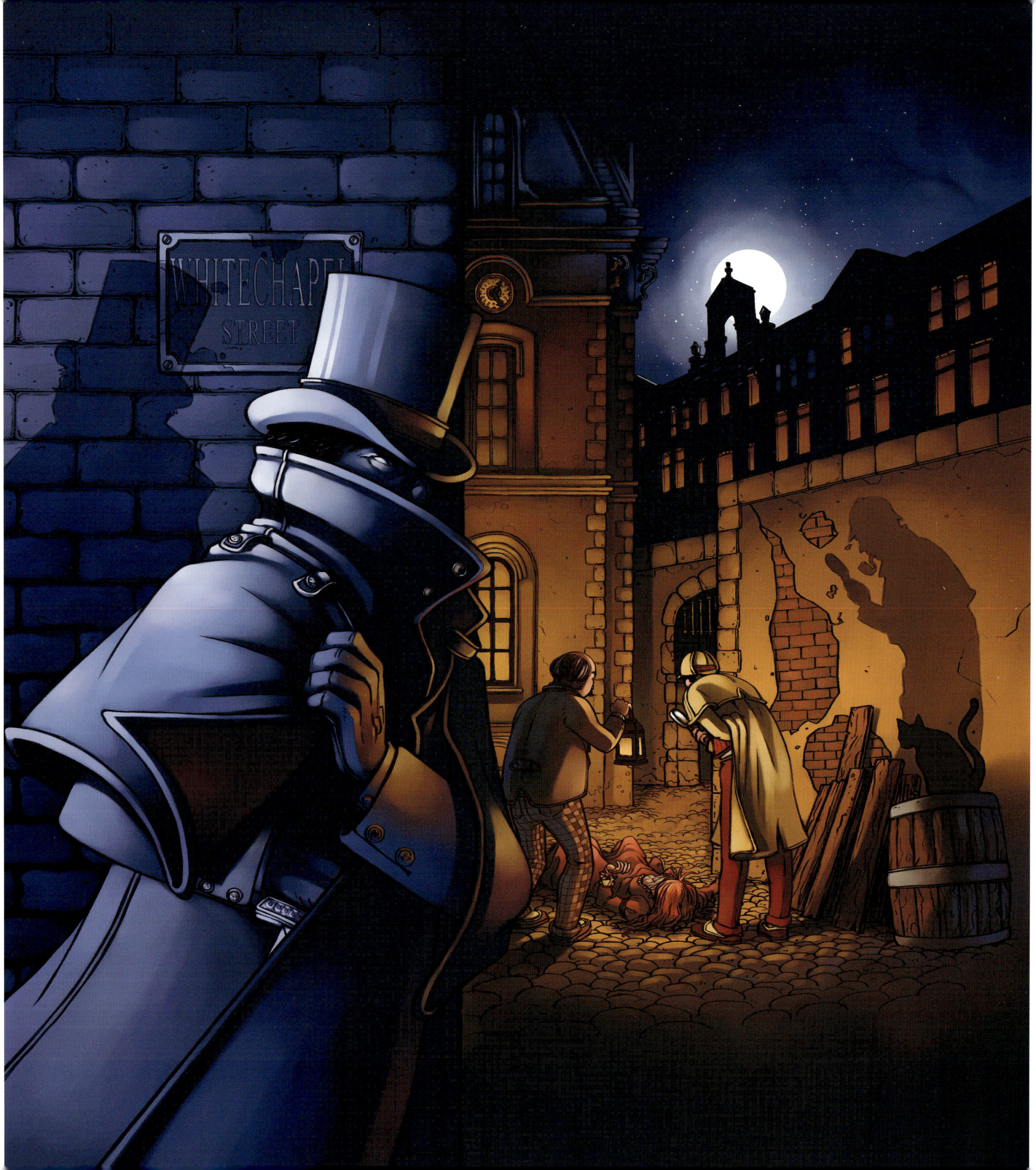
WHITECHAPEL
STREET

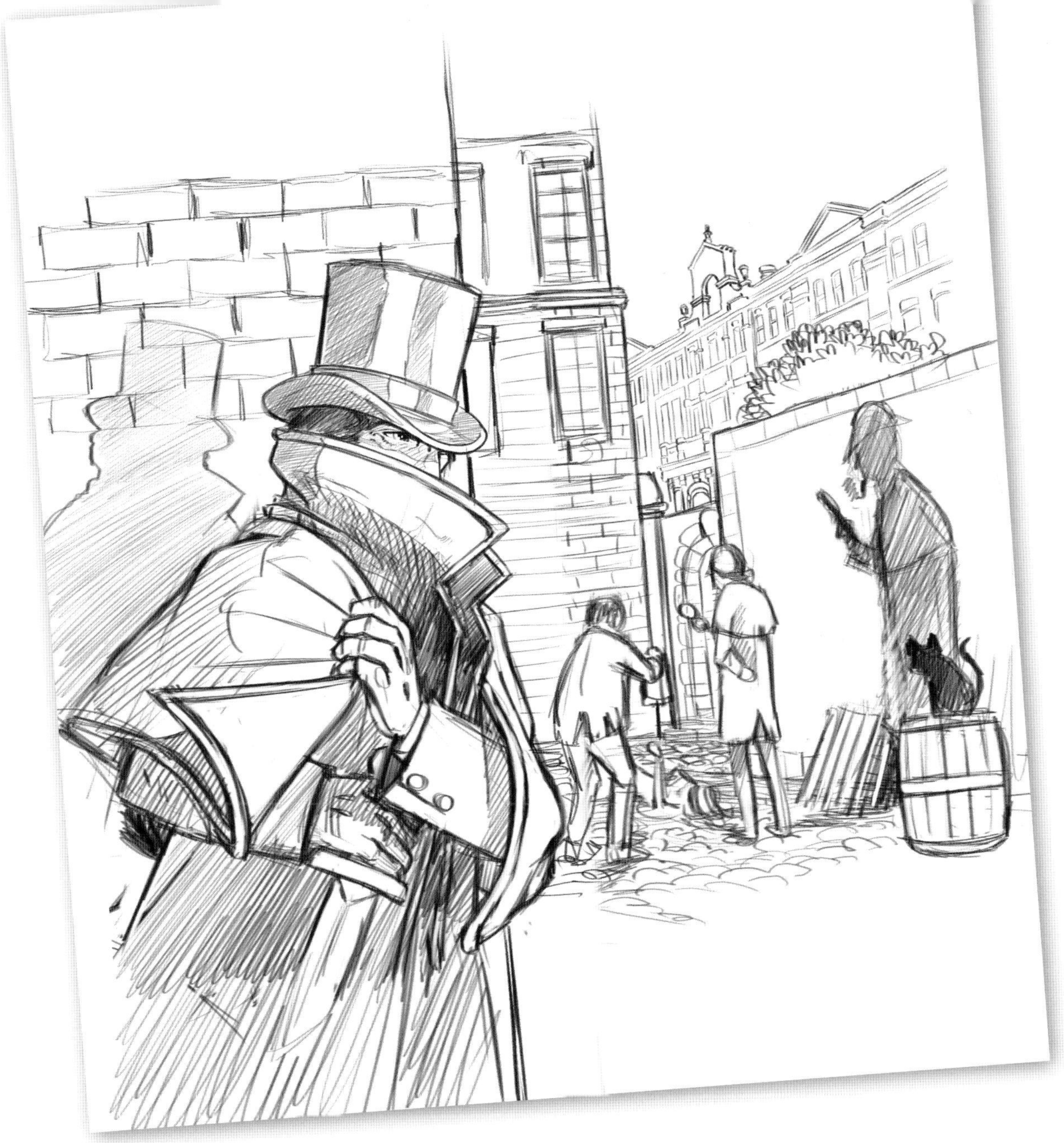

Alors que ce livre n'est encore qu'un fantasme, *Hurrican*, l'éditeur de **MR. JACK**, commence à discuter avec Bruno Cathala et Ludovic Maublanc de l'idée de marquer le coup pour le dixième anniversaire du jeu. Et d'en profiter pour lui redonner une seconde jeunesse. Autant j'assume encore bien mon travail de l'époque, autant il faut quand même admettre qu'il commence à dater.

Une très belle occasion s'offre alors à moi d'arpenter à nouveau les rues sombres de Whitechapel et de revenir sur le jeu qui a fait ce que je suis aujourd'hui.

La première étape consiste à changer un peu le style. À l'époque, beaucoup trouvent le jeu trop coloré et cartoon. On veut garder l'esprit et y apporter un peu de maturité. La couverture du jeu donne le ton. Plus sombre, plus réaliste, tout en gardant la scène de l'original en fond.

While this book was still in the ether, *Hurrican*, which published **MR. JACK**, had contacted Bruno Cathala and Ludovic Maublanc to discuss the idea of celebrating the game's tenth anniversary with an event that would give the game a new lease of life. Although still happy to defend my work from that period, I had to admit it was beginning to look dated.

This would be a fantastic opportunity for me to tread the dark, gloomy streets of Whitechapel again, revisiting the game that launched my career.

The first step would be to change the style slightly. At the time of its release, many people found the game too colourful and cartoon-like. We wanted to keep the same spirit while introducing a degree of maturity. The game's cover sets the tone, being darker and more lifelike, while still showing the scene from the original version in the background.

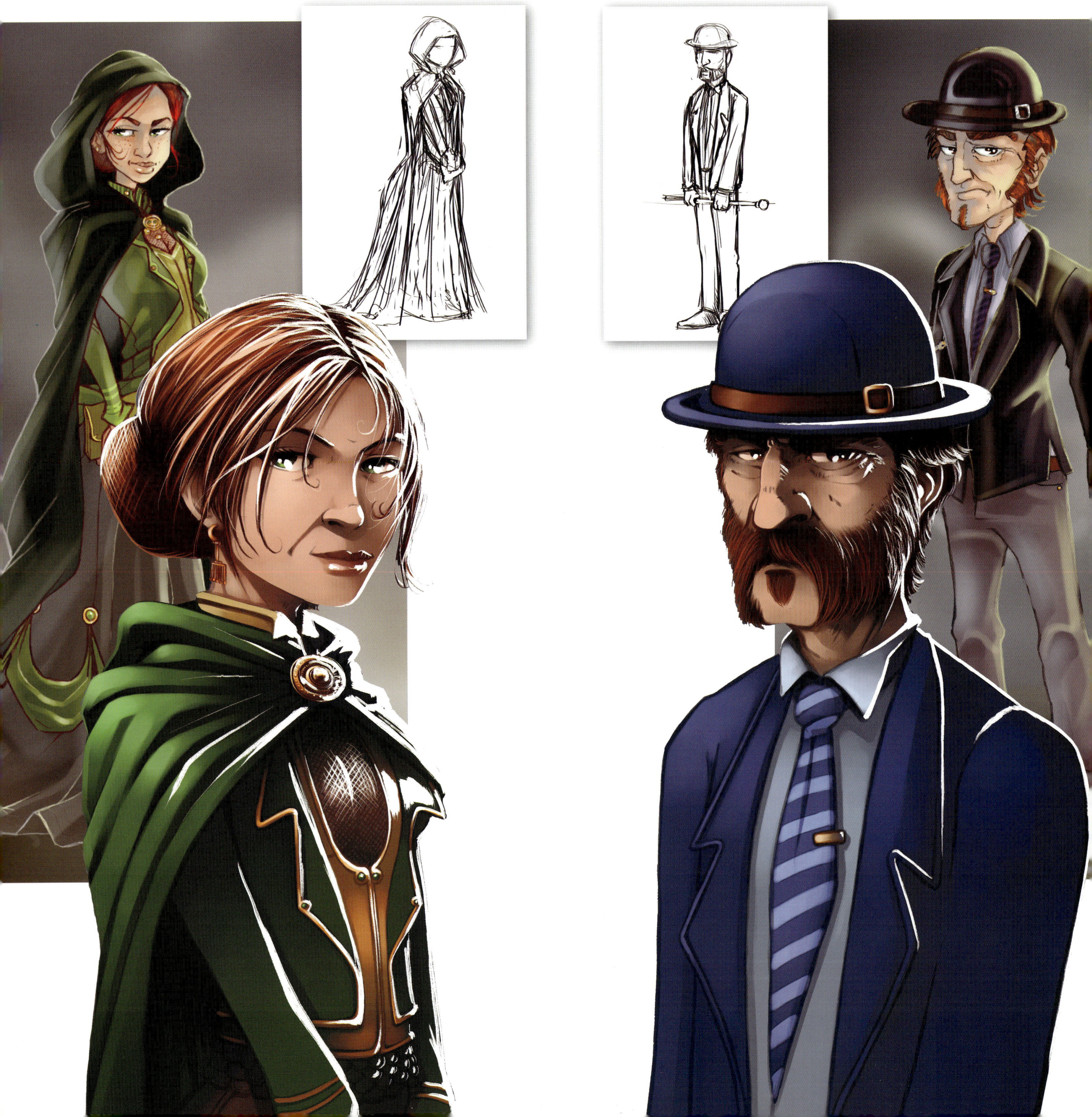

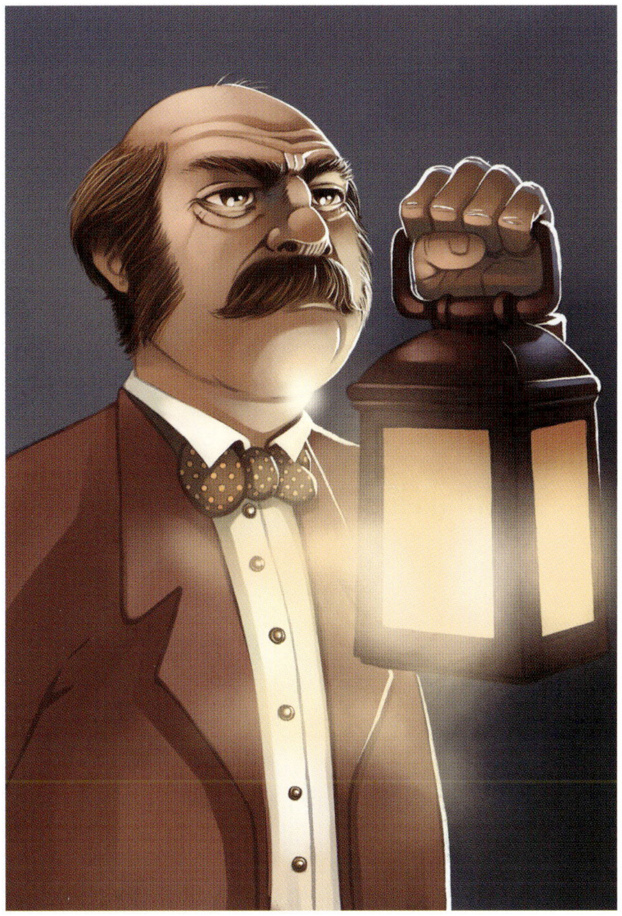

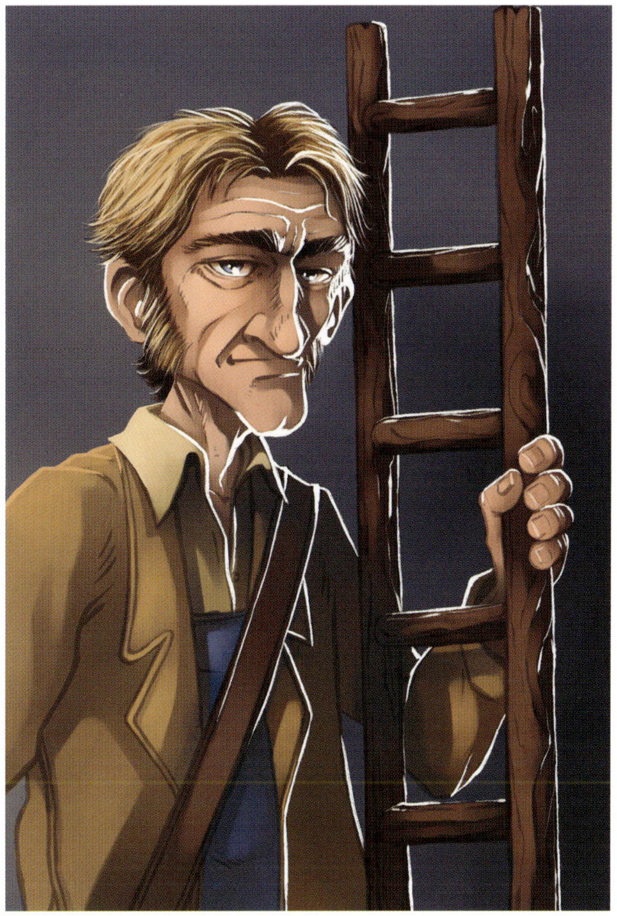

Les personnages

Je me pose encore la question du style et de l'approche graphique quand une idée géniale d'Yves Menu, d'*Hurrican*, a tout déclenché : « Et si on vieillissait tous les personnages de dix ans ? »

Mais évidemment ! Nous avons tous dix ans de plus, dix ans d'expérience, de vie… Pourquoi nos personnages seraient-ils épargnés ? Nous voulions avoir la sensation de retrouver de vieux compagnons et c'est le cas !

J'abandonne alors l'idée de faire des personnages en pied pour me concentrer sur des plans en buste. Ça me permet de mieux montrer leur prise d'âge et leur personnalité.

Je ne veux pas passer d'un style cartoon coloré à du réalisme sombre. D'une part, je n'en suis pas vraiment capable et d'autre part, ce n'est pas le but. Nous voulons vraiment donner un petit côté plus mature. À défaut de l'être nous-mêmes, c'est rigolo d'infliger ça à nos personnages.

Characters

I was still wondering about the style and the graphic approach when Yves Menu from *Hurrican* had a brilliant idea that got the ball rolling: "— What if we aged all the characters by 10 years?"

Of course, it was a no-brainer! We're all 10 years older, with 10 more years' experience of life under our belts… Why would it be any different for our characters? We had been aiming to create the impression of a reunion with old companions and that was how we would do it!

So I abandoned my idea of drawing full-length characters in favour of a head-and-shoulders view, which would make it easier for me to show their character and how they had aged.

I didn't want to switch from a colourful cartoon-like style to a sombre, lifelike depiction. Partly because I wouldn't really be able to, and partly because that wasn't our aim. We really wanted to show a slightly more mature angle. Even if we're not more mature ourselves, it's fun to inflict it on our characters.

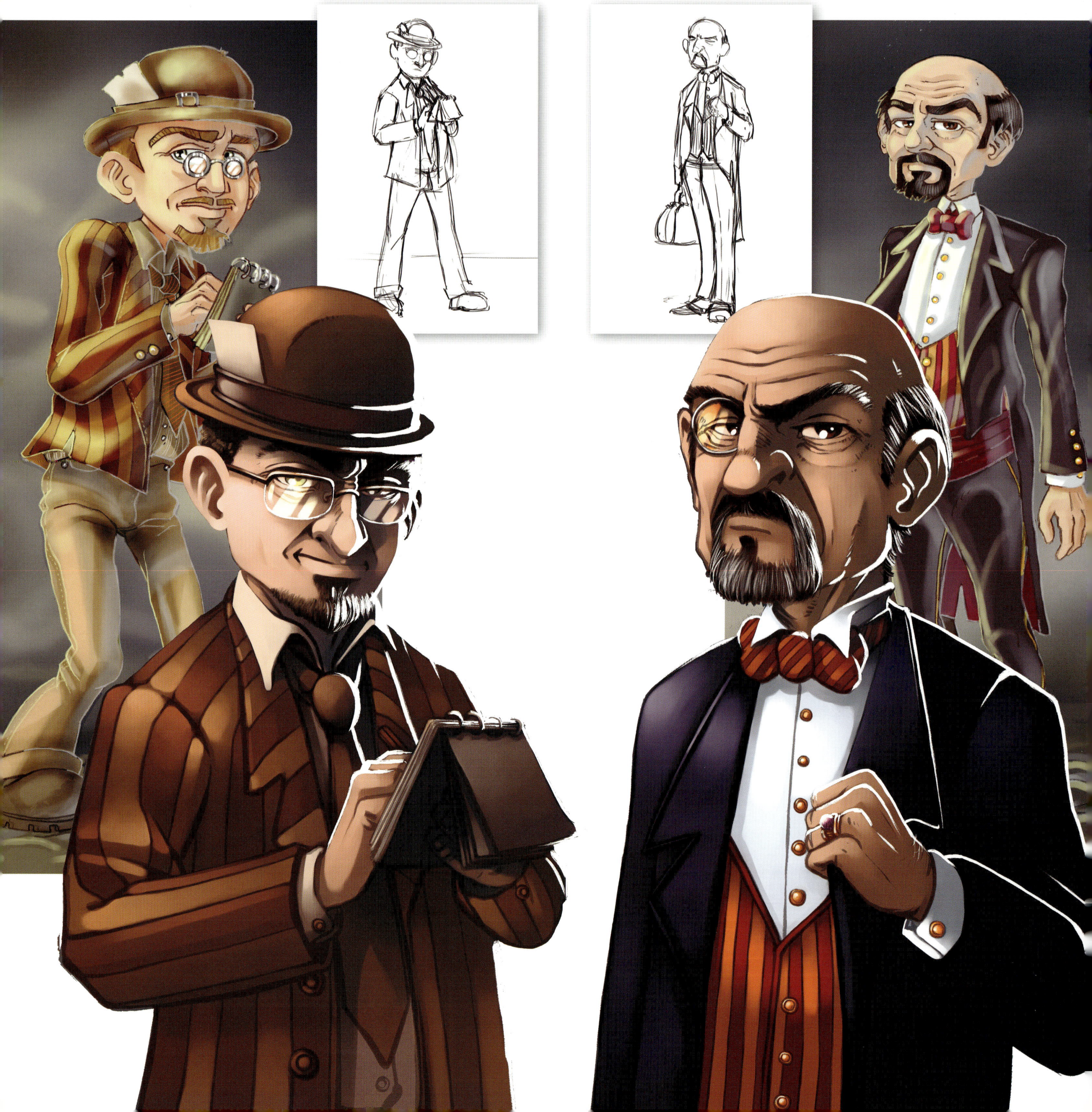

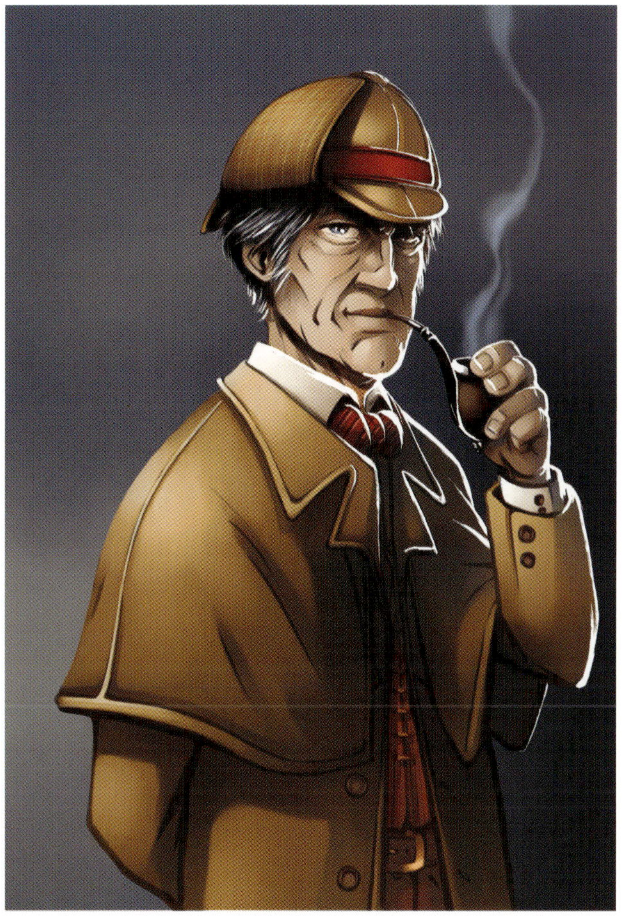

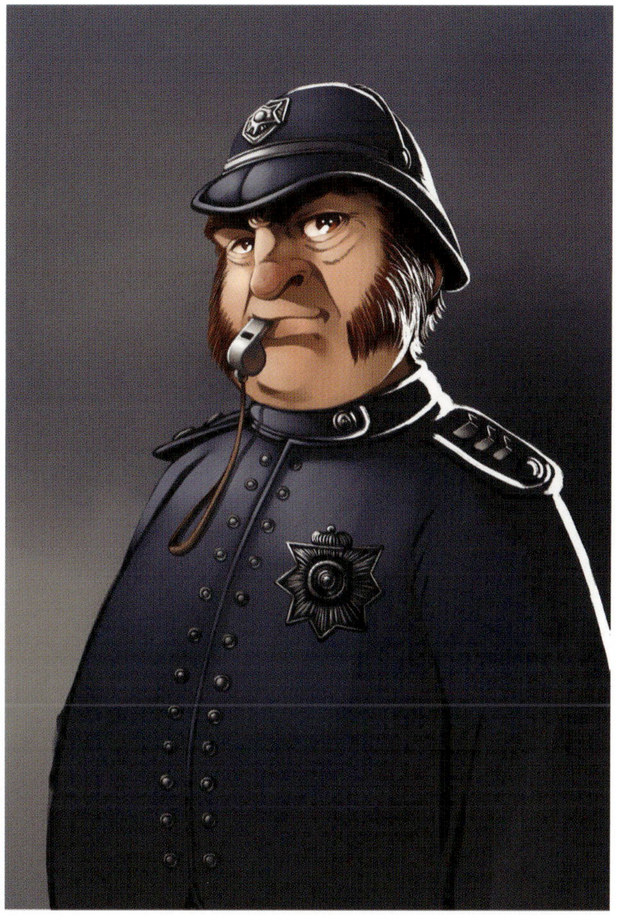

Inconsciemment, en reprenant les images d'origine, je me retrouve à analyser les traits de mes personnages. C'est un exercice intéressant, tant sur le plan humain que professionnel. Bien sûr, mon style et ma technique ont évolué, mais je reste content de mon travail de l'épque.

Je veux garder leur caractère et cela m'oblige à jeter un regard différent sur mon ancien travail.

C'est sûrement au niveau de la couleur que j'ai le plus évolué. En 2006, pas encore équipé d'une tablette graphique, je commençais les couleurs à la souris… Oui oui, à la souris. Forcément, ça ne rendait pas terrible. Cependant, encore une fois, je trouve un charme à ce côté chatoyant et simple des couleurs.

As I reworked the original images, I caught myself analysing the draughtsmanship applied to my characters. It was an interesting exercise from both a human and professional perspective. Naturally, my style and technique have evolved, but I'm still happy with my work from that period.

I didn't want to lose the characters' personality, which forced me to look differently at my earlier work.

The area in which I've made the most progress is undoubtedly my use of colour. In 2006, when I did not yet own a graphics tablet, I was beginning to colour my artwork using a mouse… Yes, a mouse. Obviously, the results were less than perfect. All the same, as before, I can see a certain charm in simple, gleaming colours.

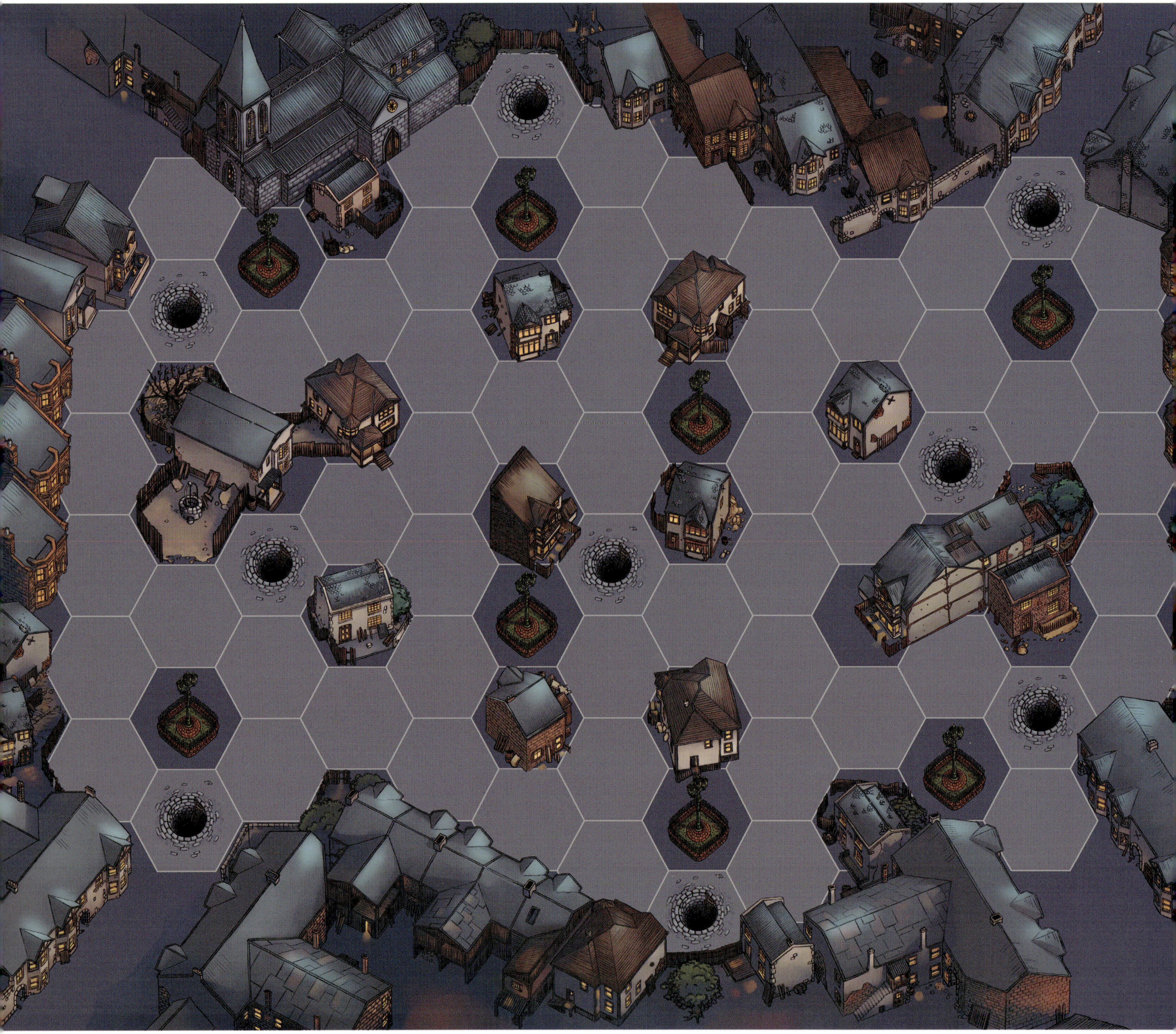

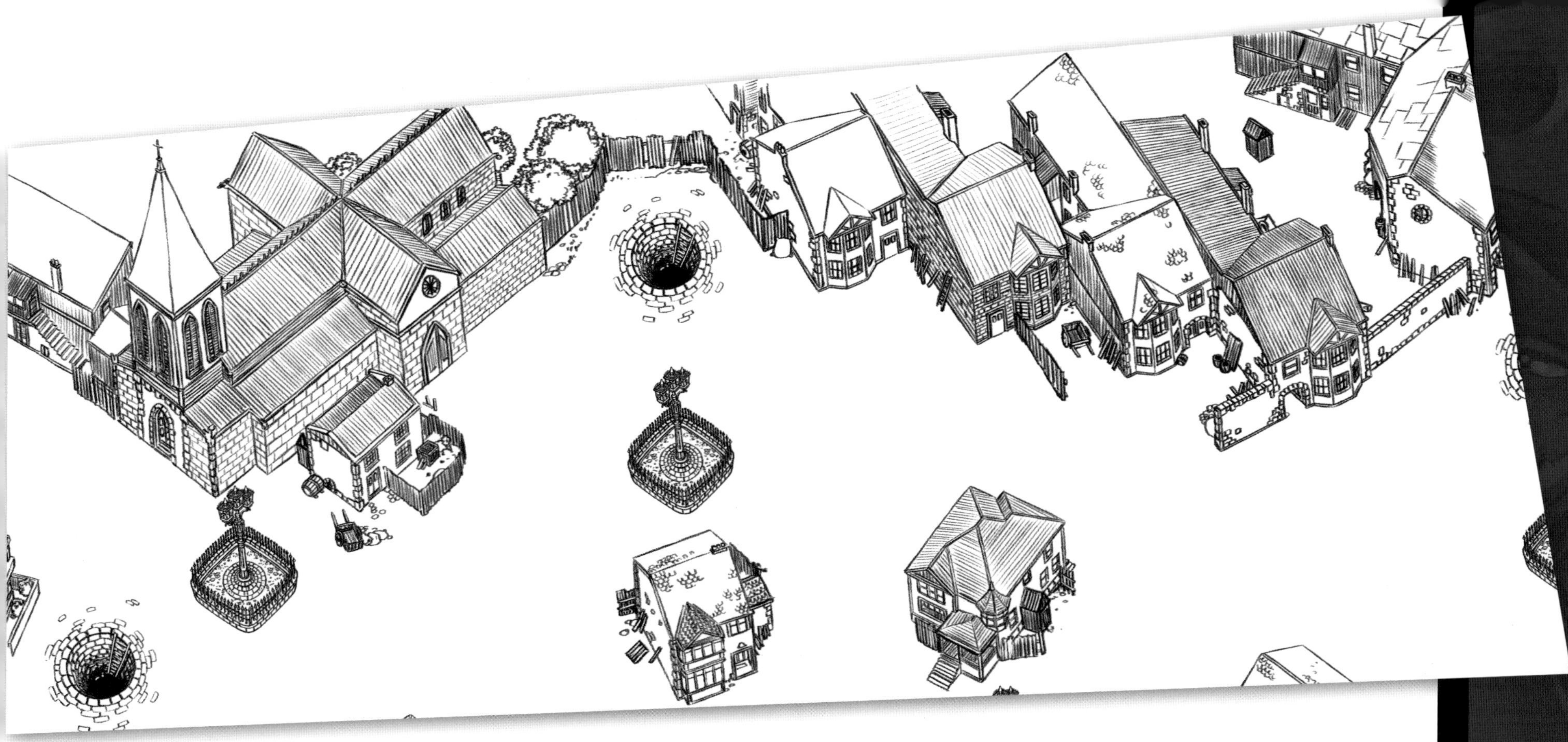

Le plateau

Voici la partie qui a le plus vieilli. Le plateau est toujours ce qu'il y a de plus dur et celui du jeu d'origine était mon premier. Un grand merci à mon ami Simon Van Liemt (un fabuleux dessinateur de bande dessinée) pour son aide dans la réalisation. Sans lui, j'y serais encore. Je ne suis pas un fan de l'architecture et des décors, alors forcément, vouloir dessiner un plateau urbain vu de dessus, c'est un peu mon cauchemar.

Il nous faut un plateau lisible et même si l'action prend place la nuit, pas trop sombre.

Game board

This was the part that had aged the most. The game board is always the hardest thing to draw and the board for the original game was my first ever. At this point I would just like to thank my friend Simon Van Liemt (an amazing comic book artist) for his help producing it. Without him, I would still be working on that board today! I'm not a big fan of architecture and scenery, so trying to draw a top-down view of an urban landscape was clearly a personal nightmare.

We needed a board that was easy to read and not too dark, even though the action takes place at night.

Les recherches pour les figurines et quelques zooms du plateau

L'idée de présenter des personnages en buste ne persuade pas tout le monde au début. Je commence donc à travailler mes personnages en entier. Mais une idée un peu farfelue de réaliser des figurines nous traverse l'esprit. C'est à ce moment-là que les bustes s'imposent. Ils donnent un côté beaucoup plus classe aux figurines.

Miniature studies and board details

Initially, not everybody was in favour of the idea of a head-and-shoulders presentation for the characters. I therefore started working on my characters with a full-length view. But the slightly harebrained idea of producing miniatures then crossed our minds. That was when we had no choice but to adopt the head-and-shoulders presentation, which gave a much classier appearance to the miniatures.

ART PACK : 7 WONDERS

Antoine Bauza

Repos Production
2013

Sur les festivals et les salons, les éditeurs de jeux aiment offrir des bonus sous forme de cartes, de mini-plateau et autres petits produits dérivés liés au jeu. Un nouveau genre est apparu ces dernières années : l'Art Pack. Plusieurs illustrateurs reprennent un élément du jeu pour en proposer une autre version.

At game fairs and festivals, board game publishers like to distribute "goodies" in the form of cards, mini-boards and other small merchandising items related to their games. A new type of "goody" has emerged in recent years: the art pack. In an art pack, several illustrators rework a game component, proposing alternative versions.

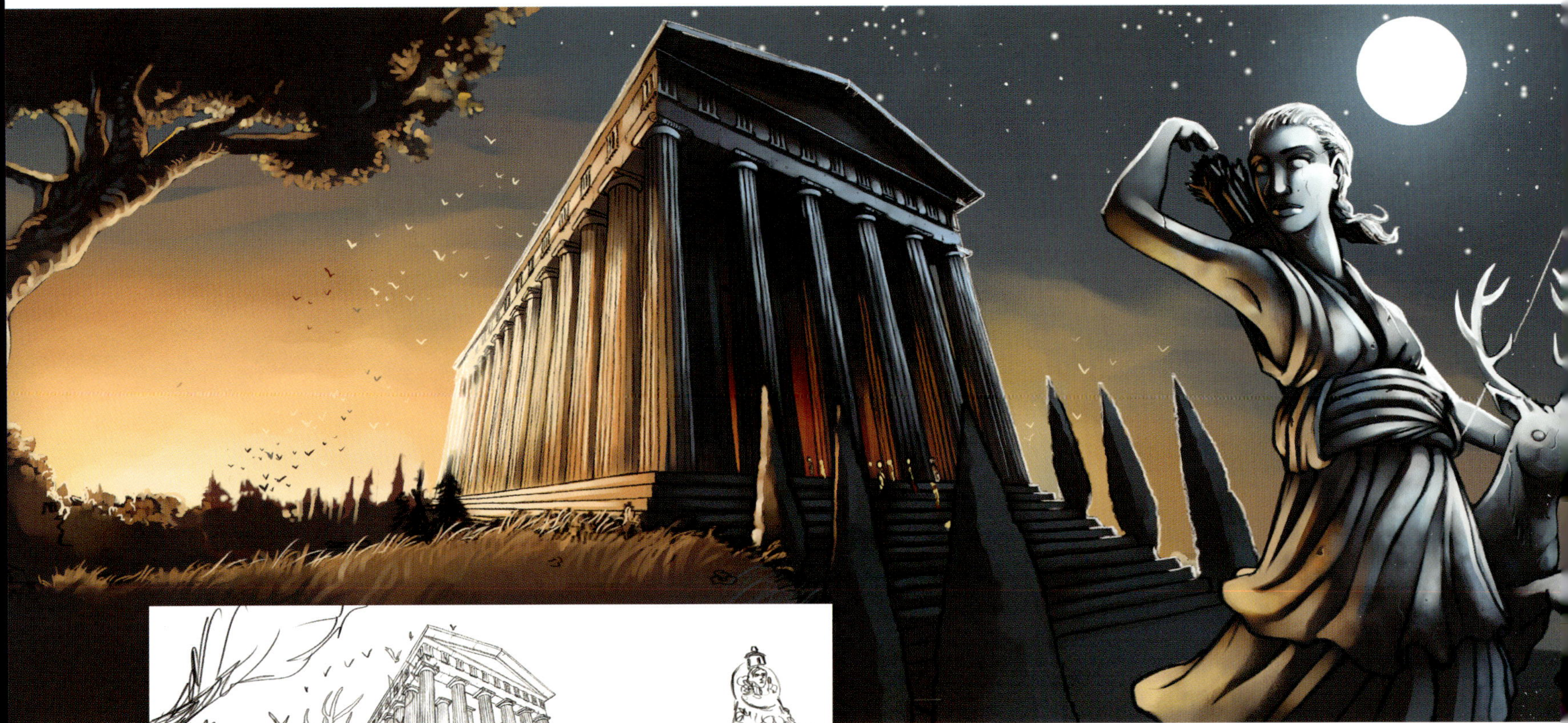

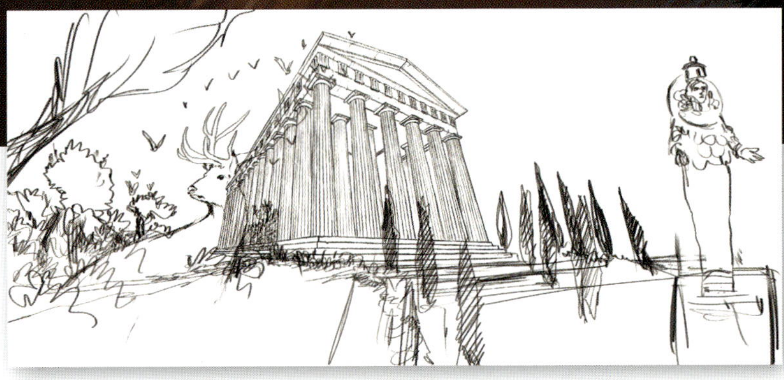

Quand l'équipe de *Repos Production* me demande de participer à un *Art Pack* pour **7 WONDERS**, j'hésite longtemps (au moins cinq minutes). Reprendre une illustration des merveilles de l'ami Miguel Coimbra sans être ridicule, déjà, c'est compliqué. De plus, c'est forcément un décor architectural, ce qui est loin d'être ma spécialité. Seule la merveille du Colosse de Rhodes aurait pu me sauver, mais on me confie le temple d'Artémis. Du coup, hop ! Technique de ninja, on place le temple au fond dans la nuit et on met au premier plan la statue d'Artémis… Ni vu ni connu, je t'embrouille.

When the *Repos Production* team asked me to contribute to an *Art Pack* for **7 WONDERS**, I hesitated for a while (at least five minutes). Reworking an illustration of one of my friend Miguel Coimbra's wonders without looking too ridiculous was already quite a challenge, but to make things worse, the image would obviously be an architectural scene, which is far from being my speciality. Only the Colossus of Rhodes might have got me out of trouble, but in the end, I was asked to redraw the Temple of Artemis. Damn! Time for an old hustler's switch… I cunningly showed the temple at night in the background, placing the statue of Artemis in the foreground… Now you see me, now you don't!

ART PACK : TAKENOKO

Antoine Bauza

Bombyx & Matagot
2011

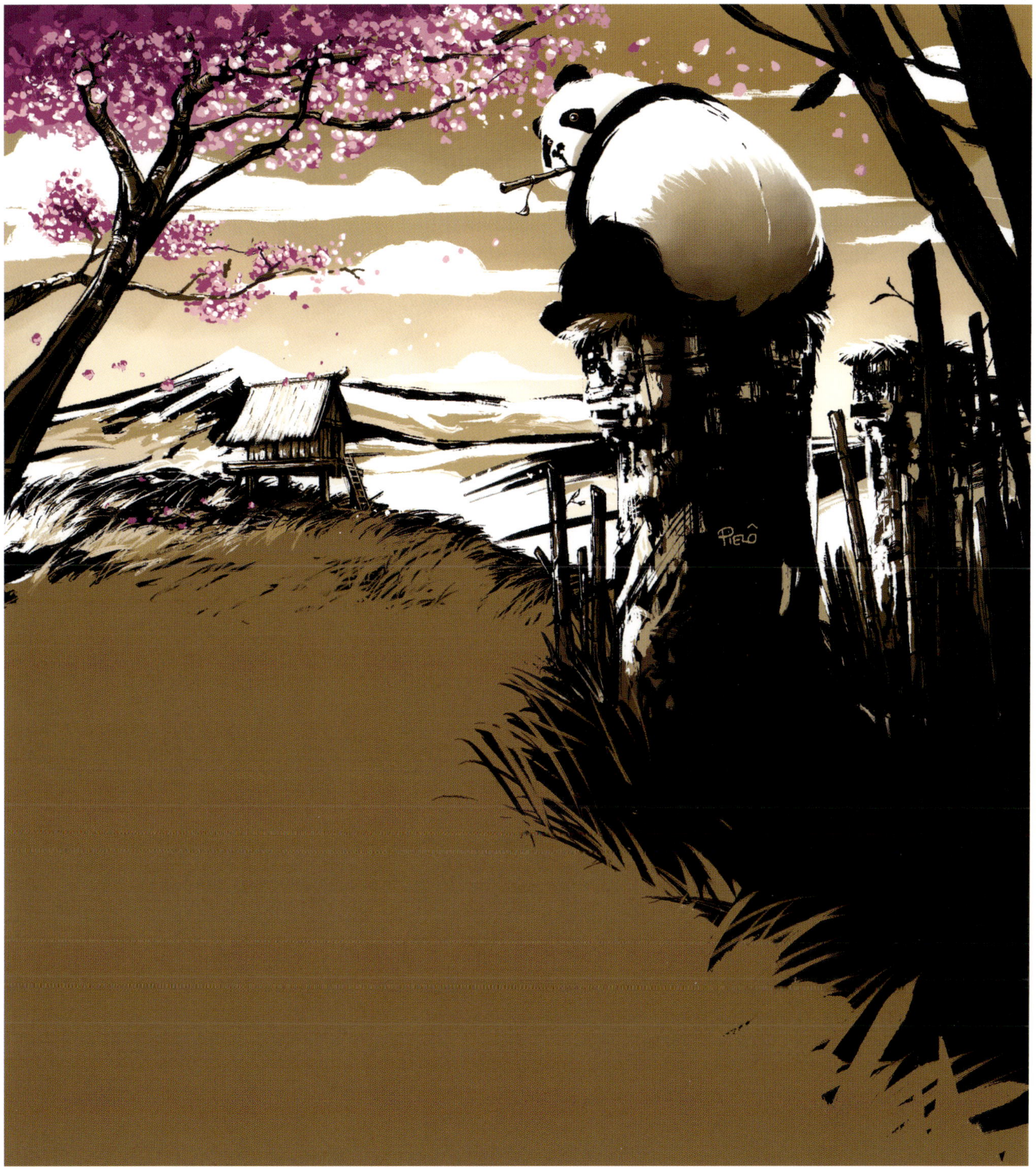

TAKENOKO est un des tout premiers jeux d'Antoine Bauza que j'ai testés, et j'ai toujours regretté de ne pas l'avoir illustré même si, soyons honnête, je n'aurais pas fait aussi bien que Nicolas Fructus, Yuio et Joël Picksel. Pour cette image, j'ai demandé carte blanche. Je voulais faire autre chose que du Pierô, on m'a fait confiance… ça fait plaisir.

TAKENOKO was one of the very first Antoine Bauza games that I tested, and I've always regretted not having illustrated it, even though, to be honest, I wouldn't have done it as well as Nicolas Fructus, Yuio and Joël Picksel. For this art pack image, I asked for carte blanche. I wanted to do something other than "a Pierô"… They trusted me, for which I am grateful.

Laurent Escoffier & Sébastien Pauchon

Ludocom & Matagot
2013

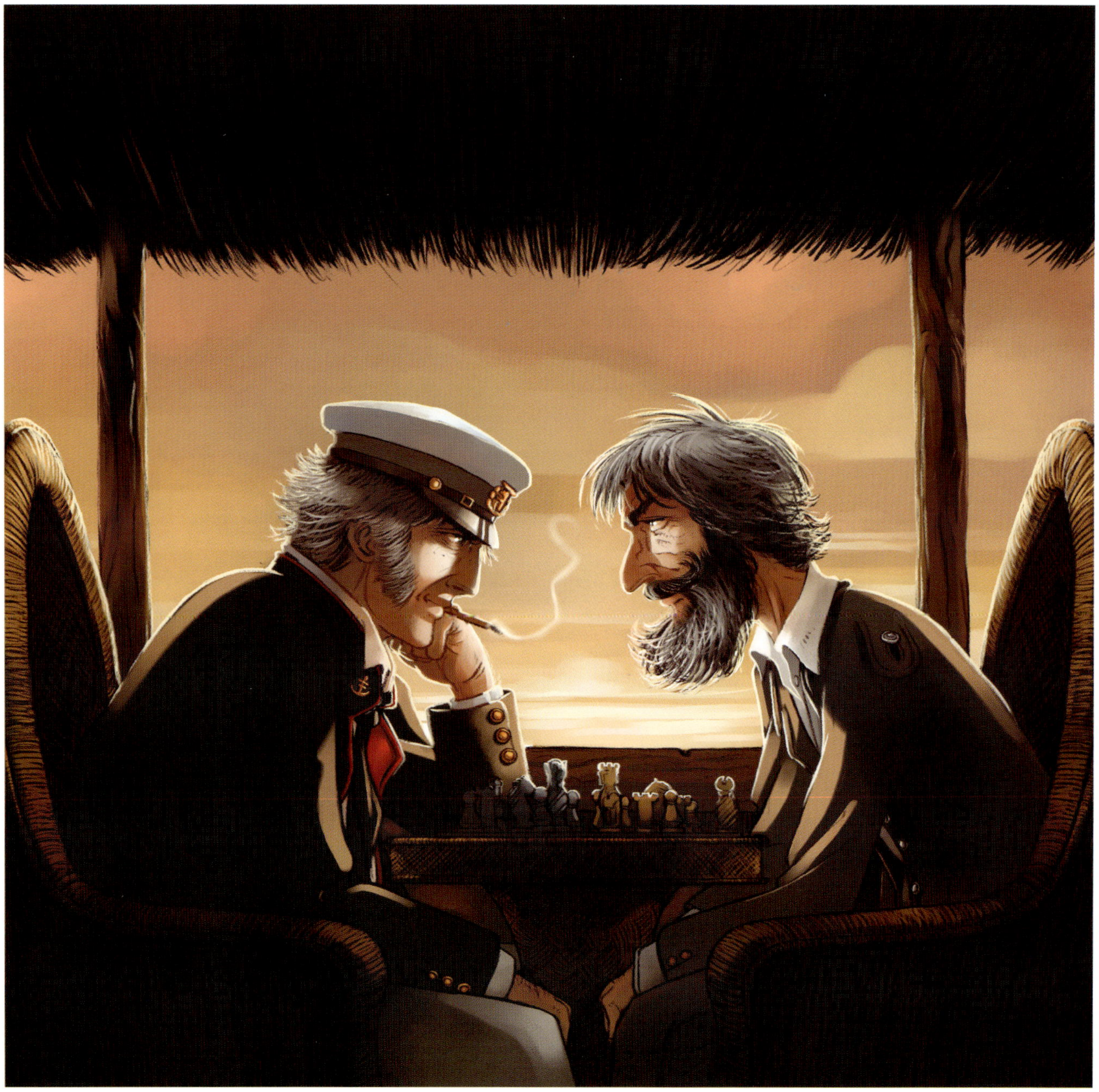

Corto Maltese est le personnage de bande dessinée qui m'a le plus marqué, et ce, depuis que j'ai treize ans. Quand Serge Comba me propose de produire une illustration bonus pour le jeu CORTO de Laurent Escoffier et Sébastien Pauchon, je lui demande combien je dois le payer pour ça. J'ai voulu dessiner Corto et Raspoutine vieillissants et se retrouvant autour d'un jeu… J'aime cette image, même si elle ne sera jamais à la hauteur de l'hommage que j'aurais ambitionné rendre à Hugo Pratt.

Corto Maltese is the comic strip character that made the biggest impression on me since we first met when I was 13. When Serge Comba asked me if I would like to draw a bonus illustration for Laurent Escoffier and Sébastien Pauchon's game CORTO, I asked him how much I had to pay him. I wanted to draw Corto and Rasputin as ageing men seated around a board game… I do like this image even though it could never really be a fitting tribute to Hugo Pratt.

ART PACK : LE LIÈVRE ET LA TORTUE

Art pack: The hare & the tortoise

Gary Kim

Purple Brain Creations
2014

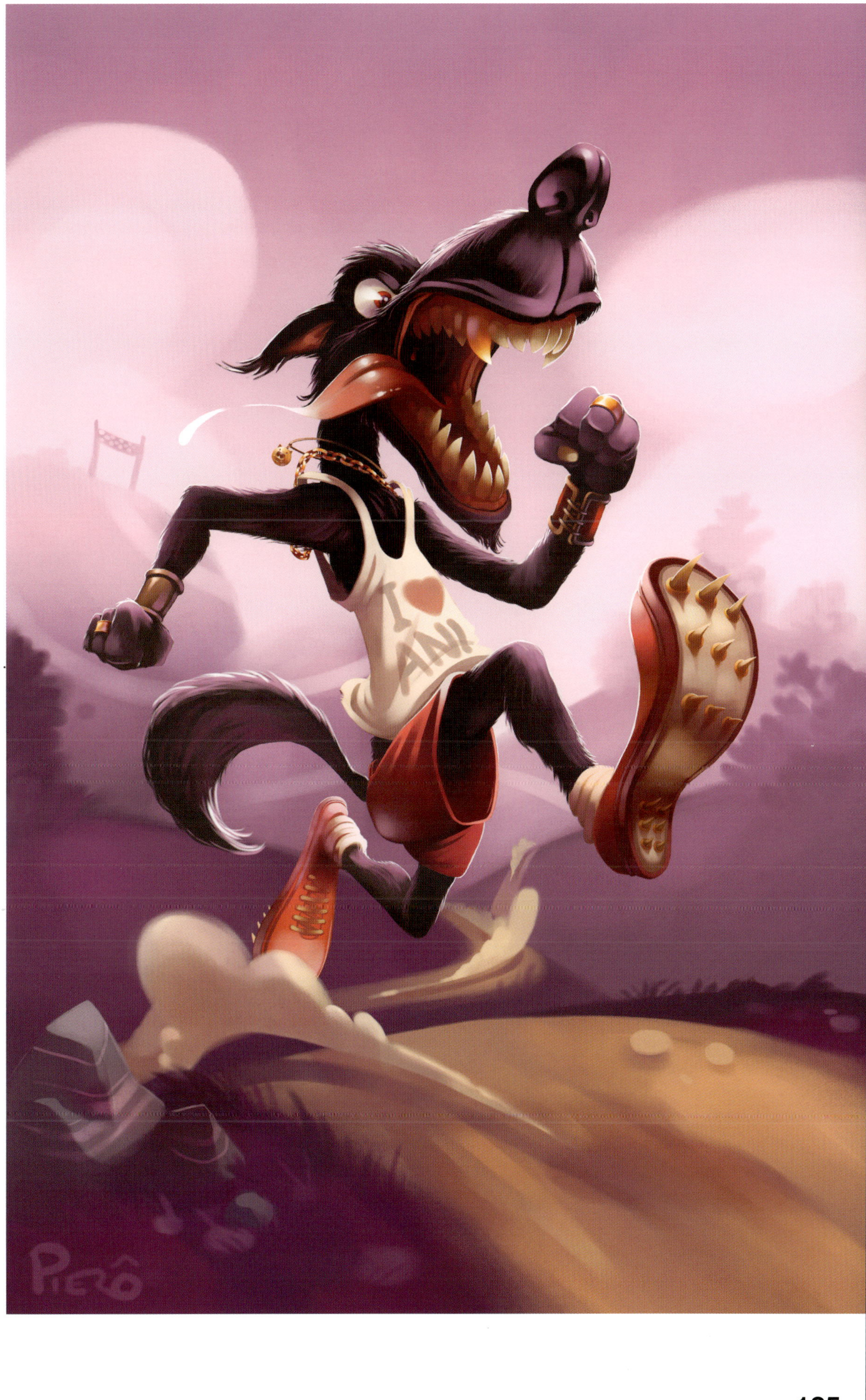

Reprendre une illustration de Mathieu Leyssenne est tout aussi impressionnant que reprendre du Coimbra. Étant un des premiers sur le coup (honneur aux aînés, j'imagine), je me jette sur le personnage du loup. J'adore dessiner les loups. Comme il s'agit d'une illustration unique, je prends mon temps pour enfin réaliser une carte sans traits, tout à la couleur… C'est looong…

Reworking an illustration by Mathieu Leyssenne was just a daunting proposition as revisiting artwork by Coimbra. Having the privilege (as one of the "oldies", I imagine) of being among the first to get a bite at the cherry, I snagged the wolf character. I just love drawing wolves. As this would be a one-off illustration, I set aside the time to (at last) produce a fully-coloured card with no outlines… It took me ages…

Des larmes et du sang
Blood, sweat and tears

Le livre que vous tenez entre les mains est une rétrospective de dix ans de carrière et d'une quarantaine de jeux et extensions illustrés. Il est impossible que tout soit réussi, et il y a même des fois où c'est franchement raté.

Déjà, je voudrais vous parler du travail d'illustrateur et de ce que cela implique en termes de personnalité et d'ego. Aujourd'hui, il y a un élément à prendre en compte, c'est Internet. Auparavant, tout le monde ne pouvait pas partager son avis. Seules les critiques professionnelles et les ventes donnaient une idée de l'accueil du public par rapport à son travail. Je pense que tous les auteurs acceptent la critique, car ils ont été formés avec. Dans une école de dessin, on va juger votre travail en pointant les défauts et les qualités. Alors, bien sûr, c'est toujours difficile de lire : *« pouah, c'est moche ! »*, mais surtout, cela ne veut rien dire. Les jugements subjectifs sont ce qu'ils sont et là où certains verront beauté et inspiration, d'autres ne verront que laideur et vulgarité. Au passage, en ce qui me concerne, je préfère lire un avis négatif argumenté sur mon travail que juste : *« ouah, trop beau ! »*

Il y a aussi la frontière entre artisan et artiste… À titre personnel, je me revendique souvent plus comme de la première catégorie, car je réalise la commande d'un éditeur en mettant des images sur les mots, comme je pourrais mettre de la peinture sur des murs. Mais l'aspect artistique est une composante qu'on ne peut ignorer. La dimension humaine joue un rôle essentiel. En effet, si je suis heureux ou malheureux au moment où je la réalise, le ton ou le ressenti de l'image ne seront pas les mêmes.

Il faut aussi prendre en compte qu'un travail est un marqueur dans le temps. S'il y a dix ans je faisais une image que je trouvais très jolie, il y a des chances qu'aujourd'hui je la regarde avec une nostalgie teintée d'un peu de pitié. C'est donc délibérément que j'ignore ici l'aspect daté de certains travaux, car à l'époque, j'ai fait ce que j'ai pu.

Humour d'autodérision ou volonté absurde de s'autoflageller en public ? Non, mais dans la vie, on ne fait pas que des trucs bien. Et il faut pouvoir en parler aussi. Alors, voici mes confessions professionnelles. Donc, ce n'est pas ma faute…

The book you are holding looks back over a ten-year career during which I have illustrated around forty games and expansions. Nobody hits the sweet spot every time, and occasionally you really screw up.

I would like to start by looking at what an illustrator's work involves, and what that implies in terms of their personality and ego. The development of the Internet has had a major impact. In the past, not everybody was able to share their opinion. Professional reviews and sales figures were the only two indicators of how an illustrator's work was received by the public. I think all game designers accept criticism, which is part and parcel of the training process. At art school, people will judge your work, highlighting its strengths and weaknesses. Obviously, it's still tough to read "Yuk, that's so bad!", but such a statement is essentially meaningless. Subjective judgements are exactly that: what some people find beautiful and inspiring, others may think are crude and ugly. As far as I'm concerned, I prefer to read a well-argued negative opinion of my work than just: "Wow, that looks great!"

There is also the question of the boundary between a craftsman and an artist… Personally, I tend to view myself more in the first category, as I fulfil orders from publishers by laying images over the customer's words, just as I might brush paint onto walls. Having said that, there is also an artistic dimension that should not be overlooked. Human factors also play an essential role; for example, the tone or feeling of an image will be affected by whether I was happy or sad when I created it.

You should also remember that an artwork project is a kind of marker in time. Whereas ten years ago I might have thought that my latest picture looked fantastic, there's every chance that I would look back on it today with a sense of nostalgia tinged with pity. As a result, I have deliberately avoided commenting on the dated appearance of some of the work in this book… I did the best I could at the time!

Am I writing this out of self-deprecating humour or a desire for public self-flagellation? Not at all, but as you go through life, sometimes you come up short. It's important to be able to talk about it, so here are my professional confessions. Just remember, it's not my fault…

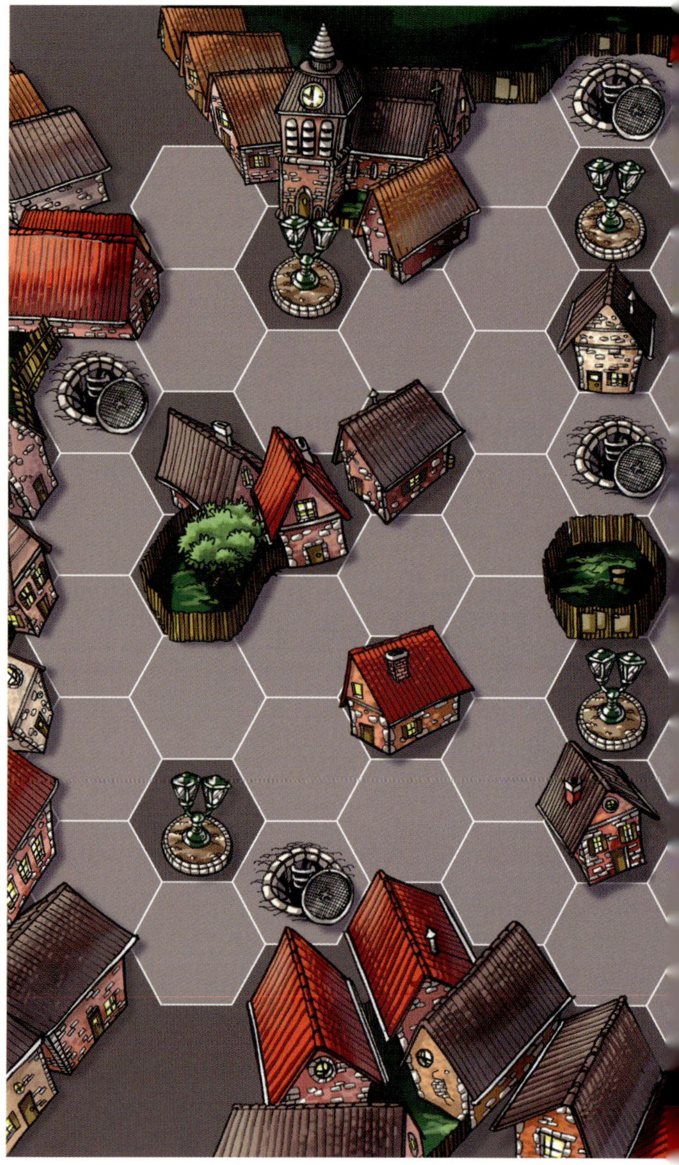

MR. JACK

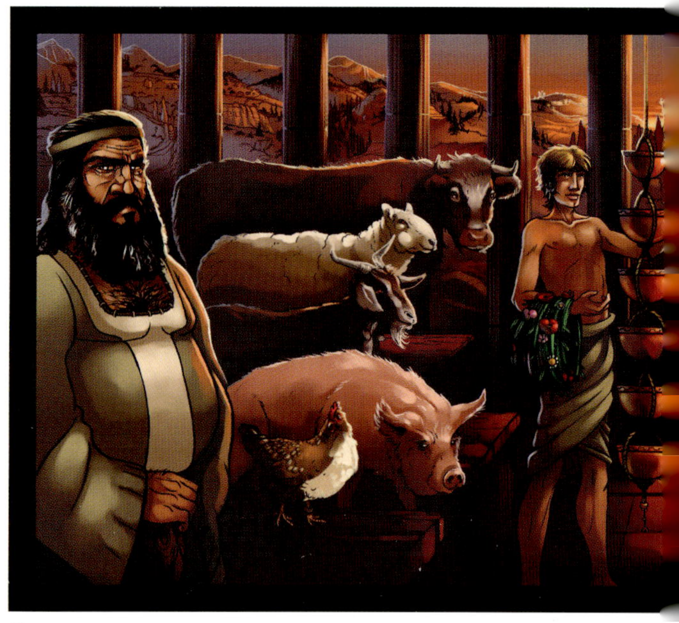

OFFRANDES

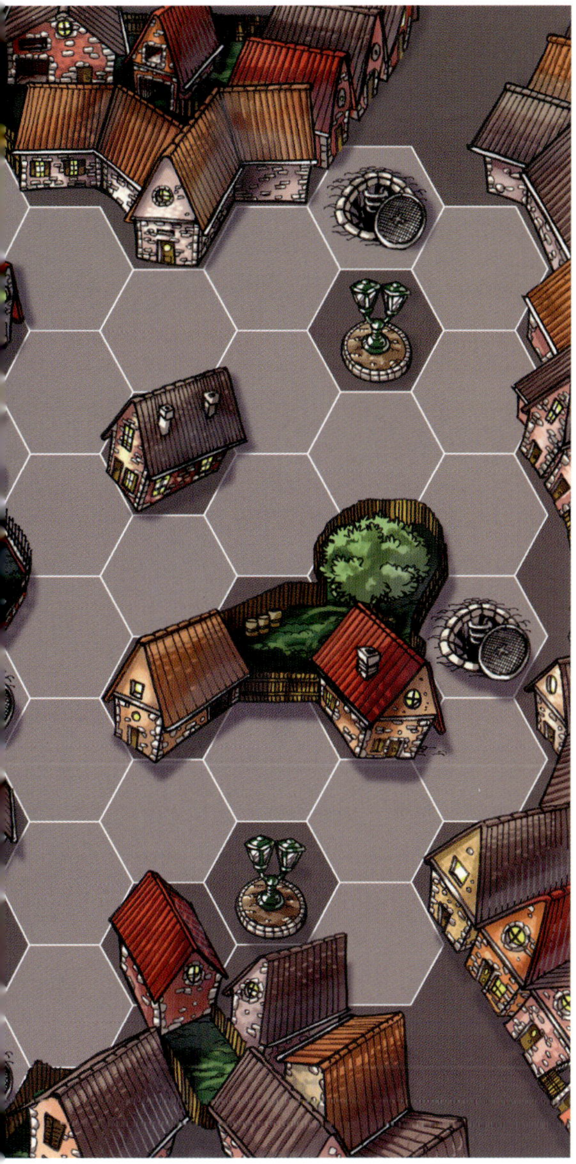

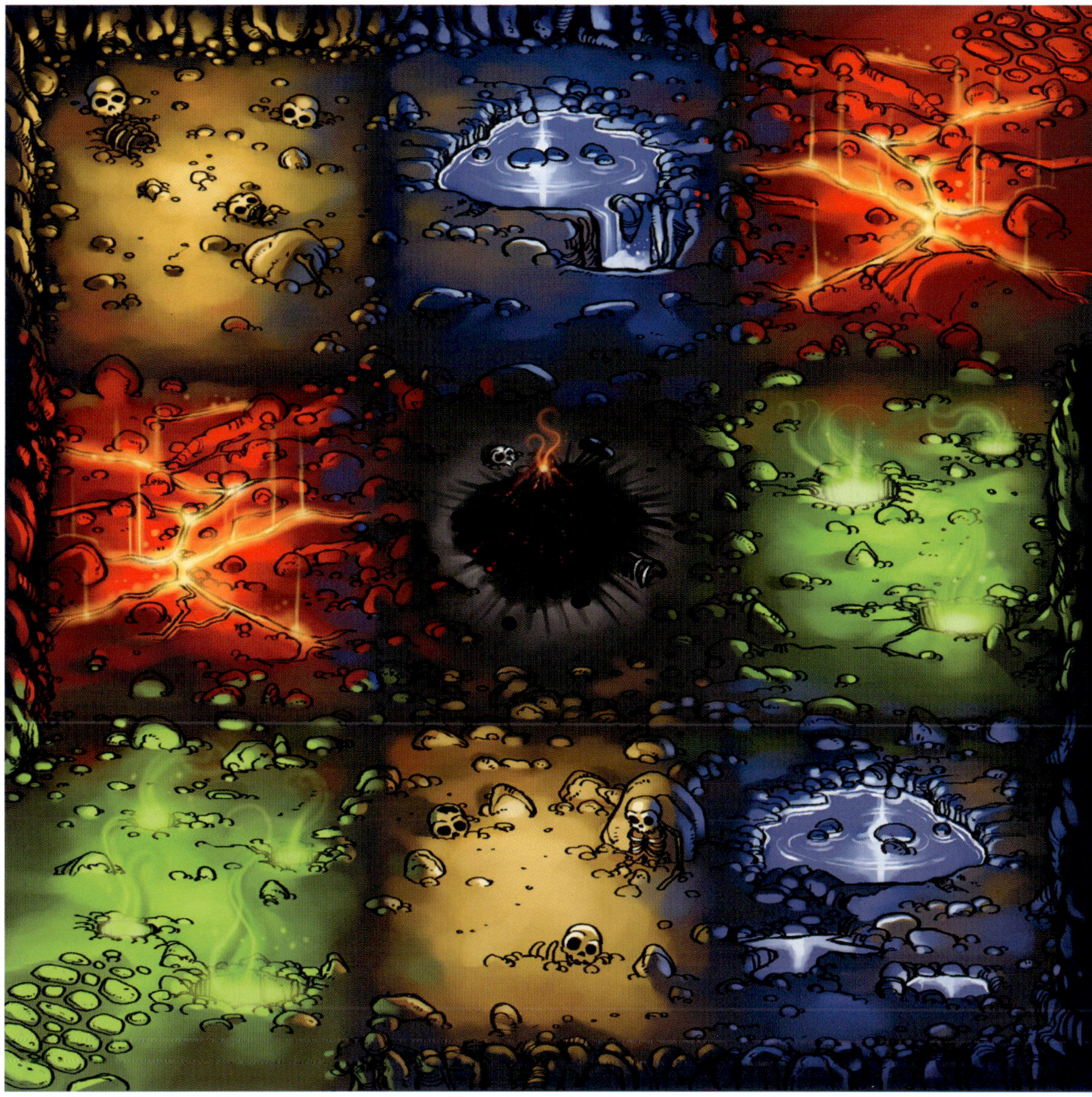

GHOST STORIES - BLACK SECRETS

... c'est un jeu de société!

Un jeu de société doit être avant tout lisible. Le plateau d'OFFRANDES, le plateau de MR. JACK et le magnifique plateau de l'extension de GHOST STORIES: BLACK SECRET sont de parfaits exemples pour montrer que le mécanisme prime sur la beauté.

Dans MR. JACK, il fallait que cela soit lisible avant tout, et donc les cases de rues sont très vides. Sur OFFRANDES, l'exigence était de pouvoir poser et différencier les divers animaux grâce à un splendide artifice technique: l'étalage vertical d'animaux.

Le plateau de BLACK SECRET, hmmm, celui-là, c'est quand même un tout petit peu de ma faute. Il fallait que chaque case ait une couleur dominante, mais c'est raté, vraiment. Trop vite fait, trop mal... Allez, celui-là, il est pour moi.

... it's for a board game!

First and foremost, a board game must be legible. The game boards for OFFERINGS and MR. JACK and the superb board for the GHOST STORIES: BLACK SECRET expansion are perfect examples of function over form.

In MR. JACK, the number one criterion was that the board had to be readable at a glance. As a result, the street squares are largely empty. For OFFERINGS, I had to place and differentiate the various animals, which I did using a cunning technical trick consisting in stacking the animals vertically.

Regarding the BLACK SECRET game board, I have to hold my hands up. Each space had to have a dominant colour, but the result was a real mess. Rushed and badly done... OK, that one's on me!

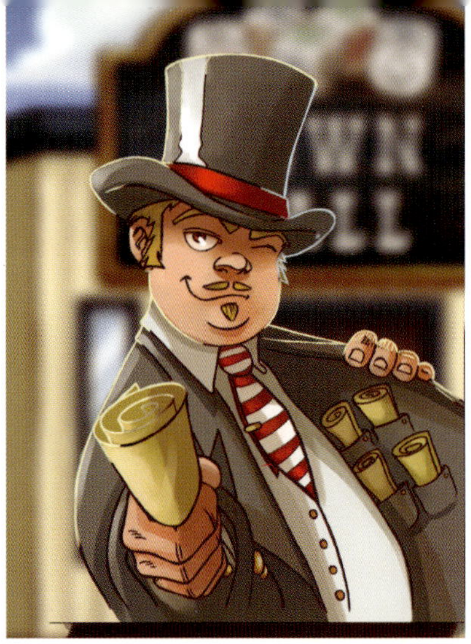

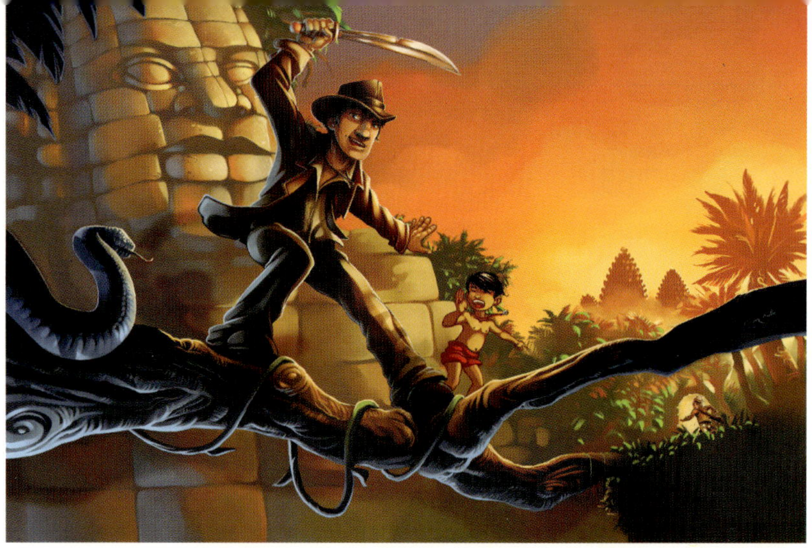

Lost temple

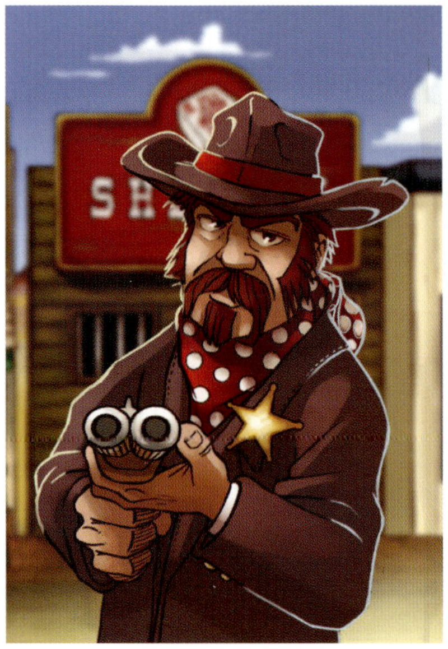

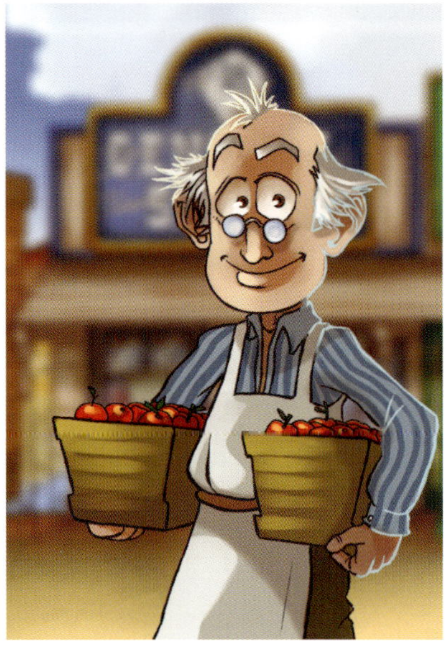

Dice town

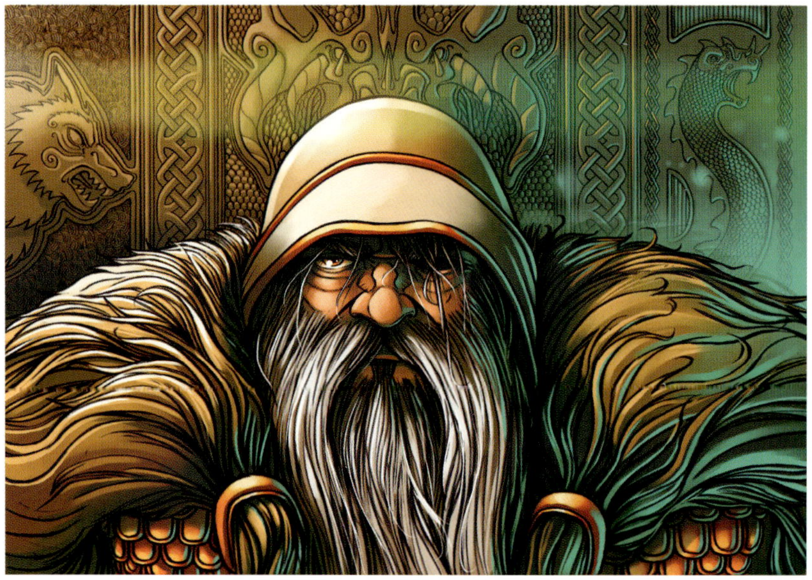

Voluspa

… je ne suis qu'un humain

Des fois, on est en retard (certains diront souvent), distrait ou pas bien dans ses baskets, ça peut beaucoup jouer sur le rendu final.

Certaines cartes General Store de dice town ont été vite faites, trop vite ! Alors, certes, les personnages ont toujours cinq doigts à chaque main et un nez au milieu du visage, mais pour le reste…

La couverture de lost temple a déjà le défaut d'être vraiment très orange, mais le personnage central ! Qu'est-ce qui m'a pris ? D'où sort cette position ?

Pour voluspa, je veux représenter le dieu Odin, sombre et inquiétant, un personnage charismatique et central qui en impose. « *Ouaaaahh, il est beau ton nain !* » est le premier commentaire que je reçois et qui se généralisera par la suite.

yggdrasil arrive à une mauvaise période de ma vie personnelle. De plus, je suis débordé professionnellement et vraiment en retard. Les cartes sont réalisées n'importe comment, à la va-vite, et le résultat est là… ou pas en fait.

… I'm only human

Occasionally (some might say "often"), you may be behind schedule, unfocused or not feeling too good, all of which can have a huge impact on the end result.

Some of the General Store cards for dice town were done in too much of a rush. For sure, the characters still have five fingers on each hand and a nose in the middle of their face, but the rest doesn't bear commenting…

The cover for lost temple was already marred by being exceedingly orange, but the central figure… What the hell was I thinking? Where on earth did that position come from?

For voluspa, I wanted to depict the dark, brooding Norse god Odin, a charismatic and imposing main character. "Wow, cool dwarf!" was the first comment I received, and the sign of things to come.

yggdrasil came along at a bad time in my personal life. To make things worse, I was snowed under with work and running really late. I did the cards carelessly, in a rush, with the inevitable botched result.

Yggdrasil

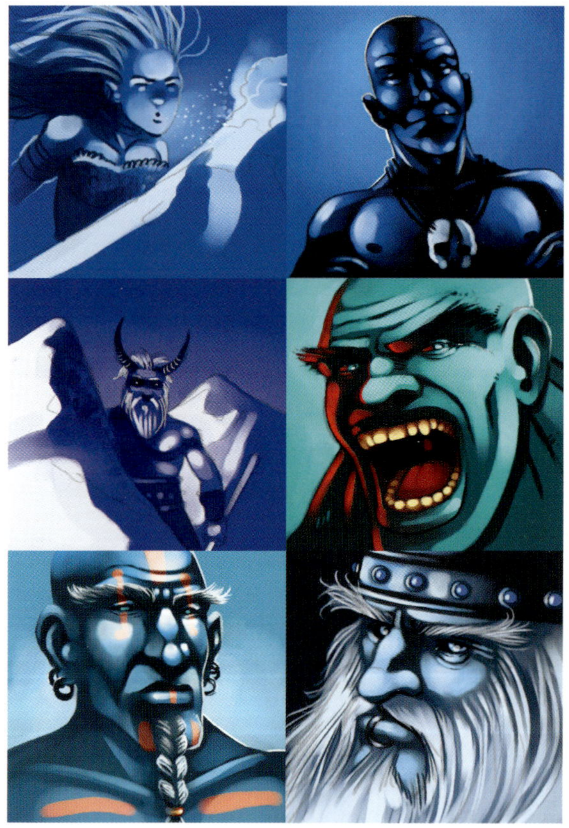

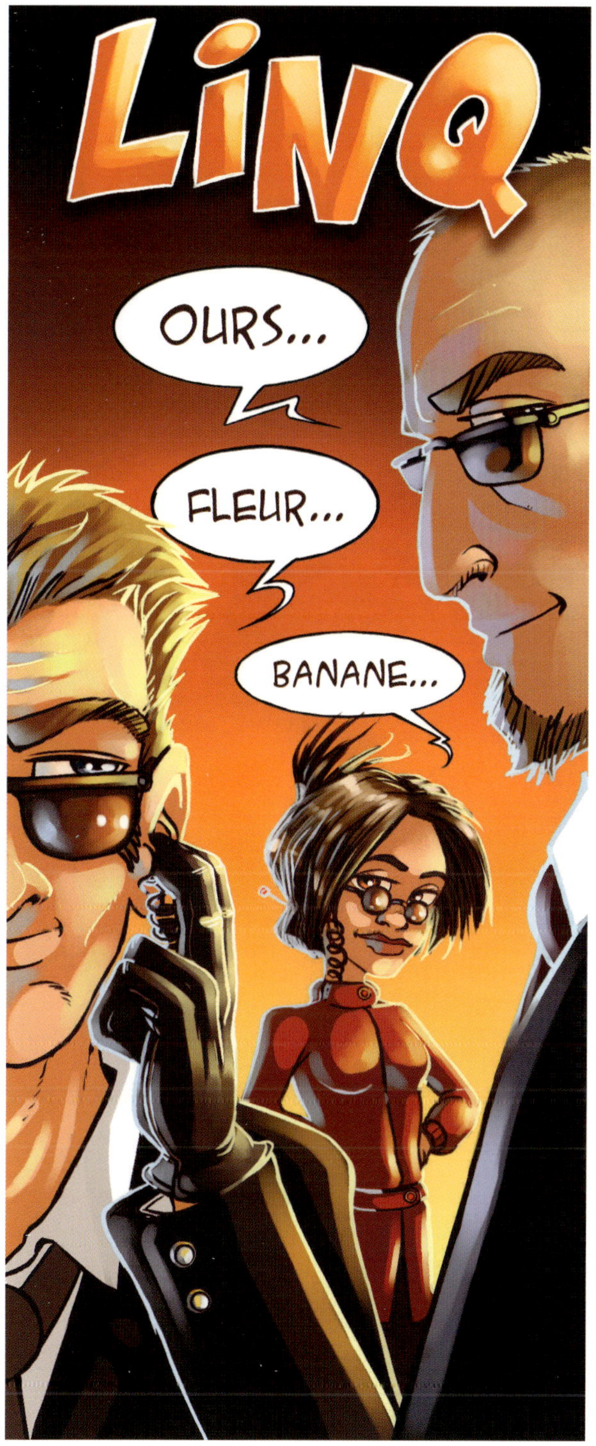

LINQ

... Ah si, là, quand même

LINQ, je pourrais faire preuve d'une mauvaise foi absolue en vous disant que si c'est raté, c'est parce qu'il s'agit d'un jeu d'ambiance qui ne devrait pas être illustré. Cependant, ce serait vraiment de la malhonnêteté de ne pas assumer ma responsabilité sur ce coup-là.

Le départ n'est pas bon, car dès le brief, je ne comprends pas le jeu. Pas qu'il soit compliqué, mais ses qualités ludiques ne s'apprécient qu'en y jouant et je n'ai pas eu l'occasion de le tester. Je ne saisis pas l'ambiance que le jeu est censé générer et le thème m'échappe complètement.

Peu inspiré, j'envoie cinq croquis à l'éditeur, dont un que je trouvais vraiment minable. Pas de chance, c'est celui-ci qui est retenu. Je passe ainsi du manque d'inspiration au manque de motivation.

À partir de là, le parfait mélange est en place pour produire un travail d'une qualité très douteuse. Une image ratée, ce n'est pas grave, ça arrive, on le regrette parfois, mais ça fait partie du métier. La couverture de LINQ représente un peu «mon cadavre qui n'est pas dans le placard», les images restent et voici un très bon rappel pour se souvenir que de ne pas être professionnel, bah ça se paye!

Et le prix fut, par exemple, d'accueillir Bruno Faidutti et de l'entendre débarquer en disant: *«Pierô, je sais que tu n'aimes pas les jeux moches, mais celui-là, il est vraiment très bien!»* en posant LINQ sur la table. Puis de voir le jeu nominé pour l'*As d'Or*, jeu de l'année avec la belle annonce *«illustré par Pierre Lechevalier»* alors que j'ai bizarrement oublié de signer cette couverture. D'avoir tous ses copains qui photographient la boîte dès qu'ils la croisent... Mais surtout, le plus dur demeure cette sensation horrible d'avoir mal fait son travail alors que le jeu est juste excellent. C'est de loin ma pire illustration, et malheureusement, pour un des meilleurs jeux auxquels j'ai participé.

... Ah yes, THAT game

LINQ: I could try to bullshit you by claiming that the artwork was only a mess because LINQ was a party game that should never have been illustrated. But it would be really dishonest not to assume my responsibility.

Things got off to a bad start: right from the brief, I didn't understand the game. It's not that LINQ is complicated, but it's one of those games that you have to play to appreciate its qualities, and I didn't get a chance to test it. I had no sense of the atmosphere that the game is supposed to create, and totally failed to capture the theme.

Lacking inspiration, I sent five sketches to the publisher, including one that I thought was totally pathetic. Just my luck, that was the one that got picked. As a result, I went from lacking inspiration to lacking motivation.

All the ingredients were now in place to produce some pretty shoddy artwork. A messed-up image is not the end of the world. It happens, and you might regret it, but it goes with the job. The cover for LINQ is in some ways my "skeleton not in the closet": the images are still out there, and serve as an excellent reminder that if you don't act professionally, you'll pay for it sooner or later!

For me, part of the "price" was to hear Bruno Faidutti walk in saying "— Pierô, I know you don't like ugly games but this one's really good!" as he put LINQ down on the table. Then, seeing the game nominated for an *As d'Or*, game of the year award, with "*illustrated by Pierre Lechevalier*" writ large, despite my having bizarrely "forgotten" to sign this particular cover... Seeing all your mates taking photos of the box as soon as they spot it... But most of all, the hardest thing is still that horrible feeling of not having done your job properly even though the game is excellent. It's by far my worst artwork, and unfortunately, for one of the best games I've ever worked on.

Ce livre met en valeur l'évolution de mon trait, de mon travail, de ma façon de faire les choses. Qu'en est-il de l'industrie dans laquelle j'exerce depuis maintenant dix ans ? Parler d'évolution ne sous-entend absolument pas qu'avant, les jeux étaient vilains. Loin de là même. C'est d'ailleurs la raison qui m'a donné envie de pratiquer ce métier. Je découvrais un univers graphique riche artistiquement, et des noms ressortaient régulièrement au point de devenir des raisons compulsives d'achat. Franck Dion, François Bruel, Vincent Dutrait, Julien Delval et Mathieu Leyssenne représentent très vite des références pour moi et montrent la voie à suivre pour faire évoluer l'industrie.

Petit point rapide sur les différentes écoles dans le jeu de société moderne : aux États-Unis, les jeux thématisés sont en général très beaux et contiennent beaucoup de matériel. En Allemagne en revanche, l'aspect visuel paraît généralement secondaire par rapport aux mécanismes et aux thèmes souvent austères. En France, il s'agit d'un juste milieu : un mélange des deux écoles qui en deviennent une, à part entière.

Au début des années 2000, les jeux phares se nomment **LES COLONS DE CATANE** ou **CARCASSONNE**. Ces deux derniers, allemands, incarnent le renouveau et le passage dans le jeu de société moderne : ils se vendent partout et par milliers. Cependant, sans dire qu'ils sont laids, soyons honnête, leur succès ne doit pas grand-chose à leurs illustrations.

L'année 2002 sera marquée par la naissance de l'éditeur franco-américain *Days of Wonder* qui propose le même type de jeux – accessibles au plus grand nombre, entre amis ou en famille – mais se démarquant par une production hors du commun : des figurines, des accessoires allant de clochettes aux colliers, des illustrations magnifiques et une maquette du même acabit. Clairement, un pas est franchi dans le design du jeu. Est-ce que cela a rendu les jeux meilleurs ? Non, non, du tout… Mais en étant agréables à regarder, à manipuler, en donnant envie, on attire plus facilement les amis.

This book focuses on the evolution in my graphic style, my work and my way of doing things. But does this evolution reflect changes in the industry in which I've been working for 10 years now? When I talk about "evolution", I am certainly not implying that games were ugly in the past. Far from it, in fact. It's even the reason why I wanted to work in this profession. At the time, I was discovering an artistically rich world, which regularly spawned names that became compelling arguments to buy games. Franck Dion, François Bruel, Vincent Dutrait, Julien Delval and Mathieu Leyssenne soon became references for me and showed me the way forward for the industry.

Let's take a quick look at the various schools of modern board gaming: in the United States, themed games are generally very attractive and contain lots of components. In Germany, on the other hand, games often have austere themes, with the visual aspect a distant second to the mechanics. In France, a third, intermediate school has emerged, combining elements of both.

The early 2000's were dominated by seminal games such as **THE SETTLERS OF CATAN** and **CARCASSONNE**. These two German games epitomised the renaissance in board gaming, selling thousands of copies worldwide. However, without going so far as to call them ugly, nobody would claim they owe their success to their artwork.

The Franco-American company Days of Wonder was established in 2002, publishing the same type of games ideal for families and casual gamers but with production values that set it apart from competitors: their games featured miniatures, accessories ranging from bells to collars, not to mention magnificent artwork and equally good graphic design. Clearly, a sea change was occurring in the world of game design. Did this make games better? No, not at all… but games that are nicer to look at and handle make you want to play them, and it becomes easier to spark your friends' curiosity.

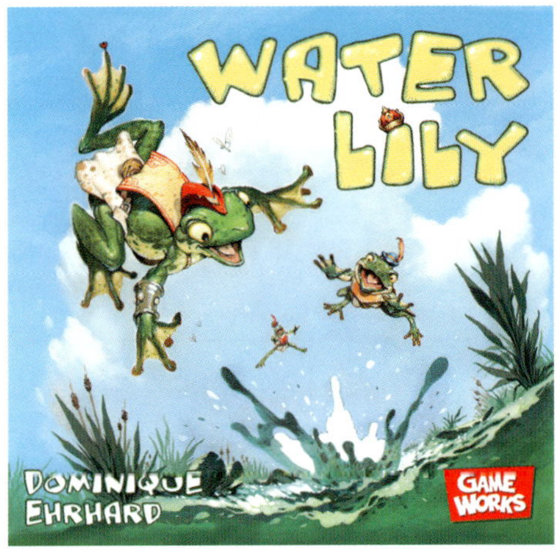

© GameWorks

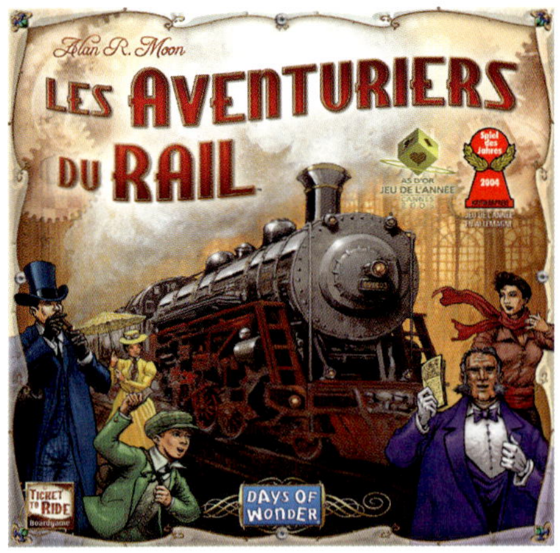

Reproduit avec l'autorisation de Days of Wonder, Copyright ©2002-2016 Days of Wonder Inc

En 2006, je débarque dans ce milieu et, sans le savoir, j'apporte une petite nouveauté : la dédicace en festival. Il s'agit presque d'une spécialité française née avec la bande dessinée. Dans le jeu de société, c'est la première fois qu'un illustrateur vient salir le dos des couvercles et une chose est certaine, cela a beaucoup plu ! Dorénavant, les auteurs et illustrateurs possèdent un visage et en se présentant souvent côte à côte dans l'exercice, ils apparaissent maintenant comme un duo sympathique, on l'espère.

En 2007, deux jeux et un nouvel éditeur bouleversent encore la donne. JAMAÏCA et ANIMALIA, édités par *GameWorks* et illustrés par Mathieu Leyssenne, redéfinissent le concept du « beau jeu ». JAMAÏCA, de Bruno Cathala, Sébastien Pauchon et Malcolm Braff, deviendra une référence tant visuelle que ludique. L'édition est tout simplement parfaite et les illustrations mettent presque tout le monde d'accord. Ce jeu, posé sur une table, est une invitation instantanée à engager une partie. Tout le monde ne possède pas le talent d'un Ani (pseudo de Mathieu Leyssenne) ou de l'équipe de *GameWorks*, mais un nouveau standard de qualité est atteint.

Le nombre de nouveautés annuelles grossit très vite. Ainsi, un éditeur qui a un bon jeu entre les mains est beaucoup plus concurrencé dans les boutiques et doit alors se démarquer. Les outils de communication se développent grâce à Internet, mais quand il faut choisir entre deux bons jeux, le public aura tendance à aller vers le plus joli, celui avec le meilleur matériel et qui coûte le moins cher.

Belles couvertures, belles illustrations, belles figurines… le visuel d'un jeu occupe dès lors une place différente. On commence à voir poindre des figurines prépeintes et arrivent de nouveaux éditeurs, ainsi que des illustrateurs venant du jeu vidéo ou de la bande dessinée avec leur culture graphique. À cette époque, même en Allemagne, l'évolution graphique se fait sentir. Michael Menzel devient à lui tout seul un mètre étalon. Ses plateaux des jeux LES PILIERS DE LA TERRE ou L'ÂGE DE PIERRE sont tout simplement beaux et plaisent à un large public. Est-ce que les jeux se vendent mieux grâce à cela en Allemagne ? Probablement pas. En revanche, ils s'exportent sans doute bien plus facilement.

I took my baby steps in this industry in 2006, unwittingly introducing a novelty in the form of illustrated signings at festivals. This was largely a French speciality with its roots in the comics community. In board games, this was the first time that an illustrator had scribbled on the insides of box covers and one thing is certain: those signings were a big hit! Signings put a face on game designers and illustrators, who would often attend festivals together, forming a (hopefully friendly) tag team.

In 2007, two games and a new publisher again changed the rules. JAMAICA and ANIMALIA, released by GameWorks with artwork by Mathieu Leyssenne, redefined the concept of the "eye candy" game. JAMAICA, by Bruno Cathala, Sébastien Pauchon and Malcolm Braff, would set new standards for both gameplay and aesthetic appeal. The publisher played its role to perfection and the artwork was greeted with near-unanimous acclaim. When someone puts this game on a table, you're immediately tempted to play. Not everyone has talent to match Ani (Mathieu Leyssenne's pseudonym) or the GameWorks team, but JAMAICA undoubtedly set a new benchmark for quality.

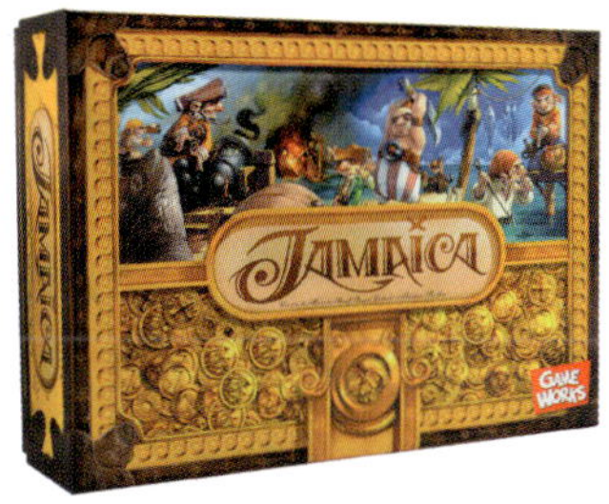

© *GameWorks*

The number of new releases each year was growing fast. As a result, a publisher with a good game on its hands was facing much fiercer competition in games stores and needed to stand out. Internet was driving the development of marketing tools, but faced with a choice between two good games, the public tended to opt for the one that looked the prettiest, had the best components and cost less.

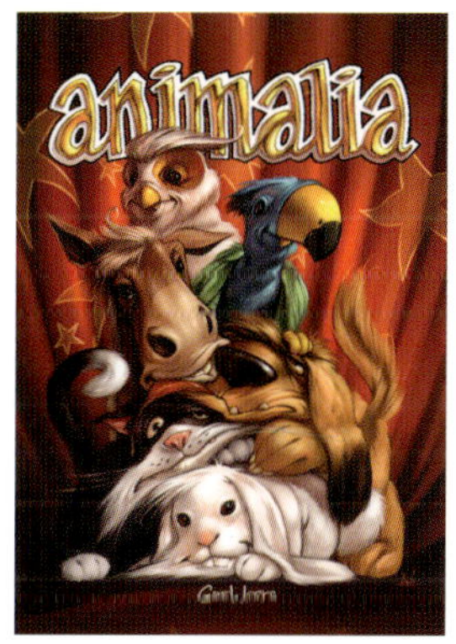

© *GameWorks*

The role of a game's visuals was changing, with a greater emphasis on attractive covers, fine illustrations, cool miniatures... We began to see prepainted miniatures, and new publishers came to the fore, alongside illustrators with backgrounds in video games or comics who brought their graphic culture with them. At that time, the graphic evolution was plain to see, even in Germany. Michael Menzel established the gold standard. His game boards for THE PILLARS OF THE EARTH or STONE AGE were simply beautiful, and appealed to a wide audience. Did that boost sales of the games in Germany? Probably not. They were, on the other hand, undoubtedly a big driver in the export market.

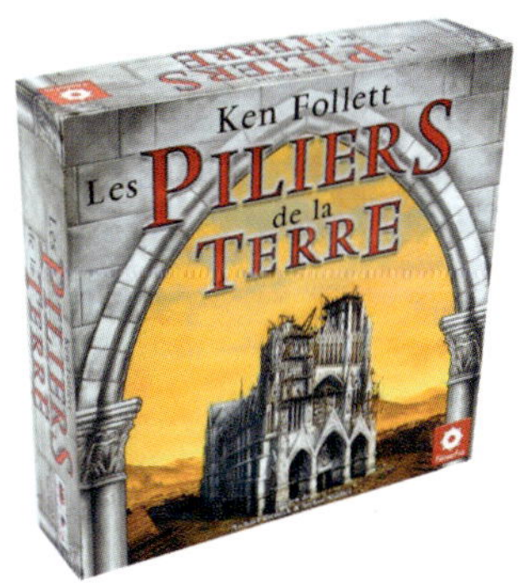

© *Filosofia*

En 2010, une petite révolution se produit. Un nouvel éditeur, *Libellud*, émerge avec DIXIT de Jean-Louis Roubira. Les illustrations de Marie Cardouat sont intimement liées à l'expérience ludique de chacun. Un succès énorme… incroyable… unanime dans le monde ! Dès lors, le nom de l'illustrateur prend une nouvelle place. Il n'en devient pas pour autant le coauteur du jeu. Mais il est l'auteur de ses illustrations et commence à être reconnu comme tel éditorialement. Le cas de DIXIT reste exceptionnel et ne peut être reproduit qu'avec un jeu dans lequel le moteur ludique repose sur le visuel.

Ces dernières années, les prix récompensant les illustrations de jeux fleurissent un peu partout et même en Allemagne avec le *Graf Ludo*. ABYSS illustré par Xavier Collette, de Bruno Cathala et Charles Chevallier, édité par *Bombyx*, raflera tous ces prix. Il a une particularité : la boîte du jeu ne présente ni titre ni noms d'auteur, d'éditeur ou d'illustrateur. Juste une image.

Something of a revolution happened in 2010. A new publisher, *Libellud*, emerged, releasing Jean-Louis Roubira's DIXIT game. Although Marie Cardouat's illustrations were not in themselves what made DIXIT a huge, unbelievable, unanimously acclaimed global hit, they were an intimate part of players' experience of the game. Henceforth, an illustrator's name acquired a new status. Although not co-designers of the games on which they work, illustrators are designers of their artwork and began to be acknowledged as such by publishers. The case of DIXIT remains exceptional, and only a release with a game engine based on visual elements could hope to trigger a comparable phenomenon.

In recent years, awards for board game artwork have sprung up left, right and centre, even in Germany, which hosts the *Graf Ludo* award. Bruno Cathala and Charles Chevallier's ABYSS, illustrated by Xavier Collette and published by *Bombyx*, made a clean sweep at these awards. This game stood out for its box cover, which showed just a picture, with the title and the names of the designer, publisher and illustrator all conspicuously absent.

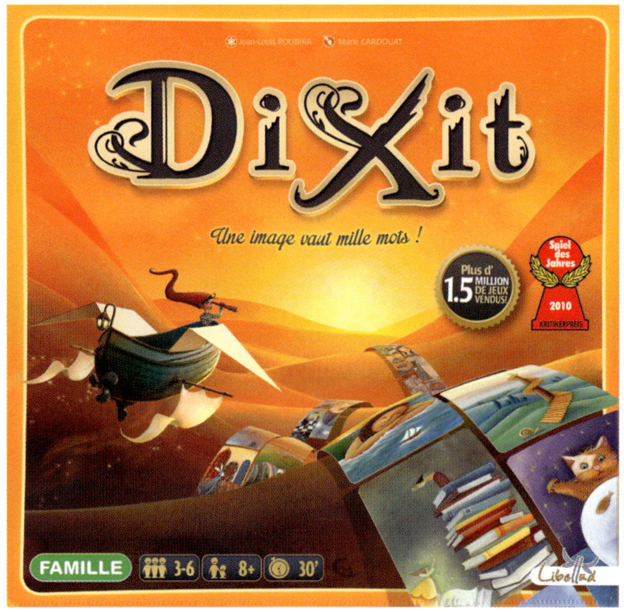

© Libellud

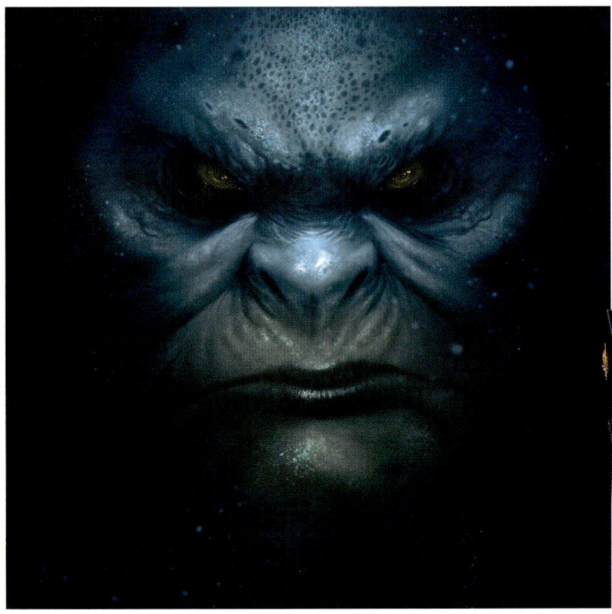

© Bombyx

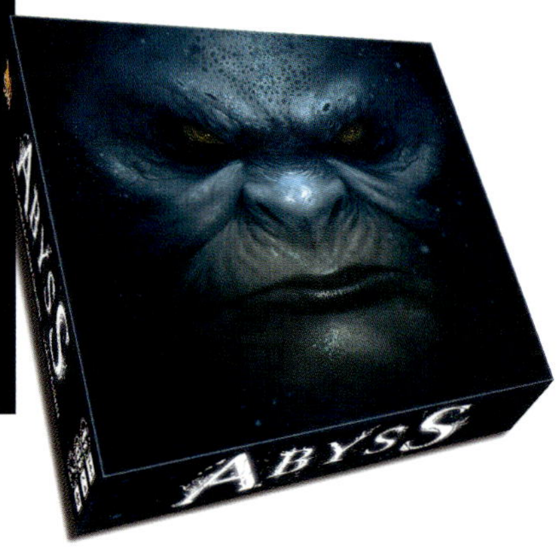

ABYSS a reçu pour ses illustrations:
- *Le Grand prix des Z'illus* (France)
- *Prix Ludia* (France)
- *Graf Ludo* (Allemagne)
- *Best Game Artwork* (USA)
- *Golden Geek Best boardgame artbook & presentation* (USA)

ABYSS won the following awards for its artwork:
- *Grand Prix des Z'illus* (France)
- *Ludia award* (France)
- *Graf Ludo* (Allemagne)
- *Best Game Artwork* (USA)
- *Golden Geek Best board game artbook & presentation* (USA)

Quelques éditeurs mentionnent maintenant le nom de l'illustrateur aux côtés du nom de l'auteur. Les rapports entre éditeur, auteur et illustrateur ressemblent de plus en plus au trio que l'on peut rencontrer dans la bande dessinée ou dans le livre jeunesse. L'industrie du jeu de société se professionnalise. Les jeux en sont-ils meilleurs ? Sont-ils bons parce qu'ils sont plus beaux ? Se vendent-ils mieux ? Drainent-ils un nouveau public ? Je ne sais pas, et ça n'est pas bien important, *in fine*. Ce qui me semble l'être davantage, en revanche, c'est que cette évolution du jeu moderne tend à le faire reconnaître socialement comme un véritable objet culturel. Cette évolution me réjouit et je suis fier d'y participer à ma modeste mesure.

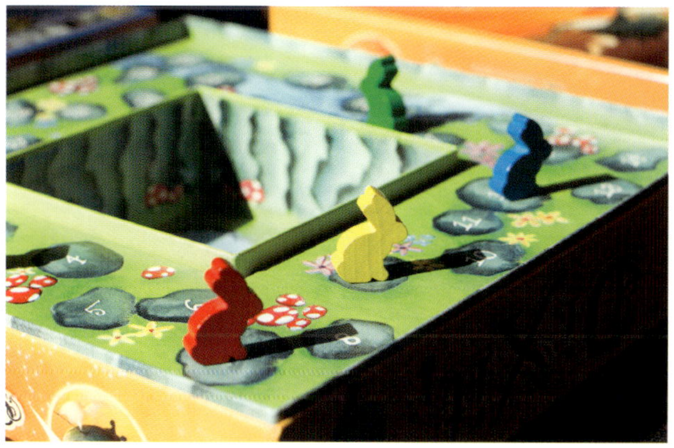

© Martin Escoffier

A few publishers now identify the illustrator alongside the game designer. The relationship between publisher, game designer and illustrator are increasingly resembling the trio more typically found in comics and children's literature. The board game industry is becoming professionalised. Are today's games better? Are they good because they look better? Do they sell more copies? Are they attracting a new audience? I don't know the answers, but at the end of the day, it doesn't really matter. What seems more important to me is that this evolution in modern gaming is leading games to be acknowledged by society as cultural artefacts in their own right. I am delighted at this shift, and proud to be playing a part, however small.

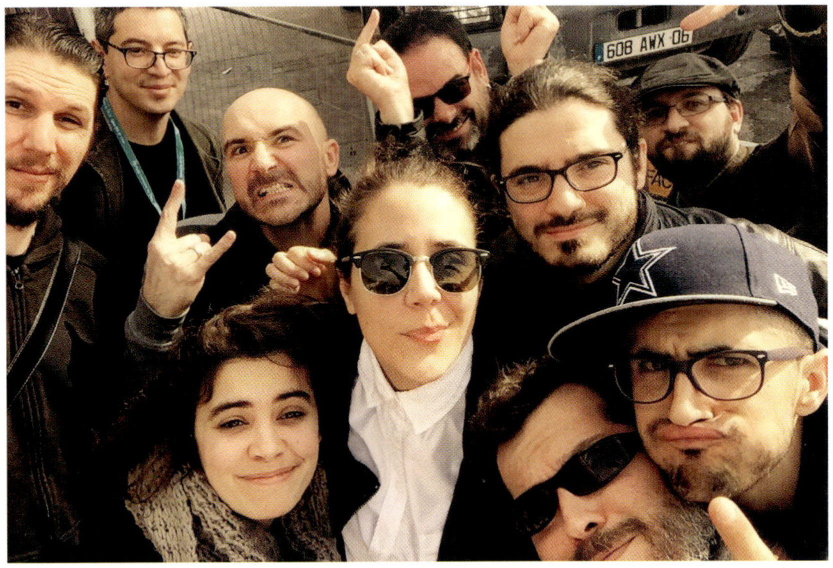

Pierô et ses copains « gribouilleux ».
Pierô and his "scribblers" friends.

En 2006, quand j'atterris dans le milieu du jeu de société en tant qu'illustrateur, je ne connais aucun de mes camarades. J'admire le travail de Franck Dion, de François Bruel, de Stéphane Poinsot ou encore de Julien Delval, mais je n'ai jamais eu l'occasion de les croiser ou même d'échanger avec eux. Depuis, les choses ont bien changé. On se connaît tous plus ou moins et beaucoup sont devenus de vrais amis que je retrouve avec grand plaisir. Je pense, et ils partagent sûrement mon opinion, que nous ne sommes pas concurrents. Nous avons tous notre style, notre personnalité et notre façon de travailler. Aujourd'hui, les éditeurs font leur choix parmi nous en fonction des projets et de nos disponibilités. Il n'est pas rare, si l'un de nous ne peut pas accepter un contrat parce qu'il est débordé, qu'il renvoie vers un copain. On s'appelle assez souvent pour des conseils, des questions, ou juste pour discuter.

De plus, et même si on ne peut pas parler de parité, une mixité existe : il y a beaucoup d'illustratrices, de jeunes, de moins jeunes, certains travaillent en traditionnel (oui, avec du papier et des crayons…), d'autres en numérique.

Je n'ai demandé qu'à cinq d'entre eux de participer à ce livre, car je voulais vous montrer à quoi ressembleraient ces cinq jeux phares de ma carrière, s'ils avaient été bien illustrés.

In 2006, when I stumbled into the board game community as an illustrator, I didn't know any of my counterparts. I admired the work of Franck Dion, François Bruel, Stéphane Poinsot and Julien Delval, but had never had the chance to meet or communicate with them. Things have definitely changed since. We all know each other to some extent, and many of us have become real friends who I am always delighted to see again. I don't view us as competitors, and I'm sure they share my opinion. We all have our own style, personality and way of working. These days, publishers choose one or other of us based on the nature of the project and our availability. It is not uncommon for one of us to refer a job to a friend if we are snowed under. We also call each other regularly, whether for advice, to ask a question or just for a chat.

Also, although we can't really talk about parity, there are many female illustrators of all ages in the industry, some working with traditional pencil and paper methods, others using digital technology.

I have asked only five colleagues to contribute to this book, as I wanted to show you what my career's five flagship games would have looked like if they had been illustrated properly!

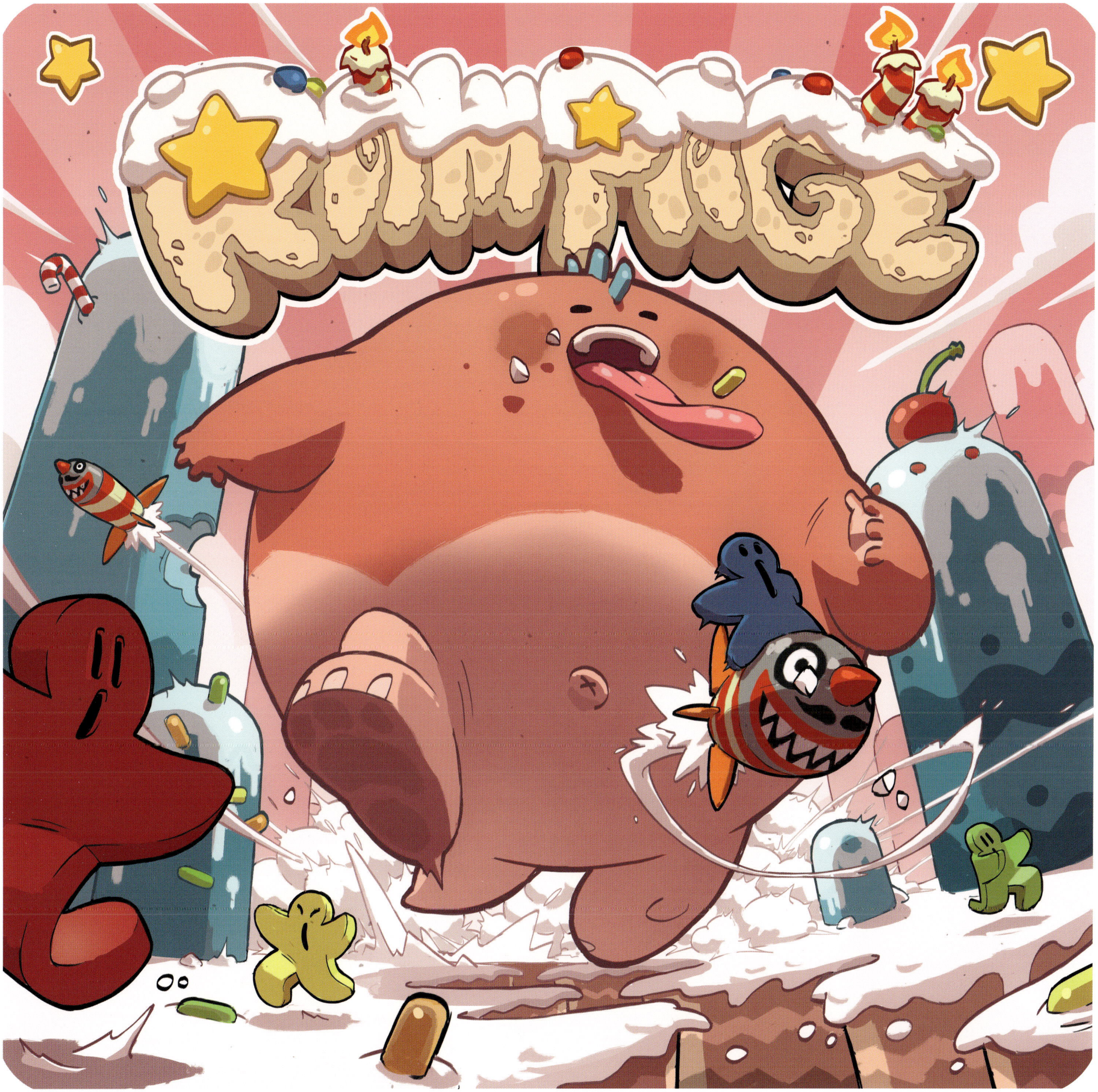
RAMPAGE

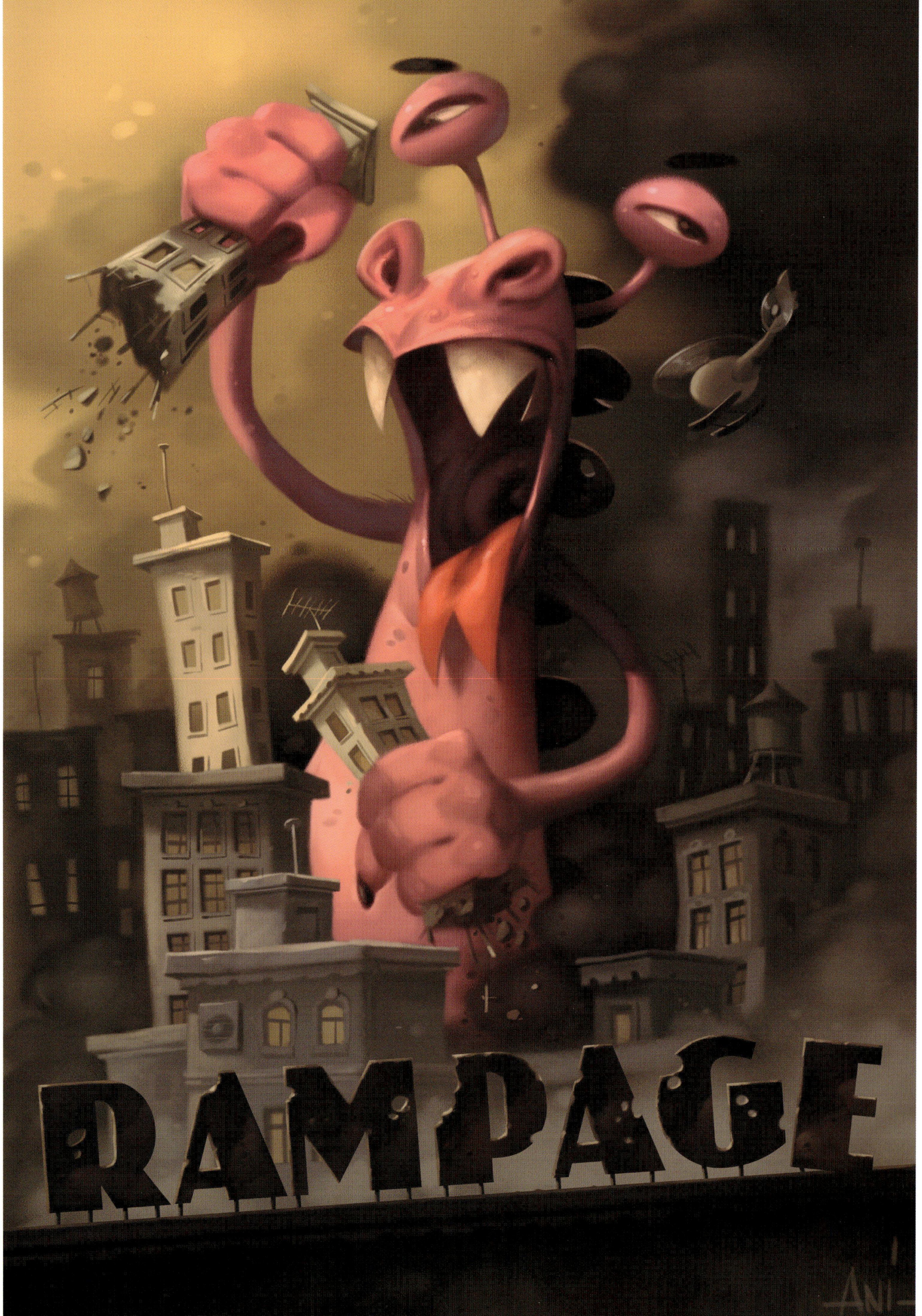
RAMPAGE
ANI

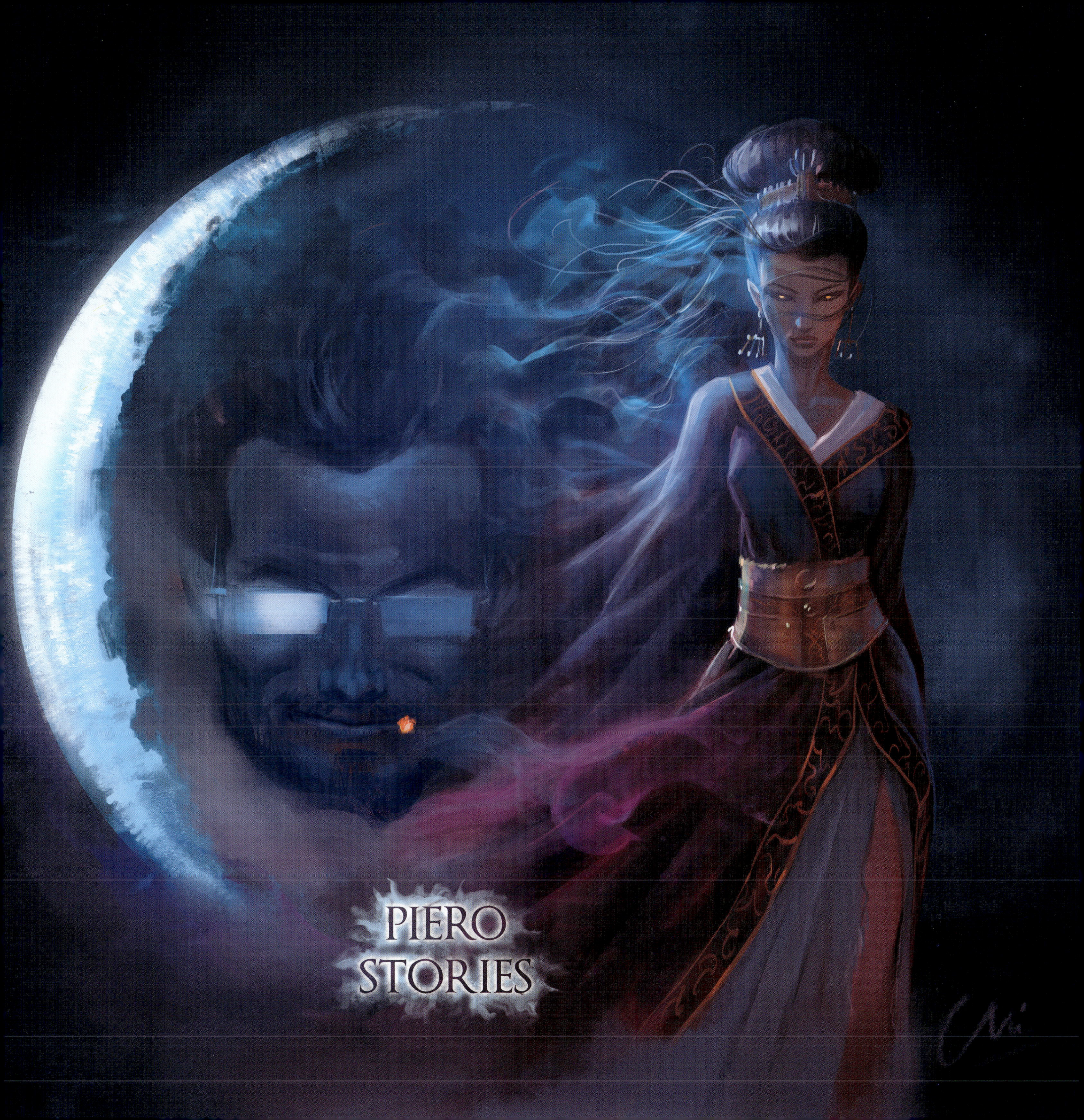
PIERO
STORIES

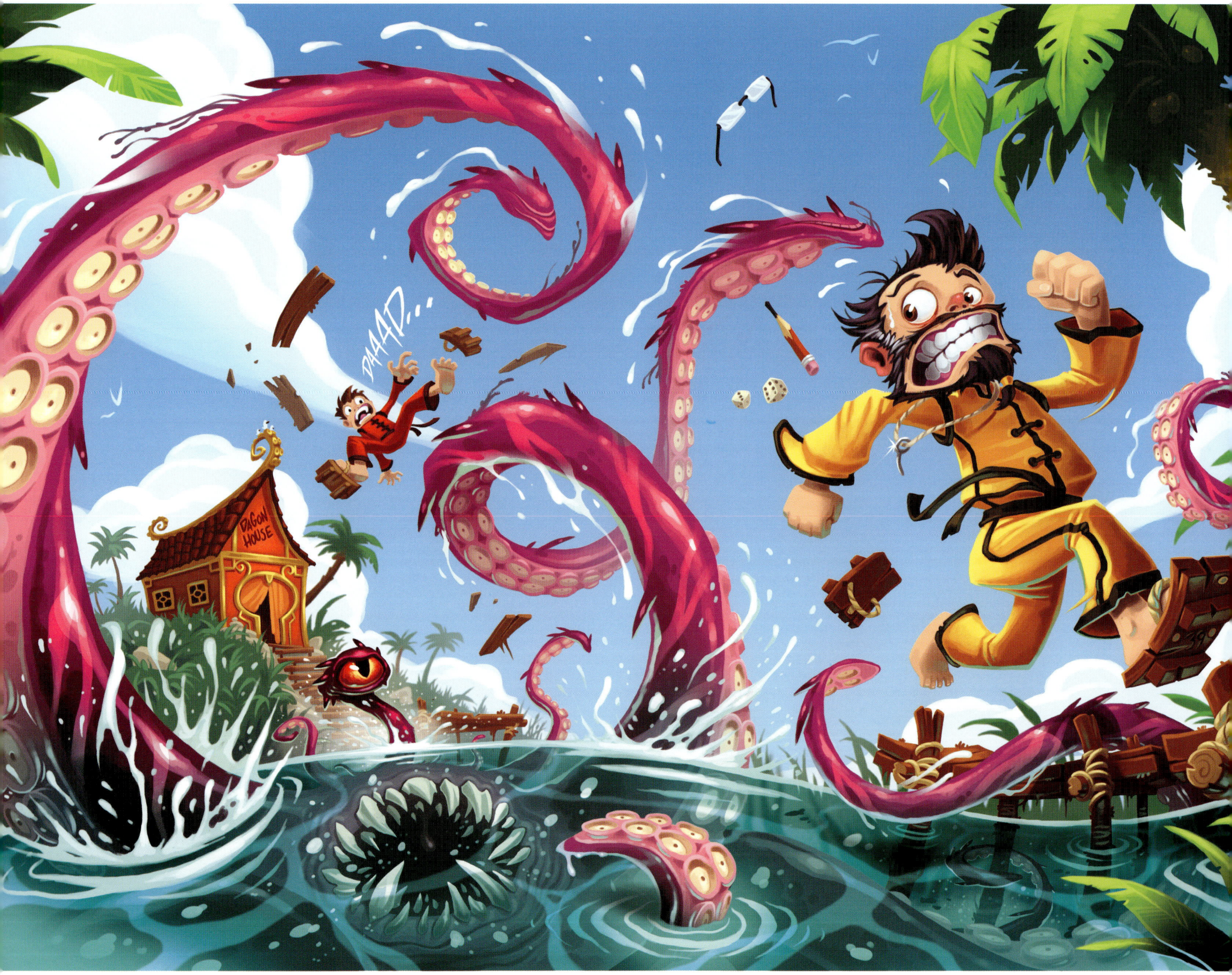
DAGON HOUSE
DAAAD...

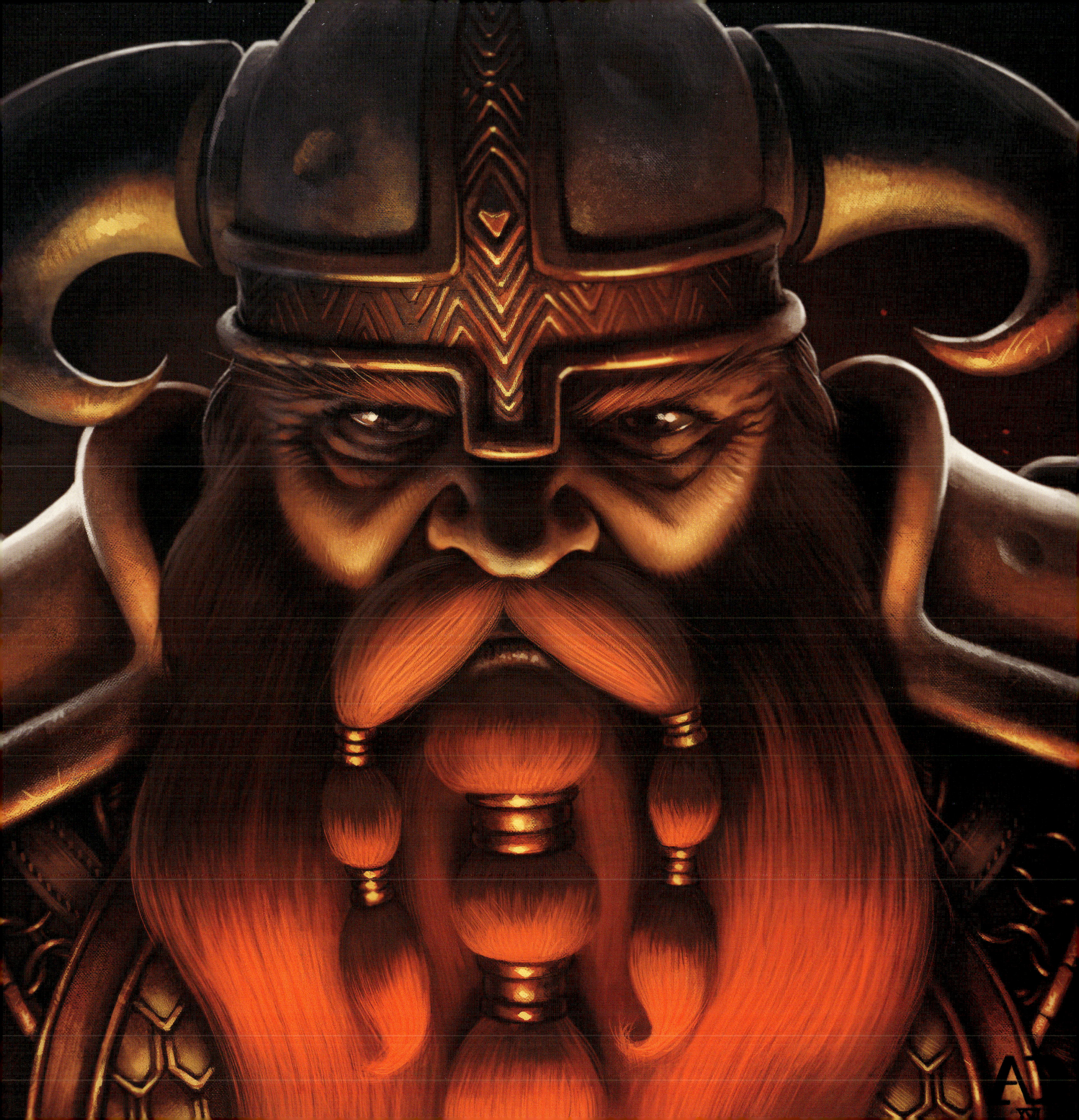

Xavier Gueniffey Durin "Naïade"

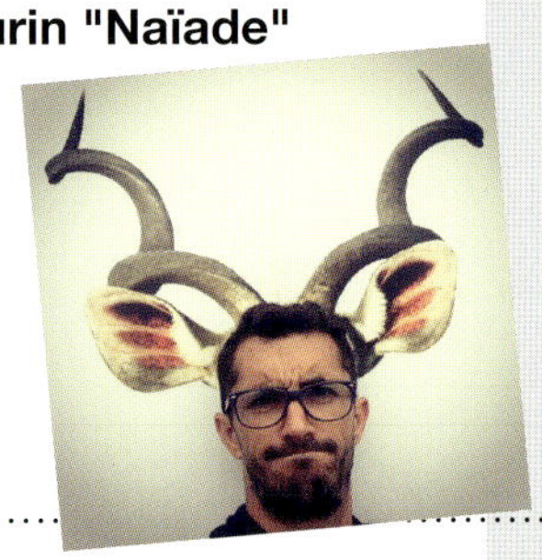

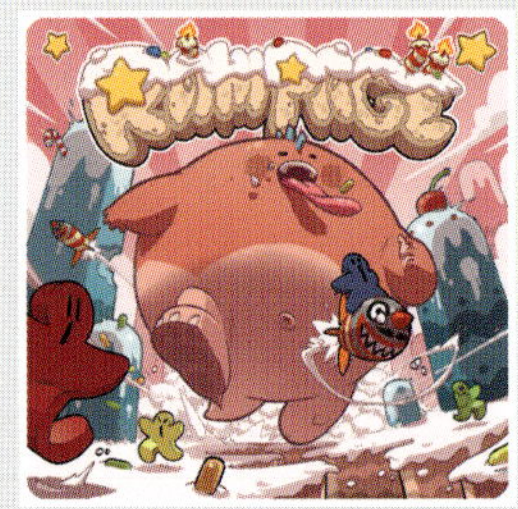

On s'est rencontrés en 2010 à Essen, alors qu'il dédicace ISLA DORADA. Ça commence à remonter. Je suis fasciné par sa capacité à faire ce qu'il veut et à varier son style en fonction du projet, et tout aussi fasciné par le fait qu'il doute à peu près tout le temps de son talent. Ça doit bien être le seul à en douter !

Mathieu Leyssenne "Ani"

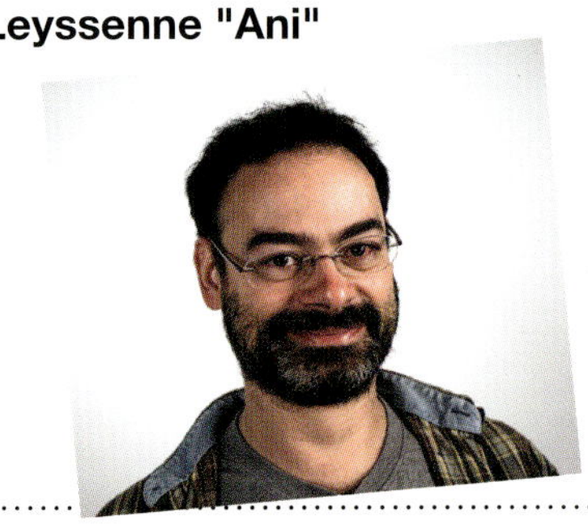

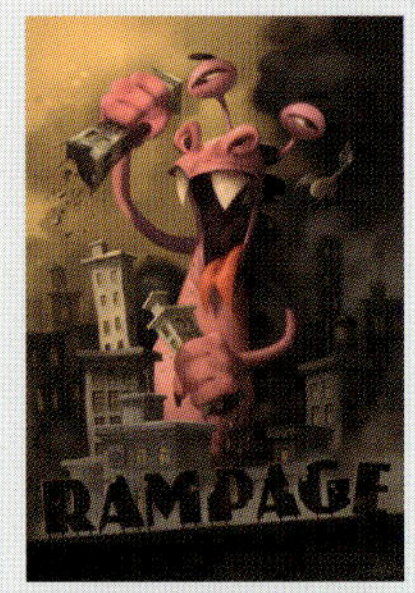

Mat' est le premier avec qui j'ai causé et échangé. Dès 2007 il me semble, car nous étions en train de répondre au même devis… qu'il a gagné. On est devenus potes et on a même fini par se rencontrer… En 2012, c'est surtout lui qui illustre celui que je considère comme le plus beau des jeux : JAMAÏCA (même que cela me coûte de l'avouer…).

Miguel Coimbra

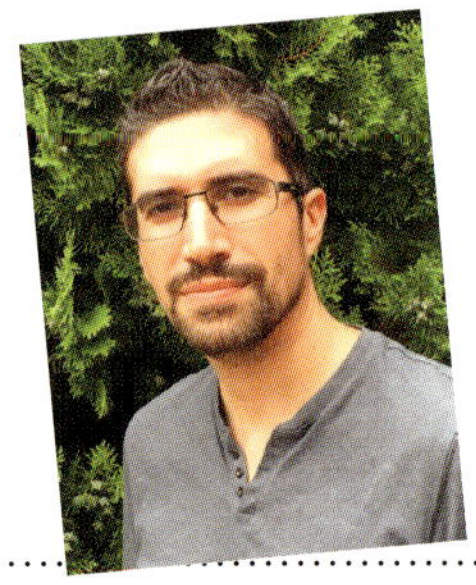

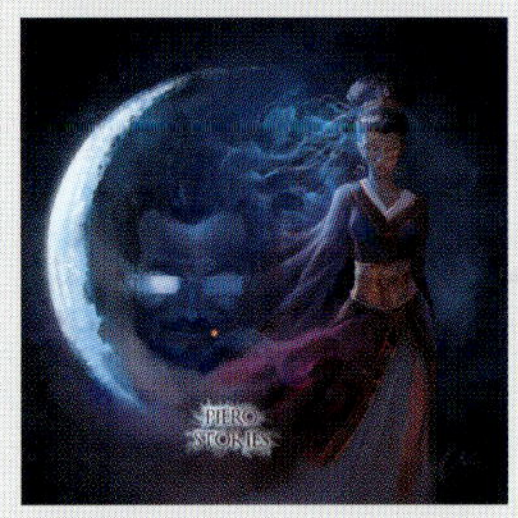

La première fois que je l'ai croisé, il dédicaçait SMALLWORLD à Paris en 2010. Je n'avais pas trop osé l'approcher. J'ai longtemps cru qu'il travaillait d'après photographie, tant son style est réaliste… Mais, non… Pas du tout… Il est juste incroyablement fort.

Jean-Baptiste Reynaud "Djib"

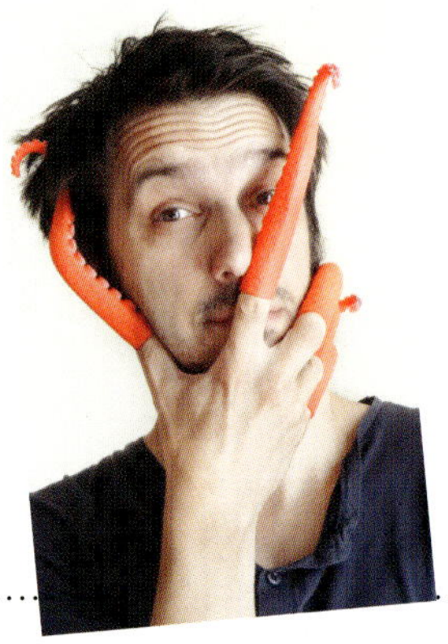

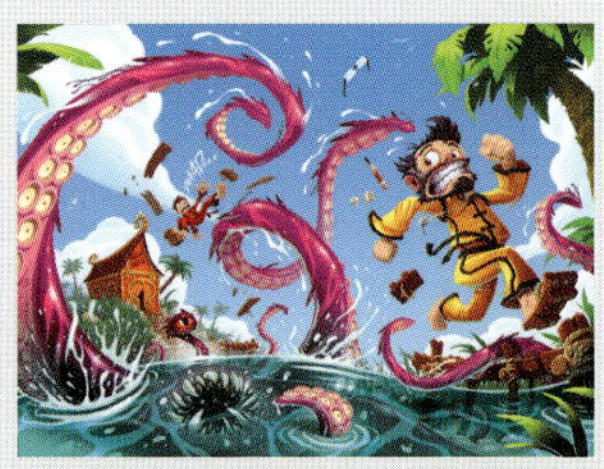

Quand on est réunis, soyons honnêtes, il souffre… On se charrie tous, mais avec lui, on s'applique. Pourquoi ? Vous rencontrerez rarement quelqu'un d'aussi poli, respectueux et sympa… Alors ça nous énerve et on se venge. Bon, surtout, son style à une pêche incroyable, des couleurs qui envoient et ses compos explosent les cadres… Bah après, il est prof' d'anatomie, alors ça aide à mettre le bon nombre de doigts aux mains.

Arnaud Demaegd

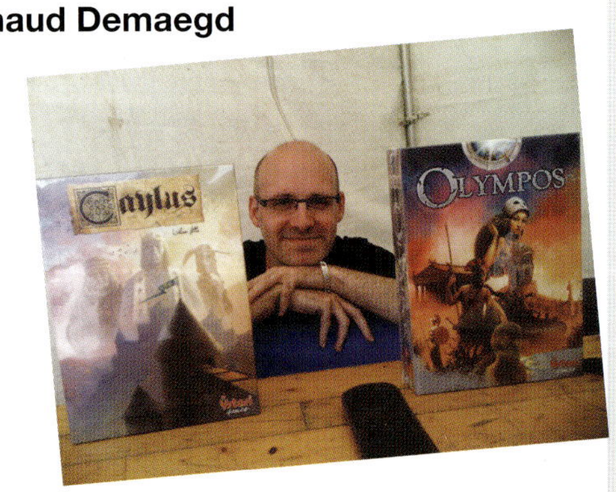

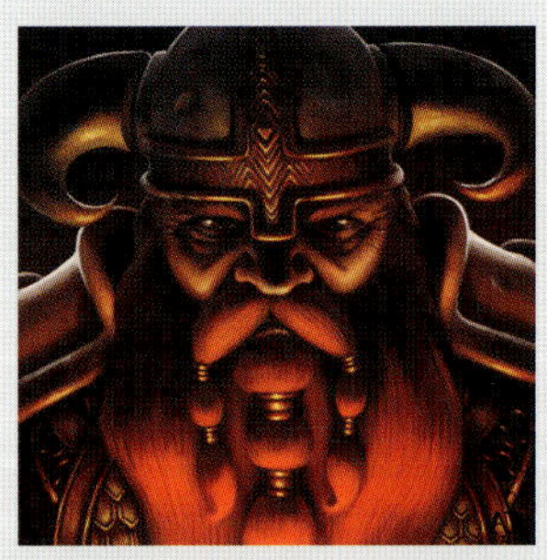

Arnaud Demaegd est un des illustrateurs les plus connus du milieu spécialisé. Illustrateur attitré de la majorité des jeux *Ystari*, maison d'édition qui a su conquérir les joueurs du monde entier grâce à CAYLUS, YSPAHAN ou encore SHERLOCK HOLMES : DÉTECTIVE CONSEIL. Il est une référence pour les joueurs chevronnés avec son style réaliste et ses couleurs profondes. Pour moi, Arnaud, c'est surtout un ami que je croise trop peu, mais avec qui j'aime discuter et passer du temps.

We met in 2010, in Essen, where he was signing **ISLA DORADA**. We go back quite a bit. I am fascinated by his ability to do whatever he wants and vary his style to suit different projects, and equally fascinated by the way he is almost constantly doubting his talent. He must be the only one!

TOKAIDO - EPIX
TAKARA ISLAND - COMPLOT
LA CIGALE & LA FOURMI - SOL
TALUVA - ISLA DORADA
THE BIG BOOK OF MADNESS
SEASONS

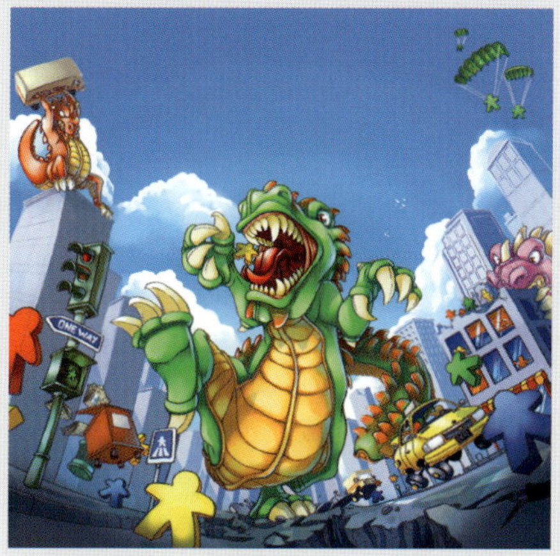

RAMPAGE

Mat was the first illustrator with whom I got chatting. Back in 2007, if I recall, as we were both quoting for the same job… which he got. We became mates and eventually met up… Above all, it was he who, in 2012, illustrated **JAMAICA**, in my opinion the most beautiful board game ever (although it pains me to admit it…)

JAMAICA - CHINATOWN
LE LIÈVRE ET LA TORTUE
LE JOUEUR DE FLÛTE - ANIMALIA
MANGE-MOI SI TU PEUX
VÉRONE, HELDENTAUFE
ARAMINI CIRCUS
POCKET MADNESS

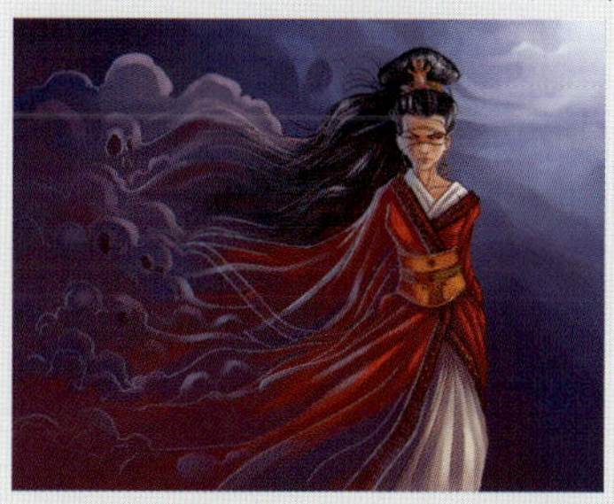

GHOST STORIES

The first time I met Miguel, he was signing for **SMALLWORLD** in Paris in 2010. I didn't dare approach him. His style is so lifelike that for years I was convinced he worked from photos… But in reality that's not the case… he's just incredibly gifted.

7 WONDERS - 7 WONDERS DUEL
SMALLWORLD - ZOMBICIDE
OUTLIVE - SEA OF CLOUDS
CYCLADES - CARGO NOIR
GEANTS DE L'ILE DE PÂQUES

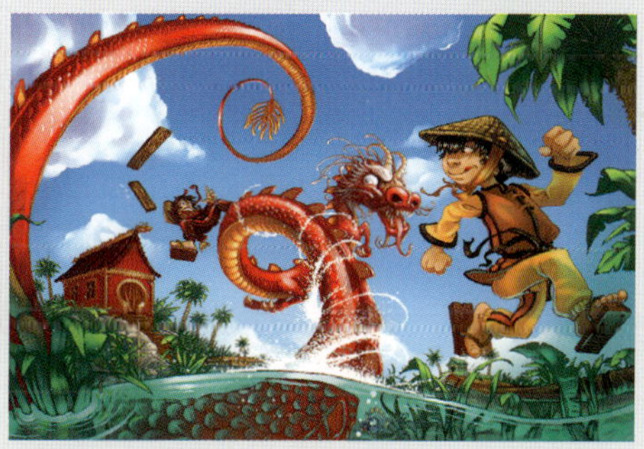

RIVER DRAGONS

Let's be honest, whenever the gang gets together, we give him a hard time… We all tease each other, but we make a special effort for him. Why would we do such a thing? Well, it's rare to meet somebody as polite, respectful and friendly… That gets on our nerves, so we get our own back. More relevantly, his style is incredibly energetic, with dazzling colours and compositions that burst out of the frame… Also, he's a trained anatomy teacher, which helps to draw hands with the right number of fingers.

ULTIMATE WARRIORZ - SABORDAGE
LA NUIT DU GRAND POULPE
TITAN RACE - SCHOTTEN TOTTEN
7 WONDERS ARTPACK
KING OF TOKYO (2016)
LES AVENTURIERS DU RAIL:
MON PREMIER VOYAGE

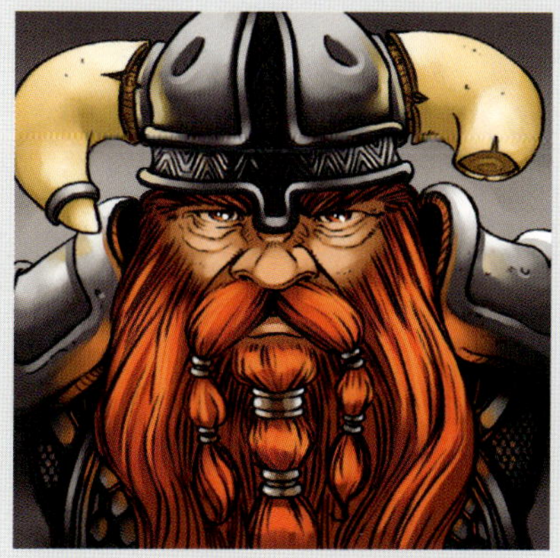

VOLUSPA

Arnaud Demaegd is one of the best-known illustrators in the specialist community. He is the go-to illustrator for most games released by *Ystari*, the publishing house that wowed gamers all over the world with titles such as **CAYLUS, YSPAHAN** and **SHERLOCK HOLMES: CONSULTING DETECTIVE**. He is a reference for veteran gamers, with his lifelike style and deep colours. But for me, Arnaud is first and foremost a friend who I too rarely bump into but always enjoy chatting to and spending time with.

CAYLUS - WATSON & HOLMES
SHAKESPEARE - OLYMPOS
MYRMES - SPYRIUM - PROSPERITY
STARFIGHTER - SERENISSIMA
SHERLOCK HOLMES: DÉTECTIVE CONSEIL

LES À-CÔTÉS : *Side-projects :*

SIMBAD *Sinbad*

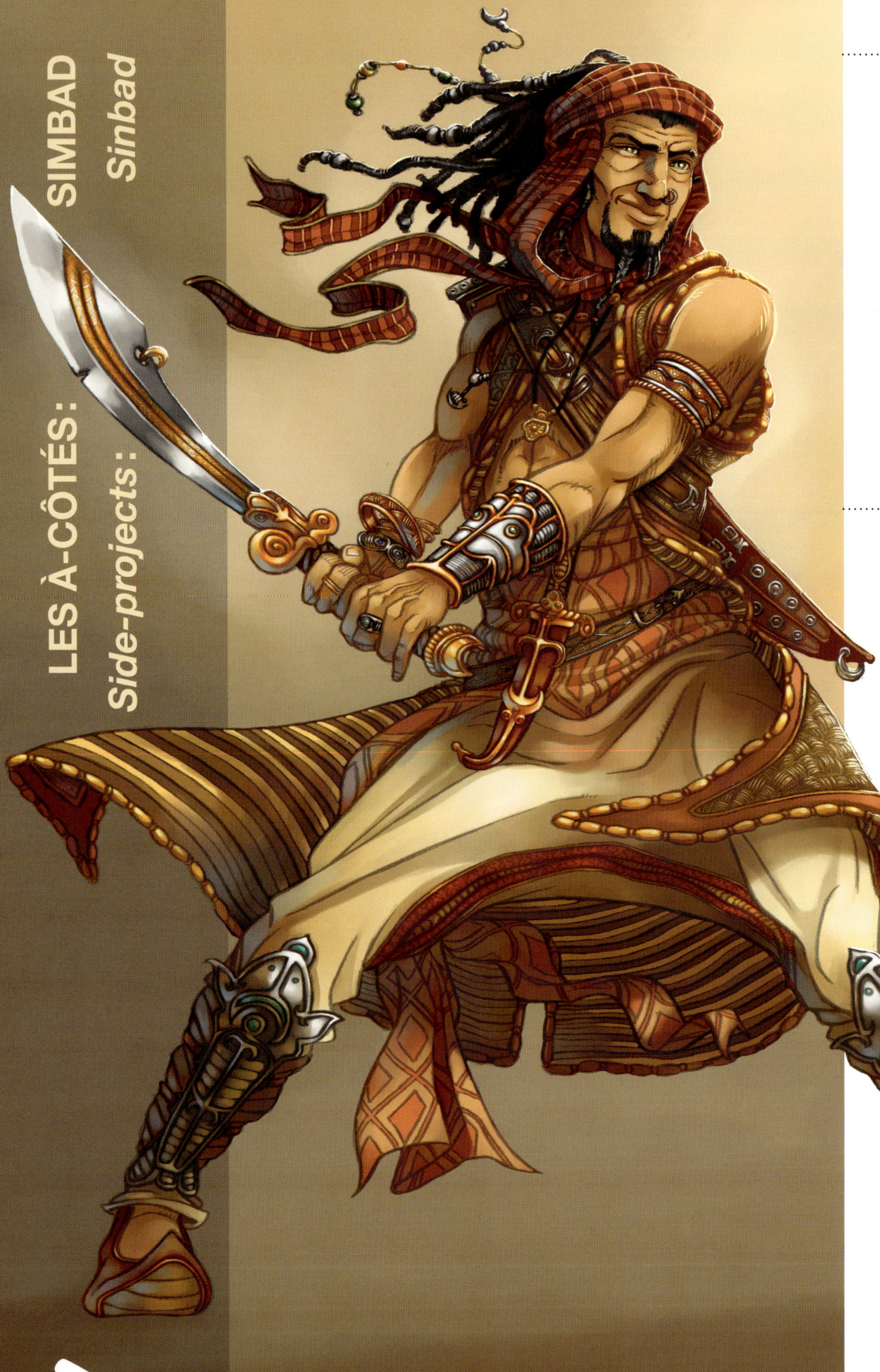

Le dessin est ma passion, mais illustrateur est un travail. Un métier fascinant, certes, mais cela reste mon activité professionnelle, et ce depuis dix ans. Je ne dessine quasiment plus pour moi, par manque de temps et un peu d'inspiration. Du coup, de temps à autre, je réalise de petites illustrations pour des projets auxquels je voudrais participer parce que j'ai joué au prototype ou pour essayer une nouvelle technique.

Drawing is my passion, but being an illustrator is a job. Undeniably a fascinating profession, but still my bread-and-butter, as it has been for the past 10 years. These days, I hardly ever draw for myself, due to a lack of time and to some extent, inspiration. So, from time to time, I do little illustrations for projects that I would like to get involved in after playing a prototype, or to try out a new technique.

SIMBAD est un jeu d'Antoine Bauza en cours de développement que j'ai testé il y a bien longtemps. Un coopératif dans l'univers des contes des *Mille et Une Nuits*, avec des personnages hauts en couleur, des objets magiques, des monstres, bref, le rêve. Je réalise cette illustration pour le plaisir quelques jours après avoir joué au prototype.

SINBAD is a game being developed by Antoine Bauza that I tested a long time ago. This cooperative game in a *Thousand and One Nights* setting features colourful characters, magic items, monsters… a dream to draw. I produced this illustration for my own pleasure a few days after playing the prototype.

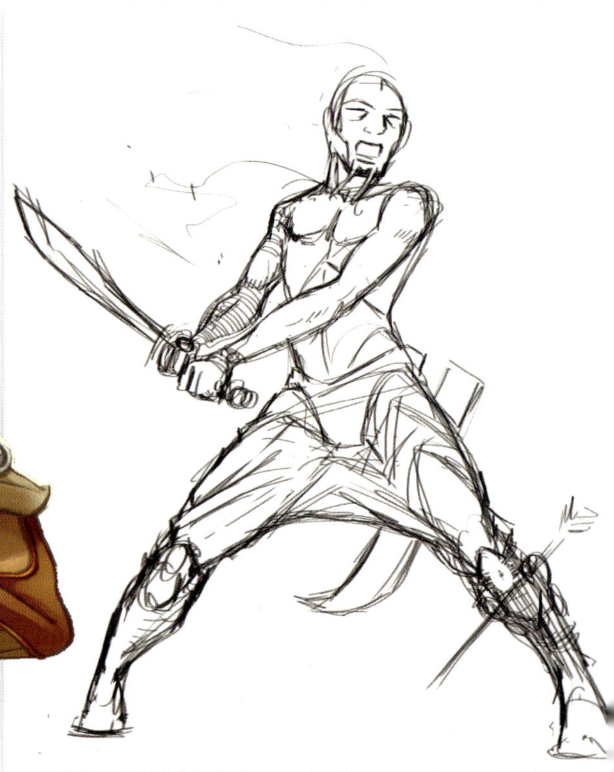

LES À-CÔTÉS: LE NAIN GUERRIER
Side-projects: Dwarven warrior

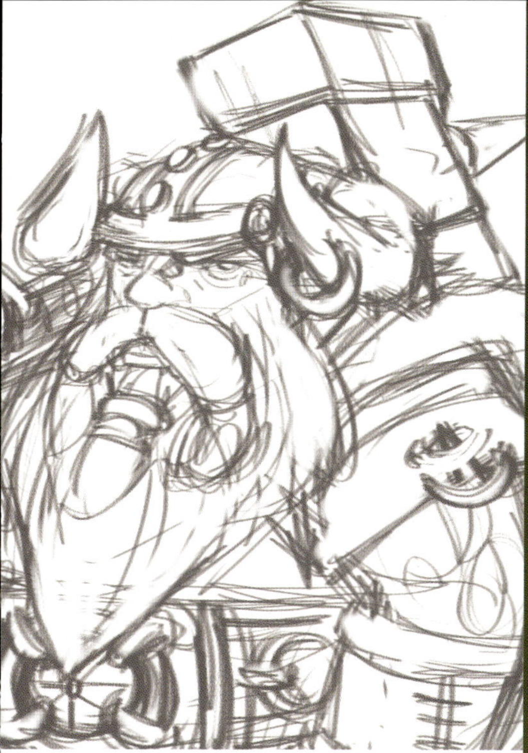

D'aussi loin que je me rappelle, j'ai toujours aimé jouer des nains dans les jeux de rôles de l'univers médiéval fantastique à la **DONJONS & DRAGONS**. J'adore les dessiner, car ils ont une allure incroyable et cela donne l'occasion de faire de grosses barbes, de grosses haches et des casques à cornes. Cette illustration devait être ce qu'on appelle un «*speed paint*». Une image entièrement réalisée en couleur et en trois heures. Je n'étais pas loin, j'y ai passé plus de quarante-huit heures et autant de temps sur le dessin au trait qu'à la couleur.

As far back as I can remember, I have always enjoyed playing dwarves in medieval fantasy role-playing games like **DUNGEONS & DRAGONS**. I love drawing them, as they have an incredible look and let you draw big beards, awesome axes and horned helmets. This illustration was supposed to be done by *"speed painting"*, with the image fully drawn and coloured within three hours, start to finish. I was slightly off the mark, spending more than 48 hours on the line drawing and as much again on the colour work.

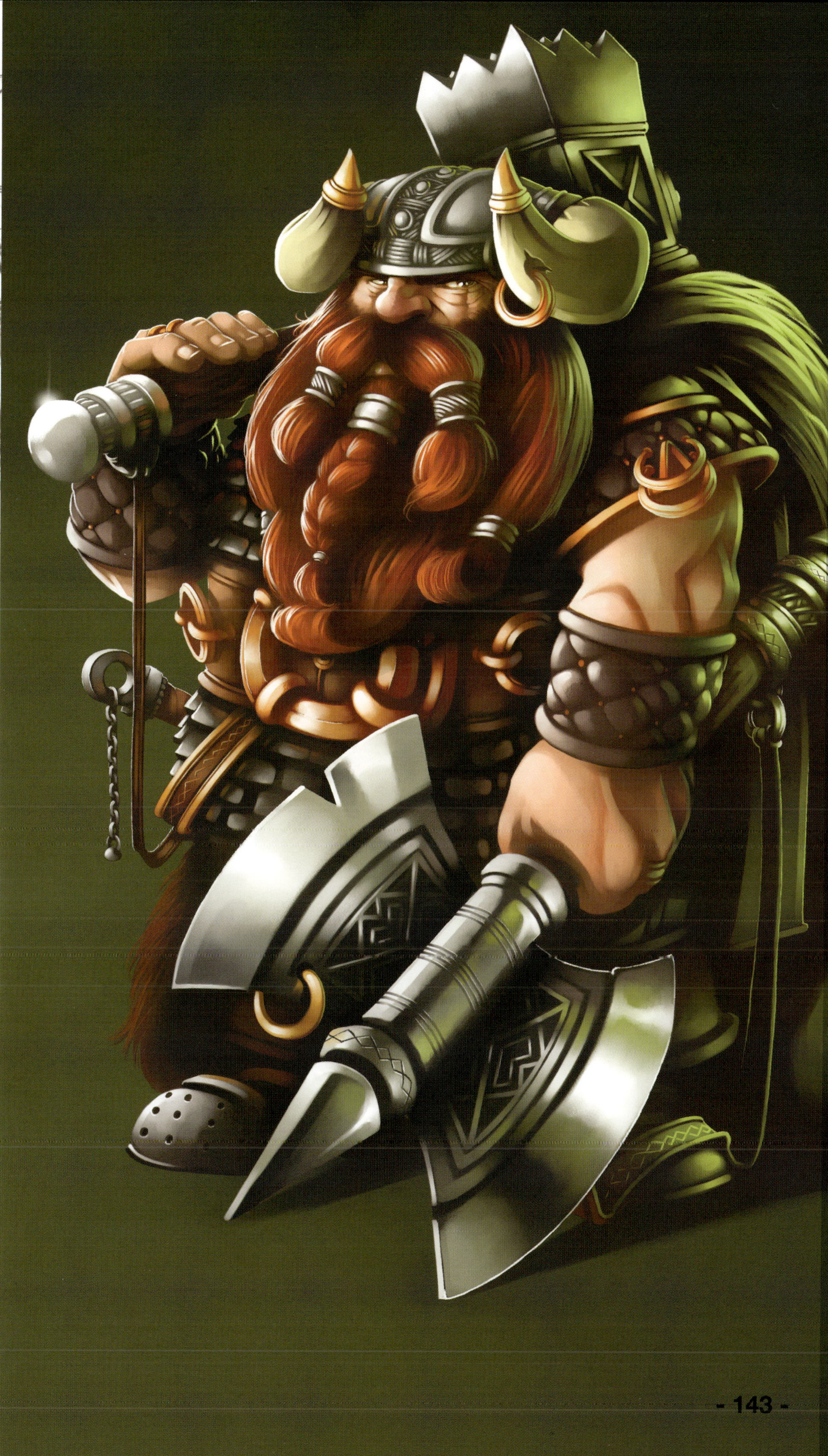

LES À-CÔTÉS : PARACHUTE
Side-projects: Skydiving

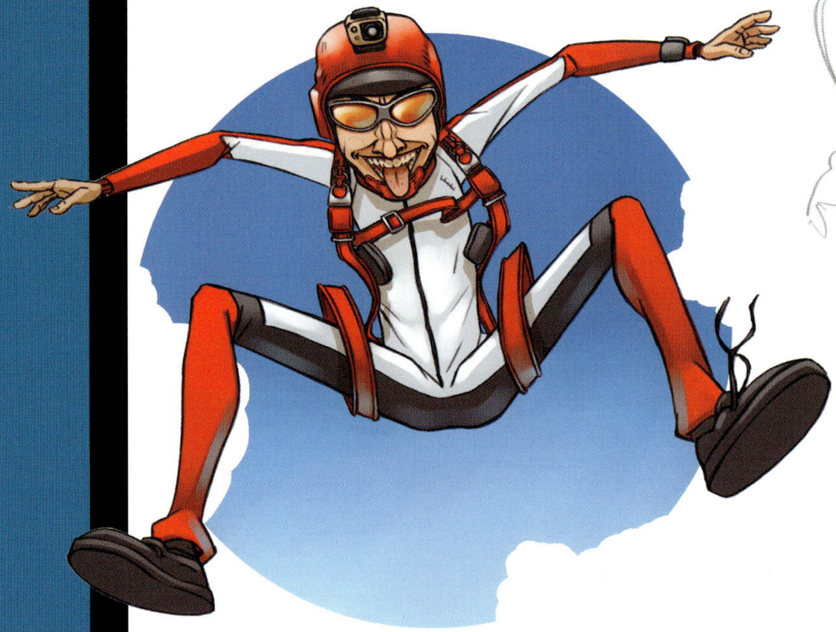

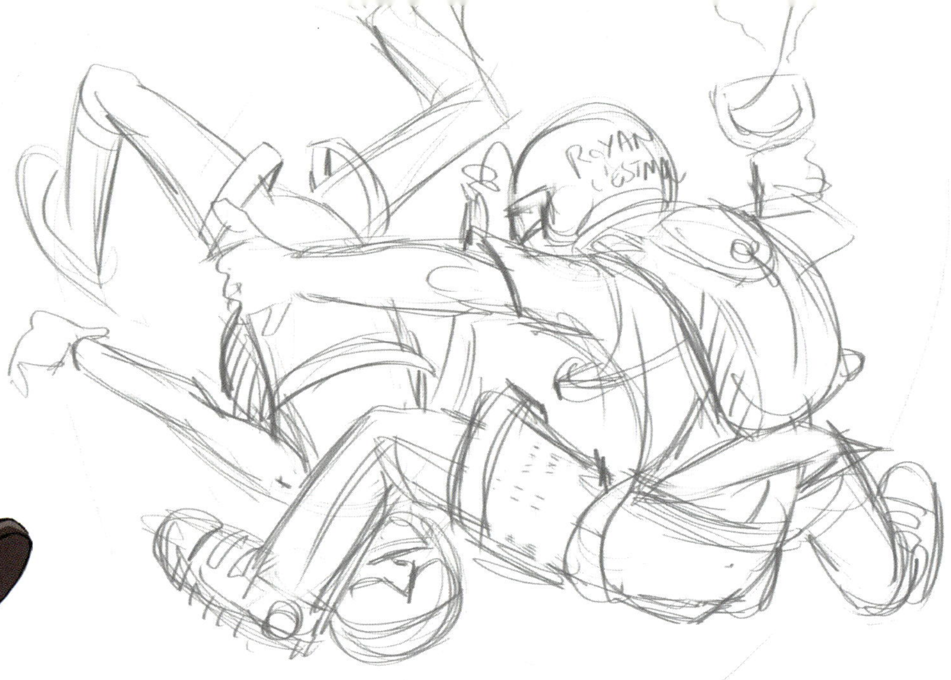

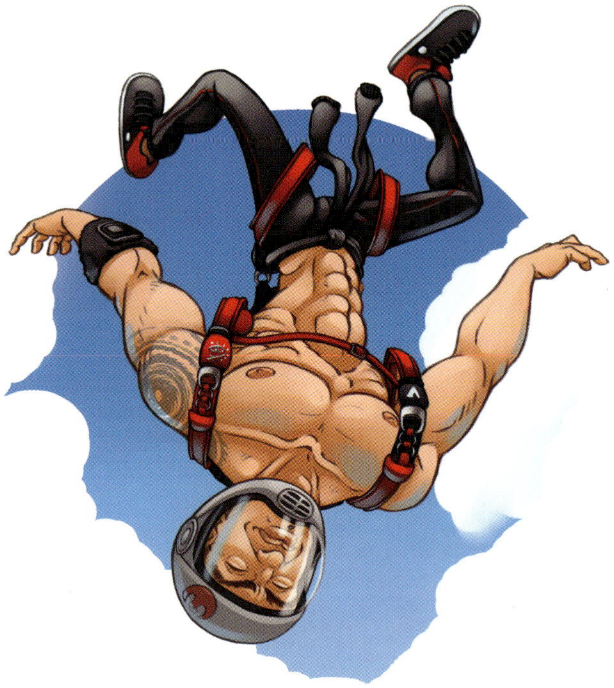

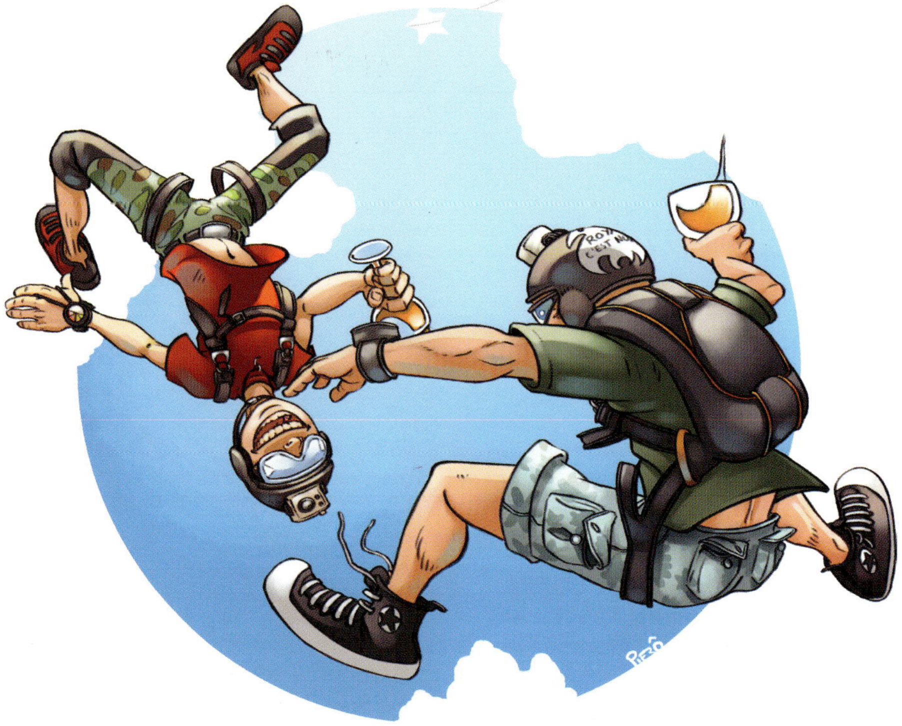

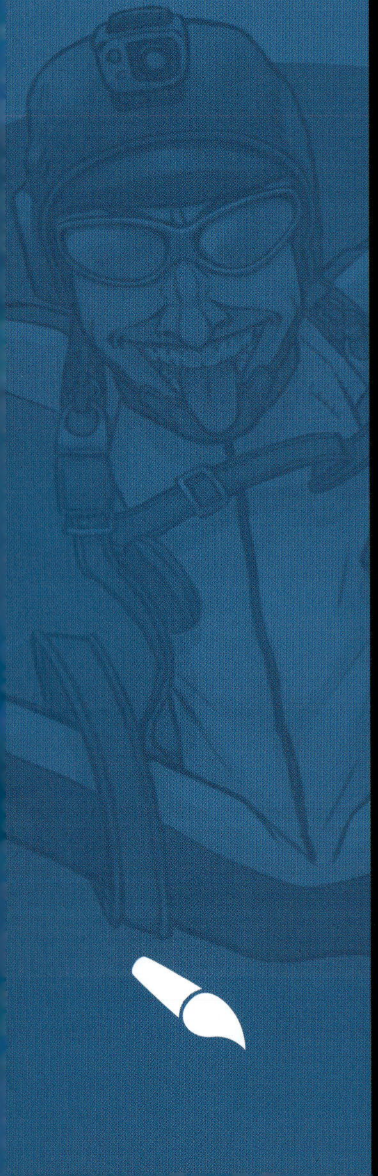

J'ai toujours eu un faible pour les activités de plein air. Le ski, le cerf-volant de traction… Tous ces sports que l'on peut pratiquer en loisir et qui créent des sensations tout en étant à l'air libre. En 2012, je me jette pour la première fois d'un avion avec un parachute sur le dos. Je deviens accro dès le premier saut. Je pratique peu, faute de temps (et puis ce n'est pas donné non plus). Parachutiste-touriste avec mes quatre-vingts sauts, je prends un plaisir fou à dessiner les copains dont je croise les sourires là-haut.

Si vous avez l'occasion un jour de « voler », vous saurez pourquoi les oiseaux chantent.

I have always had a weak spot for outdoor activities: skiing, kite jumping… basically any outdoor sport that gives you a thrill and you can do for fun. In 2012, I threw myself out of an aeroplane for the first time, with a parachute strapped to my back. I was addicted from my first jump. I don't go skydiving often, due to a lack of time (and it's not cheap, either). As a skydiving tourist with 80 jumps under my belt, I really enjoy drawing the guys I've seen smiling up in the sky.

If you ever get the chance to "fly", you'll know why birds sing.

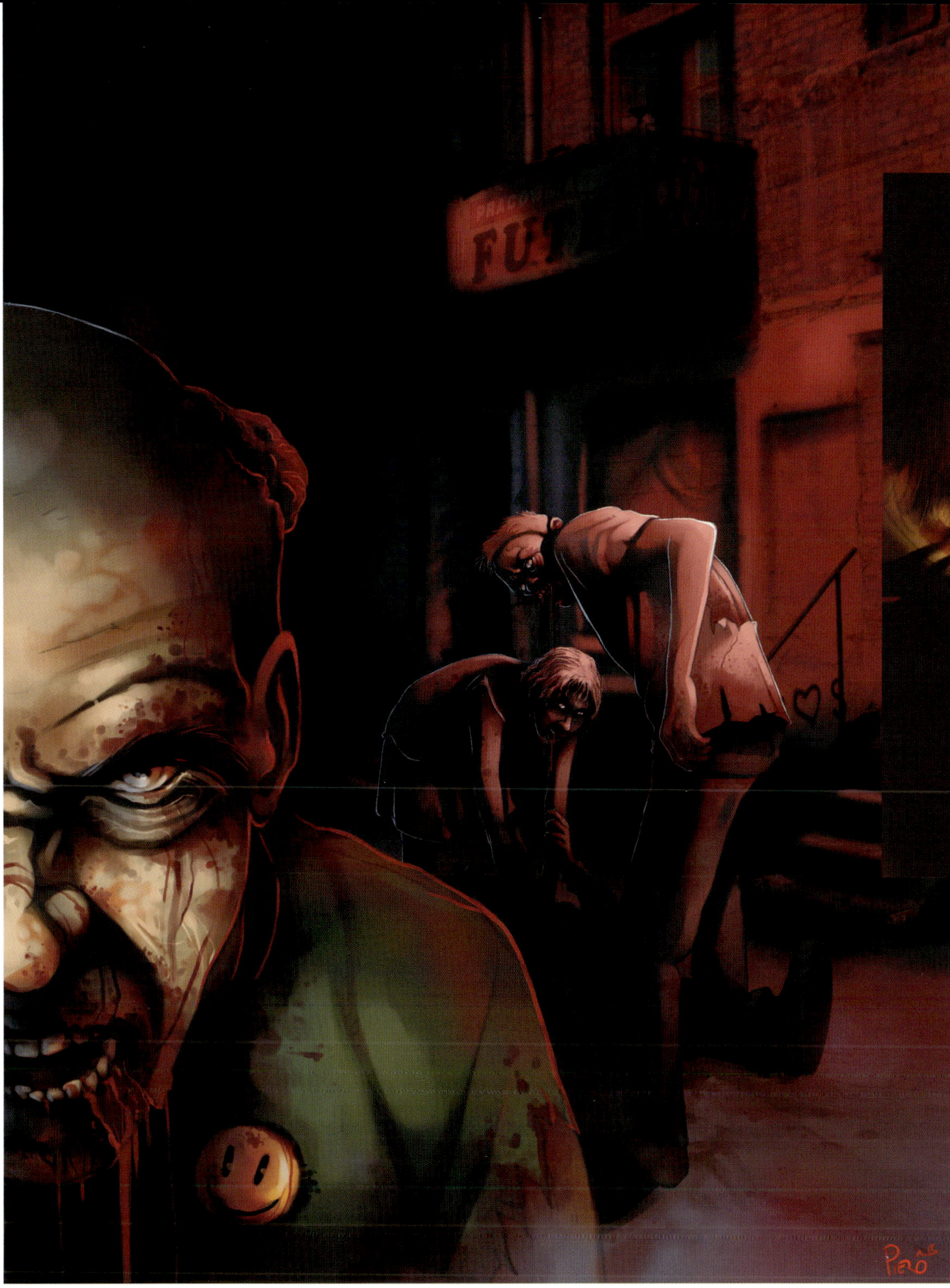

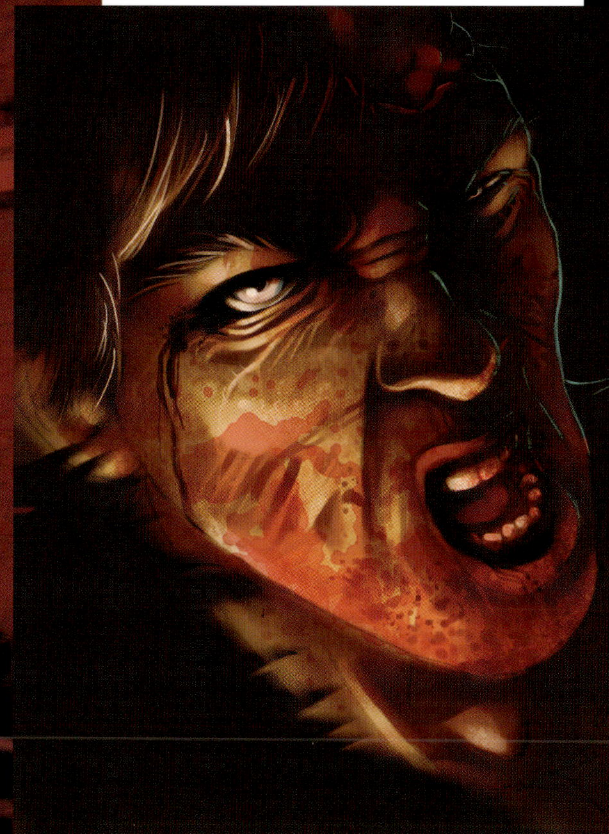

ZOMBIES, LA BLONDE, LA BRUTE ET LE TRUAND de Nicolas Normandon est sorti en 2005 chez *Asmodee*. Il est magnifique, incroyablement méchant et vous permet de changer d'amis régulièrement (après une partie, vous les perdez tous). Quand en 2011, j'apprends que *Repos Production* va ressortir le jeu sous le nom de **CITY OF HORROR**, je m'empresse de faire quelques tests d'illustrations de zombies. Je ne fais jamais vraiment d'essais, mais là je veux prouver que je peux produire du dessin « réaliste-qui-fait-peur ». Cela n'est pas suffisant. Et vous n'y perdez rien, c'est Miguel Coimbra, qui l'illustre et c'est superbe !

ZOMBIES, MALL OF HORROR by Nicolas Normandon was published in 2005 by *Asmodée*. This is a magnificent, incredibly mean game that lets you renew your friends regularly (you'll lose them all after every game). When, in 2011, I learned that *Repos Production* would be re-releasing the game, I rushed to do a few test zombie illustrations. I never normally do tests, but this time I wanted to prove that I could do "lifelike horror" artwork. It wasn't enough. Rest assured, you haven't been short-changed, as the game was superbly illustrated by Benjamin Carré and Aleksi Briclot!

Les jeux de société - Boardgames

7 WONDERS
Antoine Bauza / Miguel Coimbra *Repos Production* • 2010

7 WONDERS DUEL
Antoine Bauza & Bruno Cathala / Miguel Coimbra *Repos Production* • 2015

À L'HEURE DU CRIME… OÙ ÉTIEZ-VOUS ?
Christian Lemay & Pascal Roussel / Pierô *Ferti* • 2009

ABALONE
Michel Lalet & Laurent Lévi *Goliath* • 1988

ABYSS
Bruno Cathala & Charles Chevallier / Xavier Collette *Bombyx* • 2014

AGENT DOUBLE (DOUBLE AGENT)
Bruno Faidutti & Ludovic Maublanc / Pierô *Matagot* • 2010

ANIMALIA
Bruno Cathala, Sébastien Pauchon & Malcolm Braff / Mathieu Leyssenne *GameWorks* • 2006

ARAMINI CIRCUS
Steven Aramini / Mathieu Leyssenne *Crash Games & Iello* • 2015

BAKONG
Antoine Bauza / Pierô *Asmodee* • 2009

BARONY
Marc André / Ismaël Pommaz *Matagot* • 2015

CALYPSO
Max Gerchambeau / Pierô & Arnaud Demaegd *Ferti* • 2005

CAN'T STOP !
Sid Sackson *Miro Mecano Edition* • 1981

CAPTAIN SONAR
Roberto Fraga & Yohan Lemonnier / Ervin & Sabrina Tobal *Matagot* • 2016

CARCASSONNE
Klaus-Jürgen Wrede / Doris Matthäus *Rio Grande Games, Hans im Glück & Schmidt* • 2000

CARGO NOIR
Serge Laget / Miguel Coimbra *Days of Wonder* • 2011

CAYLUS
William Attia / Arnaud Demaegd *Ystari Games* • 2005

CHINATOWN
Karsten Hartwig / Mathieu Leyssenne *Filosofia* • 2008

CITADELLES (CITADELS)
Bruno Faidutti / Florence Magnin, Jean-Louis Mourier, Julien Delval, Didier Graffet & Jesper Ejsing *Multisim* • 2000

CITY OF HORROR
Nicolas Normandon / Miguel Coimbra *Repos Production* • 2012

COMPLOTS 2
Rikki Tahta / Naïade *Ferti* • 2016

CORTO
Laurent Escoffier &Sébastien Pauchon / Hugo Pratt *Ludocom & Matagot* • 2013

CYCLADES
Bruno Cathala & Ludovic Maublanc / Miguel Coimbra *Matagot* • 2009

CYRANO
Ludovic Maublanc & Angèle / Pierô *Repos Production* • 2010

DÉCLIC !?
Julien Sentis / Pierô *Ferti* • 2010

DÉCLIC FAMILY
Julien Sentis / Pierô *Ferti* • 2011

DESPERADOS OF DICE TOWN
Bruno Cathala & Ludovic Maublanc / Pierô *Matagot* • 2014

DICE TOWN
Bruno Cathala & Ludovic Maublanc / Pierô *Matagot* • 2009

DICE TOWN – EXTENSION
Bruno Cathala & Ludovic Maublanc / Pierô *Matagot* • 2011

DIXIT
Jean-Louis Roubira / Marie Cardouat *Libellud* • 2008

DIXIT ODYSSEY
Jean-Louis Roubira / Marie Cardouat & Pierô *Libellud* • 2011

DR. SHARK
Antoine Bauza & Bruno Cathala / Charlie Adams *Hurrican* • 2011

DRAGON RUN
Ludovic Barbe & Bruno Cathala / Vincent Dutrait *Blue Orange* • 2014

DRAGONS DU MÉKONG
Roberto Fraga / Cyril Saint Blancat *Descartes Éd. & Eurogames* • 2000

EN GARDE
Reiner Knizia / Pierô *Ferti* • 2007

EPIX
Rikki Tahta / Naïade *Ferti* • 2015

FIVE TRIBES
Bruno Cathala / Clément Masson *Days of Wonder* • 2014

GEISTER, GEISTER, SCHATZSUCHMEISTER ! (GHOST FIGHTIN' TREASURE HUNTERS !)
Brian Yu / Pierô *Mattel* • 2013

GHOST STORIES
Antoine Bauza / Pierô *Repos Production* • 2008

GHOST STORIES : BLACK SECRET
Antoine Bauza / Pierô *Repos Production* • 2011

GHOST STORIES : WHITE MOON
Antoine Bauza / Pierô *Repos Production* • 2009

HANABI
Antoine Bauza / Françoise Sengissen *Les XII Singes* • 2010

HELDENTAUFE
Simon Junker / Mathieu Leyssenne *Team Heldentaufe* • 2016

HURRY'CUP !
Antoine Bauza / Pierô *Hurrican* • 2008

INIS
Christian Martinez / Dimitri Bialek & Jim Fitzpatrick *Matagot* • 2016

ISLA DORADA
Bruno Faidutti, Andrea Angiolino, Alan R. Moon & Pier Giorgio Paglia / Naïade *Funforge* • 2010

JAMAÏCA
Bruno Cathala, Sébastien Pauchon & Malcolm Braff / Mathieu Leyssenne *GameWorks* • 2007

KEMET
Jacques Bariot & Guillaume Montiage / Dimitri Bielak, Emile Denis & Nicolas Fructus *Matagot* • 2012

KING OF TOKYO
Richard Garfield / Romain Gaschet, Igor Polouchine, Jean-Baptiste Reynaud, Régis Torres & Anthony Wolff *Iello* • 2016

KING'S GOLD
Stéphane Maurel / Pierô *Blue Orange* • 2014

L'ÂGE DE PIERRE (STONE AGE)
Michael Tummelhofer / Michael Menzel *Filosofia & Hans im Gluck* • 2008

LA CHASSE AUX MONSTRES (MONSTER CHASE)
Antoine Bauza / Anouk Lacasse & Le Mille-Pattes *Scorpion Masqué* • 2009

LA CIGALE ET LA FOURMI
Yoann Levet / Naïade *Purple Brain Creations* • 2015

LA NUIT DU GRAND POULPE
Frédéric Morard / Jean-Baptiste Reynaud *Superlude* • 2014

LE JOUEUR DE FLÛTE (THE PIED PIPER)
Agnès Largeaud / Mathieu Leyssenne *Purple Brain Creations* • 2016

LE LIÈVRE ET LA TORTUE (THE HARE AND THE TORTOISE)
Gary Kim / Mathieu Leyssenne *Purple Brain Creations* • 2014

LE PETIT PRINCE
Antoine Bauza et Bruno Cathala / Antoine de Saint-Exupéry *Ludonaute* • 2013

LES AVENTURIERS DU RAIL : MON PREMIER VOYAGE (TICKET TO RIDE : FIRST JOURNEY)
Allan R. Moon / Jean-Baptiste Reynaud *Days of Wonder* • 2016

LES CHEVALIERS DE LA TABLE RONDE (SHADOWS OVER CAMELOT)
Bruno Cathala & Serge Laget / Julien Delval *Days of Wonder* • 2005

LES COLONS DE CATANE (CATAN)
Klaus Teuber / Marion Pott *Kosmos & Mayfair Games* • 1995

LES GÉANTS DE L'ÎLE DE PÂQUES (GIANTS)
Fabrice Besson / Miguel Coimbra *Matagot* • 2008

LES PILIERS DE LA TERRE (THE PILLARS OF THE EARTH)
Michael Rieneck & Stefan Stadler / Michael Menzel *Filosofia* • 2006

LES POUX
Christophe Boelinger / Pierô *Jactalea* • 2008

LINQ
Andrea Meyer & Erik Nielsen / Pierô *In Ludo Veritas* • 2009

LORDS OF XIDIT
Régis Bonnessée / Stéphane Gantiez & Naïade *Libellud* • 2014

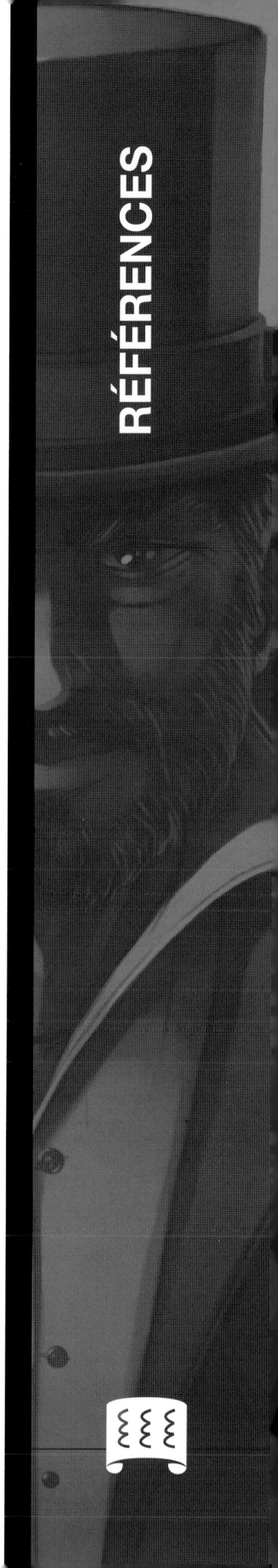

LOST TEMPLE
Bruno Faidutti Pierô *White Goblin Games* • 2011

MADAME CHING
Bruno Cathala & Ludovic Maublanc Vincent Dutrait *Hurrican* • 2014

MANGE-MOI SI TU PEUX
Kunpu & Junichi Sato Mathieu Leyssenne *Purple Brain Creations* • 2014

MARE NOSTRUM
Serge Laget Franck Dion *Descartes Éd. & Eurogames* • 2003

MEDIEVAL ACADEMY
Nicolas Poncin Pierô *Blue Cocker* • 2014

MOW
Bruno Cathala Sandra Tagliabue *Hurrican* • 2008

MR. JACK
Bruno Cathala & Ludovic Maublanc Pierô *Hurrican* • 2006

MR. JACK
Bruno Cathala & Ludovic Maublanc Pierô *Hurrican* • 2016

MR. JACK EXTENSION
Bruno Cathala & Ludovic Maublanc Pierô *Hurrican* • 2007

MR. JACK IN NEW YORK
Bruno Cathala & Ludovic Maublanc Pierô *Hurrican* • 2009

MYRMES
Yoann Levet Arnaud Demaegd *Ystari Games* • 2012

MYSTÈRE A L'ABBAYE (MYSTERY OF THE ABBEY)
Bruno Faidutti & Serge Laget Julien Delval & Emmanuel Roudier
Days of Wonder • 2003

NIET (NYET)
Stefan Dorra Biboun *Iello* • 2015

O'PENZEDOR
Cédric Joint Pierô *Pavillon Noir* • 2010

OCEANOS
Antoine Bauza Jérémie Fleury *Iello* • 2016

OFFRANDES
Cédric Lefebvre Pierô *Ludonaute* • 2010

OLYMPOS
Philippe Keyaerts Arnaud Demaegd *Ystari Games* • 2011

OUTLIVE
Grégory Oliver Miguel Coimbra *La Boîte de Jeu* • 2017

POCKET MADNESS
Bruno Cathala & Ludovic Maublanc Mathieu Leyssenne *Funforge* • 2016

POLICE PARTY
Guillaume Goujon, Alexandre Pierru & Arnaud Pierru Pierô
Grosso Modo Ed • 2011

PROSPERITY
Sebastian Bleasdale & Reiner Knizia Arnaud Demaegd & Neriac
Ystari Games • 2013

PUERTO RICO
Andreas Seyfarth Franz Vohwinkel *Tilsit, Rio Grande Games, Ravensburger & Alea* • 2002

RAMPAGE (TERROR IN MEEPLE CITY)
Antoine Bauza & Ludovic Maublanc Pierô *Repos Production* • 2013

RAPTOR
Bruno Cathala & Bruno Faidutti Vincent Dutrait *Matagot* • 2015

RIVER DRAGONS
Roberto Fraga Pierô *Matagot* • 2012

SABORDAGE
Roméo Hennion Jean-Baptiste Reynaud *Superlude & Origames* • 2016

SAMURAÏ SPIRIT
Antoine Bauza Víctor Pérez Corbella *Funforge* • 2014

SANS FOI NI LOI (LAWLESS)
Bruno Cathala Sébastien Tournadre *Descartes Éd* • 2003

SCHOTTEN-TOTTEN
Reiner Knizia Jean-Baptiste Reynaud *Iello* • 2016

SEA OF CLOUDS
Théo Rivière Miguel Coimbra *Iello* • 2016

SEASONS
Régis Bonnessée Naïade *Libellud* • 2012

SERENISSIMA
Dominique Ehrhard Arnaud Demaegd & Dominique Ehrhard
Ystari Games • 2012

SHAKESPEARE
Hervé Rigal Arnaud Demaegd & Neriac *Ystari Games* • 2015

SHAZAMM !
François Bruel & Philippe des Pallières François Bruel *Lui-Même* • 2003

SHERLOCK HOLMES : DÉTECTIVE CONSEIL
Gary Grady, Suzanne Goldberg & Raymond Edwards
Arnaud Demaegd & Neriac *Ystari Games* • 2011

SMALL WORLD
Philippe Keyaerts Miguel Coimbra *Days of Wonder* • 2009

SOBEK
Bruno Cathala Mathieu Beaulieu *GameWorks* • 2010

SOL
Pierre Buty Naïade *Catch Up Games* • 2016

SPYRIUM
William Attia Arnaud Demaegd & Neriac *Ystari Games* • 2013

STARFIGHTER
Stéphane Boudin Arnaud Demaegd & Neriac *Ystari Games* • 2015

TAKENOKO
Antoine Bauza Yuio, Nicolas Fructus, Joël Picksel
Bombyx & Matagot • 2011

TALUVA
Marcel-André Casasola-Merkle Naïade *Ferti* • 2013

TERRA VENTURA
Fanny Cherpe, Olivier Mercier et Michaël Rambeau Pierô *Bioviva* • 2009

THE BIG BOOK OF MADNESS
Maxime Rambourg Naïade *Iello* • 2015

TIMELINE CANNES & CINÉMA
Frédéric Henry Pierô *Festival International des Jeux, Palais des Festivals de Cannes, Bombyx & Asmodee* • 2016

TITAN RACE
Julian Allain Jean-Baptiste Reynaud *Funforge* • 2015

TOKAIDO
Antoine Bauza Naïade *Funforge* • 2012

ULTIMATE WARRIORZ
Guillaume Blossier Jean-Baptiste Reynaud *Matagot* • 2015
(Ed. 2011 • *Pulsar Games*)

UNE OMBRE SUR WHITECHAPEL
Bruno Cathala & Ludovic Maublanc Pierô *Neuroludic* • 2005

VÉRONE
Michael Eskue Mathieu Leyssenne *Ferti* • 2014

VOLUSPA
Scott Caputo Pierô *White Goblin Games* • 2012

WATER LILY
Dominique Ehrhard Vincent Dutrait *GameWorks* • 2010

WATSON & HOLMES
Dr Jésús Torres Castro Arnaud Demaegd, Pascal Quidault & Neriac
Space Cowboys • 2016

YAM'S NAVAL
Charles Chevallier Pierô *WDK Groupe Partner* • 2015

YGGDRASIL
Cédric Lefebvre et Fabrice Rabellino Pierô *Ludonaute* • 2011

ZOMBICIDE SPECIAL GUEST: COIMBRA
Raphaël Guiton, Jean-Baptiste Lullien & Nicolas Raoult Miguel Coimbra
Guillotine Games • 2014

ZOMBIES, LA BLONDE, LA BRUTE ET LE TRUAND (MALL OF HORROR)
Nicolas Normandon Benjamin Carré & Aleksi Briclot *Asmodee* • 2005

Les autres références - Other references

Le scorpion Tome 1: La marque du diable
Stephen Desberg @ Enrico Marini • *Dargaud* • 2000

The Legend of Zelda: Ocarina of Time
Nintendo • 1997

ÉDITEURS PARTENAIRES

ASMODEE INC

blue orange Hot Games Cool Planet

Bombyx

GROSSO MODO ÉDITIONS

In Ludo Veritas

Libellud

Ludonaute

Matagot

FERTI ferti-games.com

HURRICAN

LUDOCOM editions

MATTEL

NEUROLUDIC JEUX DE SOCIÉTÉ

ÉDITIONS PAVILLON NOIR

PURPLE BRAIN

REPOS PRODUCTION

Scorpion Masqué

Sweet November

White Goblin Games

Merci à tous les participants de la campagne participative.
Thanks to all the backers.

Achille Sauval, Action Jeux, Adrien Grandchamp, Alain Balaÿ, Alexandre Barbe, Alexandre Casanova, Altaripa, Anne Heidsieck, Anthony Groult Antoine Prono, Antonin Mariage, Arnaud Bracchetti, Benjamin Chahbazian, Benoit Poirrier, Beretboz, Bernard Sauval, Berny John, Bigourdan, Blue Orange, Brian Yu, Brigitte Marceau, Bruno Faidutti, BudsBalkan, Cédric Ménard, Centre National du Jeu, Charles Chevallier, Charles Hanus, Charles M. Leonard, Chechu Nieto, Chris Wray, Christophe, Christophe Saiget, Clarisse & Jonathan, Corentin, Dady Largeau de Gencay, Damien Amouyel, Damien Marcouyre, Dayoud, Dédale.be, Delphine & Pierre Maraninchi, Doria, Douglas Morse, Drien Memer, Eipi, Eriamelo, Eric *pas illustrateur* Azagury, Eric & Stephanie Franklin, Etienne Delorme, Fabien Lewandowski, Fabienne Camps, Florie, Baptiste, Mathis et Nathan Allamassey, Franck Dion, Franck Lefebvre, François de la Maison Des Jeux de Touraine, François Décamp, Fred, Fred et Gilooo, Fredescribano, Funambul, Gabriel Durnerin, Gaëtan Le Cleach, Gaetbe, GeekLette, Guillaume Faipot, Gwendal Masson, Gwenn, Hemhel, Herr, Hicham, Isabelle Sauval, J. Bellamy, Jean-Marc Fanchamps, Jef Gontier, Jenny, Jérémie, Jeux Descartes, JJL, Johanna & Patrice, John Cleese, Goldorak et Bouddha, Jotabe, Juan Carlos Miranda, Julien Blanc, Julien Spiteri, Kansakix, Kika, Kitara et Moon, Kroglethane, La Diag Avignon, La Fabrik a jeux, La Taverne du Gobelin Farci, Laetitia Severino, Laurence Waegemans, Laurent Escoffier, Laurent Grande, Le zèbre à trois pattes, Léandre Ramon, Les fans de Strasbourg : Guillaume M. et Jacques B., Libellud, Loïc Dublanc, Loïc Jaeger, Louise Massol-Dillon, Loulou, Ludovic, M.Matthias, Manuel Rozoy, Marc Laumonier, Mariano Alda, Marie et Kévin, Marie-Hélène Bannier et Laurence Gadré, Marie-Lino, Marino Grangor, Mathieu Leyssenne, Mathieu Lottin, Mathilde Gigamic, Matthieu Bonin, Mattias Renmark, Maxime Riocreux, Merlin, Michael, Miguel Coimbra, Milan Hergott, Nicolas Doguet, Nicolas Normandon, Olivia, Olivier, Olivier Lopes, Olivier Prieur, Pascal Quidault, Pascal Sonon, Patrice Leser, Patrice Pain, Patrice Pillet, Patrick Arbus, Pauline Massart, Philibert, Pierre Maixent, Pierre Rosenthal, Pyracanta, Reynaud, Richard Westerlynck, Ritchie Houtmeyers, Roberto Fraga, Romain Kneubuhler, Scott Alden, Seb Catch Up, Sébastien Dubois, Shigoo, Simon Van Liemt, Stéphanie et Cédric Lapouge, Stephanie Landry Dubiez, Stephanie Lechevalier, Sylvain, Sylvain Runberg, Tamina Hergott, Théo Rivière, Thibaut Quintens, Tiphaine Boilet, Totem Expo-Jeux, Unt', Vaness & Gaët, William Staab, Xander van Ballegooijen, Xavier Negrel, XSeb74, Yannouuuuu!, YeN, Yohann, Ze Maître des Jeux, Zoic.

Les remerciements de l'auteur

Merci à Adèle et Natacha, « Les filles d'ilinx », sans qui ce livre n'existerait probablement pas. Un grand merci à tous les contributeurs de la campagne participative qui ont permis au livre de s'étoffer et s'embellir. Alexis, merci pour ta patience, ton travail extraordinaire sur la maquette et ta gentillesse, grâce à toi, le livre est encore plus beau que ce que je n'aurais pu espérer. Merci aux copains auteurs et éditeurs avec qui j'ai travaillé et qui m'ont fait confiance. Merci aux copains qui parlent des jeux comme la team Tric Trac et la Radio des Jeux. Un immense merci aux copains gribouilleux avec mention spéciale à Xav Naïade, Mat Ani, Jibé Djib, Miguel Coimbra, Chris' Biboun et Arnaud Demaegd pour avoir consacré du temps à me faire de jolis hommages. Merci à tous les copains que j'ai rencontrés autour d'une table de jeu et qui sont devenus des amis depuis. Merci aux copains de la vie, ceux avec qui je partage tous les moments de bonheur et pas que... mais qui sont toujours là.

Je dédie ce livre aux plus belles étoiles de mon ciel : ma mère « Mamoucka », ma sœur Fanny, mon petit « frêre » Loïc, mon fils Silas et mon amour Ericka...

Acknowledgments

I would like to thank Adèle and Natacha, the "Ilinx girls", without whom this book would probably not exist today. Heartfelt thanks too, to all who contributed to the crowdfunding campaign, resulting in a bigger, better book. Alexis – I'm deeply grateful for your patience, outstanding layout work and kindness: thanks to you, this artbook looks more beautiful than I could have ever hoped. Thanks to all my game designer and publisher friends who put their faith in me and worked with me. Thanks to my mates who talk about games, such as the Tric Trac team and Radio des Jeux. Huge thanks to all my illustrator pals, with a special mention for Xav Naïade, Mat Ani, Jibé Djib, Miguel Coimbra, Chris' Biboun and Arnaud Demaegd, who gave up their precious time to write some lovely testimonials. Thanks to all the people I have met through board-gaming and have since become friends. And thanks to my lifelong friends, the ones who have always been there for me, through thick and thin.

I wish to dedicate this book to the brightest stars in my sky: my mother "Mamoucka", my sister Fanny, my "little brother" Loïc, my son Silas and my loving partner Ericka.

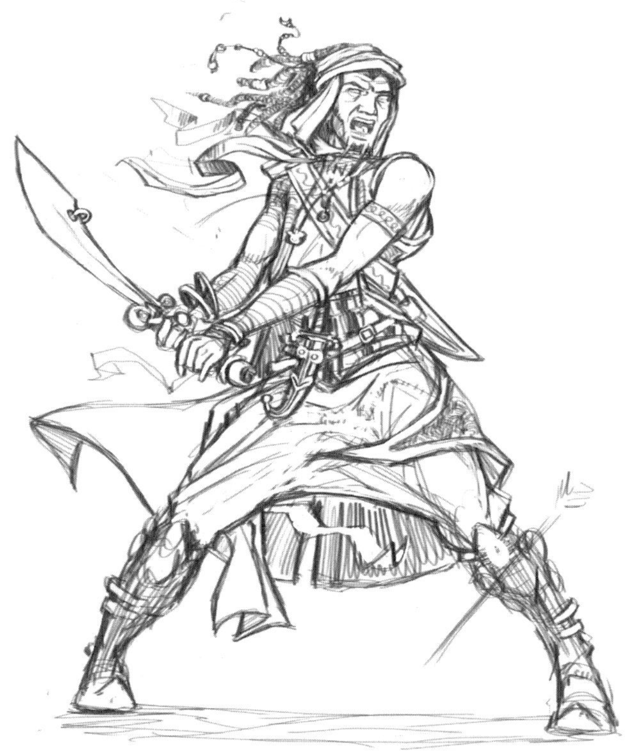

Crédits - Credits

Directrices de collection / Chief editors : Natacha Deshayes & Adèle Perché

Infographiste / Graphics Designer : Alexis Vanmeerbeeck

Correction française / French proof-reading : Maxime Gillio

Traduction anglaise / English translation : Andy Seaward